明星研究丛书

STARDOM
Industry of Desire

明星制
欲 望 的 产 业

〔英〕克里斯汀·格莱德希尔　主编
（Christine Gledhill）

杨　玲　等译

北京大学出版社
PEKING UNIVERSITY PRESS

著作权合同登记号　图字:01-2012-3674
图书在版编目(CIP)数据

明星制：欲望的产业/(英)克里斯汀·格莱德希尔（Christine Gledhill）主编；杨玲等译.—北京：北京大学出版社,2017.6
（明星研究丛书）
ISBN 978-7-301-28036-2

Ⅰ.①明… Ⅱ.①克… ②杨… Ⅲ.①文化研究—影视文化—明星研究 Ⅳ.①G0

中国版本图书馆 CIP 数据核字(2017)第 024996 号

Stardom：Industry of Desire by Christine Gledhill ISBN：978-0-415-05218-4
Copyright © 1991 editorial matter, Christine Gledhill；individual articles © respective contributors
Authorized translation from English language edition published by Routledge, an imprint of Taylor & Francis Group. All rights reserved.
Simplified Chinese edition copyright © 2017 by Peking University Press. This edition is authorized for sale throughout Mainland of China. No part of the publication may be reproduced or distributed by any means, or stored in a database or retrieval system.

本书中文简体字翻译版授权由北京大学出版社独家出版并限在中国地区销售。未经出版者许可，不得以任何方式复制或发行本书的任何部分。
本书封面贴有 Taylor & Francis 公司防伪标签，无标签者不得销售。

书　　　名	明星制：欲望的产业 MINGXING ZHI
著作责任者	〔英〕克里斯汀·格莱德希尔（Christine Gledhill）　主编 杨　玲　等译
责 任 编 辑	闵艳芸
标 准 书 号	ISBN 978-7-301-28036-2
出 版 发 行	北京大学出版社
地　　　址	北京市海淀区成府路 205 号　100871
网　　　址	http://www.pup.cn　新浪微博　@北京大学出版社
电 子 信 箱	minyanyun@163.com
电　　　话	邮购部 62752015　发行部 62750672　编辑部 62750673
印 刷 者	三河市博文印刷有限公司
经 销 者	新华书店
	650 毫米×980 毫米　16 开本　24.5 印张　318 千字 2017 年 6 月第 1 版　2017 年 6 月第 1 次印刷
定　　　价	68.00 元

未经许可，不得以任何方式复制或抄袭本书之部分或全部内容。
版权所有，侵权必究
举报电话：010-62752024　电子信箱：fd@pup.pku.edu.cn
图书如有印装质量问题，请与出版部联系，电话：010-62756370

CONTENTS 目　录

导论　　　　　　　　　　　　　　　克里斯汀·格莱德希尔　1

第一部分　制　　度

1　看见明星　　　　　　　　　　　　　珍妮特·斯泰格　15
2　明星制在美国的出现　　　　　　　　理查德·德阔多瓦　28
3　梅西百货公司橱窗中的卡洛尔·隆巴德
　　　　　　　　　　　　　　　　　　　　查尔斯·埃克特　42
4　流行形象的建构：格蕾丝·凯利与玛丽莲·梦露
　　　　　　　　　　　　　　　　　　　　托马斯·哈里斯　59
5　致命的美丽：好莱坞的黑人女星　　　凯伦·亚历山大　65

第二部分　明星与社会

6　魅力　　　　　　　　　　　　　　　　理查德·戴尔　81
7　秀兰·邓波儿与洛克菲勒家族　　　　　查尔斯·埃克特　86
8　"茶点时间前的泡泡袖"：琼·克劳馥、亚德里安
　以及女性观众　　　　　夏洛特·科妮莉亚·赫佐格、
　　　　　　　　　　　　　　　　　简·玛丽·盖恩斯　105
9　吉米·史都华的归来：作为文本的宣传照片
　　　　　　　　　　　　　　　　　　　　查尔斯·伍尔夫　124
10　三位印度电影明星
　　　　　　　　　　　贝赫鲁兹·甘地、罗茜·托马斯　136

11 《一个明星的诞生》与本真性的建构
理查德·戴尔 165
12 女性魅惑:明星—观众关系中认同的形式
杰姬·斯泰西 176

第三部分　表演者与符号

13 阐述明星身份　　　　　　　　白瑞·金　205
14 银幕表演与替换测试　　　约翰·欧·汤普森　226
15 明星与类型　　　　　　安德鲁·布里顿　245
16 情节剧的符号　　　克里斯汀·格莱德希尔　256

第四部分　欲望、意义与政治

17 捍卫暴力　　　　　　　　米歇尔·穆雷　287
18 "简·方达"的政治　　　　　泰萨·帕金斯　292
19 名人的过剩　　　　　　大卫·拉斯特德　309
20 快感、矛盾心理、认同:瓦伦蒂诺与女性观众
米莲姆·汉森　320
21 "看着你时,我有一种奇怪的感觉":1930年代的
好莱坞明星与女同性恋观众　安德莉亚·外斯　346
22 怪兽的隐喻:迈克尔·杰克逊《颤栗》札记
科比纳·梅塞　365

译后记　　　　　　　　　　　　　　　　389

导　　论

克里斯汀·格莱德希尔

　　本选集提供了一个研究明星和明星身份(stardom)现象的指南。尽管选集将特定明星用作例证,但它关注的不是单个明星,而是明星引发的文化和理论问题。选集涉及的明星大多来自美国,因为好莱坞建立起了主流电影和明星身份的主导范式。不过,甘地(Behroze Gandhy)和托马斯(Rosie Thomas)关于印度明星的文章既凸显了其他世界电影(world cinemas)的不同身份,也凸显了好莱坞的民族特定性。

　　好莱坞的霸权也是本选集几乎全部聚焦电影明星的一个理由。不过,明星身份先出现于剧院,然后才在电影中兴盛。选集里的部分文章讨论了这一关系。后来,随着制片厂制度的衰落,以及作为独立制片人能够更自由地选择角色、专注于演技而非形象的明星的出现,明星身份的活力和绯闻的生产才似乎从电影扩散到了音乐产业或体育世界。然而,如梅塞(Kobena Mercer)对迈克尔·杰克逊的音乐录像《颤栗》的细致分析所表明的,尽管其他娱乐产业也会制造明星,但电影仍然提供了明星身份的终极确证。因此,有学者认为,电视的各种形式生产了名人(personalities),但却不是明星;获得明星身份就意味着需要突破电视媒介。不过,正如拉斯特德(David Lusted)所显示的,电视使源于其他娱乐场域的明星人格(personae)得以流通并精致化。[1]

明星以其跨学科性挑战着种种分析：他/她是大众文化的产物,但却保持了与演戏(acting)、表演(performance)和艺术相关的戏剧性考量；他/她是产业营销的手段,却也是电影中的指意性元素；他/她是一个携带着文化意义和意识形态价值的社会符号,表达了个性的私密性,引诱欲望和认同；他/她是一个以身体、时尚和个人风格为基础的国族名流的象征；他/她是资本主义和个人主义的产物,却也是各种边缘群体争夺的场所；尽管他/她的个人生活是用于消费的,但却可以和政要们一起竞争民众的忠诚。并非所有这些面向都能在一本受到篇幅和成本限制的选集中得到同等的表述。本选集主要强调的是明星在意义、身份、欲望及意识形态的生产、流通和协商中发挥的作用。其他诸如戏剧明星身份、时尚、国族明星、表演、体语学(kinesics)和电视名流等研究领域仅获得了有限的关注,读者或可通过参考文献对它们作进一步的了解。

戴尔(Richard Dyer)的《明星》(Stars)一书已经出版了十年,该书为电影研究中的明星分析奠定了基础。[2] 在那之前,明星研究很大程度上要么是粉丝研究要么是社会学研究。前者集中于个人自传,后者则将明星视为产业营销手段或社会角色典范,一种创造与组织观众、传播刻板定型的工具。电影批评极少承认明星在电影中的作用,通常仅仅在涉及类型片(如西部片和约翰·韦恩)或特定导演(如约翰·福特和约翰·韦恩)时才这么做。戴尔结合符号学和社会学的研究路径引出了明星文本(star text)的概念。他将明星形象(star image)视为经由一

---

[1] 参见 D. Kehr,'A star is made', *Film Comment*,1986,vol. 15,no. 1,该文对比了 Henry Winkler 和 John Travolta 的生涯；J. Langer,'Television's personality system', *Media, Culture and Society*,1981,vol. 3,no. 1,October；J. Ellis,'Star as a cinematic phenomenon', in *Visible Fictions：Cinema, Television, Video*, London：Routledge & Kegan Paul, 1982.

[2] R. Dyer, *Stars*, London：British Film Institute, 1979.

系列媒介和文化实践生产出来的一个互文性构造物,明星形象一方面有能力干预特定影片的运作过程,同时也要求被当作一个独立的文本来进行分析。符号学提供了分析这些"文本"的方法,社会学则探究了它们在社会中的功能。明星研究因而成为一个关于意义的社会生产与流通的议题,联系着产业与文本、电影与社会。

这些议题于1970年代在文化研究的旗号下得到了整合,彼时,在从属文化领域内部,大家日益意识到表征的政治意涵,而文化研究恰好回应并培养了这种意识。在这一视角下,明星将社会意义和意识形态个人化了。当演员在银幕之外的生活方式和个性的重要性达到或超越表演技能的重要性时,他们就成了明星。明星身份施演(enacts)了个体生活中的权力和物质成功。明星也因此卷入了对个人主义、消费主义和社会刻板定型的批判;他们变成了文化政治的客体。

不过,这种政治不应忽视明星传达给观众的意义和快感。戴尔的工作提供了理解明星文化复杂性的两条路径。如果明星形象联系着社会意义和价值观念,那么这种联系绝非简单的反映或再生产。文本分析显示了明星形象如何调解、遮蔽或暴露意识形态冲突。然而,形象是互文并相互冲突的假定开启了这样一种可能性,即不同读者可以拥有相歧甚至截然相反的解读。

戴尔的明星研究恰逢以精神分析为路径的电影研究逐渐兴起的时期,后者提出了一种迥然不同的关于明星及其文本与意识形态效果的观念。电影精神分析(Cinepsychoanalysis)关注观众对电影的迷恋的根源,特别是心理认同机制与电影认同机制之间的相互关系。就此而言,电影精神分析将欲望和快感的根本性议题引入了明星分析,尝试去回答为什么明星拥有销售商品和电影的能力,而这类问题通常被传统的经济学分析所忽略。通过借鉴拉康的精神分析学说,这种分析提出了在语言中建构性别化的人类主体与在叙事电影中建构"理想"观众之间的同源关系。这两个进程都涉及对人类形象——父母和明星——的认同。两个进程都通过恋物癖和窥淫癖机制及对差异(即白人父权制社会中,阴性气质、族裔和偏离常规的性向所施演的"他者性")的拒斥,生产出表面上连贯、完整和固定的身份。这些认同性的形象也拒斥了进程(*process*)这一事实,因为进程意味着意义与身份始终是流变不居的。在这个类比中,电影的"理想观众"是一个男性构造物,提供了对占据虚幻的掌控性叙事位置的男明星的认同;而女明星则作为电影凝视的客体被简化为男性的恋物(fetish)。[1]

对电影精神分析学家而言,"明星之所以成为明星是因为他们对观众意味着某些东西"的文化主义观点回避了明星作为认同机制的意识形态本质,也忽视了意义生产中复杂的主观性进程。从这一视角出发,明星形象的碎片化的、电影之外的流通起到了促进电影消费的作用,因为它通过经典叙事提供的认同结构向观众许诺了明星形象和自我形象的完善。因此,与早期对大众文化的批判一样,明星之间的差异(关注社会意义的文化研究者对这些差异很感兴趣)被理解为营销的手段,目的是诱使观众回到父权制主体性和资产阶级消费的老套剧情之中。[2]

伴随着1960年代后种种解放运动而兴起的文化政治对明星的政治效果始终抱着矛盾心理。例如,一些女性主义者发现女明星凭借其公共声望与经济权力,似乎提供了积极的认同形象,尤其是在三四十年代。哈斯凯尔(Molly Haskell)等女性主义批评家认为这些强势、独立的女性形象超越了压迫性的叙事解决,关于明星在何种程度上能够被

---

[1] 参见 C. Johnston, 'Women's cinema as counter-cinema', C. Johnson (ed.) *Notes on Women's Cinema*, London: Society for Education in Film and Television, 1973; L. Mulvey, 'Visual pleasure and narrative cinema', *Screen*, 1975, vol. 16, no. 3, Autumn.

[2] 参见 A. Friedberg, 'Identification and the star: A refusal of difference', C. Gledhill (ed.) *Star Signs: Papers from a Weekend Workshop*, London: British Film Institute Education Department, 1982; P. Cook, 'Star Signs', *Screen*, 1979/1980, vol. 20, nos. 3/4, Winter; John Ellis, 'Stars as a cinematic phenomenon', in *Visible Fictions*, London: Routledge & Kegan Paul, 1982.

挪用来服务于政治化的想象的辩论也随之出现。[1] 另一方面,那些不可避免地成为男性观众视觉快感之焦点的女明星,则似乎是男性恋物的缩影。

与这种将明星视为父权制的建构物而加以拒斥的态度相对照的是,那些还很少被表征的群体(如同性恋和黑人)却要求拥有一些承认被边缘化的社会存在并提供肯定性的认同和幻想的明星形象。此外,如斯泰西(Jackie Stacey)所指出的,考虑到众多的女性观众,女性主义者会遭遇这样一个困境:这些女性观众对理论上被证明为恋物癖与窥淫癖客体的女明星的快感性认同,要么会被当做是自恋,要么会被当做是受虐心理。

到了70年代末,僵局出现了:一方面是文化主义路径,它关注作为"社会事实"的意义与身份的社会流通,分析它们矛盾的意识形态效果;另一方面是精神分析路径,它关注居于这些意义与认同之下的并决定着它们的主观效果的进程,这个进程虽然是无意识的,但却是形塑性的。[2]

尽管选集从这些早期的辩论中挑选了少量典范之作,但它主要代表了后期的发展。这些文章表明随着社会学、符号学和精神分析学路径开始相互影响,并重塑了研究对象和分析术语,1980年代早期的僵局其实正处于一个被打破的过程。电影史、观众研究和女性主体性理论方面的重大进展共同促成了这一和解。

选集由四个部分组成:"制度""明星与社会""表演者与符号"以及"欲望、意义与政治"。这些标题展现的是方法论重心和内容焦点,而非严格的边界。由于区分产业与文本、经济学与美学、社会学与符号学、

---

[1] M. Haskell, *From Reverence to Rape*, New York: Holt, Rinehart & Winston, 1974 and Harmondsworth, Penguin, 1974.
[2] 参见 C. Gledhill, 'Introduction' and P. Cook, 'Stars and politics', in C. Gledhill (ed.) *Star Sign: Papers from a Weekend Workshop*, op. cit.

文化政治与精神分析,以及将所有这些与历史区分已渐渐变得不再可能,不同部分提出的议题之间多有重叠。每一部分文章的顺序,目的都是为了指向后续的议题。

第一部分"制度"的焦点是好莱坞明星身份的经济和体制基础。然而,这一部分开头收录的斯泰格(Janet Staiger)和德阔多瓦(Richard de-Cordova)关于明星制起源的两篇文章都对历史编纂学(historiography)和文化语境提出了质疑。传统的电影史强调的是电影的特定性与革新,斯泰格和德阔多瓦则关注的是明星制形成的过程中经济动机和现存文化实践之间的相互影响,尤其是明星制与戏剧明星、表演职业及电影所试图争取的中产阶级观众之间的关系。

商业开发与编造是埃克特(Charles Eckert)和哈里斯(Thomas Harris)的核心议题,他们分别关注了电影制片厂与消费产业对明星的合作开发,以及制片厂如何利用宣传机器来生产明星形象。亚历山大(Karen Alexander)则将这些产业进程放置在表征与意识形态的广阔语境之中。她通过记录明星制对黑人演员的排斥及其为了顺从种族主义的假定和观点而对黑人演员的角色的严格限制,展示了"制度"是如何对主体性和身份认同领域产生实质性的影响。

第二部分"明星与社会"进一步发展了上述议题,并聚焦了明星制的文化作用。戴尔采用韦伯的"卡理斯玛"概念来说明某些演员之所以能成为明星是因为他们的形象体现了一个特定社会形态中居于核心地位但却受到威胁的价值观念。埃克特和伍尔夫(Charles Wolfe)分别使用新马克思主义/弗洛伊德主义结构主义与符号学,发展出对明星形象的精细的互文性解读,这些明星形象经由电影、政治话语和新闻话语在社会中流通。三位作者都运用了文本分析来阐释明星形象在特定社会中所履行的意识形态工作。

埃克特剖析了"秀兰·邓波儿"这一文本的政治内容,并在文章的结尾反讽性地承认了邓波儿所体现的幻想的权力。赫佐格(Charlotte

Herzog)和盖恩斯(Jane Gaines)则从观众的角度挑战了文本读解。她们吸收了民族志研究方法,将幻想视为实践而非想象,并在时尚以及那些翻版明星服装的女性的相关社会实践的话语中考察了琼·克劳馥在电影之外的流通。联系到埃克特的文章,赫佐格与盖恩斯的研究显示出在幻想领域中生产者的剥削性目的与特定消费群体所从事的挪用之间的争斗。

甘地和托马斯通过书写三位生涯横跨印度电影史的明星,提出了国族文化语境的议题。在英帝国主义统治时期,印度电影采用好莱坞模式在不同的历史时刻生产出三位独特的、具有典范性的女明星。协商是她们对这些明星的文化生产展开分析的关键词,这也让人想起戴尔对明星形象与意识形态冲突的关系的探究。[1] 在无畏的纳迪亚、纳尔吉斯·达特和思米塔·帕蒂尔身上,传统与现代性之间出现了一个主要矛盾。在她们的形象中,关于母亲角色、性和性别的不断变化的价值观念遭遇了印度文化中深植于神话的女性形象。甘地和托马斯认为,从这些矛盾力量的协商中所产生的有力回响,赋予了这三位印度女星西方同类女星所无法企及的政治权力和国族地位。

"明星与社会"最后从明星在宽泛的社会结构与实践中的功能转向了探究个体接受中的社会运作。戴尔处理了位于西方明星身份核心的意识形态构造物:个体。明星许诺了大众社会与人文社会科学(如社会学、马克思主义、精神分析等)所质疑的东西:通往本真自我的私密通路。就此而言,明星不仅给他们的观众提供了可供消费的形象或意识形态性的价值观念,也提供了私人关系。这也引出了斯泰西在本部分的最后一篇文章中所涉及的认同问题。在那些自认为是粉丝的观众所写的回信中,斯泰西发现了一系列认同模式与实践。在这些模式和实

---

[1] 关于协商概念的讨论,参见 C. Gledhill, 'Pleasurable negotiations', D. Pribram (ed.) *Female Spectators*, London: Verso, 1988.

践中,粉丝受众与明星之间的差异与辨识出的相似点同样重要,这与早期的精神分析式的电影研究的构想正好相反。

上述两个部分主要将明星当作产业、意识形态和文化的产物来进行讨论。第三部分"表演者与符号"则聚焦了作为电影审美产物的明星,关注诸如表演、文本、类型和模式等议题。金(Barry King)将明星身份视为演员对生产的制度性和电影性条件的职业化适应,这一概念也将明星表演与经济和美学形式之间的相互依赖联系在一起。汤普森(John O. Thompson)利用文本意义的符号学研究路径,提出了如何分析特定明星形象对电影文本的贡献,而布里顿(Andrew Britton)则梳理了明星形象与类型片惯例的相互关系。最后,我自己的文章将明星当作更广泛的情节剧美学传统中的象征性人物,明星身份对涉及个体身份的伦理戏码的强烈关注,为流行文化中情节剧式的想象的持续活跃提供了证据。

每个部分都以对于明星的效力而言至关重要的认同与欲望作为结束。第四部分"欲望、意义与政治"将机构的、符号学的、文化的和精神分析学的种种路径运用到对欲望、观众、阅读、快感、意义和政治的追问中。在这些从不同视角写就的论文中浮现出一个全新的身份观念,这一观念将身份视为多重的、矛盾的、对立的、总是处于建构进程中的,却很少是可有可无的。关于女性主体性的研究表明父权制的、中产阶级主体的建构是一个霸权性工程而非已经达成的统治,它需要持续不断的重新肯定,不仅遭到那些无法在其中获得发展的群体的挑战,同时也是可以转变的。[1] 明星作为欲望客体、"社会象形符号"[2]和角色典

---

[1] 参见 L. Williams, 'When the woman looks', M. A. Doane, P. Mellencamp and L. Williams (eds) *Revision: Essays in Feminist Film Criticism*, Los Angeles, American Film Institute, 1984; '"Something else besides a mother": *Stella Dallas* and the Maternal Melodrama', C. Gledhill (ed.) *Home Is Where the Heart Is*, London: British Film Institute, 1987; J. Walker, 'Psychoanalysis and feminist film theory: The problem of sexual difference and identity', *Wide Angle*, 1984, vol. 6, no. 3; D. Pribram, *Female Spectators*, op. cit.

[2] 社会象形符号(social hieroglyphs),可能来自马克思在《资本论》中使用的"social hieroglyphic"一词。——译注

范,提供了个人身份与政治的关键链接。

穆雷(Michel Mourlet)对查尔顿·赫斯顿的赞美捍卫了蕴含于男性气质的奇观中的暴力因素,文章通过一个既引人入胜又让人不安的关于男性观众的雄辩范例,将欲望的能量等同于大男子主义。汉森(Miriam Hansen)考察了另一位男明星瓦伦蒂诺,他是一位著名的情色偶像,拥有大量的女性粉丝。汉森改造了电影精神分析模式,探索了涉及女性观众的一些令人苦恼的问题,并审视了那些以女性观众为预设的叙事、摄影和观看的建构。女性观众的特点是性矛盾、摇摆及多义的观看;为了这种"不驯服的女性凝视"所建构出来的男性形象扰乱了男性气质的稳定性与统治权,激活了瓦伦蒂诺人格中的阴性和族裔"他者性",使其在被动与主动、施虐狂与受虐狂之间摇摆,为女性观众提供了一种"情欲互惠"(erotic reciprocity)的幻想。

外斯(Andrea Weiss)重点关注了女性观众与女明星的关系。考虑到为女同性恋观众所提供的表征的匮乏,她提出了被压迫的、对抗性的身份是如何出现的问题,并考察了亚文化的女同性恋话语对主流话语和文化实践进行再解读的方式。三四十年代的好莱坞明星制支持强势的女明星,这些女明星通常出现在女性向的类型片里,由于审查的压力,她们无法被明确表达为异性恋。这些性别模糊、雌雄同体的形象为女同性恋观众填补了公共形象中的一个空白。与那些详细报道明星幕后生活细节的辅助文本同时存在的还有一个由"八卦"和绯闻构成的女同性恋网络,女同性恋观众也因此获得了不同于异性恋观众的知识。通过对黛德丽、嘉宝和赫本的电影的考察,外斯提出了一些能够让另类的性身份得到解读,以对抗异性恋话语所偏好的身份的文本策略。

欲望与政治在简·方达身上出现了明显的汇聚,她曾被广泛地用于表征六七十年代新的、"政治化"的女性,也即女性主义对"女性想要什么?"的回答。这里的问题是作为大众娱乐工业的产物以及非凡个体的明星,是否及如何能用来为对抗性的政治服务。帕金斯(Tessa Perkins)处理了"简·方达"代表了什么和代表了谁的问题。通过考察媒体为了遏制简·方达而对其形象的激进内涵进行贬损的企图、诸多女性主义者矛盾犹豫的反应以及简·方达的形象与电影角色之间的频繁冲突,帕金斯有效地重铸了这个问题,即不再寻求确切的意义与政治判断,而是转而主张矛盾性本身就是简·方达意义的一部分。她的形象所激发的强烈的协商澄清了围绕女性与政治的公共争议中那些利害攸关的议题。因此,明星提供的并不是固着的意义或角色典范,而是为了定义与再定义欲望、意义、身份而展开的持续不断的生产和斗争中的一个焦点。

　　拉斯特德关于汤米·库珀、黛安娜·多尔丝和埃里克·莫克姆(他们都是英国的综艺和电影明星,并且成为电视名人)的文章发展了与电视机构、工人阶级观众及英国文化相关的亚文化抗争议题。尽管这些明星没有明显的政治性,但他们却让亚文化解读成为可能,并借此表征着他们的观众。这里的重点不是形象,而是他们所利用或颠覆的不同电视节目模式的制度化、类型化的实践。拉斯特德反对明星制中的个人主义,强调这些明星为工人阶级观众提供的意义与快感的社会维度。这些明星在其他娱乐传统中的工作唤起了"丰富的大众文化记忆资源",通过对电视礼仪的拒绝和对电视符码的操纵,他们既表征了工人阶级经验,也与之形成共谋。

　　这本选集的不同线索最终在梅塞对流行音乐录像《颤栗》的分析中汇合。梅塞分析了《颤栗》对迈克尔·杰克逊的脸部变化的影射或表现,杰克逊的脸部变化同时集合了不同的媒介工业、音乐、表演、恐怖片、明星身份、性、种族、男子气概和电影。在梅塞的分析中,杰克逊中性化的、彼得·潘式的、欧化黑人的外貌所带来的种族与性别模糊性、非洲裔美国灵歌歌手嗓音的情欲特质、以及《颤栗》所采用的恐怖片惯例共同质疑了盛行的关于黑人男性气质的刻板印象。除此之外,梅塞还暗示杰克逊在白人市场上普及黑人音乐的成功与他恢复明星身份的活力有关。《颤栗》以其对演艺圈和类型电影传统的戏仿,欢庆了生产"作为形象的明星"的变形(metamorphosis)所包含的欲望和恐惧。梅塞对杰克逊的引发共鸣的互文性形象的论述表明,尽管好莱坞的制片厂制度已经衰退,明星仍然在各种媒介中被持续地生产出来。更重要的是,他的分析显示了当快感与政治交织在一起时,一个特定的明星是如何为文化论争的舞台做出贡献的。

(刘金平译　杨玲校)

作者简介:克里斯汀·格莱德希尔(Christine Gledhill)供职于英国电影协会的研究部门,是一名自由撰稿人和讲演者,也是两个儿子的母亲。她发表的成果包括为《再审视,女性主义电影批评文集》(*Re-Vision*, *Essays in Feminist Film Criticism*, American Film Institute, 1984)撰写的论文、专著《女性观众:观看电影与电视》(*Female Spectators*: *Looking at Film and Television*, Verso, 1988)以及一部关于情节剧和女性电影的编著《此心安处是吾家》(*Home Is Where the Heart Is*, British Film Institute, 1987)。

第一部分 ｜ 制度

1 | 看见明星[1]

珍妮特·斯泰格

在研究了五年多的电影史后,我的第一个倾向(就像任何领域的年轻人一样)就是假设旧的历史都是错误的。我相信修正主义(revisionist)史学一方面与俄狄浦斯情结关系密切,另一方面也和不断变化的意识形态条件息息相关,这些条件使晚近的我们拥有了解读事实的新方式。就我的研究兴趣而言,我越钻研美国电影史,就越意识到旧历史的错误比我过去认为的少得多。通常情况下,旧电影史的问题大多不在于事实,而在于强调的重点,或者更准确地说,在于决定事实的选择和编排的理论假设。

最近涌现出了不少电影史编纂学(film historiography)方面的研究成果。[2] 我在此想要贡献的则是朝向新电影史的一次尝试。我感兴趣的是重申背景研究的价值,为了理解我们聚焦的领域中的事件而研究邻近事实的价值。我觉得相关的历史已成为任何电影研究的必要条件。有着精细的事件日期记录的翔实年表对于事件及其意义的表征所

---

[1] 本文首次发表于 *The Velvet Light Trap*,20(1983年夏)。——编注
[2] 几篇优秀的论文分别是:J. Douglas Gomery, 'The coming of the talkies: invention, innovation, and diffusion', in *The American Film Industry* (ed.) Tino Balio (Madison: University of Wisconsin Press, 1976), 193—211; Geoffrey Nowell-Smith, 'On writing of the history of the cinema: some problems', *Edinburgh '77 Magazine*, 2(1977), 8—12; Robert C. Allen, 'Contra the chaser theory', *Wide Angle*, 3, 1(1979), 4—11; Edward Branigan, 'Color and cinema: problems in the writing of history', *Film Reader*, 4(1979), 16—34; Kristin Thompson and David Bordwell, 'Linearity, materialism and the study of early American cinema', *Wide Angle*(即将出版)。

产生的效果,也让我很感兴趣。比如,美国电影业中明星制出现的标准表征。全面的日期和事实以及对同期出现的戏剧场景的分析,都可以显著改变我们对明星制的出现和发展的看法。

大卫·A.库克(David A. Cook)在最新出版的有关电影史的大作中反复提到这样一个故事:1910年,卡尔·莱姆勒(Carl Laemmle)对弗洛伦斯·劳伦斯(Florence Lawrence)的推广导致了明星制的诞生。[1] 据说原因是作为独立制片人的莱姆勒想和专利托拉斯[2]竞争,从后者手里抢生意。库克依据的是刘易斯·雅各布斯(Lewis Jacobs)和本杰明·B.汉普顿(Benjamin B. Hampton)所著的历史。雅各布斯的版本更具描述性。尽管提到某些演员对电影观众的吸引力,但雅各布斯认为属于托拉斯的制片商"用心地保守着(演员身份)的秘密,理由是演员所获得的任何公众认可都会激发他们涨薪的要求"。然而,莱姆勒却通过涨薪水和对知名度的承诺,将劳伦斯从比沃格拉夫公司(Biograph)引诱到 IMP 公司。IMP 在 1910 年 3 月 12 号出版的《电影世界》(Moving Picture World)杂志中登出一则广告,声称关于劳伦斯之死的早期故事只是一个谎言,这个聪明的宣传花招将她打造成了明星。雅各布斯接着评论道其他独立制片公司也开始利用演员的名字来宣传自己,而隶属托拉斯的公司则没有这么做。雅各布斯指出,"维塔格拉夫(Vitagraph)、卢宾(Lubin)和卡勒姆(Kalem)是第一批采用明星政策的托拉

---

[1] David A. Cook, *A History of Narrative Film*(New York:WW. Norton, 1981), 40. 类似论述见 Robert Sklar, *Movie-Made America*:*A Cultural Hisorty of American Movies*(New York:Vintage,1976), 40, 以及 Gorham Kindem, 'Hollywood's movie star system, a historical overview', in *The American Movie Industry*:*The Business of Motion Pictures* (ed.) Gorham Kindem (Carbondale:Southern Illinois University Press, 1982), 80—2.

[2] 专利托拉斯(Patents Trust):1908 年 12 月,电影发明者与电影工业领导者组织了第一个大的电影托拉斯——电影专利公司(the Motion Picture Patents Company),以期给充满了专利战争和诉讼的早期电影的混乱年代带来稳定。他们合法地垄断了电影产业,要求所有电影制片方、发行方和放映方在 1909 年 1 月之前向他们缴纳发放执照的费用。2 月,没有执照的电影人称自己为"独立者"(independents),抗议托拉斯的垄断并继续营业。——译注

斯公司"(但他没有给出这些公司采取这一行动的日期),比沃格拉夫公司终于在1913年4月"被迫与行业潮流接轨"。雅各布斯提到了宣传新明星的一些方法:商业照片、幻灯片、大堂海报、"明星明信片"和粉丝杂志。在粉丝杂志中宣传明星的做法始于维塔格拉夫:詹姆斯·斯图尔特·布莱克顿(J. Stuart Blackton)资助了《电影杂志》(*Motion Picture Magazine*)。(雅各布斯又一次没有提供具体的日期,除了提到在1912年10月一位作者寻求关于独立公司和托拉斯公司演员的故事。[1])

汉普顿的说法和雅各布斯类似,尽管不像后者那么戏剧性——只是汉普顿认为玛丽·璧克馥才是关键的人物。他声称"小玛丽"可能是"第一个给银幕观众留下深刻而普遍印象的演员",并认为较之讲故事的技巧,例如D. W. 格里菲斯为比沃格拉夫公司所拍的电影,独立制片公司"更信任单个演员的票房吸引力"。在他的书中,汉普顿强调IMP用高于比沃格拉夫两倍的工资来雇用玛丽·璧克馥,"电影观众很快就认识到玛丽·璧克馥就是他们观赏过的许多比沃格拉夫电影中的女演员"。(这里还是没有给出时间。)尽管汉普顿指出,"明星制度在戏剧舞台已经有超过一个世纪的历史",但他坚称正规戏剧[2]和电影之间存在着显著的距离。由于低成本电影放映带来了特殊的营利能力,电影工业在"计算可能的更高收入"时,没有事先考虑对演员的利用。此外,电影行业利用了其与普罗大众的联系:观众知道电影演员的名(first name),而不是像在戏剧舞台上只知道演员的姓氏,如"费斯克太太"这样简朴的称谓。汉普顿摈弃了独立制片商比托拉斯制片商有更好的商业头脑的主张,他写道这个行业的每一个人都惊讶于观众"对演员营销的近乎歇斯底里的接受"。[3]

---

[1] Lewis Jacobs, *The Rise of the American Film*: *A Critical History*, 2nd ed(New York: Teachers College, Columbia University, 1968), 86—9.
[2] 正规戏剧(legitimate theatre):专业而严肃的戏剧表演,区别于杂耍和滑稽戏。——译注
[3] Benjamin B. Hampton, *History of the American Film Industry*: *From its Beginnings to 1931*(1931, rpt, New York: Dover, 1970), 85—9.

在我们分析这些说法之前,值得回顾一下明星制出现的另一个历史。安东尼·斯莱德(Anthony Slide)精心梳理了早期电影行业的资料以确定"被行业出版物认可的第一位电影演员"。他发现《电影世界》在1909年4月3号的一期上刊登了一则关于本·特平(Ben Turpin)的故事,1910年12月3号发表了一篇关于白珍珠(Pearl White)的文章,三周后又出现了关于玛丽·璧克馥的一整页报道。斯莱德感兴趣的部分在于男女演员是否可能会希望他们的身份保密,因为在卑贱的电影业工作是耻辱的。斯莱德引用了罗伯特·格劳(Robert Grau)的说法,格劳认为,大多数电影演员都不是正规戏剧的一流演员,而是来自"地方性的固定剧团"。[1] 此外,斯莱德确定了公司和维塔格拉夫公司对演员身份进行宣传的时间。1910年1月,卡勒姆发明了"一种大堂广告的新方式":公司向电影放映商提供印有演员剧照和名字的海报。维塔格拉夫利用公开露面来宣传它的演员,1910年4月,弗洛伦斯·特纳(Florence Turner)出现在了布鲁克林的舞台。[2]

关于这些历史,我们可以做出以下几点观察。首先,无论是雅各布斯还是汉普顿的讨论都只是他们更大论点的一部分。雅各布斯的情况是,他试图解释专利托拉斯的最终消亡。他的解释基于新古典主义经济模式:独立制片公司是更有力的竞争对手,它们别出心裁地制造出产品差异从而战胜了更保守的商业实践。汉普顿基本上是同一个解释模式,虽然他倾向于认为独立公司与消费者的欲望建立起了更直接的联系。因此,它们能够更好地衡量公众的偏好。对于这两位历史学家来说,赞扬独立公司在演员推销方面的创新,更有利于他们的总体观点。

---

[1] 固定剧团(stock company):在固定剧场演出保留节目的专业剧团。——译注
[2] Anthony Slide,'The evolution of the film star', *Films in Review*, 25 (December 1974), 591—4. 还有一篇关于明星制的论文值得参阅:Gerald D. McDonald, 'Origin of the star system', *Films in Review*, 4 (November 1953), 449—58. 虽然麦克唐纳德提供了许多早先未提及的细节,这些信息并没有出处。另外,他对变化的因果分析,与雅各布斯和汉普顿的立场十分相似。

斯莱德也构建了自己的观点，但他的观点不是围绕着独立公司和托拉斯公司之间的竞争。他想要纠正我们的错误观点，即双方中的任何一方禁止了演员的知名度。他似乎反对雅各布斯的"托拉斯公司阻碍了其演员的声名的推广"的断言。

除了特意收集某些特定事实用以支持总体立场，这些历史著作也没有比较日期（有时候甚至不能给出日期），这方面的失败是有目共睹的。正如皮埃尔·马舍雷（Pierre Macherey）所指出的，这样一种"缄默不言"是一种症状：因为标明日期和比较日期，有可能会让它们的观点站不住脚。

此外，这些历史著作中还存在一些空白，也就是汉普顿和斯莱德都提及但却没有深入探讨的背景信息，即戏剧明星制。这算不上是一种症候，而是任何长时段的历史书写都会涉及的实际因素。不去探讨戏剧明星制，将削弱我们对美国电影业这一重要变化的理解。接下来的问题是，当我们回顾与电影相关的戏剧领域中的事件时，我们学到了什么？当我们开始给事件标注时间并比较这些时间时，又会发生什么？

阿尔弗雷德·L.伯恩海姆（Alfred L. Bernheim）关于正规戏剧的经济史可以作为一个起点，提供我们所需的背景信息。在这部写于1929年的专著中，伯恩海姆将发展至1920年代的美国戏剧经济结构划分为四个阶段。最早的时期，"固定剧团"是最具代表性的。大量持久稳定的演员群体附属于特定的剧院，他们在演出季的大部分时间里都在这些剧院进行表演。随着剧团演出节目的轮换，主角经常变换。大约在1820年的时候，"明星制"开始了。剧院宣传某一特定演员多于宣传演出本身。明星们，最初是著名的外国男女演员，还会在全国范围内进行有限的特殊巡演。明星制导致地方性的固定剧团的演员被降格为配角，他们的工资也被削减以便为明星提供资助。当明星开始与他们自己的剧团一起巡演时，固定剧团更加一蹶不振。伯恩海姆认为，这种"联合体制"（combination system）在1870年代中期占据了经济主导地位。而固定剧团则几乎消失了。[1]

最后一个阶段是剧院业务的"辛迪加组织"(syndication)。由于联合剧团统治了美国的戏剧舞台,演出活动的有效预订与分配成为了盈利的关键。沿着剧团的常规巡演路线发展出了剧院网点。预订代理机构利用这一点,为剧院网点和明星牵线搭桥。1896 年 8 月,三个代理公司(Klaw & Erlanger, Hayman & Frohman 和 Nixon & Zimmerman)组成戏剧辛迪加(Theatrical Syndicate)。它通过合同要求艺人和剧院只能使用其独家服务,从而达到了一种垄断控制。不过,与电影业中专利托拉斯和独立公司之间即将到来的斗争相类似,戏剧行业里并不是所有成员都愿意接受辛迪加的条件。另一个代理公司舒伯茨(the Shuberts)与大卫·贝拉斯科[2]和费斯克[3]等著名的独立代理公司联手对抗辛迪加。[4]

在整个 1920 年代,两个联盟之间的关系充斥着各种战斗和停战。偶尔其中一方寻求提高其市场份额,并在一系列的合并或亏损后,两方领导人决定暂停敌对行动。1909 年春至 1913 年之间有过一段激烈竞争的时期。巨头之间的争斗,让固定剧团又得以复苏,这些固定剧团是由那些被两个联盟排挤在外的人员组成的。1908 年的业内报纸显示,各个城市共有 100 多家活跃的固定剧团。[5]

---

[1] Alfred L. Bernheim, *The Business of the Theatre*: *An Economic History of the American Theatre*, 1750—1932 (1932, rpt. New York: Benjamin Blom, Inc., 1964), 2—33.

[2] 大卫·贝拉斯科(David Belasco, 1853—1931):美国著名的戏剧制作人、导演、剧作家。在全美拥有若干以其名字命名的剧院。——译注

[3] 费斯克(the Fiskes)指的是 Minnie Maddern Fiske(1865—1932),也就是后文提到的"费斯克夫人"(Mrs. Fiske),她是美国 20 世纪前 25 年最重要的戏剧演员,为了艺术自由而与辛迪加做了长期的抗争。——译注

[4] Bernheim, *Business*, 34—109.

[5] 关于 20 世纪头十年固定剧团的复苏,除了伯恩海姆,另见 J. Dennis Rich and Kevin L. Seligman, 'New Theatre of Chicago, 1906—1907', *Educational Theatre Journal*, 26, 1 (March 1974), 53—68。伯恩海姆也注意到小剧场、业余剧团和实验性剧团的重要性。这些剧团部分地源自以安德烈·安托万(André Antoine)1887 年的免费剧院为开端的欧洲戏剧运动。小剧场在美国的兴起通常被认为是在 1911—1912 年。见 Bernheim, *Business*, 101—3, and Oscar G. Brockett, *The Theatre*: *An Introduction* (New York: Holt, Rinehart and Winston, 1964), 284—6.

伯恩海姆指出,这一时期的业内报纸经常讨论明星制、辛迪加和固定剧团重现的问题。虽然后来的史学家没有注意到这一点,但从业者对这些问题都很了解。[1]

　　在此背景下,让我再补充一些事实来完成一个更完整的年表。爱迪生公司似乎是最早、最积极的推广演员的公司之一。1909年9月,爱迪生公司在给电影放映方的宣传材料里宣布,当其他公司试图炮制其"明星"生活的"新花边故事"时,爱迪生公司知道它已经获得了"戏剧行业所能提供的一些最好的艺人"。在其"固定剧团"里,它拥有"业内最好的剧团旗下的演员,这些剧团由查尔斯·弗罗曼[2]、大卫·贝拉斯科、E. S. 索伦[3]、艾达·比恩[4]、奥蒂斯·斯基纳[5]、朱莉娅·马洛[6]、费斯克夫人、已故的理查德·曼斯菲尔德[7]等戏剧名流领导"。爱迪生公司随后在其目录中详细介绍了每一位固定演员的从艺经历和舞台成功。[8]

　　爱迪生公司的宣传举措有几点值得注意。首先,电影业彼时仅仅发展了十四年。它正在经历第一次真正的扩张高潮。镍币影院的繁荣

---

[1] 参见关于为特定演员写剧本的讨论:Jules Eckert Goodman, 'Concerning the "Star" play', *The New York Dramatic Mirror* (hereafter *NYDM*), 65, 1695 (14 June 1911), 5.
[2] 查尔斯·弗罗曼(Charles Frohman, 1856—1915):美国戏剧制作人,1896年与他人合作创立了戏剧辛迪加。——译注
[3] E. S. 索伦(E. S. Sothern),疑为 Edward Hugh Sothern(1859—1933),美国演员,擅长莎士比亚戏剧中的角色。——译注
[4] 艾达·比恩(Ada Behan, 1857—1916):爱尔兰出生的美国喜剧演员,1880—1890年代极为出名。——译注
[5] 奥蒂斯·斯基纳(Otis Skinner,1858—1942):美国舞台演员、作家。——译注
[6] 朱莉娅·马洛(Julia Marlowe,1865—1950):英国出生的美国演员,擅长演绎莎士比亚戏剧。——译注
[7] 理查德·曼斯菲尔德(Richard Mansfield,1857—1907):英国演员和剧团经理,以出演莎士比亚戏剧而闻名。——译注
[8] 'The Edison Stock Company', *The Edison Kinetogram* (hereafter *EK*), 1, 4 (15 September 1909), 13; 'Our Stock Company', *EK*, 1, 5 (1 October 1909), 13—14.

(罗伯特·C. 艾伦将这个繁荣期定为 1906—1907 年),[1]刚刚能提供足够的资本增长来支持对大量永久员工的广泛投资。一直到 1907 年,单个摄影师拍摄的纪录片、热门的和固定的歌舞表演还是电影行业的标志性特点。尽管电影公司也拍摄故事,但一般来说都是很短的追逐片(chase film):只有五到十五分钟。尽管像维塔格拉夫制片厂和爱迪生这样的公司也使用过演员,但这些演员似乎都是临时雇佣的。来自正规辛迪加或地方性固定剧团的更好的舞台演员,几乎不会觉得电影工作会像他们更长期的戏剧演出那样令人满意。维塔格拉夫早在 1904 年就雇用了一名永久的戏剧导演。不过,直到 1906—1907 年间故事片的大规模生产之后,电影公司才转向以导演为中心的生产体系。[2]此外,电影行业的脆弱性也阻碍了对戏剧工作者的投资。直到 1908 年早期,法庭批准了爱迪生的一项相机专利,爱迪生为绝大部分制片商颁发了经营许可,并组成了电影服务协会,这个行业才把资本从专利诉讼转向了产品发展,并获得了必要的稳定性。如果说戏剧工作者对电影工作有所犹豫,那很有可能是因为早期的电影工作薪酬极低。不过,伴随着敌对状态的中止,托拉斯的成员开始雇佣这些专业人士。

其次,爱迪生公司是在两个戏剧联盟之间的大战(1909 年春—1913 年)初期发出这一通告的。正如前文提到的,戏剧辛迪加尝试通过独家服务合同来巩固其垄断地位。1909 年 12 月,《丹佛邮报》的一篇文章暗示辛迪加禁止其演员在电影中工作,据称是因为电影与戏剧的竞争。[3]当然,辛迪加如果想和它的加盟剧院维持其行业的统治地

---

[1] Robert C. Allen, *Vaudeville and Film 1895—1915: A Study in Media Interaction* (New York: Arno Press, 1980), 23—92.
[2] Janet Staiger, 'The Hollywood mode of production: The construction of divided labor in the film industry'(Unpub. Ph. D. Diss., University of Wisconsin-Madison, 1981), 89—101.
[3] 'The Essanay Company out west', *The Denver Post*, rpt in *Moving Picture World* (hereafter *MPW*), 5, 23 (4 December 1909), 801—2, rpt in George C. Pratt, *Spellbound in Darkness: A History of the Silent Film*, rev. edn (Greenwich, CT: New York Graphic Society, Ltd, 1973), 127—30.

位，就需要控制旗下的艺人。因此，爱迪生公司和其他电影公司（包括独立公司和托拉斯公司）对两个戏剧联盟都构成了威胁。另一个因素的出现，也扰乱了戏剧行业的平衡。如后文所示，另一批戏剧人士也在随后的几年同意进入电影行业。这是否得到了其联盟的事先同意，还是演员为了展示其独立性或是寻求更好的薪水和交易，还需要进一步的调查。（这些情况可能都存在。）不管怎样，托拉斯制片商似乎是最早一批开始利用名人的电影公司。此外，利用的时机与当时电影及戏剧的经济情况相关。

1910年是利用名人的开端。1910年2月，《镍币影院》杂志的一位作者评论道：

> 影院观众要求放映商为他们提供与银幕上的人进一步相识的机会，放映商自身也对扮演他们所熟悉的银幕形象的演员越来越感兴趣，这些事实表明，电影生产者满足这一自然欲望的行动是颇有魄力的。电影艺术的发展已经让默片中的演员不逊于任何正规戏剧舞台的演员，他们完全值得公众的认可，而这种认可直到现在都还尚未到来。[1]

在同一期杂志上，爱迪生公司刊登了一张公司所有固定演员的照片，并为每个演员提供了一段传记性介绍。在拉姆勒于1910年3月炒作劳伦斯之前，卡莱姆公司已在同年1月广泛宣传其大堂展示卡，同年4月，维塔格拉夫的特纳（Turner）也做了一次个人见面会活动。到了8月，爱迪生开始推广著名哑剧演员皮拉尔·莫兰小姐（Mlle Pilar Morin）。1911年2月，一位观众来信建议拍摄一个名为"电影画廊里的戏剧明星"

---

[1] 'Moving picture personalities', *The Nickelodeon* (hereafter NKL), 3, 3 (1 February 1910), 60.

的系列电影,此建议后来被名艺公司(Famous Players)所采纳。[1]

尽管放映商可能了解这些宣传活动,但我们还必须考虑观众是否也看到了明星。我们对璧克馥的名声的后知后觉,可能会引导我们过分强调她在发放给放映商的宣传资料上的形象。建构新明星以及宣传已受到观众认可的明星的方法,不仅包括海报、大堂展示卡和个人露面,还迅速蔓延到其他直指观众的宣传花招上。1911 年 4 月,制造商为放映商提供了最受欢迎的演员的幻灯片,作为换胶卷时出现的间隔时间的娱乐。那时的发行系统已经比较有规律,放映商可以用这些幻灯片来宣传明星们下一次出现在银幕上的日期。[2]

电影中的演职人员表,似乎也是从爱迪生公司开始的。1911 年 5 月,业内报纸提到了爱迪生公司的一个"引人注目"的创新,此创新就是把演员名单列在一个简洁的介绍性标题卡上。1913 年,爱迪生公司通过在电影片头展示演员形象并附上角色名字和演员真名,扩展了此项策略。(这一举措显然借鉴了戏院节目单。)[3]

最后,粉丝杂志在宣传电影和演员方面也发挥了作用。布莱克顿在 1910 年后期创办了《电影故事杂志》(*Motion Picutre Story Magazine*)。1911 年 2 月,他宣布了杂志的形式:

> 顾名思义,这本杂志讨论的是电影剧情,但这些剧情都被能干的作家讲述为带有杂志风格的有趣的小故事。第一期有 100 多

---

[1] Oliver Kendall, 'Faces we see on the screen', *NKL*, 3, 3 (1 February 1910), 63—5; 'From tyranny to liberty', *EK*, 3, 2 (15 August 1910), 11; 'Letters to "The Spectator"', *NYDM*, 65, 1676 (1 February 1911), 30.

[2] 'Your favorite player on a slide', *Motion Picture News* (hereafter *MP News*), 4, 15 (15 April 1911); (untitled), *MPW*, 8, 18 (6 May 1911), 999.

[3] '"Aida" (Edison)', *MPW*, 8, 20 (20 May 1911), 1140. 另见: Earl Theisen, 'The story of slides and titles', *International Photographer* (hereafter *IP*), 5, 11 (December 1933), 6; Earl Theisen, 'The evolution of the motion picture story, part II', *IP*, 8, 4 (May 1936), 12; J. Berg Esenwein and Arthur Leeds, *Writing the Photoplay* (Springfield, MA: The Home Correspondence School, 1913), 92—3.

页，奢侈地图解、复制了电影中的场景。

放映商可以订购杂志，在影院出售。一年之内，出现了两个类似的出版物：行业报纸《电影新闻》(*Motion Picutre News*)出版的《电影故事》(*Motion Picutre Tales*)以及《芝加哥论坛报》的周日版。随着《电影故事杂志》第一期的问世，电影宣传直接强调了演员的生活和爱情。业内报纸注意到1911年5月《克利夫兰领导者报》(*Cleveland Leader*)的一项举措，该报是首批投放有关电影制作的信息、而非只有电影内容概要的报纸之一。《电影剧》(*Photoplay*)杂志也于1911年创刊。[1]

有执照的制片商以及独立制片商的普遍盈利很快就允许其雇用已成名的戏剧明星，而不仅仅是配角演员。这其中的一个主要原因是对更长、更贵电影的投资的不断增长。当多部胶卷(multiple-reel)电影在1911年和1912年变得更加普遍，电影公司就有能力吸引这些戏剧演员从事电影制作。正如有人在1911年后期所解释的那样：

> 这个国家建立的单卷电影市场，只可能为每部电影带来中等的利润……
>
> 这种让一个出色的舞台明星，如（梅布尔）塔莉亚费洛(Taliaferro)小姐和米尔德里德·霍兰德(Mildred Holland)小姐出演电影的新的可能性，源自近期才开始流行的多卷电影。若是单卷影片，这一目的就无法实现了，除非是拍成一个系列片。但如果是三卷影片，收入将是普通电影的三倍，同时也使得电影的放映寿命更长，在未来获得复制的机会大大增加，尽管拍摄成本高，但制片商也还是看得到利润。[2]

---

[1] 'The Motion Picture Story Magazine', *MPW*, 8, 5 (4 February 1911), 228; 'Film stories in Sunday papers', *NYDM*, 67, 1725 (10 January 1912), 30; 'Cleveland', *MPW*, 8, 20 (20 May 1911), 1126.

[2] 'Spectator', '"Spectator's" comments', *NYDM*, 66, 1721 (13 December 1911), 28.

即便那时还是有人担心发行系统不能提供足够的利润,但是到了1912年拥有正规戏剧明星的"明星制"出现了。来自哥本哈根皇家剧院的"全明星阵容",法国著名戏剧演员莎拉·伯恩哈特(Sarah Bernhardt)和"全明星"电影公司都获得了大量宣传推广。1912年电影中的正规戏剧明星包括蕾珍(Rejane)、古德温(Goodwin)、费斯克太太、詹姆斯·哈克特(James K. Hackett)、詹姆斯·奥尼尔(James O'Neill)。尽管许多后来的电影明星都是出身于电影行业,但在1912年"明星"指的是那些知名的戏剧演员,观众无疑在银幕上看到了这些明星,并且知道自己看到了他们。[1]

这些背景信息和更精确的年表能够为我们理解电影明星制的革新带来什么帮助呢?首先,我们可以观察到那时的明星制并没有在戏剧行业发挥其全部的优势。该行业的辛迪加组织未获得所有从业者的认可。如果电影公司将他们的演员群体称为"固定剧团",那他们在某种程度上注意到了当时戏剧行业中明星制度和旧的固定剧团制度之间的争议。比沃格拉夫公司在是否应该把宣传重心从电影转到演员的问题上犹豫不决,可能是一种维持低薪的举措;也可能是在这场辩论中选边站队的一种策略,但他们支持的路线最终输给了更占主导地位的明星路线。伯恩海姆写道,戏剧《狮子和老鼠》(The Lion and the Mouse)在1905年的巨大成功,让整个行业倍感振奋,因为这部戏没有启用一个成名的演员。[2] 比沃格拉夫的行为也许是一个糟糕的商业考量,但并非毫无根据。

此外,很明显的一点是,无论是托拉斯公司还是独立制片商,其利

---

[1] 'Spectator', '"Spectator's" comments', NYDM, 66, 1721 (13 December 1911), 28; 'Will present big productions', MPW, 11, 2 (13 January 1912), 109—10; Robert Grau, 'Will vaudeville's salary uplift itself in picturedom', MP News, 5, 6 (10 February 1912), 10; 'The independent situation', MPW, 12, 11 (15 June 1912), 1016; William Lord Wright, 'William Lord Wright's page', MP News, 7, 2 (11 January 1913), 14.

[2] Bernheim, Business, 26.

用明星的策略都没有占据主导地位。独立公司可能会更积极地雇用受观众欢迎的演员,不过我们还需要做更深入的研究,才能得出有关产品竞争的结论。

汉普顿认为电影对演员的利用与戏剧有所不同,这个观点正确与否是一个值得探讨的问题。理查德·德阔多瓦(Richard deCordova)已在这个方面做出了有益的贡献。他最近主张,关于演员的电影话语在1910年代早期发生了变化,从有关演员职业生涯的信息转变为关于他们私人生活的信息。他认为,这种转变是为了应对戏剧明星的生活丑闻并试图提升电影的道德健康形象。这种变化对电影接受本身也具有意识形态意义。[1]

最后,发现到底从何时开始演员在宣传中比演出更重要是十分关键的。根据伯恩海姆的观点,这是转向明星制的可见信号。看见明星这件事,似乎比早先的电影史呈现给我们的更为复杂,但对修正主义电影史来说却非常重要。

(赵婧译 杨玲校)

作者简介:珍妮特·斯泰格(Janet Staiger)是美国德克萨斯大学奥斯汀分校讲授影视批判与文化研究的副教授。她的新作《阐释电影:美国电影的历史性接受研究》(*Interpreting Film*:*Studies in the Historical Reception of American Cinema*)即将由普林斯顿大学出版社出版。

---

[1] Richard deCordova,'The emergence of the star system',Athens,Ohio,1982 Ohio University Film Conference,7—10 April 1982.

2│明星制在美国的出现[1]

理查德·德阔多瓦

在标准的电影史中,推动明星制形成的力量被化约为个人主动性与一个关于公众欲望的物化(reified)概念。明星制并非仅仅是一个人甚或一个公司的发明;而对电影明星的渴望也不是某种自然发生的东西。

我们最好将明星制的出现视为一种知识的出现,并从这个角度来进行分析。在1909年之前,任何演员的名字都不为观众所知,但到了1912年,绝大多数演员都被"发现"了。[2] 从这个例子可以清楚地看出,"电影名人"(the picture personality)[3]是特定的知识生产和传播的产物。制片厂的宣传部门、电影和粉丝杂志生产并传播了这种知识。在本文中,我想要考察的是生产这一知识的规则,以及这些规则所经历的种种变奏。

明星制的出现涉及对围绕演员产生的知识类型(type)的严格管制。

---

[1] 本文是首发于《广角》(*Wide Angle*)杂志1985年第6卷第4期上的文章的稍短版本。文中的观点在理查德·德阔多瓦的专著《电影名人:明星制在美国的出现》(*Picture Personalities: The Emergence of the Star System in America*)一书中有更详细的阐述,该书由伊利诺伊大学出版社1990年出版。——编注

　　本文的中译借用了《名人文化研究读本》中收录的同名文章,并略有改动。——译注

[2] 参见 Anthony Slide, *Aspects of American Film History Prior to 1920* (Metuchen, N. J.: Scarecrow Press, 1978)。

[3] 电影名人(picture personality),即在不同电影中都可以被认出的演员(a performer recognisable from film to film)。——译注

我认为,在这方面,有三个重要的转变影响着明星制的发展。这些转变可以按照它们出现的顺序列为:1)表演话语,2)电影名人,3)明星。

在分别讨论这三个阶段之前,我要说明的是第二个阶段"电影名人"的出现并不意味着第一个阶段"表演话语"的消失(因此,第三阶段的出现也不意味第二阶段的消失)。最好这样概括这一转变的特点:它是关于演员这一特殊位置(site)的话语和知识逐渐叠加的过程。

一、表演话语

说这一特定位置是演员,可能会让人产生误解,以为这一位置是自我构建的。1907年以前,没有关于电影演员的任何话语。文本生产集中于其他地方,最主要的是关于电影装置(apparatus)本身,关于其神奇的力量以及再生产现实的能力。人们在银幕上获得再现这一点一目了然,但是这些人是演员的想法很可能还没有形成。表演是正规戏剧的一种职业,但它对于电影早期发展阶段的环境来说还非常陌生。毕竟,戏剧舞台不仅有演员,还有明星。电影在1907年之前对这些形式的完全忽视,正是其与舞台的再现模式几乎没有关系的证明。

当时的新闻话语主要集中于电影装置的科学性上。艾瑞克·斯穆丁(Eric Smoodin)令人信服地表明,这一话语认为电影的特点在于它是独立于人类劳动的产品。这种"装置的物化"在一些文章的标题中就显示出来了:"电影与创造它们的机器""揭秘摄影机"。[1]

1907年左右,这一关于装置的话语开始被另一种话语所取代,这

---

[1] Eric Smoodin, 'Attitudes of the American printed medium toward the cinema: 1894—1908', Unpublished Paper, University of California at Los Angeles, 1979.

一新的话语涵盖了人类劳动在电影生产中的作用,并最终将这种作用置于最突出的位置。但这不应该被看成是对生产方式的去神秘化,而是一种特定知识的经过调控的显现(regulated appearance)。这一知识进入了一场斗争,该斗争注定要为观众重置文本生产的位置,远离电影装置本身的工作。这一斗争涉及一些潜在的"生产位置"——制片商、电影摄影师(或导演)和电影编剧——当然最终成为这方面焦点的是演员/明星。

正是在这一语境中我们必须考察最初出现的表演话语。1907年,《电影世界》(*Moving Picture World*)上出现了以"电影摄影师和他的一些困难"为标题的一系列文章。这些主要描述摄影师工作的文章,为电影表演者(picture performer)提供了如下的定义:

> 那些通过在电影放映机上摆姿势而赚钱的人被称为"电影表演者",他们必须要承受重重困难。实际上他们都是专业的舞台演员,晚上在百老汇演出,白天在制片厂赚点外快。因此在很多演出中有时会发生这样的事:一个杂技演员刚刚在现实生活中表演完翻筋斗,又表演起传统的"乡下人"或"伪钞制造者"的角色,但仅仅是以幻影的形式出现在电影银幕上。[1]

这篇文章以及很多随后的文章都用"摆姿势(pose)"这个动词来描述出现在电影中的人的活动。在表演话语出现之前,人们基本上是根据摄影的传统来理解这一活动的。甚至在表演话语出现之后,我们仍然可以看到摄影性的身体概念与戏剧性的身体概念、摆姿势与表演之间的纠缠。这一矛盾状况与当时这一产业所发生的变化有重要的联系。罗伯特·C.艾伦(Robert C. Allen)注意到,"在1907—1908年间,美国电影的制作发生了巨大的改变;在这一年里,叙事形式的电影(喜

---

[1] 'How the cinemaphotographer works and some of his difficulties', *Moving Picture World* (hereafter *MPW*), 1, No. 14 (8 June 1907), 212.

剧和故事片）在产量上几乎使纪录片形式黯然失色"。[1] 更加显著的是故事片的产量从 1907 年的 17% 增长到 1908 年的 66%。[2] 电影生产中的这种变化毫无疑问支持了"人们在电影中进行表演"的观点，不过，纪实电影的突然消失留下了电影与摄影传统紧密相连的浓重痕迹，也并不为奇。

在早期的一系列文章中的诸多故事中，不少都是以电影中的人物活动为主题。这些故事都追随同一种基本模式。这里有一个例子。这是一个关于拍摄抢劫银行的场景的故事：

"劫匪"以最逼真的方式闯入银行，劫持了出纳，开枪打"死"了一个想要进来救援的保安，抓起一大包钞票逃之夭夭。到此为止，一切都进行得很顺利。劫匪正在街上飞奔，警察在其后追捕，正如电影所设计的那样。这时，一个殡葬店的店员因喧闹声而向店外张望，他看一眼就足以知道，成为英雄的时刻终于到了。两个"劫匪"向他冲过来，店员跳进人行道，将左轮手枪瞄准最前面的逃亡者，威胁道："站住，小偷，否则我就开枪打爆你的头。"[3]

生活中的店员逮捕了两个虚构的劫匪，直到银行行长说服他这个抢劫案是一场戏，他才释放了他们。

这个故事利用了电影、前电影[4]以及现实的混淆，但它的主要目的是区分这三者。这些区分的可能性是这里被称为"电影表演者"出现的必要条件。首先，这一出现依赖于表演者存在于电影本身的叙事之外的知识。由于引入了前电影事件的偶然性，这些故事就不仅仅是对计

---

[1] Robert C. Allen, *Vaudeville and Film 1895—1915: A Study in Media Interaction* (New York: Arno, 1980), 212.
[2] Ibid., 213.
[3] 'How the cinemaphotographer works and some of his difficulties', *MPW*, 1, 11 (18 May 1907), 166.
[4] 前电影（profilmic）又译"镜头内景物"，即镜头所记录下来的场景和现实（the scene that camera is recording）。——译注

划好的电影叙事的简单复述,它们区分了先于电影的存在和电影本身,并且赋予前者一个相对独特的地位。其次,故事提出了(与电影叙事相分离的)另一种叙事,这一叙事以表演者在电影生产中的角色为主题。

也许更加明显的是,这个故事区分了前电影与现实。一个人物将安排好的拍摄场景当作真实生活里发生的事件。在弄清二者的区别的过程中,人物——以及读者——必须面对摄影机拍摄下的虚拟状态。电影中上演的场景"不是真的,而是假装出来的",对这个事实的关注对在电影中出现的人的地位有直接的影响;它将被拍摄的身体建立为一个虚构性生产的位置。

这些故事经由对电影再现之"现实"的操弄而被组织起来,也将人们带向了再现背后的现实:也就是电影中出现的那些人的创造性劳动。现在,我想要考察的是,表演话语如何将这种劳动符号化。这一符号化在这些早期文章里还属于尝试性质。比如说,早前引用的定义中对"表演者"这一术语的使用。它所包含的大众娱乐的含义削弱了关于正规演员的艺术能够被直接搬到银幕上的所有说法。这些说法在接下来的几年中大量出现,但是在 1907 年,电影表演与正规舞台表演是截然不同的。下面的引文来自《电影摄影师和他的一些困难》这篇文章的后半部分,引文一边强调了这些差异,一边又肯定了电影演员的才能。

(电影)总是雇用正规演员,他们通常都是一流演员,因为他们必须很好地理解如何用姿势和动作表达某个事件的情感(emotion of a happening)。演员必须完全熟知这种诀窍,否则就不能胜任。那些在舞台上过于沉着、仅仅通过声调或细微的动作来表达意思和情感的演员,对于电影来说是完全无用的。有时候,那些在舞台上只能小打小闹演些小配角的演员,由于喜好使用姿势和动作,在电影中反而能有好的表现。[1]

尽管电影表演在这里被等同于舞台表演,但是显然电影演员的职责在很大程度上局限于让情节变得可理解。电影《鞋匠与百万富翁》(*The Cobbler and the Millionaire*)的一位评论者正是以此为标准提供了关于"好演技"的最早评估之一。"这部电影中的表演太精彩了,人们甚至可以在没有字幕的情况下看懂这个故事。"[2]微妙的心理感受在此处并不重要;电影中的情感表达被视为一种宽泛的、非个人化的东西:"某个事件的情感"。

对故事情节和动作的强调将电影与正规舞台严格区分开来,这不仅涉及电影所要求的表演类型,更加重要的是,还涉及所隐含的电影类型。诸如追逐片(chase film)这种早期类型片完全依赖于动作,表演者塑造的都是一些粗泛的社会类型(警察、伪钞制造者,等等)。实际生产的电影类型与表演话语的艺术自负之间的断裂,常常在对电影演员的讽刺态度中表现出来。在这些早期的文章中,"演员"和"艺术家"这些词语通常都被加上了引号。沃尔特·普理查德·伊顿(Walter Prichard Eaton)在《千篇一律的戏码》("The Canned Drama")中通过分辨一个电影布景中的两匹马——一个是专业演员,另一个只是业余演员——来谐讽电影中存在专业演员的说法。[3]

1908年,出现了一些用来证明表演可以被直接运用到银幕的电影。其中最重要的是法国百代公司的艺术电影。[4] 下面的引文清楚地表明了这些电影在表演话语方面的重要性。

---

[1] *MPW*,1,19(13 July 1907),298.
[2] *MPW*,5,9(28 August 1909),281.
[3] Walter Prichard Eaton,'The Canned Drama', *American Magazine*,68(September 1909),493—500.
[4] 法国百代公司(the Pathé Company)的艺术电影(Films d'Art)主要为观众提供由知名舞台演员演出的、根据著名经典或当代戏剧改编的电影。它是法国电影为了打开观众市场,吸引受过良好教育的观众的一个举措。——译注

目前最大的进展(仍然还有很大的进步空间)全部是在戏剧结构和重要的表演方面。用戏剧批评的语言这样迂腐地谈论电影是否听上去很傻?如果你先看一场劣质的美国电影,紧接着再看一场好的法国电影,就一点也不会感觉这种说法很傻了。[1]

就百代公司的艺术电影而言,我上周提到过《尤利西斯的归来》(The Return of Ulysses)这部片子,有必要指出,这个故事是由法兰西学院的勒美特(Jules Lemaitre)写的,由巴特夫人(Mme. Bartet)、阿尔伯特·兰伯特先生(MM. Albert Lambert)、勒劳尼(Lelauny)和保罗·莫奈(Paul Mounet)担纲主角,他们都来自巴黎的法兰西喜剧院。这相当于大卫·贝拉斯科和他的斯泰弗森特剧院[2]为爱迪生电影公司工作。我想再一次提请美国制片商注意这一点![3]

表演话语所使用的、并由这些电影所支持的美学范畴,清楚地表达了阶级差异。有关电影中的表演艺术的指涉意在帮助电影合法化,打消镍币影院所忽略的中上阶层对它的敌意。一种迎合附庸风雅者的新的消费场所诞生了。

从1909年开始,出现了一些从阶级的角度将动作(action)和表演(acting)对立起来的文章。下面的引文几乎就是这方面的一个宣言。

"我们的公众"中的大多数人都坚持认为电影应该有动作……每一分钟都要有什么在那儿运动着。另一方面,还有很多人要求出色的表演,喜欢"精致的感触",想要看见女主角看上去好像她的

---

[1] Eaton,499.
[2] 大卫·贝拉斯科(David Belasco,1853—1931):美国著名舞台剧演员、导演和编剧,1907年修建了斯泰弗森特剧院(Stuyvesant Theatre)。——译注
[3] Thomas Bedding, 'The modern way in moving picture making', *MPW*, 4, 12 (20 March 1909), 326.

情人有生命危险,而不是在 Dolan 餐馆点一盘"牛肉"。[1]

作者接着赞赏了那些结合了动作和表演,从而在上层阶层和下层阶级都受欢迎的电影。这一点很重要,因为这里的关键是大众观众(mass audience)的产生,而不是对某一特定观众群的放逐。表演话语是当时的一个更大策略的重要组成部分,这个策略旨在树立电影的体面名声,以便保证观众数量的增长。

从另一方面看,表演话语对于电影的制度化具有根本的重要性。我已经说过,这一话语取代了有关电影装置的话语,并将文本生产重置于人类劳动之中。这种重置标志着一种产品个性化的新形式,更符合一个不断合理化的生产体系;观众的欣赏能力不再仅仅局限于机器的魔力,或是对被拍摄物体的社会文化兴趣,而是包括了在表演的层面上对特定的电影进行识别的可能性。

二、电影名人

电影名人在这一时期成为产品个性化的核心所在。1909 年,电影名人或者以他们本来的名字,或者以公众赋予他们的名字开始出现。这常常被视为明星制的开端。的确,在这一时期,明星浮现为一种经济现实。然而,我已在电影名人与明星之间作了区分,认为前者出现于 1909 年,后者则出现于 1914 年。电影名人有一套特定的知识规范将其与明星显著区分开来。

生产电影名人的知识有三种主导形式。首先是关于名字的传播。

---

[1] *MPW*, 5, 14 (2 October 1909), 443.

通过隐藏和揭露的双向运动,演员的名字构成了一种知识。制片商拒绝透露其演员名字的事实被极度夸大了。比沃格拉夫(Biograph)其实是唯一坚持这一策略(即拒绝透露演员名字)的电影公司。杂志、报纸和广告都在不断地提及演员的名字(他们显然得到了制片商的配合);事实上,有关电影名人的知识在这一时期获得了极大的扩散。

当然,这一知识是在一种确切的隐秘语境中出现的,而这一点毫无疑问误导了许多历史学家。电影中所涉及的人类劳动这一"真相"被建构成一个秘密,以便让真相的发掘更令人愉悦,因为这个真相是从假装要掩盖它的企图中浮现出来的。[1] 例如,人们给出的他们所设想的隐瞒演员姓名的主要原因之一是,电影演员实际上是正规的戏剧演员(也许还是知名演员),他们不想因为出演电影而使个人名誉受损。然而,这样的解释并没有让真相大白;它只是强化了秘密,让其加倍隐秘。根据这个逻辑,那些不知道某个演员名字的影迷会认为这是因为该演员很出名。

早期影迷杂志在很大程度上依靠公众在获知演员名字时得到的快乐。诸如《电影故事杂志》(Moving Picture Story Magazine)上的"人气演员谜语"这种专栏就非常吸引观众。比如这则谜语:"最受孩子欢迎的宠物"。[2] 答案是演员约翰·邦尼(John Bunny)。

这个杂志还有一个问答专栏。几乎所有问题都问到了在一部电影中谁是主演。这种问题意味着想要将演员姓名的传播和他们所出演的电影的传播区分开是很困难的。这里的关键是最普通意义上的确认(i-dentification):即将一部电影里的某个演员和其姓名对应起来。然而,这种确认远远超越了单部电影。因为演员的名字首先意味着一种互文

---

〔1〕 这一情况与福柯所讨论的性"秘密"相类似。参见 Michel Foucault, *The History of Sexuality*, vol. 1, trans. Robert Hurley (New York: Random House, 1978)。
〔2〕 *The Motion Picture Story Magazine*, 5, 6 (July 1913), 127.

性(intertextuality),观众需要在不同的电影中认出和确认某个演员。

这一互文性是作为电影机制不断增加的规律(regularity)和规则(regulation)的尺度而出现的,它既体现于电影机制的产品(同一演员有规律地在各种电影中露面),但更关键的还是在观众方面,观众只有经常光顾电影院,互文性的意义才能显现出来。这种互文性可以被认为是构建电影名人的第二种知识形式。然而这一知识并不是单单在电影院中产生的;新闻话语也支持了它的生成。这种互文性最重要的一点是,它将有关演员的知识限制在他们所出演的电影的文本性中。"电影名人"这个术语本身就是这种限制的证据。公众感兴趣的是电影所刻画的演员个性。弗兰克·莱辛(Frank Lessing)在一篇文章里这样解释他在表演上的成功:"一个人只能表现他自己的真实面貌。"[1]正确的表达其实应该是,"一个人就是他/她在电影里所表现的那样",因为这样才准确定义了电影名人的同义反复性存在(tautological existence)。

构成电影名人的第三种知识与演员的职业经历有关。只要这一知识与演员先前的电影经历有关,它就可以在各种电影之间建立起上文所讨论过的互文性空间。不过,这一知识常常涉及到演员的舞台经历,可以被视为表演话语的延续。

> 当我们想到洛蒂·布利斯科小姐(Lottie Briscoue)与戏剧艺术大师理查·曼斯菲尔德(Richard Mansfield)曾共事多年,她的伟大成功就不足为奇了。布利斯科小姐由于其聪明才智和悦人的个性已经在电影界赢得了众多的崇拜者。[2]

我已经讨论过表演话语如何通过对舞台表演的指涉使电影合法化。需要注意的是,这种合法化完全是在职业层面发挥效力的。电影名人的出现,并没有在这方面带来任何重要的转变。一位作者在试图解释人

---

[1] *MPW*,8,5(4 February 1911),23.
[2] *The Motion Picture Story Magazine*,1,1(February 1911),23.

们为何会爱上日场偶像[1]时曾得出这样的结论,这证明偶像的"表演与他们的个性一定是完全一致的"。[2] 有关电影名人的知识则局限于演员的职业存在——要么是他/她在各种电影中的表现,要么是他/她以前的电影和戏剧表演经历。

三、明星

正是在这一点上,我们可以将明星和电影名人区分开来。明星的特点是相当彻底地表达了职业生活/私人生活范式的接合。随着明星的出现,演员在电影工作之外的存在的问题也进入了话语。

这一问题要求在很大程度上改变对有关演员的知识的管控。制片商不再能够将有关演员的知识限制在他们出演电影的文本性中。因此,制片厂曾经拥有的对电影名人形象的绝对控制,在某种程度上被撤销了,但只有这样它才能扩展到另一个领域。明星的私人生活作为新的知识和真相所在出现了。

1914年,《电影剧》[3]刊出了一个小故事,题目叫"洛里·斯塔尔(Loree Starr)——电影剧偶像"。[4] 最令人印象深刻的是它的副标题——"一个展现新型英雄的奇妙的系列故事"(A Fascinating Serial

---

[1] 日场偶像(matinee idols)指的是那些深受粉丝喜爱的男性电影或舞台剧明星。这一词语带有贬义。由于日场表演的票价比夜场便宜,因此日场表演的观众被认为是一些受教育程度不高或年龄较小的观众。他们感兴趣的主要是演员的外表,而不是演技。——译注

[2] *MPW*, 6, 12 (26 March 1910), 468.

[3] 《电影剧》(*Photoplay*):美国最早的影迷杂志之一。1911年创刊于芝加哥,早期主要发表和电影情节、人物相关的小故事。因公众对明星私生活的极大兴趣,1918年发行量高达20余万份。该杂志被认为是名人媒体(celebrity media)的始作俑者。——译注

[4] Robert Kerr, 'Loree Starr-Photoplay Idol', *Photoplay*, September 1914.

Story Presenting a New Type of Hero)。这个新英雄正是不同于电影名人的明星。大约在这个时期,明星开始成为与他/她所参演的任何特定电影相分离的叙事的主题。

下面这段 1916 年的引文明确地提出了明星的问题:"甚至在无所不见的摄像机镜头的年代,都有一些电影演员所做出的英雄事迹和明显是自我牺牲的行为从未见诸照片和印刷品"。[1] 引文结尾问道:"胶卷上的(REEL)英雄是真正的(REAL)英雄吗?"

因此,个人生活和职业生活成为可以在范式中接合的两个自主领域。不过,需要注意的是,这两个领域是在一种类似的或冗余的关系中建构出来的。真正的英雄其实就像胶卷上的英雄一样行事。关于明星的知识被限制在这种相似性的范围之内。明星的私人生活不能与他/她的电影形象相违背——至少在道德倾向方面必须一致。[2] 二者必须是相辅相成的。由于电影将其文本和意识形态功能延伸到了明星话语,电影的力量也因此获得了加强。

明星话语引发了两个相关的策略。第一个涉及对戏剧的激烈反对(backlash)。戏剧明星的私人生活通常与各种丑闻联系在一起。明星话语就包含了将电影明星与这种戏剧传统分离开来的努力。哈里·S. 诺斯罗普(Harry S. Northrup)这样解释他为何不想回到戏剧舞台:

什么? 舞台? 休想,我清楚自己……你看看这儿。一个人还能要求什么? 一个舒适漂亮的家,工作 52 周却拿年薪。舞台能给

---

[1] *The Motion Picture Classic*,February 1916,55.
[2] 在此需要一些精确的说明。一定程度的矛盾是这一时期的表演所必不可少的。比如,玛丽·璧克馥(Mary Pickford)在电影《史黛拉·马瑞》(*Stella Maris*,1918)中的表演力度,依赖于璧克馥作为一个富有的电影明星与她在电影中作为身无分文的孤儿(璧克馥在影片中一人扮演两个角色,其中一个角色是孤儿)之间的身份差异。我认为这样的矛盾地带通常不涉及道德范畴。

我这些吗？不可能。[1]

下面的引文更加明确。

> 舞台生活都是夜间工作，白天睡觉，饮食不规律，经常旅行和近距离接触，它不能促进一种自然的生活方式，只是给很多人一种所谓的魅力。这与制片厂的工作有很大反差。在后者，工作被安排在正常的办公时间——白天工作；没有夜晚、乐池和人工灯光的魅惑。演员就住在邻里之间，人们视他为永久的、值得尊敬的公民。晚上可以待在家里，自己家里的那种普通健康的气氛有助于产生高雅的影响。健康的户外白天工作和一个持久的朋友圈有助于一种健全、稳定的生活方式。那种伴随着差旅生活的焦躁和孤独也烟消云散了。[2]

无疑，这段引文所强调的是电影作为一个机制的道德健全。明星话语表明电影"在源头上"就是一个健康的现象。

这种健全主要是通过不断提及明星的家庭而得到证明的。电影名人与明星的一个主要区别就是，后者支持一种家庭话语。事实上，这种有关明星家庭生活的话语，复制了当时电影中所生产的家庭话语。[3] 塑造明星的叙事与这些明星所主演的电影，都植根于同一种表征形式。

这两个领域的冗余性，是与标志着明星制出现的权力与知识的特定接合相联系的。随着演员的私人生活成为一个有价值的知识场所，出现了一种将这种知识限制在特定范围的管控。通过这种方式，明星

---

[1] *Photoplay*, September 1914, 70.
[2] *Motion Picture Magazine*, February 1915, 85—88.
[3] 有关那个时期电影中的家庭话语的有趣论述，参见 Nick Browne, 'Griffith and Freud: Griffith's family discourse', *Quarterly Review of Film Studies*, 6, 1 (Winter 1981), 76—80.

制像当时的电影一样,支持了同一个意识形态工程。值得进一步研究的是这一管控在20年代早期的明星丑闻中的明显失效,以及这种失效与1922年海斯办公室[1]的创立之间的关系。

(张淳译　陶东风、杨玲、刘金平校)

作者简介:理查德·德阔多瓦(Richard deCordova)在美国德保罗大学讲授影视研究。他的专著《电影名人:明星制在美国的出现》(*Picture Personalities*:*The Emergence of the Star System in America*)最近由伊利诺伊大学出版社出版。

---

[1] 海斯办公室(Hays Office):美国1922—1945年之间的电影审查、管控机构。正式名称为"美国电影生产商和发行商协会"(Motion Picture Producers and Distributors of America)。该组织由主要电影公司发起成立,Will H. Hays(1879—1954)担任主席,目的是改善电影行业的形象和提供内部管控。——译注

3 | 梅西百货公司橱窗中的卡洛尔·隆巴德[1]

查尔斯·埃克特

在19世纪的最后25年,美国的商业专注于生产。它的大多数精力都致力于扩大工厂,提升效率以及压榨劳动力,从而获取更多利润,以便在生产方面增加投资。19世纪的最后5年中(电影恰巧也在那时被发明),美国商业陷入了产能过剩的困境,大量产品无人问津。所以商业转向以销售为主导。在20世纪的前20年里,销售技巧过分发展,疏远了大众,并引起了知识分子的反商业和反物质主义的情绪。大约在1915年,对销售的极端重视让位于对管理以及内部结构重组和系统化的迷恋。利润虽然得到决定性的提高,但是生产和消费之间的矛盾、高效生产和销售与低收入工人的购买力之间的矛盾,并没有得到解决。因此,在整个1920年代,商业开始以消费者为主导。

当美国的商业在不断向前发展时,好莱坞也从小本经营发展为一

---

[1] 本文最早发表于《电影研究评论季刊》(*Quarterly Review of Film Studies*)1978年第3卷,第1期,版权为 Harwood Academic Publishers 所有。收入论文集时有删节。——编注

卡洛尔·隆巴德(Carole Lombard, 1908—1942):1930年代好莱坞最有才华的女星之一,1936年因影片《闺女怀春》获奥斯卡最佳女主角奖提名。——译注

个娱乐产业,获得美国电话电报公司、海登·斯通公司、[1]狄龙·瑞德公司、[2]美国无线电公司、摩根财团、A. P. 贾尼尼的美国银行、洛克菲勒的大通国民银行、高盛集团、雷曼兄弟、哈尔西·斯图尔特公司[3]等大公司的资金支持。总之,好莱坞的赞助商包括了美国所有重要的银行、投资业以及几家最大的公司。随着那些经济巨头的代理人出现在电影制片厂的董事会中,以及商业世界弥漫着消费主义的时代思潮,好莱坞在由消费主义哲学所催生的资本主义历史发展的新阶段中粉墨登场的时机已经成熟。

这一切将我带入了一个故事,或者说一种传奇,我将开始讲述这个故事,并像所有好的故事叙述者一样直入主题。

一

贝蒂·戴维斯[4]被火车刹车的声音吵醒,拉开了窗户的帘子。在冬季的月光下,被深冬的大雪覆盖的堪萨斯平原一片灰色。邮件收发员瞥见了贝蒂的脸庞,但他太过于震惊火车车厢的豪华,以至于没有认出自己最喜欢的明星。车厢全部由金叶子覆盖。火车的其余部分是耀

---

[1] 原文是 Hayden Stone,疑为"Hayden, Stone & Co.",美国运通公司(Shearson/American Express)的前身,查尔斯·海登(Charles Hayden)和盖伦·L. 斯通(Galen L. Stone)成立于1892年的证券公司。——译注
[2] 原文为"Dillon Reid",疑为"Dillon, Read & Co.",美国1920年代到1960年代的一家著名投资公司。——译注
[3] 原文为"Halsey Stuart",疑为"Halsey, Stuart & Co.",成立于1911年的著名投资公司,总部在芝加哥。——译注
[4] 贝蒂·戴维斯(Bette Davis,1908—1989):美国电影和舞台剧演员,代表作品有《彗星女人》《红衫泪痕》《女人女人》等等,曾获第8届和第11届奥斯卡最佳女演员金像奖,1999年被美国电影学会评为"百年来最伟大的银幕传奇演员"。——译注

眼的银色。一节车厢中一条很高的收音机天线神秘地出现。陷入震惊的收发员几乎没有意识到火车已经再次开动。他以后会向他的孩子们讲述那个也许是供某些西部的黄金大亨或者从国外来的富翁所使用的金色的豪华车厢。但他永远不会知道火车内部还蕴藏着更多的奇迹。

随着火车提速,其他乘客在睡梦中变换了姿势,这其中有劳拉·拉·普拉塔、[1]普雷斯顿·福斯特[2]和许多腿部健壮的金发女郎(超凡脱俗的托比·温[3]也在她们当中吗?)。在一个邻近的休息室里,克莱尔·多德[4]、莱尔·塔尔博特[5]和汤姆·米克斯[6]还醒着,正在聆听陷入回忆的利奥·卡里洛[7]。另外一个车厢场景如同达利漂浮在堪萨斯的夜空上一样充满超现实主义。格伦达·法雷尔[8]身穿詹特森(Jantzen)牌子的泳衣躺在一个微型的马里布沙滩上,这个沙滩出现在用通用电气公司的紫外线灯泡人工制造的加利福尼亚的天空下。沙滩上的沙子是真正的沙子。其他的一切则是不真实的。

倒数第二节车厢里没有人。由通用电气公司制造的"莫尼特炮塔"冰箱[9]位于通用电气公司的电炉旁边,它发出来的嗡嗡声在铁轨的咣当声中几不可闻。当有人适应了黑暗之后,就会发现这里看起来像梅西百货或者金贝尔斯百货公司的一个整体示范厨房,被压缩在火车餐厅的长方形空间内。最后一节车厢的主人是一匹华丽的白马。一个有

---

〔1〕 劳拉·拉·普拉塔(Laura La Planta,1904—1996):美国女演员,以出演默片闻名。——译注
〔2〕 普雷斯顿·福斯特(Preston Foster,1900—1970):美国电影和舞台剧演员。——译注
〔3〕 托比·温(Toby Wing,1915—2001):美国女演员和广告女郎。——译注
〔4〕 克莱尔·多德(Claire Dodd,1911—1973):美国电影演员。——译注
〔5〕 莱尔·塔尔博特(Lyle Talbot,1902—1996):美国电影和舞台剧演员,出演了很多早期华纳兄弟电影公司出品的影片。——译注
〔6〕 汤姆·米克斯(Tom Mix,1880—1940):美国电影演员,以出演西部片闻名。——译注
〔7〕 利奥·卡里洛(Leo Carillo,1880—1961):美国电影和歌舞剧演员。——译注
〔8〕 格伦达·法雷尔(Glenda Farrell,1904—1971):美国电影女演员。——译注
〔9〕 1927年,通用电气公司推出了一款名为"Monitor-top"的冰箱。由于其压缩机暴露在冰箱顶部,类似美国内战时期的战舰莫尼特号(USS Monitor)的炮塔而得名。——译注

3 梅西百货公司橱窗中的卡洛尔·隆巴德

刺绣图案的马鞍搭在白马旁边的扶手上,上面印着名字"国王"。那匹马睡着了。

由于富兰克林·德拉诺·罗斯福总统的就职典礼,这些女演员和电气设备、牛仔以及微型的马里布海滩被聚集在一趟列车上,并且在1933年2月的一个晚上被布置在堪萨斯中部地区。如果这个逻辑对你来说很陌生,那你就得认识华纳兄弟的销售经理查理·恩菲尔德(Charles Einfeld)了。

查理·恩菲尔德是一个梦想家。但是不像你我的梦想那样,他的梦想总是会实现。查理·恩菲尔德梦想着(而且它成真了)华纳公司的新音乐剧《第四十二街》(42nd Street)将在罗斯福就职典礼的晚上上演,电影中的明星(如果可能的话,与其他签约的明星一起)将乘着一趟名叫"美好时代专号"(Better Times Special)的列车前往纽约,然后他们为了就职典礼再前往华盛顿。毕竟,这部电影宣扬了罗斯福新政所宣传的齐心协力击败大萧条的哲学。影片的明星沃纳·巴克斯特(Warner Baxter)扮演的角色,显然是罗斯福的化身。然后,恩菲尔德寻求与大公司结盟,用大量的令人震惊的广告宣传来换取共同分担火车的花费。已经是华纳兄弟的电影设备供应商的通用电气公司,上钩了。

披金戴银的火车被赋予了一个明确的名字:华纳·通用电气美好时代专号。在它从洛杉矶横穿北美前往纽约的路上,它的收音机播放着迪克·鲍威尔(Dick Powell)的低音爵士乐、通用公司的广告语以及乐观主义。(作为美国无线电公司和全国广播公司的母公司的通用电气公司,可以帮助华纳的电台与当地电台进行连接。)火车每到一个主要城市,明星们以及合唱队的女孩们就乘坐汽车前往通用公司最大的展厅,展示着任何他们被推上去展示的设备。晚上的时候,他们就会出现在一个重要的剧院里,进行一个小型的首演,他们最终的目的地当然是《第四十二街》。

3月9日,庸俗华丽的曼哈顿第四十二大街看起来像教堂里的醉鬼一样显眼：美国国旗以及红白蓝相间的条纹旗覆盖了街上的建筑；普通的白炽灯泡被换成通用公司闪烁着金色光芒的灯泡；一队克莱斯勒汽车（一个单独的合作）和通用公司的汽车设备为下午晚些时候的游行做好了准备，这个游行将会吸引那些下班的人。北河边上停泊着的一艘邮轮将会鸣礼炮——以一声巨响结束空中焰火的颤音。当列车从新罗谢尔靠近纽约的时候，一队小型飞机跟随着它。一旦列车到达目的地，时间表就像一场加冕礼那样严格：首先是在中央车站由第四十二街业主和商人联合会举行的接待会，接下来是游行，在萨姆·哈里斯剧院举行的通用电气公司销售会议，以及在斯特兰德酒店举行的盛大首演。

电影、电气设备、房地产、交通运输、党派性的爱国政治和显而易见的追星狂热之间令人震惊的结合，并不完全出自查理·恩菲尔德的头脑，尽管他是一名杰出的梦想家。这只能从1930年代中期好莱坞与美国经济之间几乎乱伦式的霸权关系的角度来解释。

好莱坞一头扎入美国商业市场的故事涉及两段单独的历史：一段是关于时尚、家具、饰品、服装和其他人工制品的展示，另一段是与著名制造商、企业以及工厂之间合作关系的建立。这两段历史相互影响，但是各自有其独特性，这种独特性足以导致在电影制片厂内和厂外独立工作的专家的诞生。

第一段历史的范围可以用一句话来概述：在19世纪与20世纪之交，好莱坞仅拥有一个服装（衬衫）制造商，一个家具制造商也没有；到了1937年，洛杉矶的服装制造商协会列出了130个成员，洛杉矶家具制造商协会有150个成员，另外还有330个参展商。此外，250家美国最大的百货商店都在洛杉矶设有永久的采购员。

当那些与这个发展进程关系密切的人回忆起它的起源时，他们会首先提起塞西尔·B.德米尔（Cecil B. DeMille）。德米尔在他的传记中宣称，他在1910年代和1920年代所开创的电影形式是他对来自纽约的宣传和销售人员的压力所做的回应。这些人员只需要很少的（或者说根本不需要)古装故事片,他们要的是"充满各式各样的服装、豪华的布景以及动作的"现代戏。德米尔给派拉蒙影业公司带来了有天赋的建筑师、设计师、艺术家、服装师以及发型师,这些人一方面吸收了时尚和家具装饰中最流行的风格,另一方面创造了属于他们自己的特色。德米尔的"现代电影剧(photoplay)"——如《无论好坏》(*For Better, For Worse*)和《为什么换掉你的妻子》(*Why Change Your Wife?*)等电影,为观众提供了一场时髦与前卫的视觉盛宴。

德米尔完善了一种旨在引领时尚的电影展示,而粉丝杂志和电影厂宣传照则帮助扩散了本土的好莱坞"户外"风格,这种风格由露背泳装、长及小腿的女裤、宽腿长裤、轻便的大衣以及裙子组成。到了1930年代早期,这些风格已经渗透到了美国最小的城镇,并且彻底革新了休闲和运动服装。

从1927—1929年,洛杉矶的时尚制造业和批发业经历了爆发性的增长。一些德米尔的设计师为了迎合高端消费者的需求而开了商店。乡村俱乐部制造公司开创了有版权的风格样式,这些样式由单个明星做模特并使用他们的名字。随后"好莱坞妙龄小姐"也参考此模式,给每件服装加一个标签,标签上印有明星的名字和照片。这个品牌系列在每个主要城市都选择了一家商店进行独家销售,并且附有一个特殊的条件,即商店需要为这个品牌留出特别的展示楼层。不久,12家大衣和套装的制造商联合成立了好莱坞时装协会。除此之外,服装制造商协会也开始协调行动,为许多风格系列的服装进行全国范围内的推销。后者首创了一种在整个1930年代司空见惯的宣传形式:它拍摄了成千上万张明星照片,在这些照片里,明星扮作服装模特出现在新闻编辑们喜欢的场所,比如圣塔安尼塔赛马场、玫瑰碗[1]、好莱坞游泳池以

---

[1] 玫瑰碗(the Rose Bowl)指的是洛杉矶北部的帕萨迪纳市的玫瑰碗球场,年度性的NCAA美国大学美式足球比赛的举办场地。——译注

及正式的电影招待会。这些照片配上恰当的文字被免费发放给成千上万的报纸和杂志。更为奇特的是,这个协会还组织了巴士和飞机时尚秀,载着明星、设计师以及采购员到度假胜地和著名的餐馆,出现在事先安排好的闪光灯下。

如果有人在1929年年末走进纽约最大的百货商店,就会发现好莱坞时尚无所不在的丰富证据,以及一股对电影的狂热。一家商店雇用了身着制服的纽约罗克西(Roxy)剧院的领位员作为它的楼层经理。另外一家商店则招聘长得像珍妮·盖诺[1]的女售货员和长得像巴迪·罗杰斯[2]的咨询台工作人员。在萨克斯百货(Saks)工作的彭伯顿小姐会告诉你她每天收到5个订单,订购与米利亚姆·霍普金斯[3]在《针眼里的骆驼》(*Camel Thru a Needle's Eye*)里穿的一样的睡衣。她还接到了许多订单预定波林·罗德[4]、林恩·方汀[5]、弗里达·伊妮司各特[6]、西尔维亚·菲尔兹[7]、穆丽拉·柯克兰[8]所穿的长袍和套装。

然而只有在伯纳德·沃尔德曼(Bernard Waldman)以及他的现代推销局(Modern Merchandising Bureau)出现之后,纽约电影和商业的联姻才变得有序起来。沃尔德曼的公司迅速为所有除了华纳兄弟之外的大

---

[1] 珍妮·盖诺(Janet Gaynor,1906—1984):美国著名女演员,首位奥斯卡最佳女演员获得者。——译注
[2] 巴迪·罗杰斯(Buddy Rogers,1904—1999):美国著名男演员、爵士音乐家,作品《翼》(*Wings*)1927年获奥斯卡最佳影片。——译注
[3] 米利亚姆·霍普金斯(Miriam Hopkins,1902—1972):美国电影、电视和舞台剧女演员,1935年以电影《浮华世界》(*Becky Sharp*)获奥斯卡最佳女演员提名。——译注
[4] 波林·罗德(Pauline Lord,1890—1950):美国电影和舞台剧演员。——译注
[5] 林恩·方汀(Lynne Fontaine,1887—1983):出生于英国在美国发展的女演员,主要出演舞台剧,百老汇以她以及其丈夫亚非雷德·伦特(Alfred Lunt)的名义建立了Lunt-Fontaine Theatre,她被认为是20世纪最佳舞台剧演员之一。——译注
[6] 弗里达·伊妮司各特(Frieda Innescourt,1901—1976):出生于苏格兰的美国女演员。——译注
[7] 西尔维亚·菲尔兹(Sylvia Fields,1901—1998):美国电影、电视和舞台剧女演员。——译注
[8] 穆丽拉·柯克兰(Murial Kirkland,1903—1971):美国电影和舞台剧女演员。——译注

电影制片厂(总是不合群的华纳兄弟在1934年建立了自己的片厂时装公司)扮演起时装经纪人的角色。到了1930年代中期,沃尔德曼的系统通常按照以下方式来运行:将特定女演员在特定电影中穿的服装款式的草图或者照片从电影厂送到推销局(一般是在电影上映一年前)。工作人员首先评估这些款式并估算新的流行趋势,接着与制造商签订合同,以便这些样式能在电影上映时被生产出来。然后他们拿到将被送往零售商店的宣传照片以及其他宣传物品。这些广告资料会提到这部电影、明星、电影制片厂以及放映电影的剧院。沃尔德曼收取5%的利润作为酬劳。电影制片厂起初要求1%的利润,但在1937年之前为了强化广告宣传而免费提供其设计样式。

沃尔德曼的公司还创建了最为著名的服装连锁店,电影时尚(Cinema Fashions)。梅西百货公司在1930年与电影时尚的第一家店面签订合同,并一直在好莱坞时装界独领风骚。到了1934年,美国有298家官方的电影时尚商店(每个城市只允许开一家)。到了1937年增加到400家,另外还有1400家其他商店愿意部分销售现代推销局的几十款明星背书的时尚系列。电影时尚只迎合能够花费30美元或者更多的钱去购买一件睡袍的女性客户。它与制片厂一致认为,尽管更便宜的时装会更受欢迎,但却会毁掉玛瑙·希拉[1]或洛丽塔·扬[2]风格的独特光环。便宜的产品系列也会使明星显得廉价,危及电影票房收入和好莱坞的时装产业。

然而,竞争者和更便宜的产品线还是不可避免地出现了。沃尔德曼公司附属商店中有版权的款式在销售了一段时间后,就被投放到大规模生产中(不过,与正当红的明星有关的款式很少这么做)。到了

---

〔1〕 玛瑙·希拉(Norma Shearer,1900—1983):美国女演员,曾获第三届奥斯卡最佳女演员奖。——译注
〔2〕 洛丽塔·扬(Loretta Young,1913—2000):美国电影、电视女演员,1948年曾获奥斯卡最佳女演员奖,其主演的电视剧获得1961年艾美奖,1986年获金球奖。——译注

1930年代晚期，沃尔德曼增加了一个连锁店品牌，以亲民的价格售卖非正式的服装款式。投放在报纸（特别是周日增刊）、主流杂志以及数十本粉丝杂志——如《好莱坞》(*Hollywood*)、《映画》(*Picture Play*)、《光影游戏》(*Shadowplay*)、《银幕》(*Silver Screen*)、《银幕书》(*Screenbook*)、《电影故事》(*Movie Story*)、《电影故事集》(*Movie Stories*)、《现代电影》(*Modern Movies*)、《现代银幕》(*Modern Screen*)、《电影》(*Motion Pictures*)等等——的广告宣传照片，让这些时装的销售量得到巨大的提升。在这些按月出版的杂志上，成千上万的读者可以看到贝蒂·戴维斯、琼·克劳馥、克劳黛·考尔白(Claudette Colbert)、璐玛·希拉等明星以这个时期特有的方式，扮演着她们在即将上映的电影中所穿戴的服装、皮草、帽子以及饰品的模特。1934年的一期《光影游戏》上刊登了一张以安妮塔·露易丝(Anita Louise)为模特的裙子的图片。该图片说明中写道："你将会在华纳的《第一夫人》(*First Lady*)中看到这件裙子动起来的样子"。这句话概括了数千张服装照片背后的意图。读者偶尔还会被告知这些服装"这个月正在主要的百货商店和高级成衣商店展示"。主要制片厂的设计师们的名字，如米高梅电影公司的阿德里安(Adrian)、华纳兄弟的奥里·凯利(Orry-Kelly)、20世纪福克斯公司的罗耶(Royer)、雷电华影业的爱德华·斯蒂文森(Edward Stevenson)、派拉蒙影业的伊迪斯·黑德(Edith Head)、塞尔兹尼克国际影片公司的沃特·普兰科特(Walter Plunkett)，与电影明星一样为读者所熟知。

此外，我们还必须提及好莱坞对化妆品行业的影响。在由赫莲娜·罗宾斯坦(Helena Rubinstein)、伊丽莎白·雅顿(Elizabeth Arden)、理查德·赫德纳特(Richard Hudnut)等东部企业所主导的领域里，好莱坞的密丝佛陀(Max Factor)和佩克·韦斯特莫(Perc Westmore)仅仅是两个大的企业。但好莱坞似乎统治了化妆品行业，因为它的明星们出现在成千上万的充斥媒体的广告中。在1930年代中期，化妆品的广告宣传费用仅次于食品，名列第二位。电影、时尚文章、"美容小贴士"、明星的专访栏目、忠实地提到明星当前所演的电影以及搭售产品的广告，组成了一个影响力的循环，这一切使得化妆品等同于好莱坞。许多品牌的香皂、除臭剂、牙刷、发型用品以及其他的化妆用具也是如此。拥有明眸皓齿和洁肤亮发的女明星是最具说服力的背书。

  对于电影来说，与这场广泛的营销革命同样重要的是这一革命背后的对于消费者的构想。当我们看到时尚照片下方的文字说明，提供美容建议的栏目以及协调衣柜和家具的文章，就会觉得购买这些东西的人在年龄、婚姻状况、族裔以及其他特征方面几无差别。她们总是那个在商店工作，与朋友合租房子的女孩——单身、19岁、盎格鲁撒克逊人、多少有点喜欢珍妮·盖诺。成千上万的与好莱坞有关系的设计师、宣传员、销售主管、美容咨询师和商人们在很久之前就已经将她内化，使她的精神生活成为他们的精神生活。他们同情她的害羞、社交的笨拙以及对冒犯的恐惧。他们理解她的轻微体重问题以及对长得太高的懊恼。他们可以告诉你她想要嫁给哪种类型的男士以及她如何打发她的业余时间。

二

  现在到了第二段历史，即好莱坞与企业之间结盟关系的建立。1930年代，最有实力的两家电影制片厂，华纳兄弟和米高梅电影制片公司，发展出了一种协作的形式，这种形式彻底革新了销售和宣传，并永久地影响了电影的特征。这种方法的要点是与知名的大制造商签订合同。如果说电影特意展示一个企业的产品（如一瓶可口可乐）会过于打眼的话，合同只是要求在杂志和报刊的宣传中使用明星的照片和背书，以及近期电影上映的通告。1933年3月，明星云集的米高梅公司与可口可乐公司签订了一个价值五十万美元的合同，为可口可乐公司提供制片厂引以为豪的"明星魅力"。

不过，也有一些产品可以在电影中得到明显的展示，并不会招致非议，除非是那些非常懂行的人才会明白其中的交易。华纳兄弟与通用电气公司和通用汽车公司的合作，使两家制造商可以在杂志广告中使用华纳的明星，它们的电气设备和汽车也可以在华纳出品的电影中得到展示。任何熟悉通用电气"莫尼塔炮塔"冰箱的人会在这个时期很多华纳的电影中发现它。华纳与通用汽车公司旗下的别克品牌的合作，让别克汽车在华纳出品的十部电影中得到全国性的广告宣传，如《淘金者》(Gold Diggers of 1935)、《跳舞吧》(Go into Your Dance)、《傻瓜和笨蛋》(The Goose and the Gander)、《在丽兹酒店的一夜》(A Night at the Ritz)以及《在卡莱恩特》(In Caliente)等等。

1935年5月，在这个广告活动的末尾，美国《综艺》(Variety)杂志报道："在别克和华纳兄弟的广告宣传活动行将结束之际，汽车制造商已经开始疯狂地对电影名称进行改造，因为华纳在最近十部电影里把它的明星与别克汽车结合在一起。"

尽管华纳获得的大企业合约在各制片厂中可能是最多的，但米高梅公司也并不逊色多少。我们可以通过米高梅公司1934年极力宣传的电影《晚宴》[1]的宣传册，来举例说明米高梅公司的商业技巧。宣传册中有一页展示了许多城市的百货公司陈列商品的照片，并配上了这样的说明文字："这些陈列着《晚宴》中出现的时装和鞋子的橱窗，是

---

[1]《晚宴》(Dinner at Eight)中的故事发生于大萧条时期，运输业大亨奥利弗的公司受到冲击，本人健康也每况愈下，其夫人举办晚宴向朋友们求助。——译注

珍·哈露[1]这个名字的商业价值的最佳展示"。下一页的标题则是："具有百万美元促销价值的合作",并且包含这样的文字说明："25万个可口可乐的经销商将会借助《晚宴》进行宣传"。

在30年代后期,所有大的制片厂都使用并完善了这个体制。在其古典的或可说希腊风格的形式中,商业开发部门的负责人会协调剧本的创作(企业合作对于剧本通常具有构成性的影响)、分解(即将剧本所涉及的产品和服务种类分离出来)以及寻找赞助商。1940年,华纳公司的威尔玛·弗里曼(Wilma Freeman)告诉《国家商业》(Nation's Business)杂志,她要求公司设计出一种"能够与电影相一致的产品"。作为回报,弗里曼小姐每周给赞助商提供12000家剧院以及8000观众。产品制造出来之后,明星会配合产品摆拍,用以制作广告宣传册。这套公式已经具备了数学家眼中的优雅。

在总结这一切如何影响电影之前,有必要再讨论一下制片厂与电台的合作。在1932年之前,两家主要的广播网,哥伦比亚广播公司(CBS)和美国全国广播公司(NBC)在好莱坞都没有设施。不过,华纳兄弟效仿派拉蒙公司建立了自己的当地电台,派拉蒙公司持有哥伦比亚广播公司一半的产权并且利用其全国范围的设备宣传电影和扩大明星的知名度。1937年,超过700个小时的好莱坞节目在CBS和NBC上播放。制片厂尽全力吸引主要的广播网来好莱坞,并且给他们提供明星的名册、有版权的音乐以及渴望把产品与明星姓名关联起来的广告商。以下是1932年和1937年间与好莱坞合作的节目以及赞助商名单:林索肥皂粉脱口秀时间(Rinso Talkie Time)、好莱坞之夜(Holly-

---

[1] 珍·哈露(Jean Harlow,1911—1937):美国电影女演员,好莱坞性感女星,玛丽莲·梦露视其为偶像。她在电影《晚宴》中扮演了一名狡诈势利的成功商人丹·帕卡德(Dan Packard)的妻子吉蒂·帕卡德(Kitty Packard),她所扮演的这个角色漂亮性感、骄傲自负。——译注

wood Nights)(吻不掉口红[1]赞助)、好莱坞秀(Hollywood Show)(斯特林制药赞助)、西尔维亚夫人(Madame Sylvia)(罗尔斯顿公司[2]赞助)、好莱坞旅馆(Hollywood Hotel)(坎贝尔汤料公司赞助)、力士香皂广播剧院(Lux Radio Theatre)、玛丽·碧克馥戏剧(Mary Pickford Dramas)(皇室凝胶[3]赞助)、大映画(Gigantic Pictures)(美味酵母[4]赞助)、艾琳·瑞奇[5]戏剧(Irene Rich Dramas)(韦尔奇果汁赞助)、莎莉有声电影(Sally of the Talkies)(卢克索[Luxor]赞助)、吉米·费德勒[6](唐吉[7]赞助)、海伦·海斯剧院[8](桑卡咖啡赞助)、莱斯利·霍华德剧院[9](海恩斯面霜赞助)、弗雷德·阿斯泰尔[10]节目(帕卡德汽车[11]赞助)以及埃塞尔·巴里摩尔[12]剧院(拜耳阿司匹林[13]赞助)。

不过,最大的广告商会与最有名的明星合作。到1937年,CBS已

---

[1] 吻不掉口红(Kissproof)全称为Kissproof Indelible Lipstick,1930年代早期世界最大的口红生产商。——译注
[2] 罗尔斯顿公司(Ralston)疑为Ralston Purina Company,一家生产食品、宠物食品、动物饲料的公司。——译注
[3] 皇室凝胶(Royal Gelatin):一家生产果冻粉的公司。——译注
[4] 美味酵母(Tastyeast Bakers):一家生产烘焙产品的公司。——译注
[5] 艾琳·瑞奇(Irene Rich,1891—1988):美国电影和电台演员,主要作品有《圣女贞德》《要塞风云》《天使与魔鬼》等。——译注
[6] 吉米·费德勒(Jimmie Fidler,1898—1988):美国剧作家、记者和电视名人。1933—1934年在NBC主持了一档"好莱坞在线"(Hollywood On the Air)的节目,受到唐吉口红公司的赞助。——译注
[7] 唐吉(Tangee):一家主要生产口红的公司。——译注
[8] 海伦·海斯剧院(Helen Hayes Theatre)是百老汇1911年设立在曼哈顿的最小的剧院,1982年停止运营。——译注
[9] 莱斯利·霍华德(Leslie Howard,1893—1943):出生于英国的著名演员、导演和制片人,代表作有《乱世佳人》《卖花女》等等。——译注
[10] 弗雷德·阿斯泰尔(Fred Astaire,1899—1987):美国著名演员、舞蹈家、歌手、编舞和作曲家。1950年荣获奥斯卡终身成就奖,1981年获得美国电影学会终身成就奖。——译注
[11] 帕卡德(Packard Motors)是20世纪著名的豪华汽车品牌。——译注
[12] 埃塞尔·巴里摩尔(Ethel Barrymore,1879—1959):百老汇极负盛名的演员,被称为"美国戏剧的第一夫人"。——译注
[13] 拜耳是一家生产医药保健、化学以及农业产品的公司,总部在德国,现为世界500强企业之一,阿司匹林是其生产的著名药品之一。——译注

经将一些影星和制造商撮合到一起。比如,歌手、影星艾尔乔森(Al Jolson)与林索肥皂粉,艾迪·坎特(Eddie Cantor)与石油公司德士古(Texaco),珍妮特·麦克唐纳德(Jeanette McDonald)与维克斯制药公司(Vicks),杰克·奥克(Jack Oakie)和骆驼(Camels)以及爱德华·罗宾森(Edward G. Robinson)和卡夫食品(Kraft)。NBC 也如法炮制,让鲁迪·瓦利(Rudy Vallee)和皇室凝胶、平·克劳斯贝(Bing Crosby)和卡夫食品、《阿莫斯与安迪》[1]和佩普索丹特牙膏以及杰克·本尼(Jack Benny)与吉露果子冻建立合作关系。产品与演艺明星之间强有力的结合,引起了唱片、音乐发行和新闻业等行业的嫉妒。尤其是报纸,觉得好莱坞与电台的联合将会榨干他们的广告收益。但最激烈的批评者还是剧院老板。他们在行业杂志上抗议电台这种免费播放的媒体使用他们所赖以为生的明星。他们认为票房收益的下降与广播行业扩大对明星的使用有关,并且把制片厂的销售与宣传人员视为疯子,在自认为是在帮助电影行业的愚蠢信仰中创造了一个贪婪的怪物。不过,最敏锐的批评家也意识到,与电台广告商的联合不仅仅为制片厂提供了免费的宣传。这种合作显然有利可图,就像制造商与电影的产品合作。事实上,到了 1937 年,米高梅公司与麦斯威尔公司(Maxwell House)之间的重要合作已经广为人知,而且所有邀请米高梅公司的明星在电台节目中露面和背书产品的请求都必须与麦斯威尔公司协商。大约从 1934 年开始,越来越多的电影雇用电台名人,使用电台演播室作为背景,并且模仿电台综艺节目的形式。好莱坞并非在扶植电台这个与其有竞争关系的媒体,只是在试图收编电台为其服务。

结果是,至少在 1930 年代中期,好莱坞与广播媒体形成了一种共

---

[1] "阿莫斯与安迪"(Amos and Andy)是同名节目的两位主人公,这是一档以纽约曼哈顿的哈莱姆区黑人社区(Harlem)为背景的电台和电视情景喜剧节目。从 1928 年到 1960 年都很受欢迎。——译注

生关系,这种关系模糊了两种媒体之间的边界。比如,弗雷德·阿斯泰尔既是一位电台名流,在台式真力时(Zenith)收音机里演唱他电影里的歌曲,表演电影情节的简短片段,同时他还是银幕上的舞者和表演者。与电影和电台明星有关的商品开始在人们的潜意识中依附于明星的名字以及他们在广播中的声音。到了1930年代晚期,电影和广播作为广告宣传媒介的力量似乎是无穷的。好莱坞制片厂以及他们的签约明星,也开始在广告业中占据优势。

通过把这段历史与我们前面讨论的所有要素结合在一起,我们可以洞察到好莱坞在消费主义发展过程中扮演的角色,以及1930年代及以后的电影的特点。首先,美国经济突然意识到消费者的重要性以及妇女在消费品购买方面的主导性角色。(1920年代晚期和30年代早期的广为流传的消费者数据显示,80%—90%的家庭物品是由妇女购买的。她们购买了48%的药品,96%的干货,87%的未加工产品,98%的汽车。)其次,电影业致力于发展出产品展示与商业合作的模式。这些模式不仅给制片厂带来了直接的收益,更重要的是减少了道具和艺术部门以及广告的开支。除此之外,由女性占据主导地位的明星制,以及数百名大大小小的女明星——如米高梅公司的希尔(Shear)、洛伊(Loy)、哈露、嘉宝、罗塞尔(Russell)、克劳馥、戈达德(Goddard)、隆巴德、特纳、拉马尔(Lamarr);华纳兄弟的戴维斯、弗朗西斯(Francis)、斯坦威克(Stanwyck)、扬、查特顿(Chatterton)——为制片厂的宣传以及搭配产品的销售提供了"营销资产"(套用这个领域最喜欢用的词)。

从较为局部的层面来说,以上这些因素的结合对电影的生产产生了明显和直接的影响。出现了固定的由年轻的女星为主的电影,即数百部"女性电影",这些电影引起哈斯凯尔(Haskell)、罗森(Rosen)等女性主义批评家的关注。此外,好莱坞之所以偏爱"现代电影",是因为这些电影可以为商品展示以及搭配销售提供机会。在许多情况下,电影故事情节被修改,以便为搭配的商品提供更多的镜头。电影的拍摄地

3 梅西百货公司橱窗中的卡洛尔·隆巴德

点也选在时尚沙龙、百货商店、美容院、配备现代厨房、浴室和宽敞客厅的中上层阶级的家庭等诸如此类的地方。

另一方面，电影搭售商品的重要性远不止于对电影类型的影响。我现在要从以上杂乱的总结中退出，进入一个更综合性的层面，提出一些更宏观的看法，不单单是关于营销对好莱坞的贡献，而是关于好莱坞对消费主义本身的形式以及特征的影响。1930年代早期，市场分析（market analyses）谈论的是消费者主权，女性购买者的重要性以及了解她们的口味和偏好的必要性。到了1940年代初期，市场研究（market research）被发明出来，它研究的是消费者隐藏的需求和欲望，这些研究发现许多产品被购买是因为它们的形象，引起的联想以及所提供的心理满足感。在市场分析和市场研究这两种运动之间，好莱坞已经与企业合作，采用一种隐秘的、联想性的并且与电影所提供的深层满足感和习惯性经验相关的销售方式，尽力去推销产品。另外，好莱坞的设计师、艺术家、摄影师、灯光师、导演以及作曲家也贡献出他们灵敏的感受力（尽管是偶然的），让能够唤起情感性幻想的电影内容与电影包含的物质对象之间建立起强有力的结合。

我们只能推测好莱坞为消费主义带来的独特性，但是这个推论的基础是极其庞大的。电影中的产品展示和明星背书构成了一个操纵消费者的独特实验，在这个实验中，数千万美国民众成为着迷的观众。并且这些观众的表现如此符合预期，以至于每个大的美国制造商都渴望购买它自己的米高梅公司，如果可能的话。不过，他们不得不等待电视的问世，只有在电视中，广告和娱乐的并置才获得了社会的广泛接受。电视广告所采用的方式，即运用剪辑和拍摄技巧来强化影像，并将画面与音乐、歌词和极具魅力的名人融为一体，显然是好莱坞所开拓的技术的延伸。

但消费主义是否同样明显地植根于某些普世的心理需求呢，如市场研究者们所声称的那样？我们应该将好莱坞几十年来所提供的强有力的文化涵化(acculturation)归因于什么？在好莱坞为我们带来《晚宴》《百货大楼》(*The Big Store*)、《致命速度》(*The Speed that Kills*)等电影之前,我们这些消费者能够熟练和习惯性地感知力比多暗示,能够轻易接受联想性的情节,能够将家庭、商店和高速公路浪漫化吗？我认为答案是否定的。好莱坞通过汲取文学、艺术和音乐的资源,将产品变成消费者的膜拜物,将力比多放进饱含力比多的广告宣传之中,从而让生产消费的循环运行得更加流畅。在这方面,好莱坞与资本主义文化中的其他力量相比,做的同样多,甚至更多。

（李祎琳译　杨玲、刘金平校）

作者简介：查尔斯·埃克特(Charles Eckert, 1927—1976)曾任教于印第安纳大学布鲁明顿分校,去世前正在写作一部关于1930年代好莱坞的著作。《对一部无产阶级电影的解剖:沃纳斯的〈艳窟泪痕〉》('The Anatomy of a Proletarian Film：Warner's *Marked Women*')一文发表于《电影季刊》(*Film Quarterly*)1973/4冬季刊,第27卷第2期。

4 流行形象的建构:格蕾丝·凯利与玛丽莲·梦露[1]

托马斯·哈里斯

随着美国人将更多的休闲时间花费在大众传媒上,他们对于公共男女英雄的选择在很大程度上取决于持续不断的媒体接触就不足为奇了。利奥·洛文塔尔(Leo Lowenthal)关于杂志传记的研究,早已指出了大众兴趣从生产英雄(比如工业领袖)到消费英雄的转移。如今的男女英雄通过电影、广播以及电视引起公众的注目,并通过其他媒介的强化而给大众留下了更清晰的印象。

现代宣传方法规定,银幕明星不仅要通过电影角色,还要通过粉丝杂志、全国性的杂志、电台、电视以及报纸获得潜在观众的认知。这一整套宣传过程都是为了让公众更好地了解明星的个性,这样公众就会观看这位银幕英雄所主演的电影。

在打造大众名人方面,电影行业已经完善了将明星类型化(stereotyping)的机制。明星制建立的前提就是明星通过某种渗透其所有银幕角色的个性特质而被大众接受。成功的明星都拥有一种可以被归纳为

---

[1] 本文首次发表于《公共传播研究》(*Studies in Public Communication*)1957年第1期。——编注
格蕾丝·凯利(Grace Kelly,1929—1982):美国女演员,曾出演《后窗》《正午》《乡下姑娘》等影片,1955年荣获奥斯卡最佳女主角奖,1956年与雷尼尔三世结婚,成为摩纳哥王妃。——译注

一系列特质、联想和习性的魅力。

在类型化的过程中,好莱坞的宣传人员和制片厂的决策人紧密合作,以确保他们的努力与明星的银幕形象相一致。如果一个女演员通过"邻家女孩"的形象获得了公众认知,那么加强她这种形象的宣传就是十分重要的。(很多人认为英格丽·褒曼诞下私生子的事实十分有损制片厂帮她塑造的"圣女贞德"的形象,公众对于这件事都表示出困惑和排斥的态度。)明星对于无形的广大观众来说成了一个符号,这些观众只能通过媒体间接地与明星接触。

制片厂三管齐下的宣传机制为这些符号性的形象面向公众的传播提供了渠道。每个宣传负责人手下都包含三个主要部门:宣传、广告以及商业开发。

制片厂自身的形象定位对于其宣传方式有很大影响。比如说,米高梅公司就不屑于采用派拉蒙公司不加掩饰的推广花招和噱头。尽管存在这些差异,大制片公司所利用的宣传渠道大体是相同的。他们常在明星的电影作品问世的几个月前甚至几年前就建立起初步宣传。其中常见的手段包括由制片厂宣传人员一手炮制的"明星发掘"、送到各大印刷媒体手中的一系列明星靓照、与成名影星的爱情绯闻或将在一部大制作中出演主要角色的传闻。这种宣传的主要渠道是辛迪加化的好莱坞八卦专栏和电影粉丝杂志。当演员真正在电影中获得一个角色时,制片厂就会安排一个"单位人"(unit man)在上述宣传出口中"植入"一些关于该名人的元素,同时也会在全国性的杂志和周日报纸增刊中进一步宣传。对于影片和明星来说,在电视网中的曝光也是制片厂"预售"活动中非常令人垂涎的部分。在影片拍摄前和拍摄中,所有的宣传都出自好莱坞。制片厂的纽约宣传分部会在电影的发行放映阶段接手电影的宣传工作。纽约分部也要负责推进全国的广告宣传、制造电影宣传噱头以及开发电影的商业合作项目。在整个过程中,明星类型的固化格外重要。宣传专员的工作就是要从已建立的明星类型出发来诠释新的电影角色,并通过他所掌控的宣传工具来传达明星形象。

为了重构好莱坞的形象制造过程,笔者分析了两位好莱坞塑造的超级女明星。笔者使用的方法是观看格蕾丝·凯利和玛丽莲·梦露的全部电影并且汇总杂志专访、评论以及制片厂的宣传来重建她们各自角色的主题性内容。同时,我也仔细查看了囊括每部电影的广告、宣传以及商业开发的制片厂宣传资料,并在纽约和芝加哥访谈了制片厂的宣传要员。在这个框架下,我对1951年9月到1956年6月期间出现在全国性杂志中的相关内容做出了分析。

两位明星的宣传活动中保存了一些特定的主题联系。在凯利和梦露的早期宣传阶段,她们未经处理的真实形象都被十分有效地加以利用。两个案例都在很大程度上使用了真实的传记材料。杂志中被不断重复的主题与两人的官方传记基本相似。

宣传的主要关注点是明星的家庭背景,这一点有助于银幕形象的扩展并且进一步促进了代入性的观众认同。比如,格蕾丝·凯利精心打造的"淑女"形象植根于她真实的家庭背景。作为财富、教养以及亲密家庭关系的产物,格蕾丝·凯利被普遍视为男性心目中贤妻良母的代表。尽管如同所有女明星一样,格蕾丝·凯利的诉求主要是指向男性观众,但她的形象和女性杂志所塑造的体面概念完全一致。因此关于凯利小姐的专题报道在《时尚》(*Cosmopolitan*)、《服饰与美容》(*Vogue*)、《麦克考》(*McCall's*)、《妇女家庭之友》(*Woman's Home Companion*)、《小姐》(*Mademoiselle*)、《好管家》(*Good Housekeeping*)和《淑女家庭杂志》(*The Ladies Home Journal*)等杂志中都曾出现过。1954年10月1日的《服饰与美容》杂志刊登的一则评论,很能代表这些杂志对凯利的接受情况:"格蕾丝·凯利温柔又有教养的美貌,正在快速地转变好莱坞对于票房的理解。"

宣传人员最常使用两个技巧来提升格蕾丝·凯利形象:一是强调她良好的家境,特别是她父亲在运动和生意上的成就;二是引用与她合作过的明星对于她银幕外淑女性格的表述。这两个技巧都用来加强她连贯一致的银幕角色所传达的类型。关于格蕾丝·凯利的所有杂志报道都显著地缺少来自她本人的评论，似乎谈论那些能让玛丽莲·梦露大红大紫的话题对于她来说是不体面的。不过，宣传人员也在小心地维持着一种平衡，以免让人产生格蕾丝·凯利远离大众的印象。因此这些报道反复强调她不依赖家庭，独自在娱乐圈中打拼，以说明她的财富来自于个人的努力和决心，而这正是从不容忍继承性财富的美国人所推崇的优秀品质。"冷静""淑女""有教养""优雅""矜持""贵族气质"等词汇不仅常见于关于她电影角色的报道和评论，也充斥着她个人的宣传。

　　如果说电影制片人利用宣传机制将格蕾丝·凯利定位为理想伴侣，那么他们也以同样的成效将玛丽莲·梦露塑造为理想"玩伴"（playmate）。这一源自其电影的玩伴形象迅速将梦露提升到一个几乎是寓言性的位置，成为不正当的男性欲望的象征性客体。

　　这种形象是梦露在从影前担任女性杂志的模特和封面女郎经历的自然产物。二十世纪福克斯公司首先发行了一系列最能展示梦露身材的海报照片，然后又通过一系列具有暗示性的荣誉头衔对她进行宣传。在梦露获得主演地位之前，《时尚先生》（Esquire）杂志、《宝冠》（Coronet）杂志以及一系列小杂志都对她进行了有明确男性倾向的报道。在《服饰与美容》杂志欢迎格蕾丝·凯利的到来之时，《宝冠》杂志也将梦露当成了一种女性典范。1952年10月，作家格雷迪·约翰逊（Grady Johnson）这样提到梦露：

> 　　在公共道德卫道士的刺激下，好莱坞在二十年间一直在告诉世界它的居民是热爱家庭、拥有信仰的，这当然不全是谎言。为了重申这一点，好莱坞的宣传开始把漂亮女孩打造成患有膝盖囊肿的苦工，她们搅拌蛋糕粉的速度之快甚至让你来不及想到"审查制

度正在毁了电影"。就在这时,玛丽莲·梦露出现了。

在梦露还是新人的时候,制片厂的宣传人员就尝试在《科利尔》(*Collier's*)杂志中给梦露安排专题报道。有趣的是,后来对于梦露的流行形象必不可少的重要主题在这第一篇专题报道中都出现了。随着梦露的身世、少年时期所经历的磨难和早期的婚姻被报道出来,她作为一个性感符号变得更具挑逗意味。家庭的缺席似乎让梦露变得唾手可得,而费城的凯利家族则用规矩和体面来教导格蕾丝。宣传人员刻意突出梦露的气嗓、"水平行走"的步态、暴露的穿着、低垂的双眼和半张的双唇。她的妙语连珠(在业内被称为"梦露主义")也让其舞台下的形象获得延续。她在银幕外对于性的淡定、幽默的态度和她的银幕类型达成了一致。让梦露在电影中脱衣服、沐浴、说或者唱一些具有暗示性的内容已经成了制片公司的标准流程。对于高冷的凯利形象来说,疏离的印象是至关重要的,但这一点如果移植到梦露身上就会显得违和,就好比让凯利说出梦露的"我不喜欢晒太阳因为我喜欢全身白皙"的话一样不合适。

值得注意的是,制片厂最初的宣传工作以及两位明星的电影在传达可理解的形象方面都非常成功,以至于两人都成了全国范围内家喻户晓的名人。除了专门的电影杂志,她们也在其他的报刊上被频频报道。因此,类似于玛丽莲·梦露和棒球运动员乔·迪马吉奥的结婚、韩国之旅、离婚,格蕾丝·凯利和雷尼尔王子的订婚与结婚、他们女儿的出生,玛丽莲·梦露和制片公司的反目,梦露和剧作家阿瑟·米勒的婚姻以及梦露接受英国女王伊丽莎白二世的接见等等都被当作全国性甚至国际性的新闻。两位明星都被认为具有足够的新闻价值,以至于荣登《时代》杂志的封面。

由于梦露和凯利一贯用模式化的形象来唤起观众的某种期待,她们中是否有一人或两人都能成功地改变自己的身份并继续在公众中保持人气就是个问题了,正是那些公众将她们提升到一个位置,使这些改变成为可能。那些将玛丽莲·梦露当作好脾气的性感符号的观众是否能够接受她和知识分子的交往甚至联姻?而那些痴迷于格蕾丝·凯利及其家人的成就所体现出的美国梦的观众,又是否能够接受她外嫁给一个欧洲博彩公国的君主呢?

鉴于玛丽莲·梦露和格蕾丝·凯利的形象已经将二人塑造成了民族女英雄,这些角色的变更是否能被既有形象轻易地吸纳,是一个只有时间才能解答的猜想。

(张敬源译　杨玲、刘金平校)

作者简介:托马斯·哈里斯(Thomas Harris)在《公共传播研究》(*Studies in Public Communication*,1957 年第 1 期)上发表了《流行形象的建构——格蕾丝·凯莉与玛丽莲·梦露》('The building of popular images:Grace Kelly and Marilyn Monroe')一文。

5 | 致命的美丽:好莱坞的黑人女星

凯伦·亚历山大

首先他们说我肤色太浅了
然后他们说我肤色太深了
然后他们说我太不同了
然后他们说我太一样了
然后他们说我太年轻了
然后他们说我太老了
然后他们说我太跨种族了……[1]

当英国走向 1990 年代,黑色面孔变得前所未有地可见。黑人妇女现在出现在主流杂志的封面上,我们可以在杂志广告、大街上的广告牌甚至电视上看见她们,而这种事情在几年前还是闻所未闻。相较于此前黑人女性只能被听见却无法被看见的日子,在很多方面这可以被看做是一种进步,然而表象是具有欺骗性的。臭名昭著的"全色彩"的贝纳通[2]广告是近年来最广为人知的利用黑人肤色的案例,但其毫无进步可言。因为它不仅是图像上无礼的,运用了"黑色代表了什么"的可

---

[1] J. Jordan, *Passion*, *New Poems 1977—1980* (Boston: Beacon Press, 1980), 78.
[2] 贝纳通(Benetton)是一个源自意大利的服装品牌。贝纳通公司成立于 1965 年。全色彩的贝纳通(United Colours of Benetton)是贝纳通旗下的一个品牌。——译注

疑理念;而且是拜物教的,仅仅使用了黑人身体的一部分——比如一只(手铐中的)手、一只(哺乳婴儿的)乳房来表现这种理念。更何况这种想法还主要存在于白人的意识中。作为一名出生于英国并在六七十年代成长起来的黑人女性,我曾想在一位完整的黑人女性形象中找到认同,并天真地希望这位黑人女性是年轻、有天赋和漂亮的。在寻找的过程中,我翻阅了肮脏而过期的《黑檀》(Ebony)杂志,读的很少,看的很多,尽可能地吸收其内容。我总是反复阅读黑人成功人士(主要是男性)的报道,并观看完全以黑人(主要是女性)为模特的广告。她们都是美丽的女人;她们卖的是什么并不重要,重要的是她们的发型、服装和妆容。我年轻的亲戚们把那些广告图片视为明星照,并把它们贴在床上方的天花板上杰克逊五兄弟[1]和戴安娜·罗斯[2]的海报边上。

在这样的思维框架下,当发现一位女性不仅仅是漂亮的黑人,还具有一种性格、人生和故事时,我理所当然地被她征服了。第一次在电影《卡门·琼斯》(Carmen Jones)中看到多萝西·丹德里奇[3]的时候,我感到震惊和兴奋;我从来没看过完全由黑人出演的电影——这也确乎让我妈妈感到吃惊,她成长于三四十年代的圭亚那,可能已经看了那个年代好莱坞出品的所有黑人电影;这也是我第一次在屏幕上看到由黑人女性与男性(多萝西和哈利·贝拉方特[4])表演的浪漫爱情故事。但最令我高兴的还是,我发现了多萝西·丹德里奇。我被她给迷住了;我自问她从何而来、她还演过其他什么电影、她还在世吗、她结婚了吗、她有孩子了吗等等问题。我对她的痴迷并不是基于对我所看的电影或

---

[1] 杰克逊五兄弟(The Jackson Five,1963—1975):由迈克尔·杰克逊和他的四个哥哥组成的流行乐队,1960年代最成功的音乐组合之一。——译注
[2] 戴安娜·罗斯(Diana Ross,1944—   ):美国歌手、演员,在歌唱和表演领域内多次获奖,1972年获得奥斯卡提名,2012年获得格莱美终身成就奖。——译注
[3] 多萝西·丹德里奇(Dorothy Dandridge,1922—1965):美国电影明星,第一位获得奥斯卡影后提名的黑人女星。——译注
[4] 哈利·贝拉方特(Harry Belafonte,1927—   ):美国歌手和演员,擅长演唱卡利普索(西印度群岛民间歌曲),曾出演《卡门·琼斯》《日光岛》等电影。——译注

是她的表演的客观评价,我并不打算在这里讨论有关她表演水平的问题,尽管当时她的表演才能已经颇受奥斯卡白人评委们的赞赏,并因此获得了最佳女演员的提名,使她成为第一个获得这一重要表演奖项提名的黑人。对于一位生活在1955年的黑人女演员来说,提名是她所能期待的最高成就,直到今天也还没有黑人女性真正获此殊荣。[1]并不是所有人都像白人评论家那样热情称赞她的表演才能。这部电影在黑人社区遭到了攻击:当时,人们热切期盼能够改变黑人在美国的陈旧形象,但许多人发现丹德里奇在《卡门·琼斯》中依然体现了一种黝黑、充满异域风情和性放荡的女性刻板印象。詹姆斯·鲍德温(James Baldwin)尖锐地批评道:把比才(Bizet)的歌剧改编成全黑人演员阵容,是依赖于"某种被认为是典型的黑人特质的乖僻和放任"。他还说《卡门·琼斯》"无疑是好莱坞至今为止(肯定不是最后一个)所出产的最自觉地将性与肤色结合在一起的作品"。[2]然而,对于我这样一个在70年代渴望女性偶像的观众来说,丹德里奇出现在我的电视屏幕上就已经足够了,况且那时候詹姆斯·鲍德温还没有成为我的男性偶像。实际上,她的角色,即一个在全是黑人的社会中去诱惑黑人男性的放荡和性感的女性,不管这是不是刻板印象,都展现了我在电影中想要看见却从未见过的一切。从那时起,多萝西就加入了丽达(Rita)、爱娃(Ava)、玛丽莲(Marilyn)和丽兹·泰勒(Liz Taylor)的序列,成为我的银幕女杰。

与所有的明星一样,多萝西并不只是一个形象。这个公共人格背后,或多或少地隐藏着一种典型的悲剧性的私人生活。在我寻找"完整

---

[1] 2002年,美国黑人女星哈莉·贝瑞(Halle Berry)凭《死囚之舞》获得第74届奥斯卡最佳女主角,成为历史上第一位获此殊荣的黑人女演员。贝瑞曾在1999年主演了美国HBO频道的自制电影《红颜血泪》。该片描述了多萝西·丹德里奇一生奋斗的故事。——译注

[2] J. Baldwin, *Carmen Jones*: *The Dark is Light Enough*, in *Collected Non-Fiction 1948—1985* (London: Michael Joseph, 1986), 109—10.

的黑人女性"的过程中,我想了解她人生的所有内容。我疯狂地阅读了有关她的第一手资料,包括她感人至深的自传《万有与虚无》(Everything and Nothing)和她的经纪人厄尔·米尔斯(Earl Mills)撰写的传记《黑色肖像》(A Portrait in Black),可我发现的却是一个彻底失败的人生。作为"美国首位有色人种的性感天后",多萝西因过量服用镇静剂巴比妥酸盐而辞世。有人认为这是自杀,而另外一些人则强烈否认。但不管是哪种方式,都意味着一位悲伤心碎的女性的死亡。作为一名黑人女性,她似乎为其明星身份付出了太高的代价。确实,这只是另外一个有关好莱坞的陈词滥调:女性演员渴望一个正常的家庭生活但是通常不能实现。多萝西与舞蹈演员哈罗德·尼古拉斯(Harold Nicholas)的婚姻代表了想要实现这个理想的尝试。然而这段婚姻一开始就很糟糕。尼古拉斯婚后立刻变得不忠,婚后三个月,多萝西怀孕了,她本可以从孩子身上获得些许慰藉。可是她的女儿哈洛琳在出生的时候受到脑部伤害,成了智障。即使再多的精神治疗都不能安慰多萝西或者让她摆脱"这是自己的错"的根深蒂固的愧疚感。在她的自传中,她描述了作为一个妻子和母亲的失败是如何强化了她想成为一名成功的艺人的决心。在作曲/编曲人菲尔·穆尔(Phil Moore)的指导下,多萝西作为夜总会歌手开始声名鹊起。菲尔·穆尔也曾在莲娜·何恩(Lena Horne)的演唱事业中扮演了重要角色。令人可以接受的浅肤色漂亮面孔与跨风格的演唱曲目的结合,使她迅速获得明星的身份。《生活》(Life)杂志称她为"自莲娜·何恩以来最漂亮的黑人歌手",并且使她成为第一位出现在他们杂志封面的黑人女性。这离获得在《卡门·琼斯》中的角色并且得到奥斯卡提名已经不远了。从那时起,她的事业本应该变得畅通无阻,但是好莱坞却无法接纳这位处于上升期的黑人明星。除了那些强化多萝西所强烈鄙视的刻板印象类型的角色,并没有什么合适的角色提供给她。另外一个机会来了,但是这只不过重复了《卡门·琼斯》的成功,她当时的恋人奥托·普雷明格(Otto Preminger)

选择多萝西在他的电影《波吉与贝丝》(*Porgy and Bess*)中扮演"贝丝"(Bess)的角色。这部"性与肤色相结合"的全黑人电影又一次在黑人群体中遭到抨击。多萝西在其自传中提到了她收到的一些充满敌意的观众信件:"为什么你总是在本应展现黑人女性的尊严时扮演妓女的角色?"[1]她在多种族电影中扮演的角色依然是相似的类型。电影《日光岛》(*Island in the Sun*)是好莱坞历史上第一部出现跨种族拥抱场景的电影:多萝西与白人男星詹姆斯·梅森(James Mason)的拥抱,加勒比裔男星哈利·贝拉方特与白人女星琼·芳汀(Joan Fontaine)的拥抱。多萝西深谙这类场景中固有的种族主义。她描述了自己在电影《马拉加》(*Malaga*)中与演员特雷弗·霍华德(Trevor Howard)热情拥抱却被无礼打断的细节,她在电影中扮演了一名西班牙妓女:"下一刻将是电影历史的一个突破,一位白人男性将首次在电影屏幕上亲吻一位黑人女性,可是就在那时,突然响起了导演的声音,'Cut!'"(op. cit., p. 191)。对黑人女性形象的不断重复的贬低性塑造,部分地使这些种族间的关系得以显现。即便是在《奴隶船》(*Tamango*)这样一部超越了好莱坞限制、由黑名单导演约翰·贝利[2]在法国拍摄的电影,依然也只是以极端形式复制了好莱坞为像多萝西这样的女演员设置的常规角色:性奴。哥伦比亚公司为这部影片所发布的新闻含蓄地表明了多萝西的公众形象与她所扮演的角色之间的矛盾:"讽刺的是,尽管多萝西是演艺圈中仪容最优雅的女士之一,但是她在电影中的角色几乎都穿得破破烂烂。她最近扮演的奴隶女孩也不例外。"然而,对于多萝西来说,她两种形象之间的冲突与着装规定关系不大,主要是跟她的肤色有关。作为一个开创性的杰出人物,多萝西被黑人寄予了很高的期望,但

---

[1] D. Dandridge and E. Conrad, *Everything and Nothing. The Dorothy Dandridge Tragedy* (New York: Abelard & Schuman, 1970), 188 (hereinafter cited in text).

[2] 约翰·贝利(John Berry, 1917—1999):美国电影导演,1950年代因被指认为共产主义者而被列入黑名单,无法在好莱坞继续工作,后定居法国巴黎。——译注

她私下为获得幸福做出的尝试在公众中饱受诟病,并且在生活上复制了她在屏幕上遭遇的敌意。她如此总结她与特雷弗·霍华德之间没有完成的吻:"这些情形与我私人生活中的事件非常相似。我与白人男性的社交在某些方面也受到社会礼仪与法律的阻碍。"多萝西·丹德里奇的人生悲剧大部分起源于其对自己失败原因的自觉意识。她不仅意识到自己作为好莱坞推出的最强大黑人女性形象所承担的重负,还同样意识到好莱坞无力维持她在明星制中的位置。她曾反思过自己形象的不足:"我是谁?……我的肤色太浅,不足以满足黑人的期望;但又不够浅,不能让我像白人女性那样谋得银幕工作、角色和婚姻地位。"(op. cit., pp. 154—5)她撤退到众人皆知的私人生活的灾难之中。1963年,她与一个白人餐厅老板杰克·丹尼森(Jack Denison)的不幸婚姻以离婚告终,这段婚姻让她在情感和财务上都遭遇重创。她重新开始唱歌试图恢复自己的事业,并且成功地就重返银幕达成协商,而4天后,即1965年9月8日,她却被发现死在好莱坞的一个旅馆中。

  多萝西·丹德里奇的失败是不可避免的吗?答案依赖于建构一个替代性选择,即一个坚持工作、拥有受欢迎的公共人格和不受种族差异限制的吸引力的黑人女性。好莱坞原本想要这样的一个明星吗?这要由她的市场价值来决定。电影是工业,它首先关心的是从投资中获得利润。明星们获得制片厂的投资,随即代表了电影生产中一项重要的投资,是电影能够得到融资的基础。他们既是电影生产劳动力的一部分,也是电影作为商品在市场上销售的方式。销售商品是一个有关展示(exhibition)的问题。鉴于人们经常称好莱坞制片厂在种族主义盛行的南方依赖于展示而获利,很难想象一个黑人女星在这样的一个市场上能有上佳的表现,使制片厂能够收回最初的投资。南方的电影审查官员对于具有高贵形象的黑人的敌意被完好地记录下来:"例如,审查主席罗伊德·T. 宾福德(Lloyd T. Binford)以剪掉任何没有侮辱黑人的镜头而闻名"。[1] 某位制片人将对南方标准的依从视为"痛苦的实用主义……甚至在今天,销售也优先于制作"。(Haskins, op. cit., p. 100)托马斯·克利普斯(Thomas Cripps)已经将这种现象揭示为"南方票房的神话",并将之认定为一个用来为好莱坞在黑人表征中固有的种族主义开脱的另一种工具。根据克利普斯的观点,南方的电影票房之低众所周知,而且,黑人主顾的增加将会弥补反对在电影中平等对待黑人的南方白人观众数量的下降。[2] 但相反,好莱坞沿着由《一个国家的诞生》(*Birth of a Nation*)等电影所开创的道路继续走下去,反对全国有色人种协进会(the National Association for the Advancement of Colored People,简称 NAACP)和其他黑人组织为禁止这些电影所作出的尝试。

对于那些在制片厂制度全盛时期的黑人艺人来说,从 20 年代后期开始,他们的工作机会就极其有限。电影中的黑人形象在抵达黑人和白人观众前就早已被牢牢定型。最初的简陋的刻板印象源于白人吟游歌手在旅行表演中对黑人的夸张描绘,这个印象后来得到补充,黑人被展现为不愿或者不能够自救的人,生来就是为白人服务的保姆或黑奴,或是被嘲笑和责骂却从未被认真对待过的乡下白痴。这些形象的原型是斯特品·菲特奇特(Stepin Fetchit)和哈蒂·麦克丹尼尔(Hattie MacDaniels)在三四十年代的电影中反复扮演的角色,并在电影《乱世佳人》中达到了顶峰。哈蒂凭借在这部电影中扮演一个幽默的女仆而获得了奥斯卡最佳女配角奖。

唯一与这些消极形象不一样的形象,出自好莱坞生产的黑人音乐剧。这主要因为来自 NAACP 等组织的压力导致华府向米高梅公司与

---

[1] J. Haskins with K. Benson, *Lena. A Personal and Professional Biography of Lena Horne* (New York: Day & Stein, 1984), 101 (hereinafter cited in text).

[2] 引自 D. J. Leab, *From Sambo to Superspade. The Black Experience in Motion Pictures* (London: Secker & 1975), 41—2。

20世纪福克斯公司的头头们发布指示,要求他们改善在雇用黑人艺人方面的记录。其结果是出现了少量的全黑人演员的电影,包括《心在南方》(*Hearts in Dixie*)、《哈利路亚》(*Hallelujah*)、《暴风雪》(*Stormy Weather*)和《空中小屋》(*Cabin in the Sky*)。它们的剧情都很简单,主要是展示最有才华的黑人演员。尤其是《暴风雪》和《空中小屋》,给黑人军人钟爱的海报女郎莉娜·何恩提供了一个发展其表演技巧的机会。然而,在其出演的一些场景中,莉娜仅仅被要求在电影中重复她的舞台演出。这是好莱坞对黑人演员的一种典型期待方式。尽管如此,这些电影还是为莉娜的事业提供了一个跳板。莉娜代表了可以接受的黑人美女的面孔:棕褐色皮肤,白种人的五官。但即便如此,她仍然发现想获得任何角色都很困难。她与米高梅公司签订过合同,每年有40000美元的薪酬。但是随着二战后社会氛围的整体改变,以及不再需要为黑人军人提供娱乐,制片厂对黑人演员的责任感消失了,再也没有生产过全黑人演员的电影。米高梅公司宁愿损失对他们的投入,莉娜越是抗议制片厂对她的待遇,制片厂越不可能为她提供资源,巩固她的银幕明星地位。她是NAACP的活跃成员,而且也公开谈论自己在好莱坞的二等公民待遇。在1940年代后期,她这样评价自己:"我是在好莱坞,但不属于好莱坞,因为我是一名黑人。我想在一部由多种族演员出演的电影中扮演一个好的严肃的角色,而不是只限于咖啡厅歌手。"(Haskins, op. cit., p. 115)莉娜本想在《画坊缘》(*Showboat*)中扮演黑白混血的朱莉(Julie),但却被那种将种族主义掩饰为经济实用主义的老套观点拒之门外,理由是南方的观众不能忍受一个黑人扮演主角;这个角色最后给了白人女星艾娃·加德纳(Ava Gardner)。艾娃被鼓励按照莉娜的方式来扮演这个角色,甚至使用蜜丝佛陀[1]专门为莲娜制作

---

[1] 蜜丝佛陀(Max Factor)是一个诞生于1909年的彩妆品牌,曾为一代又一代的好莱坞明星打造过妆容。——译注

的名为"浅色埃及人"的化妆品来将皮肤涂抹成恰当的黑色。莉娜只能依靠唱歌和出席活动来维持其公众形象。今天，她主要是作为一个在好莱坞之外最终获得成功的歌手而为人所知。

当我初次与多萝西·丹德里奇相遇时，我只是简单地想寻找一个身份认同的对象。但我已经超越了这一目标。多萝西这样的失败的叙事不能提供任何积极的形象，只有消极的教训。如果她成功了，那我会满足吗？在某种程度上，我并不这么认为。在我人生的某个时刻，我对可效仿的形象的欲望被另一种需求所取代。我仅仅想知道为什么这些形象在我需要它们的时候却无法获得，理解它们是怎么被建构的以及为什么有时它们没有被建构出来。知识取代了欲望。对于这个目标而言，多萝西在明星制中的失败，可以说比莉娜·何恩选择离开它之后获得的成功更有价值。从"好莱坞首位有色人种性感天后"的人生和事业中总结出的教训，使得今日好莱坞所生产的黑人女性形象变得更容易解读。当代好莱坞给我们的第一印象是令人沮丧的，因为情况并没有改变太多，黑人女性的形象依然是不可见或者被歪曲的。不算那些普遍的由黑人女性扮演的妓女的小角色，好莱坞为丽萨·柏妮特（Lisa Bonet）或者凯西·泰森（Cathy Tyson）等后起之秀提供的角色尽管比50年代的丹德里奇更具戏剧性，但所讲述的关于黑人女性的故事依然大体相同。到目前为止，泰森在《蒙娜丽莎》(*Mona Lisa*)中扮演了妓女，在《照常营业》(*Business as Usual*)中扮演了性骚扰的受害者，在《穿越阴阳路》(*The Serpent and the Rainbow*)中扮演了一位会巫术的精神病医师；最后这个角色虽然稀奇古怪，但还是局限于好莱坞将黑人女性塑造为充满异国情调的女郎和受伤害者的模式。泰森本人对好莱坞体制的律令有点逆来顺受："女性就等同于床戏、赤身裸体、被殴打、被强奸等等类似情况。在这个商业系统内部，女性受到了极端的剥削和利用。

你最后对这种事就是司空见惯了。"[1]类似地,在电视情景喜剧《考斯比一家》(The Cosby Show)中饰演了一位相对纯洁角色的女星丽萨·柏妮特,在电影《天使之心》(Angel Heart)中出演了一位卷入与父亲(由米奇·鲁尔克(Mickey Rourke)扮演)的不伦之恋的年轻母亲。《天使之心》的结尾呈现了这位父亲在与女儿性交过程中致其死亡的情景。戴安娜·罗斯先在电影之外获得名气,在好莱坞发展得相对好一些,并凭借在电影《蓝调名伶》(Lady Sings the Blues)中扮演比莉·哈乐黛(Billie Holiday)一角获得了奥斯卡提名。然而,在这部被詹姆斯·鲍德温评价为"对一位伟大艺术家的生活和事业的嘲讽"的电影中,罗斯在其中主要是一名表演的歌手,而不是一名演员。她出演的其他电影如《绿野仙踪》(The Wiz)和《红木》(Mahogany)更加深了这种印象。

今日好莱坞的黑人女星乌比·戈德堡(Whoopi Goldberg)看起来似乎挣脱了明星制的束缚。她也许是第一位持续工作的黑人女星,而且肯定是第一位将头发编成发辫的女星。虽然如多萝西·丹德里奇和莉娜·何恩一样,她通向电影的道路是典型的黑人女性走的路,但是在出演了一系列广泛多样的角色之后,她已经逐渐从单纯的"艺人"(尤其是一个喜剧女艺人)、一个不被认真对待的演员变成了一个具有强大实力的女演员。她偏离了好莱坞"古铜色维纳斯"的刻板印象,其深色皮肤、黑人特征、当然还有她的发型之所以得到了观众的接受,某种程度上是由于她主要出演喜剧角色,虽然这会引起另外一种同样可疑的刻板印象,即被詹姆斯·鲍德温指责为黑人在电影中的"某种乖僻"。也许现在家喻户晓的特蕾西·查普曼[2]严肃而富有戏剧性的形象——同样的深色皮肤和发辫——将会使乌比·戈德堡更加容易地拒绝为了喜剧效

---

[1] A. Lipman,'Interview with Cathy Tryson',City Limits,310(1987),10.
[2] 特蕾西·查普曼(Tracy Chapman,1964—);美国歌手、歌曲作家,曾四获格莱美奖。——译注

果而戴金色假发,同时也会给她带来更多严肃和富有戏剧性的角色。这里不妨引用《黑人电影评论》(*Black Film Review*)中的话:"戈德堡已经证明了她能够担纲一部电影。如果她能继续工作并在票房方面吸引大量的观众,她也许会遇到一个能配得上她的才华的像样的剧本。"[1]然而,在这一过程中,好莱坞所构建的老"问题"又一次浮出水面。喜剧电影《东西战争》(*Jumping Jack Flash*)由于讲述了一对仅通过电脑终端进行交流的情侣,观众到最后才看到乌比的白人"恋人",再现跨种族恋情的问题就这样被巧妙地回避了。更甚的是,作为电影《暴力扫荡》(*Fatal Beauty*)中的明星,乌比和与其合演的男星山姆·艾略特(Sam Elliott)的性爱场景应该理所当然地被包括在内,但参加试映的观众却对黑人与白人的性交表示反感,这个场景只好被剪掉。身为白人妻子的乌比后来中肯地评价道,如果艾略特第二天早上在床头柜上放一些钱,那这个场景肯定就被观众接受了。[2]时代或许已经改变,跨种族的关系再也不违反法律,而且种族之间的融合在其他媒体上似乎更加自由,但是在好莱坞真正的跨种族电影依然尚未出现。正如所有的表征一样,对某些形象的忽略更多地表明了形象制造者的不足,而不是他们所制造的或者选择不去制造的形象的不足。

流行电影对于黑人女性的表征颇为有限,但要去检测其改变这些限制的意愿或者能力却是困难的,特别是因为可供我使用的资源和探索的明星的缺乏——那些在限制之内工作并直接因这些限制而遭遇困顿的黑人明星数量很小。基于这个原因,多萝西·丹德里奇显得尤为重要。我相信她是好莱坞所生产出的唯一真正的黑人女星,如果明星意味着一种瞬间吸引的形象与传奇式人格的结合的话,这一结合也产生了玛丽莲·梦露。玛丽莲的悲剧,就像多萝西的悲剧一样,并不是

---

[1] A. J. Johnson. 'Trying Times', *Black Film Review*, 4, 1(Winter 1987—8), 22.
[2] 即美国观众只能接受黑人妓女与白人嫖客之间的性爱场景。——译注

她自身造成的,然而,我们不能用这一点模糊两者之间的区别。多萝西格外清楚她是完全独自一人,是在她的位置上唯一的黑人女性;她也格外清楚在那个好莱坞根本无法应对她所代表的东西的年代,她的位置因黑人女性身份而显得如此难以维持。多萝西如今的后继者们,如丽萨·柏妮特、凯西·泰森和乌比·戈德堡,她们的情形即使看起来不一样,其实同样强烈地引起好莱坞体制对于抛弃刻板印象的反感,毕竟长期以来售卖刻板印象一直是好莱坞的主业。对于一个女演员来说,要获得成功似乎就需要去调节和适应那个体制的无能,尽管主动权会交到具有独立思想的人手中,但是也许对黑人女性来说在好莱坞获得明星身份的代价依然是太高了,甚至好莱坞自身也不能达到。生活在2000年对明星形象痴迷的黑人青少年将会成为裁判者。当她回顾过去数十年间黑人女演员的成就,她将会在《天使之心》《穿越阴阳路》或者《暴力扫荡》中看到什么呢?或许她会在乌比·戈德堡寻求多样化的努力中找到可以利用的东西,但是我怀疑她的目光将会离开好莱坞生产的形象,转而集中在如今摒弃主流电影的黑人女性的策略上。她也许会看到现在黑人女性的努力处于70年代妇女运动所到达的某个节点上。正如莫莉·哈斯凯尔(Molly Haskell)所说:"妇女们越是主张她们的权利、越是接近在现实生活中获得独立,电影就越会大声、刺耳地告诉我们这个世界是属于男人的。"[1]电影也许像特吕弗(Truffaut)所相信的,只不过是找一个漂亮的女人,把她放在摄像机前,但那不是生产明星的模式,并且电影再也不是构建强势形象的优先场所。对于屏幕上的黑人女性来说,她的肤色已经成为一种供观众自我投射的空白。结果是这种形象潜力的减弱。强大的黑人女性正在其他地方寻找这种力量,并且已经在媒体中找到了她可以赢得更多掌控力的场所,比如音乐、写作甚至电视。这十年的女性构成了一种不同类型的明星,将会吸

---

〔1〕 引自 C. Brunson, *Films for Women* (London: BFI, 1986), 131。

引热衷于回顾与怀旧的青少年的目光;特蕾西·查普曼、爱丽丝·沃克[1]、奥普拉·温弗瑞[2]和她们的姐妹们,是(黑人女性)意识的强大而至关重要的标志。她们不仅仅是电影明星。80年代电影中黑人女演员的工作对于黑人文化的肖像学(iconography)贡献并不大,因为尽管黑人民众渴望获得文化再现,但他们必然知道,他们的生活远不只是那些视觉表达无能的电影所提供的形象。如果电影中有可能再出现一位黑人女明星,她将会是不同的类型:无疑很漂亮,但拥有自决权和对其所建构的表征的全部控制。她可能会是一个导演。事实上,她很有可能是尤占·帕尔西[3]。

(李祎琳译 杨玲、刘金平校)

作者简介:凯伦·亚历山大(Karen Alexander)在英国圣马丁艺术学院讲授电影与录像,长期从事黑人与表征的研究。她目前正在为第四频道的"不一样的电视"创作一部故事片。

---

[1] 爱丽丝·沃克(Alice Walker,1944—):美国作家、诗人和社会运动人士,其反映黑人女性主义的小说《紫色》于1982年获普利策奖、美国国家图书奖和全国书评家协会奖,1985年改编成电影,由斯皮尔伯格导演,乌比·戈德堡担任女主角,其演员大部分都是黑人,是美国电影史上第一部黑人题材的电影。——译注
[2] 奥普拉·温弗瑞(Oprah Winfrey,1954—):美国著名主持人、演员和制片人,从1986年开始主持"奥普拉脱口秀",曾连续16年在同类节目中排首位,多次被评为美国最受欢迎的主持人。她也是美国第一位黑人亿万富翁,被誉为当今世界上最具影响力的妇女之一。——译注
[3] 尤占·帕尔西(Euzhan Palcy,1958—):美国黑人女导演、编剧和制片人,出生于法国。是第一位好莱坞黑人女导演,第一位获得法国电影大奖恺撒奖和威尼斯电影节银狮奖的黑人导演。——译注

第二部分 ｜ 明星与社会

6 | 魅力

理查德·戴尔

我想讨论一下马克斯·韦伯在政治学领域所提出的"魅力"（charisma，也译作"卡理斯玛"）概念及其与明星现象的相关性。"魅力"的概念（在韦伯的理解中这一概念并不仅仅意味着"魔力"）以一种适当的改良方式将社会功能的概念和对意识形态的理解结合了起来。

韦伯热衷于解释政治秩序是如何（不只是依靠纯粹的强制力量）被合法化的，并提出了三种选择：传统（即做我们一直在做的事情）、官僚主义（即按照经过同意但可改变的，并且被认为是理性的规则来行事）和魅力（即做领袖所提议的事情）。魅力被定义成"一个人的某种特质，凭借这种特质他/她被与常人区别开来，并且被认为具有超自然的、非凡的或者至少是表面上独特的特质"。[1]将魅力这一概念从政治领域移植到电影领域是存在一些问题的。正如阿尔贝罗尼（Francesco Alberoni）所指出的，明星的身份取决于其不拥有任何组织性的政治力量。[2]但是在政治魅力和明星魅力之间还是存在明显的相似性的，特别是考虑到某个特定的人物被赋予魅力的方式和原因

---

[1] S. N. Eisenstadt (ed.), *Marx Weber on Charisma and Institution Building* (Chicago: University of Chicago Press, 1968), 329.
[2] F. Alberoni, 'The powerless elite: theory and sociological research on the phenomenon of the stars', translated in McQuail, Denis (ed.), *Sociology of Mass Communications* (London: Penguin, 1972), 75—98.

这一问题。

席尔斯(E. A. Shils)在《卡理斯玛、秩序与地位》一文中写道：

> 一个人被他人或自我感知到的魅力特质,源自他与一些被认为是人类存在的核心特点以及他所生存的宇宙之间的联系(也包括他被这种联系所附体,或是这种联系的化身)。核心性和强度的配合,使这种特质变得不凡。[1]

我们并不需要从"人类存在"和"宇宙"的角度(这两个词多少都带有可疑的永恒普世性)去进行思考,从而接受这一表述的普遍正当性。特别是有一种情况经常会发生,那就是有魅力的人和他/她所处的社会之间的关系本来具有文化和历史的特定性,但这种特定的关系却总是将自身呈现为或者被人解读为一种永恒的、普世的关系。

艾森斯塔德(S. N. Eisenstadt)关于韦伯的《卡理斯玛与制度建构》(*Charisma and Institution Building*)一书的导论,进一步深化了这一观点。他以对传播学研究的概述为基础,提出了如下观点:卡理斯玛的诉求是有效的,特别是在社会秩序不确定、不稳定、含混不清而具有卡理斯玛的个人或团体提供了一种价值、秩序或者稳定性来平衡这一点时。将明星和整个社会联系起来可能不会让我们在这些方面走得更远,除非我们认为二十世纪西方社会一直处于一种不稳定性状态。相反,我们需要从明星与文化中特定的不稳定性、模糊性以及矛盾的(上述提到的各种)关系的角度进行思考(这些关系在拍摄电影与制造电影明星的实际过程中被不断复制)。

这一思考模式奠定了阿里斯泰·库克(Alistair Cooke)1940年出

---

[1] E. A Shils, 'Charisma, order and status', *American Sociology Review*, 30 (1965), 199—213.

版的《道格拉斯·范朋克[1],一个银幕角色的塑造》(*Douglas Fairbanks, the Making of a Screen Character*)一书的基础,该书是分析明星形象的最早期尝试之一。库克从范朋克的"美国性"(Americanness)对于当时美国社会现状的正当性这一角度解释了范朋克的明星地位:

> 当时美国在欧战中保持着一种危险的中立,在这个美国历史上的艰难时期,范朋克似乎知道所有问题的答案,而且他不需要假装,只需要做他自己,"一个多才多艺的小伙子,一个普通美国人"(典型美国人)。这种讨好地将认同转移到观众身上的做法并不需要做得太明显就能赢得观众的喜爱。后来有一则来自法国影评人的短评可以很好地传达出影迷对于范朋克的喜爱:"范朋克像一剂灵药,他一笑你就会感到释然"。在他早期的电影生涯中,《他的照片上报了》(*His Picture in the Papers*)、《雷吉混进来了》(*Reggie Mixes In*)、《疯狂曼哈顿》(*Manhattan Madness*)和《美国贵族》(*American Aristocracy*)成为了最受观众欢迎的电影,这一点绝非偶然。这些影片分别讲述了美国人对于成名的狂热态度;一个上流社会的花花公子在闹市歌厅找到了自己的心上人并且为了她和黑帮斗争;一个西部人对东海岸没落礼仪的惊骇;一个来自美国南方世家的年轻人和大实业家的女儿结婚并且合理地忽略了对方家庭中任何的势利行为。范朋克的举止和穿着已经非常接近当时美国公共英雄的核心,这让他的仰慕者产生了一种勇于面对时代而不是逃避时代的感觉。[2]

---

[1] 道格拉斯·范朋克(Douglas Fairbanks,1883—1939):好莱坞演员,早期作品以讽刺喜剧为主,后主演众多动作片,因体态健美、擅长打斗和乐观的银幕形象被视为勇往直前的美国精神的象征。——译注

[2] (New York: Museum of Modern Art, 1940), 16—17.

玛丽莲·梦露提供了另一个范例。她的形象必须要被放置于1950年代美国社会关于道德和性欲（sexuality）的各种思潮之中，这些思潮的实例包括：弗洛伊德思想在战后美国（特别是在好莱坞情节剧中）的传播，金赛性学报告，贝蒂·弗里丹出版的《女性的奥秘》（*The Feminine Mystique*），马龙·白兰度、詹姆斯·迪恩和猫王等叛逆形象的明星的出现，面对电视的竞争而被放松的电影审查制度等等（这些实例本身又需要被置于与社会形态的其他层面的关联之中。比如实际的社会关系和性关系、男人和女人的相对经济状况等）。梦露身上那种性欲和纯真的结合正是这些思潮的一部分，但是人们依然可以将她的魅力视为她身上一切特质的结晶。因此，她似乎就"是"（be）那种贯穿整个50年代美国意识形态生活的各种不安感。我们既可以把这当成是对这些不安的勇敢展现也可以当成是痛苦的揭露。

正如明星魅力需要被置于其所属的意识形态型构（configurations）的特定性中，我们也需要考虑该现象的另一个方面——观众的特定性，但实际上所有的明星社会学理论都忽视了这一点（将观众视为普遍同质的全体的假设，在关于明星的研究中大量存在）。在考虑明星现象时，观众对于矛盾体验的重要性也在梅耶尔（J. P. Mayer）、都铎（Andrew Tudor）和莫兰（Edgar Morin）的研究中有所提及。他们的研究认为，明星和观众格外强烈的关系发生在青少年和女性当中，并且给出了一些经验性的证据。我也想指出同性恋社群文化中明星的绝对重要性。[1] 这些群体都有一种极强的角色/身份冲突和压力，并被成人、男性和异性恋文化的主流话语（部分地）排斥在外。如果这些明星—观众关系只是每个人都经历过的冲突和排斥的强化，那么体现了青少年、女

---

[1] 参见'Judy Garland and gay men', in R. Dyer, *Heavenly Bodies: Film Stars and Society* (London: Macmillan, 1987), 141—94.

性以及同性恋形象的明星对于"颠覆性"的明星形象的讨论来说,就起到了至关重要的作用。

(张敬源译　杨玲、刘金平校)

作者简介:理查德·戴尔(Richard Dyer)在英国华威大学讲授电影研究,是《明星》(Stars)《天体》(Heavenly Bodies)和《现在你看到它了:同性恋电影研究》(Now You See It: Studies on Lesbian and Gay Film)等书的作者。现正在撰写一部关于娱乐和表征的论文集,并正在与吉内特·文森图(Ginette Vincendeau)一起主编一部关于欧洲流行电影的论文集。他还准备研究电影中白人身份的表征。

7 秀兰·邓波儿与洛克菲勒家族[1]

查尔斯·埃克特

从大萧条中期[2]的1934年到1938年,秀兰·邓波儿一直是至关重要的现象:她在票房总收入中遥遥领先,单凭一己之力就挽救了福克斯公司,并影响了其与二十世纪公司的合并;以她的名字命名的产品,比其他任何明星都要多;国内外人士熟悉她的程度,不亚于富兰克林·罗斯福总统。秀兰的重要性一直被归因于一些普世性的特质:聪明伶俐、早熟的才能、对父母之爱的呼吁等等。但是,与想象克林特·伊斯特伍德[3]与威廉·S.哈特[4]互换角色相比,我们更无法想象秀兰能对20世纪任何其他时期的观众产生完全相同的影响。

要不是因为预感到对秀兰·邓波儿进行严肃研究时的阻力,尤其是这项研究还在一定程度上把她当作社会与经济力量独特结合的产物,本来没有必要讲以上这番陈词滥调。我之所以预见到这种阻力首先因为秀兰是个孩子(因此是单纯的、历史清白的),其次是因为环绕

---

[1] 本文首发于《跳跃剪辑》(*Jump Cut*)1974年第2期(7—8月),收录时有删减。——编注
[2] 原文是"mid-depression",西方学界一般将大萧条时期定为1929年到1939年。国内的历史教科书通常将大萧条时期定为1929年到1933年。——译注
[3] 克林特·伊斯特伍德(Clint Eastwood,1930—):美国影坛的著名硬汉明星和导演,主演过多部西部片。——译注
[4] 威廉·S.哈特(William S. Hart,1864—1946):美国默片时代最重要的西部片影星。——译注

7 秀兰·邓波儿与洛克菲勒家族

着她的那种神圣感与围绕文化英雄或者政治领袖的神圣感有所不同，前者非常真挚而纯洁。但正是这种圣洁，这种超凡脱俗和非理性的意义（如果我们仅从程度来衡量的话），使我们意识到我们面对的是一个被多元决定的客体（即弗洛伊德意义上受多重决定因素影响的客体）。

然而寻找外部决定因素的努力，首先就遇到了一个难解的悖论：我们无法在秀兰的任何一部影片或当时有关她的一切文字中找到她被大萧条的现实所影响的证据。例如，30年代中期，当两千万人接受救济时，秀兰早晨醒来唱的歌却是《早起的鸟儿》；在极为严苛的电影行业中，她以为大家都在玩游戏；至于说到经济，秀兰曾以为一枚5分硬币比1美元还要值钱。

这一切都颇让人发怵，倘若不是因为外部决定因素通常无法在一个已经完成的客体中被感知到，不管那个决定因素是引发一语双关的压抑，还是生产衬衫的廉价劳动力。影片和故事中的秀兰，是一件与圣诞树上的装饰物一样被精心打磨的客体。当年有人诬蔑她为一个30岁的侏儒或秃头，有的评论家则不礼貌地称她为会"耍一些透着邪恶劲儿的小把戏"的女娃娃。这都说明，如果表面过于完美，反而往往令人难以接受，让人怀疑是个骗局。但是诬蔑并非理论，人们所写的关于秀兰的一切，最终都既不能解释她，也不能为她驱除流言。

我们可以（用分析式的而非破除偶像式的方式）先从她的表面入手，指出她所在的行业可能比任何其他行业都更多地受到来自社会（尤其是社会的经济基础）的影响。对于这样一个销售情感与观念的行业，除了所有行业所共享的生产、分配和消费方面的冲击外，我们还必须考虑到由经济决定的强大的意识形态压力。政治家直接要求好莱坞完成"振奋美国人心"的任务；而杰克·华纳（Jack Warner）和路易·B. 梅耶（Louis B. Mayer）等制片厂的意识形态专家们则为其塑造公众态度的新角色而沾沾自喜。

但更主要的压力还是来自各大制片厂严酷的经济历史。到1936

年,这些制片厂已全部处于摩根或洛克菲勒等金融集团的控制之下(参见 F. D. Klingender 和 S. Legge1937 年出版的《银幕背后的金钱》(*Money Behind the Screen*))。除了使电影变得更公式化和无害化之外,这种统治还迫使好莱坞去迎合最保守的资本主义意识形态准则。

我无意重述这段历史,只是想评估它对秀兰影片的内容和她的公众形象所产生的影响。为了更系统地研究这个问题,我必须首先回顾1930 年到 1934 年这一段历史时期的经济史,并且描述它所导致的意识形态。随后我的研究将共时性地从经济基础和意识形态转到秀兰·邓波儿(她的第一部剧情片拍摄于 1934 年)。然后我会通过涉及 1935 年到 1936 年的电影为这个共时性设置一个范围(我的理由是秀兰的电影保守地重复着一些情境和主题)。

一、经济和意识形态

对那些经历过大萧条的冲击而未损失全部财产的人来说,最挥之不去的幽灵不是列宁或者墨索里尼——尽管当时关于共产主义和法西斯的文章充斥着各种杂志——而是一个身穿救济服装的男孩,正如经常被描述的那样:他看起来像枯瘦的杰基·库根[1],但是却面无笑容、反应迟钝,正停下来盯着咖啡馆或者百货商店的橱窗看;他的腿显然太过纤细,而肚子则稍微有点隆起。这个幽灵有成千上万的化身。

   我们在练习合唱,一个 12 岁的小男孩站在前排。他穿着整洁的工装裤,但是下面什么也没穿。他一直在队伍里站着,突然向前

---

〔1〕 杰基·库根(Jackie Coogan,1914—1984):美国默片时代的著名童星。——译注

倾斜晕过去了。这是下午两点钟……他从昨天起就什么东西都没吃过。

　　五百名中小学生，大部分都面容憔悴、衣衫褴褛，在芝加哥的市中心游行……要求学校系统给他们提供食物。

当然，无论是在大萧条还是在这篇文章的语境中，这些孩子都是象征性的。他们所象征的是数百万靠救济度日的人的临爆点，尽管这些人在大萧条早期就广泛地显示出他们无意反叛，只想平稳渡过难关，如果他们的孩子对衣食的最低限度的需求能够被满足的话。1930 年 11 月，胡佛总统被迫对白宫会议关于儿童健康与保护的调查报告做出回应，这个报告显示 600 万的美国儿童长期处于营养不良状态。胡佛说：

　　但是我们不应该气馁，让我们牢记在心，还有 3500 万个相当正常和快乐的孩子正散发着愉悦、顽皮、希望和忠诚。他们面向光明——他们的人生是一场大冒险。这些人就是普通的、活蹦乱跳和嬉戏打闹的孩子们，即我们自己的和我们邻里的孩子们。

这种论调在大萧条的早期阶段可能对部分人还能奏效，但是之后政府不得不调整策略，直面问题。"没有人在挨饿"，这是 1932 年 3 月 17 日《纽约时报》和《先驱论坛报》头版头条上的声明。这是来自 39 位州长的电报内容。关于饥饿的问题已经被讨论，报纸上列举了很多由于饥饿而死亡的例子；但这个回避了长期营养不良和濒临饿死状态等问题的声明基本属实。那些处于财富和权力位置上的人尤其需要这一声明继续是真实的，这一点对他们而言至关重要。

有鉴于此，政府不得不提供满足最低生存需求的援助。随着那些需要救助的人数的上升，在 1932 年大选前夜这一数字已经高达两千万，联邦救助项目越来越势在必行。但那些构成胡佛官方和私下随从的工业巨头和传统富人们对大规模的联邦救济不免忧心忡忡。胡佛本人和他所坚定代表的阶级的最初反应都是自私自利的。对国外进口产品征收关税,而针对富人的本来就极低的收入所得税被进一步削减,联邦的物资储备被吝啬地贮藏起来或者以低利率借贷给选定的银行和工厂。这个国家被告知,应对大萧条的办法在于保护并且尽可能增加富人们的资本,因为这些资源是恢复经济增长和重振就业的关键。

在如此绝望的时刻,这种赤裸裸的投机主义不得不穿上最高级的皇帝的新装。胡佛和他的支持者们把大部分时间都花在了"纺织"和"缝纫"上面。他们所制作的是一个强大的意识形态服装。刺激国家经济依靠的是金钱而不是劳动力。掌握金钱的人将会带领国家走出经济萧条,只要对他们殷切保护和关怀的政府恢复了他们的信心。反之,如果那些急需救助的数百万民众的需求得到满足,那么国家实力将会遭到双重打击。一来政府和(必须缴税的)富人的资本资源将会被耗尽。二来那些接受救济的人的道德观念将会被削弱——或许永远无法修复。

后一个论点较不容易被神秘化,因为它不是用金融术语来表达的,因此需要断言之外的东西来增强它的说服力。政府于是向居留在资本主义精神气质最深处的一些神明求助。最初,工作和节约这两个神明被召唤出来,并闪烁出耀眼的光芒。英格兰地区遭到指控,因为那里发放的失业救助金使成千上万的人不再对自助(self-help)感兴趣。胡佛对救济之邪恶的攻击在国家和地方层面都得到了回应;人们普遍认为那些接受救济的人,哪怕只是接受了一顿饭的接济,也要做一些诸如扫大街的工作作为补偿。这种有损尊严、全然异化的"工作"成为大萧条时期最为常见的经验和丑闻之一。

然而,似乎只有反动的州长和无情的郡县救济执行官才真正相信救济摧毁道德品质的论点。很明显,政府还需要动用其他的意识形态武器以引起社会状况的重大变化,而不仅仅是掩饰胡佛政府根深蒂固的冷漠。有一个武器被发现了,并获得了小心翼翼地发展和现金资助,尽管穷人对此深恶痛绝。1931年下半年,胡佛宣称"任何一个哪怕只有丝毫同情心的人也无法对苦难的可能性进行冷静地沉思",并任命沃尔特·S. 吉福德（Walter S. Gifford）为总统失业救济组织（the President's Organization on Unemployment Relief）的主任，任命欧文·D. 扬（Owen D. Young）为救济物资动员委员会（Committee on Mobilization of Relief Resources）的主席。他们上任后，在主要杂志上刊登了一系列整版广告。

> 今晚，将这个说给你妻子听。
>
> 然后看着她的眼睛！
>
> "我给予的远远多出我们所计划的。你生气吗？"
>
> 如果你告诉她你仅仅是"贡献"——你给予的只不过是你觉得有义务给予的——她的眼睛将什么也不会告诉你。但是在她女性的内心深处，她将会感到一点失望——一丁点羞耻。
>
> 但是今晚——向她坦白说你已经用光了你口袋里的钱——你给予的超出了你所能够承担的——你打开的不仅仅是你的钱包，同时还有你的心。
>
> 在她的眼睛里，你不会看到责备和愤怒。相信她会理解……
>
> 这是真的——世界尊重量入为出的男人，但崇拜能够超出其收入给予的男人。
>
> 不——当你告诉她你给予的超出你所计划的，你将会在她的眼睛里看不到责备。而只是爱！
>
> 总统失业救济组织主任沃尔特·S. 吉福德
救济物资动员委员会主席欧文·D. 扬

如果我们知道吉福德是美国电话电报公司的董事长以及通用电气公司年轻的董事会主席，我们就更能充分领会到这一装模作样姿态的粗俗。讽刺的是，这种把慈善工作的包袱转移到中产阶级和穷人身上的尝试其实是毫无必要的。正如一个记者后来观察到的："在费城，与其他城市一样,都是穷人在照顾穷人。"

那些手握权力的人对慈善的支持使得对福利概念的攻击更加一致。早在1932年,科斯蒂根-拉福莱特法案(Costigan-La Follette Bill)被民主党和共和党双双否决。这一法案本计划用350万美元去帮助地方福利机构。一个评论家写道:

> 民主党想要赢得下次大选……他们不断讨好大公司和富人们。他们不会做任何得罪华尔街的事情……用联合报社在华盛顿的通讯员的话来说,民主党是在"用失业者的孩子的性命去购买下次大选的胜利"。

当然,罗斯福总统的确着手处理了失业问题。全国复兴总署(the National Recovery Administration)、公共事业振兴署(Works Progress Administration)和天主教慈善会(Conference of Catholic Charities)给部分失业工人提供了薪水相当可怜的工作。但是我们必须区分几十万的工作机会与两千万贫困民众的巨大需求。1933年7月,当罗斯福通过收音机向民间资源保护团(Civilian Conservation Corps,简称CCC)的工作人员发表演说时,他说道:"你们是我们尽可能快地使人们摆脱失业救济金、施粥场和免费住宿的证据……"。几个月之后,当他签署《联邦紧急救援法案》(the Federal Emergency Relief Act)给各州分配五亿美元的拨款时,他恳请民众"自愿地为缓解福利事业的迫切需求做出贡献"。至少一个记者被不祥的预感所笼罩:"正当人们希望联邦政府能够实施一个大胆、有力和建设性的救济政策的时候,为什么总统要这么说,着实令人费解。"

1934年冬天,当罗斯福政府执政的第二年接近尾声的时候,充足的联邦救济已经不再具有多少可能性。评论家们注意到民主党将采取行动的印象让慈善努力彻底涣散。然而,仅仅纽约就有35.4万人接受救济,比一年之前多出了7.7万人;平均每天就有1500份救济申请书。

一个路过俄亥俄州的记者发现该州的家庭仅获得了人均1.5美分的救济。《民族报》(the Nation)报道:"在西半球人口最密集的地方,机器已经慢下来了。六分之一的纽约人依赖失业救济金生活。这个城市三分之一的工作人口失去了工作。"

随着日子变得越来越短和越来越灰暗,很明显对于数百万的人来说最困难的时期还在后面。在二战带来的经济繁荣扭转萧条之前,那些由于积年营养不足而智力和身体都发育不良的孩子还将面对更多年的贫困生活。少数因照顾饥饿多病、脾气暴躁的孩子而精神崩溃的父母将会杀掉一个或多个孩子——有时候还有他们自己。

但就在此时,秀兰·邓波儿出现了。

二、秀兰与爱

秀兰自出生以来从未在夜间醒过。她从不患病,她的母亲依稀记得"曾经有过一次小感冒"。3个月的时候,她就拒绝用奶瓶,非让人家用汤匙喂不可。她6个月时会说话,13个月时会走路。她每天早晨起床时,不是唱着歌,就是背诵白天该念的台词。她是一个智商高达155的天才。她不在书上涂抹,不在墙纸上乱画,也不弄坏玩具。医生和牙医给她的母亲写信,询问她在饮食与卫生方面有何诀窍,她母亲答复说实在没有什么诀窍可言。她与父母的关系亲密自然。她从不想到自己,没有自我意识,因此也没有被宠坏。

如果她的母亲不是一位直率的女子,如果没有关于这些事实的独立佐证,人们只能推测秀兰不是真的,会认为她不过是大萧条时期千百万儿童苍白的身体和苦难的心灵所投射的一个截然相反的美好童年的影像。然而,她确实是真的。

她的各种传记,不像大多数好莱坞明星的传记那样,是经过修饰润色的神话,而是类似于原教旨主义的"证词"。

> 摄影师告诉我,在拍摄一场感情戏时,她演得如此神奇出众,整个摄制组都给迷住了。直到她演完,大家还目不转睛地盯着她出神。"她走过的时候,我想伸手去碰碰她",为她拍了所有静物照的托尼·马格林(Tony Ugrin)说,"我简直难以相信她是真的"。或者如阿道夫·孟郁(Adolfe Menjou)所说,"邓波儿这小丫头,把我吓坏了。她是……她是……"他终于找到了一个词,"她4岁就成了埃塞尔·巴里摩尔[1]!"

然而,我所勾勒的秀兰与大萧条历史的关系远远超出她的传记与许多萧条时期儿童的真实童年之间的辩证法游戏。将这种关系概念化,是一件既简单又困难的事。没有人会感觉不到她在影片中的人格与慈善意识形态之间的共鸣。但要说出它存在的原因,就需要用一种理论来解释她所在的制片厂的有意或无意的意识形态偏见,就要在无意的意识形态(类似吉福德-扬的宣传)、对流行的观念和问题的机会主义态度("时事"电影症候)和对电影观众的情绪与关注点的广泛协调这三者之间做出区分。考虑到福克斯公司1934年的经济困境及其借助秀兰·邓波儿实现的复苏,以及它在洛克菲勒金融集团的指导下与二十世纪公司的合并,人们最起码可以预感到对某种利益集团的屈从,这种利益集团同样也控制着胡佛和罗斯福。

但这种卑躬屈膝不必以传达和拥护某种阶级观点的面目出现。它也可以作为一种压制和混淆的原则(更自由地)进行运作。秀兰的影片和她的传记的确含有吉福德-扬之流的信息——人应该关心不幸者,而

---

〔1〕 埃塞尔·巴里摩尔(Ethel Barrymore,1879—1959),美国著名女演员,被誉为"美国舞台第一夫人",代表作有《寂寞芳心》等。——译注

工作是一项快乐的活动——但更引人注目的似乎是他们所没有包含的东西，或是仅以替代和歪曲的方式所涵盖的内容。

我将假设这个论点是可行的，并通过随后的分析来支撑它。但在开始之前，还需要一些传记性的事实将秀兰置于此前已经勾勒出的那段历史之中。

秀兰生于 1928 年 4 月 23 日，即经济崩溃的前 6 个月。1933 年，她在一所舞蹈工作室被发现，开始在短片中扮演一些小角色；早在 1934 年，她便为福克斯公司的《起立欢呼》(Stand Up and Cheer!)中做了一场歌舞表演。在这场表演中，她停顿了一下，撅起小嘴，欠身对着摄影机送了一个小小的如棉花糖般的吻，使观众无不为之神往。在《变心》(Change of Heart)中扮演了一个小角色后，秀兰主演了《小马克尔小姐》(Little Miss Marker, 派拉蒙)、《宝贝，鞠个躬》(Baby, Take a Bow, 福克斯)、《现在和永远》(Now and Forever, 派拉蒙)和《亮眼睛》(Bright Eyes, 福克斯)。这些影片均摄制于 1934 年。其票房收入之高，弄得两家公司都不敢相信。在 20 世纪 30 年代，没有任何明星能够对观众产生如此巨大的影响。福克斯公司把自己的财产都押在几项大合同里，在以后的两年里，继续生产了 9 部影片，而这两年就是我们所要关注的阶段。

秀兰与大萧条历史最密切的联系存在于她的影片之中。我将有选择地对待这些影片中的细节：我将主要忽略她作为艺人的功能，如她的许多舞蹈、歌曲、同其他可爱的孩子的互动等等。这些娱乐段落数量之多，使她在电影中的其他功能都被边缘化了。但在 1934—1936 年拍摄的 11 部影片中，属于情节性的、用于发展一个人格的段落占了主导地位。

在这些影片中，秀兰常常是孤儿或是没有母亲(《小马克尔小姐》《亮眼睛》《卷毛头》(Curly Top)、《小酒窝》(Dimples)、《詹纽阿利船长》(Captain January))或无人收养(《小天使》(Our Little Girl))的孩子。

她通常被认为出身于一无所有或被社会拒斥的失业无产者家庭(这一点在《宝贝,鞠个躬》《小马克尔小姐》和《小酒窝》中较为明显;在《小天使》《现在和永远》和《小孤女》(The Poor Little Rich Girl)中较为隐晦)。当她出身富贵人家时(《小上校》(The Little Colonel)、《小孤女》和《小叛逆》(The Littlest Rebel)),也表现出对仆人、黑人和流浪汉的亲近。

实际上,在所有这些影片中,她的主要作用都是软化(尤其是富人的)铁石心肠,代表别人去吁请,敦促两个对立社会阶级的成员互相沟通,有时还帮助他人获得新生。

在这一系列电影中,我们可以发现压抑、置换和凝缩的明显形式。尽管同无产阶级有联系,但秀兰的角色很少是工人之女,更不是失业工人的女儿。在她的父母是工人的那两部影片(《小马克尔小姐》和《亮眼睛》)中,他们都在影片开始前或影片中死去。因此,无产者在工作的事实在影片中通常是隐而不表的,而行骗、乞讨和偷窃则成了他们挣钱的手段。不过,这种诽谤性的阶级画像被喜剧与讽刺软化了,后者通常作为优越感和偏见的置换性态度而发挥作用。一个滑稽的无产者也是一个可爱的家伙,他打开了认同之门,甚至是慈悲情怀。

秀兰的软化、调解以及其他类似的行为都是自发性的,来源于她对他人的爱。她的行为是大萧条中期所有为穷人打造的救济计划的凝缩,却也抑制了有关给予或分享(收入所得税、联邦政府开支)的职责的观念。秀兰提供的解决方案是天然的:人人向着吉福德和扬敞开自己的心怀,最困难的现实也会改变或烟消云散。我们还应该注意到,秀兰的爱属于一种特别的类型。它不像上帝之爱那样,以一种普遍性的神力吹拂大千世界,却是一种顺应需要而产生的爱。对于影片中心肠最硬的人物来说,她就像一块磁石:比如形容憔悴的富翁、防御心重的缺少爱的人、冷漠的权威人士(如军官)和顽固的罪犯。她展开攻势,深入并打开他们的心扉,使他们能够奉献自己。这一切有时对她也有影响,迫使她处于这样的境地:她必须决定谁最需要她。这是她的烦恼和磨难,并把她带入最绝望的时刻。需求、给予、决定谁的需求最重要之间的汇聚也明显地暗示了救济的经历。

秀兰爱的能力被多种因素如此强烈地决定,以至于她实际就生活于其中。用弗洛伊德的话来说,她没有本我、自我和超我。她是力比多未被结构的物化,就像爱因斯坦在流行神话中是思维能力的具体化。爱因斯坦的大脑使他的前额突出,使他的身躯矮小,使他的头发直立。秀兰爱的能力把她变成一个温柔的小球,使她头发卷曲、脸蛋上浮现小酒窝,并不停地活动——跳舞、走动、嬉笑、哄骗、撒娇、发光、亲吻。既然她的爱不分尊卑,从守财奴到普通的流浪汉都一视同仁,那么这种爱便是一种与民主或美国宪法精神相符的社会的、甚至是政治的力量。

不言而喻,所有这些都具有强大的意识形态潜能。但是,在探索秀兰的银幕人格时,如果仅仅把它看作是胡佛和罗斯福执政期间的政策的产物那就未免太天真了。相反,人们意识到,秀兰是各种力量的交汇之地,包括通过幻想缓解现实、因儿童缺乏照顾而恶化的情感、齐心协力战胜萧条的普遍信条等等。然而,在秀兰和其爱的重负(burden of love)出现之时,官方的慈善意识形态已经发展到最终的强硬形式,支持慈善的公共资源也已经被耗尽,如果忽略这个事实,同样也是天真的。

三、秀兰:她的工作,她的金钱

正如我们前面所看到的,大萧条时期对待慈善事业的态度是基于来自经济基础的力量;而到现在为止,我还没有谈到秀兰同经济的关系。这里,我们必须在她的影片和她的传记之间交替研究。对于我们的研究目的而言,所有这些材料都具有同等的地位:它仅仅告诉我们人们所了解的秀兰。我们已经注意到,秀兰的作用之一就是在需要她的人们之间不断被转手——成为孤儿、被交换以及被收养。她最后总是被最需要她的人所拥有。拥有了她的人就拥有了对付萧条经济的独一无二的魔法石。魔法石所到之处,贫穷变成富裕,严酷的现实变成光辉的幻想,悲伤变成令人眩晕的欢乐。所有这一切都是对金钱的社会作用和功效的置换。

  如果这个论点还需要加强的话,我们很容易就能找到更多的证据。秀兰的绝对价值一直是人们推测的一个话题。通常被引用的数字是1000万美元——在大萧条时期,这几乎是一笔让人难以置信的天文数字。正如《妇女家庭杂志》(*Ladies Home Journal*)上的一段症候性的文字所描述的:"当她出生的时候,医生并不知道,根据天意他需要说的不是'是个女孩',而是'是个金矿'。"在她被制片厂发现时(1932),她的父亲只是一个银行职员,但是因其名声(这可以吸引储户),他不久就成为加州银行一个豪华分行的经理。这种银行家与不可估量的财富之间的结合本身便是颇有启发性的,尤其是对于像 J. P. 摩根这样的金融家成为资本主义制度的象征的时代。

  如果我们在秀兰所有的功能之外再增加一项,即她作为福克斯电影公司的资产,以及她的金色秀发和名字对于生产秀兰·邓波儿玩偶和其他产品的厂商的价值的话,那么秀兰的整体意象就更加清晰了。她被归为那一类象征资本主义虚假民主的物体:康斯托克矿[1]、爱尔兰赛马彩票[2]和来自于远房亲戚的遗产。如果我们将秀兰不可估量

---

[1] 康斯托克矿(Comstock Lode):美国内华达州一个储量丰富的银矿。1857年被发现,矿区曾拥有弗吉尼亚城、沃肖等繁荣的新兴城市。19世纪80年代以后开始衰败。到大萧条时期,弗吉尼亚城已经变成了一个只有几百人的小镇。——译注

[2] 爱尔兰赛马彩票(the Irish Sweepstakes)也被称为"爱尔兰医院赛马彩票"(the Irish Hospitals' Sweepstake),是爱尔兰政府为了筹集资金支持爱尔兰的医疗事业而在1930年设立的彩票。在美国,许多爱尔兰移民热衷购买该彩票,幻想通过中奖一夜暴富。——译注

的价值与不能够被分享的特性联系起来,就会发现它同大萧条时期资本的概念是在深处一脉相承的:资本这一至关重要的力量是无法被分享的,否则其效力将被摧毁。

甚至秀兰的爱的能力也和经济有关,因为我们意识到福克斯公司复制了胡佛—罗斯福政府的策略,出于内在的经济动机而拥护同情心(尤其是试图从同情心的奇观中获得利润)。同时由于30年代电影业以明星为中心的特性,秀兰成了垄断控制电影发行的一种力量。

这种功能与意义间错综复杂的关系为研究资本主义如何同时既宣称又否定其对金钱的拜物式的依恋,并将这种态度嵌入它所制造的商品的隐喻性表象提供了足够的素材。银幕中的秀兰作为孤儿,经常穿着破烂,除了爱以外,她无可奉献,但却吊诡地成为金钱观念的镜像。这种吊诡很容易被看成是一种把贫困和富足这样的词汇不可分离地融合在一起的矛盾修辞法。

秀兰与她的工作的关系,是我们必须考虑的下一个也是最后一个问题,不仅因为这在她的传记中始终受到重视,也因为这可能引导我们在她与爱和金钱的关系中发现新的洞见。资本主义制度下的大多数工作使人异化,这一常见的说法在以经济萧条著称的危机时期最适合不过了。在这样的时期里,工作不仅更加受到个人不安全感的影响,也受到切实的不断恶化的工作环境的影响。

例如,30年代初,成千上万的工人遭遇过下述一种或数种境况:工作进度加快、工时缩短、工资减少;解聘高薪雇员,雇用愿以低酬工作的人;操作老化和危险的机械,安全标准普遍下降;一些工厂对思想言论严加控制,使工人除了请求指示或布置任务以外一言不发;不能对工资扣除部分进行查询;被阻挠罢工的私家侦探和暴徒殴打;被迫默许公司为寻找失窃物品而搜查自己的家。

还有一些最极端的使人异化的工作形式:为五斗米(常常只是一碗汤和一块干面包)而扫大街、拖地板、刷墙壁。就是这样的工作,使人们幸免于丧失进取精神和良好道德。在翻阅萧条时期有关各类型的工作者的记录时,不难发现大多数的工作经历都是令人烦恼和焦虑的。

关于秀兰的传记文章无一不对她的工作态度进行了描述。这里仅举出两个例子。第一例选自《时代》(Time)周刊:

> 她工作起来毫不费劲。她以表演为游戏,就像别的小姑娘玩娃娃一样。她很早就开始接受训练,现在几乎下意识地就能吸收指导意见。当她的导演向她解释他想要某场戏如何表演时,秀兰看着自己的脚,似乎是在想什么更重要的事情。拍摄开始时,她不仅明白自己的作用,还常常知道其他演员的作用……受到批评时,她一点也不敏感……一天上午,秀兰·邓波儿崇拜的老朋友、踢踏舞演员比尔·罗宾逊教她一个软鞋舞、一个木鞋华尔兹、三个常规踢踏舞。她并不看他,是听着他的脚步声,便学会了。

第二例选自她母亲写的文章:

> 我从来用不着催促秀兰跟我去摄影棚,她过去想去,现在也想去。电影表演不过是她游戏生活的一部分。她没有丝毫对明天的忧虑和对失败的恐惧。有几次,我们一起离开摄影棚时,她抬头望着我说:"妈妈,我做得都对吗?"因为秀兰只是在做游戏,无关对错,我就不置可否地回答,"行"。仅此而已……我不知道秀兰是否理解她所参演的电影。我们不讨论情节或人物,事实上,我们不讨论她电影工作的任何部分。她的表演的确是游戏。她飞快地学会台词,就像任何孩子学会童谣和故事那样……我们第一遍读剧本时总是很热心。有时,剧本刚发下来,秀兰等不及到了家再听人念她那些台词。一天晚上她说:"打开车里的灯,你边开车边给我念台词。"

这项快乐而轻松的工作,让秀兰每周收到一万美元和3500封观众来信,感谢她所带来的欢乐。秀兰的工作经历与绝大多数经济萧条时期的工作体验之间的悬殊是荒唐的;而所引的这类描写的频繁出现则说明这种悬殊也是令人着魔的,就像1932年J.P.摩根被揭发没有缴纳收入所得税一样。

秀兰与工作的关系,为她与爱和金钱的关系组合又添加了一项内容;但工作是否也与爱和金钱建立了相互关系呢?马克思的敏锐观察提醒我们,从金钱与生产它的工作之间的关系考虑,金钱具有压制和审查的作用。大多数商品同样具有这种功能,这些商品的设计和完成都是为了掩盖其中所投入的劳动的痕迹。让我们举个例子来说明这一点,19世纪60年代英国诺丁汉童工生产的蕾丝花边是在十分苛刻的质量与清洁标准下完成的,这些标准有效地消除了制作的手工痕迹。购买蕾丝花边的富人看不见任何能使他们联想起其中的工作、工人或社会的阶级剥削结构的东西,更不会因此对工作环境产生好奇。当时的情况是,多达20名儿童挤在一间没有通风设施、充满臭味的12平方英尺的屋子里,在一个女雇主的皮鞭下每天工作12到16小时;即使在大冬天,他们也得把鞋子脱去,确保花边不被弄脏。

有人或许会说,秀兰与工作的关系与一幅诺丁汉蕾丝花边或1美元钞票是一样的:她也审查和掩盖了自己的工作。这种说法并不确切,因为许多人都知道,她每天一大早就被母亲叫醒,开始背诵她的台词,并且一路背到摄影棚。只是秀兰的工作是自我隐匿的——一副纸牌消失在空中,或是神奇地变成了价值周薪一万美元的儿童游戏。

但是,在秀兰的影片与工作的关系中有一点准确符合了马克思的观点。在大萧条时期的商品中,也许再也找不到比秀兰·邓波儿的影片更像诺丁汉蕾丝花边的了。除了作为秀兰言行的目击者之外,从来没有人书写、提到她的导演、编剧、摄影师、作曲家和其他人。他们制作的影片抹去了有关他们的技艺的一切痕迹。这些影片就是最少量的导演、无痕迹的剪辑、不引人注意的摄影与配乐、无特征的对白的完美例证。每个毛头或棱角都被磨掉,整个产品都被高度抛光。

四、秀兰的魔力

在爱、金钱和工作之间还存在着一些我没有篇幅去探讨的其他关系,并且对有些关系的理解我还拿不准。然而,还是让我尝试为目前为止的分析加入一些精确性吧。

我已经论证过慈善意识形态是由一个特定阶级为了动员他人承受大萧条导致的经济负担而创造出来的。这个特权阶级认为自己有进取心,通过苦心经营而获得成功;它将政府的一切救济计划都视为是对这种进取信条的潜在颠覆。

于是,慈善变成了主动进取精神的堡垒。金钱则是个犯忌讳的话题(出于显而易见的原因——纳尔逊·洛克菲勒至今也不允许记者询问他有关他财产的问题);但这里的言外之意十分明确,金钱作为慈善的礼物是仁慈的表现,反之,金钱以救济金的形式出现则具有破坏性。于是,金钱是矛盾并受到压制的,而慈善与主动进取精神则是单纯并受到彰显的。

在秀兰·邓波儿的影片和传记中,通过一个微小但非常重要的置换,慈善和主动进取精神分别以爱和工作的形式出现了。但爱和工作都被从一切社会现实和心理现实中抽离出来。它们都没有起因,也没有动机。它们只是作为一些天生的特异功能出现在秀兰身上,就像梅林的智慧或兰斯洛特的力量,[1]他们的能力是充满魔力的——他们能

---

[1] 梅林(Merlin)和兰斯洛特(Lancelot)都是《亚瑟王传奇》中的人物。——译注

够改变现实,并自动创造幸福安康。

  金钱在保持其矛盾本性时要服从两种相对的运作。在秀兰的影片以及对现实生活中金钱观念的描写中,它被删除以致不复存在。它不仅不具有破坏性了,而且已经化为乌有。但秀兰的大量传记则对金钱有着相反的描述,金钱挣脱了束缚,变成了一个卡利班[1]想要拥抱的令人如醉如痴的美梦,一个金子从天而降的幻象,一座产生于一位小女孩的快乐、卷发和笑声的宝藏。这个梦幻摆脱了一切焦灼挣扎;人们只需要靠在座位上,像贪食忘忧果的人那样,让令人痴迷的形象去占有他们。

  然而任何进一步阐明这些关系的企图也许都有些执迷不悟,因为这要求审查的力量与混淆黑白的力量之间保持连贯有序,而通常那儿只有杂乱的相互影响。更为恰当的办法,似乎是让整个论述重新分解为实际存在过的萧条历史和秀兰及其影片。

  我将从抨击我所提出的最后一个论点开始。我说过,秀兰的影片没有创作者。这是不真实的。她的电影宣传拷贝明明告诉我们是秀兰·邓波儿创造了这些影片——我们可以推想,有时她是在同宠物兔玩耍,或吃着最喜欢的菜肴、罐头桃子和冰淇淋的间隙,完成了这些创作。我已指出,在萧条时期,很多工人和他们的孩子在物质方面备尝艰辛。但胡佛总统英明地注意到萧条"仅仅是一种思想状况",秀兰的生活与工作就充分证明了胡佛总统的观点是正确的。我还暗示对于一个饥肠辘辘的人来说,现金也许比一个孩子的温暖触摸更有诱惑力。这个观点包含着一种不合常情的逻辑;但这个想法是实利主义的,更是非人化的。秀兰的影片从未陷入这种耶稣会教义的窘境;它们总是将唯一可靠的解决办法摆在我们面前:爱的改变性力量。

---

[1] 卡列班(Caliban)是莎士比亚戏剧《暴风雨》中的人物,魔法师 Prospero 的丑陋奴隶。——译注

随着我华而不实的观点大厦的支撑物从底部坍塌，我的论证开始破碎、失效并且从它曾被错误竖立起的地方沉入历史的黑暗冰湖中。但是当最后的泡沫出现时，一些东西浮出了表面。它开始飘到空中并且发光，呈现出一个闪耀的形体。现在，它获得了它的全部力量，开始像一个剧院招牌那样一闪一灭，它的脚开始跳一些典型的踢踏舞步。它是秀兰·邓波儿！她重生了！从弗洛伊德和马克思等巫师所下的理性咒语中释放出来了。现在我们听到她的声音在宣告大萧条已经结束，并且从来不存在，在她的每一部电影中它都无休止地结束了。那些电影就在我们附近的戏院上映，我们应该前往观看；我们应该学会去爱孩子，为他们哭泣并且对他们敞开心怀；我们不应该憎恨富人因为他们大部分都年事已高、痛苦且少有人爱；我们应该学会在工作的时候唱歌，用跳舞来赶走疲倦；任何人都可以成为患有佝偻病和缺乏蛋白质的上年纪的讨厌鬼，但是只有秀兰·邓波儿的粉丝们可以笑着将这些病状驱走。

既然我们现在已经使自己陷入了极端的非理性，完全阻碍了思想的过程，我们就能再次以合适的思想状态来看待秀兰的影片，或许就会像她接受她在好莱坞葡萄园中的劳作那样以简单朴实的方式接受她。

（李祎琳译　杨玲、刘金平校）

作者简介：查尔斯·埃克特（Charles Eckert，1927—1976）曾任教于印第安纳大学布鲁明顿分校，去世前正在写作一部关于1930年代好莱坞的著作。《对一部无产阶级电影的解剖：沃纳斯的〈艳窟泪痕〉》（'The Anatomy of a Proletarian Film：Warner's *Marked Women*'）一文发表于《电影季刊》（*Film Quarterly*）1973/4冬季刊，第27卷第2期。

8 "茶点时间前的泡泡袖"：琼·克劳馥、亚德里安以及女性观众[1]

夏洛特·科妮莉亚·赫佐格、简·玛丽·盖恩斯

琼·克劳馥的照片发布两周之内，全美国的每个小女孩都觉得如果不能拥有她那样的裙子就会死掉。这种现象的结果就是整个美国到处都是"小琼·克劳馥"。[2]

在电影《莱缇·林顿》（*Letty Lynton*，也译作《情重身轻》）中，吉尔伯特·亚德里安[3]为琼·克劳馥[4]设计了一件比电影本身更加意义深远的戏服。硬挺的雪纺材质搭配着巨大的褶边泡泡袖所带来的时尚影响一直延续到了1930年代后期。好莱坞的设计师和时尚历史学家们在回忆这一时期时都会不断提及莱缇·林顿裙，并将它当作电影"影

---

[1] 本文是一篇首发于《广角》（*Wide Angle*）1985年第6卷第4期的文章的节选，增加了全新的"后记"部分。——编注
[2] 'Does Hollywood create?', *Vogue*, 813 (1 February 1913), 61.
[3] 吉尔伯特·亚德里安（Gilbert Adrian, 1903—1959）：美国电影服装设计师，曾任米高梅影片公司首席服装设计师，为超过200部影片设计服装。代表作包括《绿野仙踪》《费城故事》《大饭店》等。——译注
[4] 琼·克劳馥（Joan Crawford, 1906—1977）：美国女演员，曾主演《兰闺惊变》《荒漠怪客》等电影，1946年凭借影片《欲海情魔》荣获第18届奥斯卡最佳女主角奖。——译注

响"时尚行为的最富戏剧性的证据。[1]

在接下来的文章中，我们将首先把大众文化"影响"这一概念分解成在理论上更加有创造性的两个概念，即文化生产以及女性的亚文化回应。我们的思路和女性主义电影批评的发展是一脉相承的。这种批评所提出的一些问题转化成了对于女性时尚的思考。比如，成衣和电影一样，都是承载着文化含义的工业产品。这些文化含义构成了女性通过服装和举止所体现出的"形象"。本文中我们主要探讨的是明星形象如何通过服饰获得表达，以及 1930 年代的女性粉丝如何拼凑出与电影明星相似的"容貌"。这里有几个值得注意的问题：女性真的"选择"了新的时尚吗？女性可以自由地按照任何她们所能想象的方式来装扮自己吗？还是说她们的外表其实是被电影和成衣服装工业的时尚观念塑造出来的？模仿明星是否意味着年轻女性相信服装可以改变她们的境遇？

---

[1] 'Does Hollywood create？'；David Chierichetti，*Hollywood Costume Design*（New York：Harmony Books，1976），17；W. Robert LaVine，*In a Glamorous Fashion*（New York：Charles Scribner's Sons，1980），44；Joseph Simms，'Adrian：American artist and designer'，*Costume*，8(1974)，n. p.；约瑟夫·希姆斯（Joseph Simms）的亚德里安传记是为了一次特别的亚德里安展览，通过宾夕法尼亚州温科特市的切尔滕纳姆镇高中的亚德里安档案馆（Adrian Archive of Cheltenham Township Senior High School，Wyncote，Pennsylvania）出版的；Ernestine Carter，*The Changing World of Fashion*（New York：G. P. Putnam's Sons，1977），70，159. 书中作者将一张玛琳·黛德丽（Marlene Dietrich）穿着褶袖裙的照片描述成"依然带有 1932 年亚德里安为琼·克劳馥所设计的莱缇·林顿裙装风格的遗风"；Bob Thomas，*Joan Crawford*（New York：Simon and Schuster，1978），82. 书中作者提到"曾获十次奥斯卡最佳服装设计奖的伊迪丝·海德（Edith Head）称莱缇·林顿裙是电影史上对时尚的最重要影响"；Eleanor Lambert，'Adrian exhibition to benefit education'，*The Oklahoma Journal*（14 March 1971），5D. 作者在文章中说亚德里安"不仅把琼·克劳馥的宽肩、大头、大嘴等特点变成了其时尚特征，也让这些特征影响了 30 年代晚期的那一代人"。

一、明星风格

> 有些老顽固依然会去巴黎寻找时尚……但是我们都知道巴黎甚至都不是好莱坞的替代品……巴黎规定这规定那,但是当克劳馥那样的女孩穿上了泡泡袖的时候,那茶点时间前我们当然就得穿泡泡袖了。[1]

从某种意义上说,莱缇·林顿风格是一个商业晴雨表。其流行恰逢好莱坞超越巴黎,成为美国风格的"权威",同时也标志着电影与女性时装产业之间的全新合作。梅西百货曾经售出了 50 万件现如今堪称传奇的莱缇·林顿裙,这一事实首先意味着明星风格的大获成功。[2] 当《莱缇·林顿》在 1932 年 5 月上映的时候,梅西百货设置了一个"电影商店",专门销售"明星用过的"裙子和配饰。

电影服装的成衣复制品是一种使用更少面料制造的改良品,因此女性消费者购买的裙子和她在银幕上看到的裙子其实并不完全一致。这些复制品会紧跟一些好莱坞设计师的作品。然而亚德里安的设计并没有像奥利-凯利[3]给华纳兄弟公司设计的作品那样被复制。[4] 事实

---

[1] Wes Colman, 'Fads: Hollywood ideas that spread over the world', *Silver Screen*, 2, 12 (October 1932), 44.
[2] Carter, 70; LaVine, 44.
[3] 奥利-凯利(Orry-Kelly,1898—1964):澳大利亚电影服装设计师,曾三次荣获奥斯卡最佳服装设计奖,代表作包括《马耳他之鹰》《卡萨布兰卡》《一个美国人在巴黎》《热情似火》等。——译注
[4] 华纳兄弟公司曾和旗下服装设计师奥利-凯利就在一个名为"影星制造"的成衣系列中使用其设计作品这一事宜签署过单独合约。这一事实可见于南加州大学华纳兄弟公司收藏品中的奥利-凯利档案,其中写于 1933 年 1 月 9 日、1932 年 12 月 27 日和 1941 年 3 月 9 日等日期的多封信件和办公室备忘录中都有记载。华纳兄弟公司提出建立一个名为"明星促销公司"的公司,负责向个体制造商出售许可,让他们有权销售使用明星名字的设计。

上，亚德里安对于被模仿有种特别的恐惧。其风格的独特性部分来自通过设计难以甚至不可能被复制的品牌系列来阻止单纯的产品复制。[1] 虽然原版的莱缇·林顿裙永远不可能被一模一样地复制出来，但借鉴者大有人在。

泡泡袖很快就通过一系列的套装和面料被重新演绎。明星时尚的领袖们在银幕内外都打扮成这种风格。1932年电影《奇异的插曲》(*Strange Interlude*)上映时，瑙玛·希拉[2]穿着亚德里安设计的一条裙子亮相，这条由蝉翼纱和天鹅绒制成的裙子有着宽松的袖子。格伦达·法瑞尔[3]在《一日贵妇》(*Lady for a Day*)中穿了一件类似的粉色薄纱制成的裙子。[4] 凯瑟琳·赫本[5]在电影《克里斯托弗·斯特朗》(*Christopher Strong*, 1933)中饰演的辛西娅·达灵顿(Cynthia Darrington)穿的也是这种款式的裙子。同年7月，巴特里克服装样本公司(Butterick Pattern)制造了可供普通女性穿着的类似裙装。[6] 这种时尚风格经久不衰。影星玛琳·黛德丽[7]在1935年穿过黑纱制成的、有着大量褶饰的类似裙装，1936年，十岁的伊丽莎白公主也穿过有泡泡袖的裙子。[8] 这种泡泡袖裙子是供特别场合使用的，年轻女性可以穿着它去参加乡村俱乐部舞会、高中毕业典礼或者婚礼。1939年11月罗伯塔·科普曼(Roberta Koppelman)以伴娘的身份出席了她的姐妹在

---

[1] Louis Winebaum, 'Adrian', *Women's Wear Daily* (14 May 1971), 14.
[2] 参见本书第46页的注释[1]。——译注
[3] 格伦达·法瑞尔(Glenda Farrell, 1904—1971)：美国女演员，曾出演影片《小恺撒》《小镇话语》等。——译注
[4] Colman, 44; Marilyn, *Motion Picture*, 46, 2(September 1933), 85.
[5] 凯瑟琳·赫本(Katherine Hepburn, 1907—2003)，美国女演员，代表作包括《费城故事》《育婴奇谭》《冬狮》《猜猜谁来吃晚餐》等影片。曾4次荣获奥斯卡最佳女主角奖。——译注
[6] 'Dance frocks are bursting into print', *Butterick Fashion News* (July 1933), 4—5.
[7] 玛琳·黛德丽(Marlene Dietrich, 1901—1992)：德国女演员，代表作包括《控方证人》《纽伦堡审判》《蓝天使》等影片。——译注
[8] Carter, 159; *The Tatler*, 1805(29 January 1936), 208.

芝加哥的婚礼,她当时穿的就是一条羊腿袖(mutton sleeve)紫色塔夫绸裙装。[1]

二、女性观众与银幕时尚

那令人兴奋的音乐声响起,宣告葛丽泰·嘉宝、琼·克劳馥或者瑙玛·希拉主演的新片开始。随着影片开头演职员表的展开,你会注意到"服装设计:亚德里安"的字样。这就是一种提示,提示你要好好坐在座位上集中注意力观赏影片。因为接下来大众会紧跟的时尚潮流马上就要出现了。[2]

设计师海伦·罗斯[3]在她的《扮靓她们》(*Just Make Them Beautiful*)一书中提到女性去看亚德里安担当服装设计的电影就是为了看看里面的明星会穿什么。在她看来,甚至服装是否和场景相符这一点在当时都并不重要。[4] 罗斯的回忆或许更适用于亚德里安在 1929 年到 1941 年间为克劳馥而非嘉宝和希拉主演的电影所打造的服装。亚德里安在米高梅期间,在克劳馥的电影中展示服装已经成了惯例。比如,我们发现社交应酬的蒙太奇和电影里的时装秀都是用来展现鞋子、钱

---

[1] 该照片选自夏洛特·科普曼·柯帕克(Charlotte Koppleman Kopac)的收藏品。
[2] Helen Harrison,'Adrian's fashion secrets', *Hollywood*, 23, 9(September 1932), 42.
[3] 海伦·罗斯(Helen Rose,1904—1985):美国电影服装设计师,在亚德里安离开米高梅公司后曾任该公司首席服装设计师。——译注
[4] Helen Rose, *Just Make Them Beautiful* (Santa Monica, California: Dennis Landman Publishers, 1976), 147.

包、帽子、皮草以及内衣的。[1]

  在克劳馥职业生涯的"衣服架子"阶段，大量的服装和奢华的外表对于她的宣传来说都是很重要的。她个人极为丰富的衣橱和每当新时装系列发布时的更新，都是标准的宣传话题，亚德里安奢侈的服装制作投入也是热门宣传话题。克劳馥后来回忆为了拍摄出时尚的画面，剧组经常把经费更多地花在服装而不是剧本上。[2] 当时的影评人也说当电影本身没有什么值得评价的东西时，他们就会评论电影中的服装。[3]

  琼克劳馥从1929年开始走红，彼时恰逢整个电影行业都对明星服装极为重视，明星服装也很快转换为女性观众自己的时装需求。[4] 在20年代末和30年代初，制片厂的宣传部门开始大规模地使用时尚作为吸引女性走进电影院的手段。宣传人员撰写美容建议和时尚评论送至电影发行商，并附上一系列的时尚剧照（fashion stills）。[5] 这些材料随

---

[1] 《新娘之秘密》(*Our Blushing Brides*, 1930)、《女模特》(*Mannequin*, 1938)、《女人们》(*The Women*, 1939)等影片都含有时装秀；影片《调教》(*Chained*, 1934)包含了我们所说的"社交应酬"蒙太奇，其中克劳馥作为汽船公司老板的新婚妻子出现在歌剧、芭蕾舞、赛跑等一系列社交场合。

[2] Roy Newquist, *Conversation with Joan Crawford* (New York: Citadel Press, 1980), 57.

[3] Newquist, 95, 123.

[4] 在此之前，粉丝杂志将明星穿的幻梦般的礼服（fantasy gown）与推荐给读者的实用性服装区分开来。小明星和"临时女演员"常充当模特来展示这些精简版的华服。参见 'Mary Philbin shows the wardrobe of an extra girl', *Screenland*, 17, 5 (September 1928), 38—9.

[5] 时尚剧照不同于生产剧照（production stills），它展现明星和戏服，但却不包含"戏剧理念"。Victor M. Shapiro 的 'Duties of a unit publicity man: "musts" on each production', 1 July 1931, University of California at Los Angeles Special Collections 把二者的区别向宣传人员解释得很清楚。另见 Whitney Stine, *The Hurrell Style* (New York: John Day, 1976), 12—13. 摄影师乔治·赫里尔（George Hurrell）在电影《莱缇·林顿》拍摄期间受雇于米高梅公司。他会在他的剧照工作室的特别时段拍摄魅力照片（glamour photographs），粉丝杂志经常刊登这些照片来凸显某部影片中的时尚。赫里尔还为《莱缇·林顿》中的其他几套戏服拍过照，包括一件水手服和一件黑色珠子装饰的白绉纱晚装，晚装的脖颈和臀部周围装饰着黑白相间的方巾，制造出一种不对称的效果。然而依然是被宣传部门当作吸睛点的白色纱裙抹杀了最多菲林，成为电影宣传活动的重点。

后通过发行商泄露给放映商,放映商然后会将照片和文字说明交给当地报纸的周日增刊或以女性为主的时尚特刊。对于宣传人员来说,时尚就是宣传的"把手"(handle)或者工具,是让明星获得专题报道甚至让电影的名字出现在新闻媒体上的一种方式。[1] 在大型电影制片公司,一般都有一个女性宣传人员负责和粉丝杂志联系。她的工作就是确保明星的宣传材料转化成关于妆容、发型、服饰或者塑身的文章。[2] 顶级时尚杂志《服饰与美容》(*Vogue*)和《时尚芭莎》(*Harper's Bazaar*)曾在20年代坚持向巴黎看齐而忽视好莱坞,此时也开始承认制片公司的服装设计师,并且将那些更具贵族气质的明星当作时装模特来报道。[3]

这一时期,好莱坞的宣传人员模仿着高级时尚杂志的腔调和关注点。我们在这里主要审视以这一基调撰写的时尚宣传文案,以此作为女性粉丝的关注内容的索引和理解女性是如何通过购物与缝纫卷入时髦服装的文化生产的关键因素。下面是米高梅公司对莱缇·林顿裙的一段宣传性描述,它针对女性的兴趣,鼓励了一种对裙子和装饰物的无尽细节的关注:

> 被预言的羊腿袖到来了……配合皱褶、缝褶、喇叭等设计元素,它们又重新来装扮摩登女孩了。亚德里安用现代的剪裁为琼·克劳馥的米高梅新片《莱缇·林顿》设计出了最漂亮、最合适的复古风格。这件裙装由白色的薄纱制成,这是一种硬挺的雪纺

---

[1] 1980年9月17日对John Campbell的访谈,他在1938年至1943年间在二十世纪福克斯公司担任宣传人员。

[2] 'Recollections of C. E. "Teet" Carle', publicist, Paramount Studios, 1927 to 1936, 1940 to 1960, transcript of oral history by Rae Lundquist, 1969, University of California at Los Angeles, 19—21.

[3] 亚德里安描述过好莱坞是如何成为美国的巴黎的过程,他认为这对于那些认为好莱坞着装风格庸俗的时尚杂志编辑来说是一种直接的挑战。详见'Setting styles through the stars', *Ladies Home Journal*, 50, 2(February 1933), 10.

绸,上身是圆领并且搭配褶边袖。下面的裙子为喇叭形状,在三褶饰边的裙摆上还有三层皱褶。领子、袖子、腰间短裙、束衣扣以及内衬都是通过夹针起褶完成的。[1]

这段文字可以用作照片说明或是一篇关于克劳馥的最新亚德里安裙装的文章的基础。它首先针对的是那些赶时髦的女性。尽管并不是所有的女性都会像零售商或者设计师那样紧跟时尚动态,但是渴望衣着入时的美国女性会知道她在银幕上看到的设计构成了她效仿的时尚理想。这位女性被假设为会格外理解时尚的轮回、当季潮流、设计师商标以及她在电影中看到明星身上所穿服装的材质、剪裁和线条。

那些永远不想过时而且想要最先穿上新款的女性会想要知道羊腿袖是"被预言的"。莱缇·林顿裙"用现代的剪裁""设计出了最漂亮、最合适的复古风格"的说法,将这一设计置于女性所熟知的时尚的轮回当中,并向她们解释了可以期待时尚时隔多年后回归的原因。一位时尚嗅觉敏锐的女性也会想看到像莱缇·林顿裙这种突然偏离时尚的服装是如何适应30年代主流时尚潮流的。她会知道当电影上映时,当下的潮流开始朝着复古时尚迈进。羊腿袖、垫肩和从手肘以下收紧的设计是对1890年代的一次怀旧。时尚追随者接下来还会注意到裙子的线条是向上而不是向下延伸的,颠倒了1930年至1932年间常见的垂坠线条。当时流行的是凸显上半身线条的上衣设计,和通过褶皱性的面料或者束腰宽松上衣实现对臀部线条的强调。莱缇·林顿裙的紧身上衣和用来强调臀部的围裙似的装饰性腰部短裙延续了这一潮流。由于20年代的日装和晚装都很短,因此在30年代很重要的一点就是通过长度来区分开日晚装。亚德里安设计的是一款可以在夏季或者温暖的季节穿的晚装或者"晚会"裙,当然最理想的或说最令人期盼的着装场合,

---

[1] 米高梅公司的《莱缇·林顿》宣传剧照的文字说明,MGM Collection,Academy of Motion Picture Arts and Sciences Library.

还是琼·克劳馥在电影中穿上这条裙子的场景——邮轮上。

时下的潮流对于电影服装设计师来说尤为重要,因为在他们的设计计划中存在一个需要应对的额外因素:因电影制作周期而产生的设计构想和电影上映之间的时差。由于这个时差,设计师不得不在电影上映前的6到8个月制作好戏服。为了能让这些戏服看起来既不过时也不太前卫,设计师通常在风格上与当时的潮流妥协,同时也添加一些新元素。对于亚德里安这类旨在给全美时尚带来重大影响的设计师来说还有一个难题:创新之处可能不合时宜,以至于对"流行的样貌"产生不了影响。[1] 虽然时尚文字说明中宣布的羊腿袖如期而至并且持续走红,但在同一时期出现的数以百计的电影服装中,改变时尚潮流走向的寥寥无几。和电影上映捆绑在一起的时尚宣传却用持续的预测鼓励人们对于改变的期待。

设计师的名头也是吸引女性紧跟新款服装的一种方式。米高梅公司显然利用了亚德里安在个性和艺术上的张扬来引导大众对其设计风格的关注。比如说,女性会清楚地了解亚德里安的标志之一就是"对上半身的强调"——其作品具有别具风格的颈部设计,并且特别加入了一些皱褶、飘逸的垂坠材质、镶嵌、珠饰等等。亚德里安的作品还经常以大量使用昂贵材料著称,例如金属薄片、雪纺、绉纱、塔夫绸、绸缎、薄纱、皮草、亮片以及柱珠。[2] 为了制造与众不同的效果,他会将昂贵的材料用于相当功能性的服装,比如克劳馥那件令人难忘的金属薄片马球大衣。[3] 此外,观众还可在亚德里安对于黑白对比色的不对称使

---

[1] Kathleen Howard, *Photoplay*, 50, 5 (November 1936), 90. 亚德里安在接受《电影剧》杂志采访时,曾预测过影片《茶花女》的潜在影响力,这部电影要在当年的圣诞节才会上映。他认为如果"流行轮廓"中可见"衬裙影响力"的身影,那《茶花女》中的服装设计将会提供更多新的风格。但是也有可能这些设计生不逢时,不会产生任何影响。

[2] 《红衣新娘》(*The Bride Wore Red*)中声名狼藉的红色晚装就全部是由珠饰缀成的。

[3] 玛格丽特·贝利确认这件大衣出自影片《东风海棠》(*I Live My Life*, 1935)。参见 Margaret J. Bailey, *Those Glorious Glamour Years* (Secaucus, New Jersey: Citadel, 1982), 104。

用、手风琴般的皱褶形成的雕塑般效果以及对单一主题的夸大中看到惊喜,这些在莱缇·林顿裙的袖子设计上都有所体现。

通过征引喇叭裙、皱褶、手风琴皱褶、羊腿袖、圆领和腰间短裙,莱缇·林顿裙的文字说明认可了大众对于亚德里安设计风格的兴趣。女性同样也会对纤维材质、薄丝纱以及硬挺的雪纺十分感兴趣,并且想知道这些材料可以用来做什么以及穿着是否便利。电影则展现了这些时装的"动态"。克劳馥身上的裙子可以帮助女性想象她们自己穿上这件裙子会是什么样的效果。

揭示服装制作复杂性的制片厂宣传假定了见多识广并且能够自己缝制衣服的女性粉丝的存在。1932 年 6 月的影迷杂志《电影剧》(*Photoplay*)刊登了米高梅公司的一组生产剧照,展示了克劳馥在《莱缇·林顿》的下毒场景中所穿的一件银色金属薄片鸡尾酒裙的制作过程。对制作过程的描述包括草图、裁剪和试装,这对于那些知道会有一些省布料的小窍门的女性来说是非常有价值的信息。[1] 为了回应这一缝制华丽服装的兴趣,不仅巴特里克公司推出了"星级样本",连《银幕》(*Silver Screen*)和《电影镜》(*Movie Mirror*)杂志也开始营销可供女性邮购的服饰样本。[2] 如果女性在制作她们自己的明星风格,那她们实际上是不是在对可以穿去"晚餐约会"的克劳馥式银色金属片时装进行再创造呢?

在那些年里,粉丝杂志为那些希望能和她们的银幕偶像更相似的粉丝们提供明星的绯闻逸事、服饰及妆容秘诀和爱情建议。如果琼·克劳馥在《贤慧夫人》(*No More Ladies*)(1935)中所穿的撒开式晚装使用了 30 码的银色薄纱,每码需花费 18 美元的话,《电影剧》杂志就建议

---

[1] 'How they save Crawford's time', *Photoplay*, 42, 1(June 1932), 76.

[2] 'Movie mirror pattern department', *Movie Mirror*, September 1934, 59, and 'Kay Francis selected this dress for Silver Screen's pattern', *Silver Screen*, 4, 12(October 1934), 54.

读者不妨使用更少的布料,适当修改这条裙子。[1] 或者如果读者负担不起一条银色狐皮披肩的话,她也可以用普通的材料或者便宜些的皮草来制作同款的披肩。[2] 读者还可获得关于如何将一条裙子改造成可以适合不同场合的样式的建议。《电影剧》杂志的时尚专栏作者西摩尔(Seymour)将克劳馥关于旅行必备品的建议转达给她的粉丝。据他的报道,尽管克劳馥在《莱缇·林顿》上映几个月后乘船前往欧洲,但她不会带着那件可以在跳舞时发出"噗、噗"声音的蝉翼纱裙。她反倒是计划带几件蝉翼纱和小孔细棉布制成的带有圆点装饰的泡泡袖衬衫,搭配一件深蓝色皱褶晚装。西摩尔向读者建议道:"只要不用这么清凉适合夏天的材料,你也可以做几件同样的秋季晚装。"[3]

不过,我们需要在此区分制片厂提供的时装信息和30年代粉丝及女性杂志上出现的对这些信息的修正。粉丝杂志不断建议女性应该将那些明星服装按照个人需要进行改造,时尚专栏作者和设计师也建议读者应该仔细选择那些适合自己的时尚造型。亚德里安在1929年的一期《电影剧》中写道:"有些明星很好模仿。你可以在银幕上找到模仿的原型,记住她们所穿的服装品牌就可以帮助你选择合适的服装。"[4] 服装的实用性和浮夸性都得到了强调。

除了亚德里安,法国设计师艾尔莎·夏帕瑞丽(Elsa Schiaparelli)也发表过关于服装的得体性、实用性以及经济性的见解。[5] 这些都为一种实用为本的时尚观念提供了合法性。

我们可以从多个角度来理解这种对实用性的强调。首先,女性出

---

[1] Marvin Courtenay,'Mid-summer fashion forecast',*Photoplay*,48,2(July 1935),101.
[2] 同上。
[3] Seymour,'Little tricks make Hollywood fashions individual',*Photoplay*,42,4 (September 1932),104.
[4] Lois Shirley,'Your clothes come from Hollywood',*Photoplay*,35,3 (February 1929),131.
[5] Elsa Schiaparelli,'How to be chic on a small income',*Photoplay*,August 1936,60.

版物有可能是想通过倡导谨慎和实用来化解对好莱坞价值观和道德的潜在批评。"为了年轻女性的最佳利益"的母性论调就是一个例证。其次，文化产业的制造商会知道在30年代女性愿意花多少钱在服装、电影和美容产品上。之所以在杂志上提及每码布料的价格以及女性为了一件上好的冬季大衣和耐用的鞋子每个月要攒多少钱，都和这一考量相关。然而是不是所有女性都得用这种方式来节约开支呢？第二种理解还需要更多的分析和阐述。为此，我们需要简短地回顾成衣的发展史以及大萧条背景下的社会阶级和消费问题。

三、时尚与社会阶级

"在女人寻找泡泡袖的过程中，是什么样的冲动驱使她们渴望独家设计师和便宜的价格？是渴望看起来和克劳馥一样，还是潜意识中渴望能拥有和这位顶级时髦女郎一样的浪漫爱情呢？模仿者们是不是觉得只要穿得和琼·克劳馥一样，她们也会拥有像她在银幕上那样的生活呢？"[1]

究竟是哪些女性在寻觅泡泡袖时渴望独家设计师或便宜价格呢？我们首先要知道，大富人家和工薪阶层一直以来都是最早尝试新时尚的人群。在《时尚的社会学》(*The Sociology of Fashion*)一书中，英格丽·布伦妮克麦耶(Ingrid Brenninkmeyer)提到过，较之中产阶级，上述

---

[1] Dorothy Spensley, 'The most copied girl in the world', *Motion Picture*, 53, 4 (May 1937), 69.

两个社会群体更少循规蹈矩。[1] 通过那些喜新厌旧的年轻女孩,时尚很快就在工人阶级中占据一席之地。[2] 但在大萧条时期,年轻的工人阶级女性是否就是明星时尚在零售时装业中取得成功的全部原因呢?这里有两个重要因素需要考虑。首先,从历史上来看,经济大萧条在总体上促进了大规模生产的时装的销售量。在 20 年代和 30 年代,那些已经请不起时装裁缝的富有女性也成为成衣的顾客。[3] 其次,在美国社会,服装是相对来说可以负担的商品,因此服装也就承担了掩饰贫苦的功能。即使在 30 年代的大萧条时期,美国人还是能够打扮自己,仿佛他们的经济状况并没有改变。[4] 服装并不像在更早的历史时期那样是阶级差异的指标。相反,批量生产的时尚已经模糊了阶级差异并且行使起一项意识形态功能:维持社会平等的表象。"明星时尚既可以被私人设计师的顾客模仿,也可以被便宜市场的顾客模仿"的观点则走得更远。当然,这种想法对后一个客户群的效力最大。对于那些收入有限的女性来说,服装和明星承载着更多的含义。为了思考女性观众将自己和明星进行比较的方式,并详细阐述电影对时尚行为的"影响",我们最终需要考虑克劳馥的明星形象。

四、明星形象

琼·克劳馥的人生故事是那些成功的明星传奇之一,这个故事经

---

[1] Ingrid Brenninkmeyer, *The Sociology of Fashion* (Paris: Librarie du Recueil Sirey, 1963), 72—4.
[2] Rene Konig, *The Restless Image* (London: Allen and Unwin, 1973), 213.
[3] Brennikmeyer, 91.
[4] Michael Harrington, *The Other America* (New York: Macmillan, 1962), 17.

常被重复,以便用来吸引那些和她一样出身贫寒的粉丝。和拉娜·特纳[1]、贝蒂·赫顿[2]、多萝西·拉莫尔[3]等明星一样,克劳馥也曾饱尝人生的艰辛,直到她如其同情者所说的那样,通过自己的努力"赢得"了轻松富裕的生活。粉丝都知道琼的父亲遗弃了家庭,她不得不在十几岁时就背井离乡去酒吧唱歌、去路边秀表演舞蹈。在粉丝杂志中广为流传的克劳馥"艰难的运气"的故事,经常把服装当作焦点,以表明其生活状况的改变。《银幕》杂志曾经将她的个人努力和影片《跳舞的女人》(*Dancing Ladies*,1933)中的情节进行对比。文章引用了琼自己的说法:她和影片中有抱负的舞者一样,当她的朋友给了她一笔钱,让她去"买点体面的衣服"时,她迎来了人生的第一个"机会"。她用 14 美元买了手袋、手套、鞋子、帽子、长筒袜和裙子。她在回忆起那条裙子时说道:"我敢说海蒂·卡内基[4]的裙子都不可能让我看起来比我那天买的四块九毛八的裙子还要时髦"。[5] 琼的故事重复了时尚建议向年轻女性灌输的信条:"即使你一无所有也能光彩照人,关键是要有把便宜的衣服穿出巴黎高级定制感的本事"。

亚德里安担任设计师的克劳馥电影进一步证实了这一点。在 1929 年到 1941 年间,克劳馥在 13 部影片中扮演了出身富贵的角色,比如说女继承人或者社会名流。在 11 部亚德里安担任设计师的影片中,她扮演的都是通过婚姻提升阶级地位的女性。她有些身份低微的角色更让人印象深刻,比如《大饭店》(*Grand Hotel*,1932)里的速记员、《藏娇记》(*Possessed*,1931)和《女模特》(*Mannequin*,1938)里的工厂工人、《莎蒂·麦基》(*Sadie McGee*,1934)里的女仆、《新娘之秘密》(*Our Blushing*

---

〔1〕 拉娜·特纳(Lana Turner,1921—1995):美国女演员。——译注
〔2〕 贝蒂·赫顿(Betty Hutton,1921—2007):美国女演员。——译注
〔3〕 多萝西·拉莫尔(Dorothy Lamour,1914—1996):美国女演员——译注
〔4〕 海蒂·卡内基(Hattie Carnegie,1880—1956),美国时尚设计师,拥有以她名字命名的高级时装品牌。——译注
〔5〕 Patricia Keats, 'Our "Dancing Lady"', *Silver Screen*, 3, 12 (October 1933), 49.

Brides,1930)和《女人们》(*The Women*,1939)里的售货员以及《红衣新娘》(*The Brides Wore Red*,1937)里的歌舞厅歌手。这些电影教导观众淑女学堂的着装以及上流社会社交场合应有的礼节,并且将社交失礼的惩罚进一步戏剧化。克劳馥的角色之所以能够不断获得阶级地位的晋升,乃是因为她展现了有教养的品味和贵族礼节。她强烈地渴望能"变得更好",并经常被当作其他角色(有时是其他女孩,有时是她的追求者)的榜样,这些角色要么对于成功悲观失望,要么就是因为感觉机会从他们身边溜走而安于现状。[1] 克劳馥是一个依靠个人拼搏而获得成功的明星,她印证了通过勤奋工作和自我提高跻身更高社会阶层的观点。阅读明星美容和时尚建议的女性会认为这样的地位提升是可以通过打扮、节食、锻炼和合适的穿着达到的。

尽管时尚的历史表明 30 年代的女性热衷于复制明星服装以及模仿她们心中女英雄的恋爱经历,但我们也发现,当时还有一些关于好莱坞是否应该给粉丝展现那样一个超越她们经济能力的花花世界的不同声音。这些异议有时集中在将克劳馥偶像化了的廉价小店店员的形象身上。评论者指责那些穿着亚德里安裙装的女售货员缺乏真实性。[2] 即便当克劳馥扮演舞者、工厂工人或者女仆时,她穿的依然是带有深褶斜纹的丝质绉纱。一般来说,对于这一批评的回应就是观众想要看到明星无论扮演什么角色都穿着银色狐皮围巾以及绸缎睡衣。导演约瑟

---

[1] 克劳馥的电影阐明了社会改良的好处,同时批判那些极为富有的阶级,这些富人在电影中被刻画成堕落、不忠、不严肃、不努力工作以至于不配得到她的爱情的形象。那些向克劳馥承诺一切的男性有时只是个漫无目的的花花公子(如影片《跳舞的女人》《新娘之秘密》),要么太老要么太放荡(如影片《调教》《莎蒂·麦基》)。影片《女模特》中克劳馥和她的航运大亨丈夫(史宾塞·屈赛饰演)最开心的时刻是在他破产并回归更有节制的生活之时。

[2] 电影《法兰西小姐》(*Reunion in France*,1942)的一位批评者指出:"尽管有报道说好莱坞的布料和戏服预算很紧张(时值二战中期),克劳馥小姐还是有办法在几乎每个场景中都换上一套新裙"。详见 Bob Thomas, *Joan Crawford* (New York: Simon and Schuster, 1978), 107 and Lawrence J. Quirk, *The Films of Joan Crawford* (Secaucus, New Jersey: Citadel, 1968), 20。

夫·曼凯维茨（Joseph Mankiewicz）据说曾经向克劳馥解释说，观众席中的女店员可不想看到她穿着"腋下有污渍的劳动便服"。他说这些女店员更希望看到明星穿着那些她们幻想自己也可以穿上身的亚德里安裙装。[1]

　　设计师伊迪丝·海德曾经在她职业生涯早期的一次采访中以"真实女性"的视角反对了这一观点。当她服务的明星想要一条金线晚装裙来扮演一个上班的女孩时，她会用"上班族可没有那个钱来买一件银色狐皮披风或者金属薄片晚装"的理由来辩驳。当明星无法被说服时，她会建议她们听听"电影院外那些职场女性和家庭主妇关于电影明星的精致衣橱的冷嘲热讽"。[2] 对于粉丝和时尚杂志关注实用性的第三种解释就是，这种强调可能会缓解之前海德所提到的观众的愤懑。有关模仿明星的频繁辩论应该被放置在一个为所有人带来机会，但却只允许部分人成功的社会大背景中去理解。

五、结语

　　各种讨论电影对时尚行为的"影响"的历史论述普遍忽略了女性是否应该模仿明星的争议，以及银幕戏服和日常服饰之间巨大的差异。这些论述也忽略了通过大众传媒渠道大量生产和推销的时尚幻想。1932年的文化产业已经准备好了同时生产时尚产品和时尚行为的形象，一夜爆红的"小琼·克劳馥"潮流也因此孕育而生。时尚引诱女性参与明星以及银幕神话的塑造。女性购买明星产品，尝试明星的美容

---

[1] Thomas, *Joan Crawford*, 107.
[2] Beryl Williams, *Fashion Is Our Business* (New York: Lippincott, 1945), 149.

食谱,并且用自己的简易方式复制明星造型、传播明星形象。在某种程度上,明星时尚热潮似乎是直接从女性粉丝中产生的。

有些追随直截了当的大众文化操纵理论的人,或许会说所有的电影时尚信息,无论是出现在专栏还是广告中的信息,其功能都是为了游说女性购买服装和化妆品而不是自制美容用品和装饰品。但我们通过研究资料却发现了一种对于普通女性的时尚实践和偏好的尊重。这一点当如何解释呢?30年代的女性粉丝与时尚出版物隐约揭示了女性"自己的"文化活动的丰富性,这些活动包括收集与制作各种漂亮玩意儿。目前,我们需要更多地研究30年代的女性在家庭中的缝纫与时尚行为,才能理解这一亚文化生产是如何与大批量生产的时尚文化联系在一起的。

我们所研究的出版物提到了颜色的搭配、套装的混搭、剩余布料的购买、合理地利用工资以及选择不易过时的饰物。从这些信息中我们可以看出,女性并不只是如常常被描述的那样简单地"山寨"明星时尚。她们对于明星时尚其实会做出自己的改变。杂志中和银幕上的时尚和她们所穿的时尚之间有着很大差异。这之间的距离恰好标记了一个有待探索的文化空间。

后记

这篇文章发表后的5年时间里,我们一直在继续搜寻1932年的《莱缇·林顿》上映时梅西百货电影商店所销售的50万件同款莱缇·林顿裙的证据。1986年史密森学会(Smithsonian Institute)的"好莱坞:传奇与现实"巡回展览中展出了一条这样的裙子。这给我们带来了希望。

但我们通过对宣传人员和推销商的采访，对宣传资料、报纸以及制片公司档案的调查却最终得到了一些其他的结果。数以万计的莱缇·林顿裙的复制品和成百上千的官方"电影时尚商店"其实只是电影搭售现象一厢情愿的想法。的确，明星时尚在 1930 年代非常受欢迎，这件白色荷叶边的莱缇·林顿裙的山寨版也确实被制造了出来。但是成衣产业不太可能生产了 50 万件这类裙子。也没有证据表明伯纳德·沃尔德曼(Bernard Waldman)截至 1937 年已经在全美 400 个不同城市建立了"电影时尚商店"。《财富》(Fortune)杂志 1937 年 1 月刊登过一篇关于沃尔德曼的"现代推销局"的短文，似乎是关于这一机构的信息的原始出处。查尔斯·埃克特(Charles Eckert)死后出版的一篇无脚注的经典文章《梅西百货公司橱窗中的卡洛尔·隆巴德》(本书第三章是该文的节选)则确认了"现代推销局"在电影史上的地位。

50 万件莱缇·林顿裙的复制品的神话在 30 年代通过粉丝和女性杂志传播，现如今已被载入服装史。尽管我们发现这些复制品是神话而非事实，但这一发现无须引起我们对消费文化和娱乐历史之状态的担忧。相反，这应该引导我们重新考虑一些其他问题：为何宣传人员的宣传文字不是有效的历史话语？我们是否应该质疑那些把宣传当作新闻一样经营的专业宣传人员？50 万件复制品不该被当作是错误的历史事实。莱缇·林顿裙的重要性既和宣传策略的成功有关，也和 1932 年女性的真实着装情况有关。

最后，鉴于米高梅公司在《莱缇·林顿》上映的当年之后，就再没有公开放映过这部影片，莱缇·林顿裙在电影史和时尚史中的地位就更让人好奇了。《莱缇·林顿》因为一桩重要的抄袭官司(Sheldon v. Metro-Goldwyn Pictures Corp., 1936)而发行受阻，导致这部影片成了版权法的经典案例，而不是电影研究的经典文本。这部影片是根据玛丽·贝洛克-朗兹(Marie Belloc-Lowndes)1930 年的小说改编的一部非常有趣的情节剧，而小说本身又是根据 1857 年被指控谋杀情人的苏格兰女继承人玛德琳·史密斯(Madeleine Smith)的臭名昭著的案件创作出来的。目前仅存的一个35mm胶片影片位于卡尔佛城的米高梅片库中,现如今是洛里玛(Lorimar)电视公司的财产。这部未见天日的影片因为摄影大师乔治·赫里尔所拍摄的一组琼·克劳馥照片而存活在人们的记忆中,照片中的克劳馥穿着那件蓬松的梦幻般的裙子,看起来娴静而温顺。

(张敬源译　杨玲、刘金平校)

作者简介:简·盖恩斯(Jane Gaines)和夏洛特·赫佐格(Charlotte Herzog)合撰了数篇关于电影服装的文章,并于近期共同编辑出版了《编造:服装与女性身体》(*Fabrications: Costume and the Female Body*, Routledge-American Film Institute, 1990)。赫佐格是位于芝加哥的威廉·雷尼·哈珀学院的艺术学副教授,现正在从事19世纪女插画师以及电视作为内部装饰的研究;盖恩斯最近出版了《争议中的文化:图像、声音与法律》(*Contested Culture: The Image, the Voice, and the Law*, University of North Carolina Press, 1991),她是位于北卡州杜伦市的杜克大学的英语系助理教授。

9 吉米·史都华的归来：作为文本的宣传照片[1]

查尔斯·伍尔夫

在电影的生产、发行和放映过程中产生了大量的摄影图像，包括生产剧照（production stills）、名人照片、摄影海报以及用于宣传资料、节目、采访和评论的图片。这些影像让我们对还没有上映的电影产生期待，并且让我们在观看电影之后还能继续回味。人们可以持有这些照片，在闲暇时拿出来欣赏，也可以对照片进行收集和分类。随着时间的推移，这些照片慢慢变成了可供大开本画册、历史和批评期刊以及各种专著参考、选用的图片档案。即使我们最初认为这些照片对于作为文本的电影来说意义不大，但它们已然构成了电影机制的重要组成部分。[2] 经过作者和编辑的复制、重新利用、拍摄和说明，这些图像成了值得追索的历史痕迹的承载者。

此类照片的首要功能通常都是宣传：即宣传电影以及那些能让电影大卖的明星。在好莱坞制片厂体系中，剧照拍摄部门是支撑明星制和每部电影营销工作的公关体制的重要组成部分。剧照不仅直接通过

---

[1] 本文首次发表于《广角》（Wide Angle）1985年第6卷第4期。——编注
[2] 拉塞尔·梅里特（Russel Merritt）关于此观点有相关论述。他曾分析评论家是如何利用不同的程序来"解读"影片《党同伐异》（Intolerance）的著名宣传照片。这些照片展示了沃尔特·豪尔（Walter Hall）为《党同伐异》所设计的布景。参见'On first looking into Griffith's Babylon: a reading of a publicity still', Wide Angle, 3, 1(1979), 22—7.

付费广告渠道，也间接地通过从 1920 年代一直到 1950 年代中期不断扩张的全国性杂志产业对好莱坞的广泛报道，预告着即将上映的新片。[1] 当然，这种宣传功能在粉丝杂志中是最不加掩饰的，后者使明星生活成为轰动的名人戏剧性事件。与此同时，名人照片也是《名利场》(*Vanity Fair*)、《舞台》(*Stage*) 等纽约出版的时尚月刊以及《淑女家庭杂志》(*Ladies Home Journal*) 和《麦克考》(*McCall's*) 等中产阶级女性杂志的常客。《生活》(*Life*) 杂志自 1936 年秋创刊以来，就一直在其每周的时事摄影报道中将好莱坞电影当作一个特殊优待的文化领域。此外，到了 1936 年，两本重要的全国性新闻杂志《时代》(*Time*) 和《新闻周刊》(*Newsweek*) 的图片报道内容变得更加广泛、鲜艳，它们也都经常刊载来自好莱坞的照片。《时代》杂志在将欧洲蠢蠢欲动的男人阿道夫·希特勒和密尔沃基市社会党市长丹尼尔·韦伯斯特·霍恩 (Daniel Webster Hoan) 放上封面之后，又将好莱坞童星秀兰·邓波儿当做封面人物。[2] 宣传照片和每周的新闻融会在一起，并因此获得了一个全新的社会维度，这个维度也让宣传照片的历史成为具有丰富价值的研究领域。

在本文中，我将审视一则曾让我对这些照片的史学价值兴趣大增的新闻杂志报道，即 1936 年 12 月 30 日《新闻周刊》杂志为了配合影片《美好人生》(*It's a Wonderful Life*) 的上映而刊登的封面故事。这张封面照片首先吸引我的地方是，画框中的不同人物互相注视，但其注视的方式却有些不同寻常。其次，照片的文字说明意义模糊，引发了我对这

---

[1] 关于这一时期全国性杂志的历史，可参看 Theodore Peterson 的 *Magazines in the Twentieth Century* (Urbana: The University of Illinois Press, 1956)。在电影和图片杂志产业共同发展的时期，两者之间的关系还有待进一步研究。

[2] 参见 'Marxist Mayor' (Hoan), *Time*, 6 April 1936, cover and 18—20；'Plan v. plan v. plan' (Hitler), *Time*, 13 April 1936, cover and 24—6；'Peewee's progress' (Temple), *Time*, 27 April 1936, cover and 36—44。

张照片的持续兴趣,而我们也可从图片本身读出这种模糊性。这张照片似乎让我根据其语境框架产生了三种不同的解读。这些解读互相重叠、彼此佐证,但它们之间也存在矛盾,并不完全相合。

从一方面看,这张封面照片只是单纯的电影剧照。任何看过《美好人生》的人都能认出这个画面所传递的信息:圣诞夜前夕乔治·贝利(George Bailey)从自杀边缘回到了家人的怀抱。这张照片并不是真正的电影画面,也没有复制电影中的任何一个镜头。但我认为我们可以多少用这张照片来表征影片的结局,因为结局中关键的图像性元素和戏剧性元素都包含在内。贝利一家人——特别是乔治站在中间,玛丽在左,女儿祖祖在右的三人画面——反映出了他们在电影中的重聚。从一场家人都不认识他的恐怖幻景中逃脱的乔治,对于他在这世界上的存在产生了怀疑,他紧紧依偎在妻女的身边,乱蓬蓬的头发暗示了他刚刚经历的痛苦。玛丽坚定地站在家中,这种坚定是她的丈夫从未体验过的。她保持着淡定和冷静,支持着她的丈夫就像她的丈夫支持她一样。祖祖也呼应着影片中的重生主题:她刚从感冒中痊愈,一手勾着爸爸的肩膀,一手拉着爸爸的袖子,看起来安全而放松。此外照片对于圣诞树(包括灯泡、灯光和金属装饰)的强调,也和电影结尾的几个画面的场面调度相符,这几个画面都突出了精心装饰的圣诞树枝。对于照片左边比利叔叔的关注也在一定程度上和电影结尾的心理动态相一致。由于比利叔叔在贝利储蓄贷款公司的疏忽促成了最后危机的爆发,因此,他被宽恕并成为这个在圣诞节前夜重组的大家庭的一员这一点是很重要的。

另一方面,照片中的元素又轻微地歪曲了电影的叙事。比如,乔治、玛丽和孩子们就从来没有像照片中那样亲密地、全神贯注地看着比利叔叔。电影中,比利带领一群亲戚邻居冲入家中,营造出一种大家都很开心的氛围。[1] 这里值得注意的是，《新闻周刊》的封面照片是从一张生产剧照中截取的。原剧照在画面右侧还包括其他四个人物：贝利奶奶（乔治的妈妈）、哈奇外婆（玛丽的妈妈）、皮特（乔治和玛丽的长子）和一位不知名的邻居。四个人都被《新闻周刊》的编辑从照片中剪掉了。为了消除男孩在祖祖袖子上的侧脸，因为这个侧脸恰好落在剪裁过的照片边缘，编辑还对照片进行了处理。而且在原照片底部可以看到的钱也被剪掉了。那些钱是比利叔叔从社区筹集来的，装在篮子中，再由拜访队伍中领头的人拿进屋里。这些对于照片的修剪不仅将贝利一家的重聚从更大的社会语境中抽离出来，同时还将比利叔叔与他向右注视的四个人物切割开来，使他的目光变得有点神秘，倘若还算不上奇怪的话。

　　我们对这些相同与差异元素的认知，自然是基于对《美好人生》的叙事的熟悉。没有这一电影文本作为语境的话，对照片的解读就变得毫无意义。对于那些没有看过这部电影的人来说，他们可以通过这张照片来想象一个故事：圣诞树、两个男人的冬装以及孩子们穿的睡衣都暗示了平安夜的背景。右侧的人物表明是一家人；而左边的男人则可能是这个家庭的亲戚。我们可以利用文化符码来填充故事场景，但是线索却是模糊的。比如说，"归来"叙事及其心理可能性都是通过照片的说明文字提示的，但这些可能性在图片中并不清晰。我想如果我们被要求找出图片中的"归来"性人物，我们很可能会选择左边的人物：从图中看，（站在闪亮的圣诞树下的）他似乎和其他人是分离的。除了一

---

[1] 此外，如果比利叔叔是克莱伦斯（Clarence）那样的天外来客的话，那人们用敬畏的目光注视着他，似乎还说得过去。天使克莱伦斯在圣诞节前夜拜访了乔治，并在乔治康复后消失。在关于该片的一篇近期论文中，卡雅·西尔弗曼（Kaja Silverman）提出了如下的观点：比利叔叔正是天使克莱伦斯的人间化身。他们都有着有限的智商、谦逊的抱负、善良的心灵以及滑稽的举止。如果真是如此，至少从生产剧照的角度将比利叔叔理解成缺席的天使的合适替代者是可以的。参见'Male subjectivity and the celestial suture: It's a Wonderful Life', Framework, 14(1981), 16—22。

个人之外,他是其他所有人凝视的对象。他本人的目光却似乎没有焦点,看起来像是还沉浸在对其他地方的遐想中。的确,如果目光是我们构建叙事的唯一依据,那么站在照片左侧的比利很可能是行动的中心。

当然,照片的文字说明并没有让我们犯上述错误。这一行文字让我们把归来的行为和 1946 年几乎无人不知的一个名字和脸庞联系了起来:这是吉米·史都华(Jimmy Stewart)的归来。不管我们如何被诱惑而聚焦于左边的托马斯·米切尔(Thomas Mitchell),我们在读到照片说明后还是会很确定地把注意力集中在史都华身上。我们被告知这张照片的重要意义依然和电影中的明星有关。唐娜·里德(Donna Reed)、托马斯·米切尔(Thomas Mitchell)、饰演女儿的卡洛琳·格莱姆斯(Karolyn Grimes)和卡罗尔·库姆斯(Carol Coomes)及饰演小儿子的吉米·霍金斯(Jimmy Hawkins)这些人在这里都是可以不用提及的配角演员。

从配角演员支撑主要明星的角度,而不是角色支撑故事的角度来谈论影像是一种稍许不同的方式。我们不再是分析影片叙事中的一个静止图像,而是在分析一张能够利用并且激发大众对于史都华演艺事业兴趣的名人照片。这种兴趣也可以使杂志像电影那样大卖,这一点《新闻周刊》再清楚不过了。从这一角度来说,"归来"和电影中的叙事毫无关系,反倒是用来引发大众对史都华事业发展阶段的关注,而影片就是这个阶段的代表。

1946 年,吉米·史都华时隔五年重回大银幕,那五年间他成为一名立下战功的空军飞行员。他 1941 年入伍,入伍几个月后就发生了珍珠港事件。据报道,他在军队中尽可能地淡化自己电影明星的身份。但 1943 年到 1945 年间,他在欧洲担任轰炸机飞行员和飞行中队长的经历仍然被广为传颂,他本人也以战斗英雄的身份退伍。现在的问题是:他能否重新适应电影明星的身份呢?从弗洛伦斯·劳伦斯(Florence Lawrence)和卡尔·莱姆勒(Carl Laemmle)的时代开始,明星的回归就成为吸引观众走入影院的力量之一,同时也是电影营销的重要筹码。不仅《新闻周刊》的封面故事对史都华的归来进行了详细报道,电影上映时的许多采访和评论也对此津津乐道。[1] 1946年的观众对于《美好人生》的兴趣一部分是基于史都华作为一个重返银幕的明星的职业考验,而当代观看这部电影的大部分观众已经不会再考虑这一点。为了在封面上影射这一名人事件,《新闻周刊》的编辑选择了一张能够将史都华的明星回归事件和电影中的叙事性归来叠加起来的照片,同时利用了镜头空间中他作为演员和角色的双重暧昧身份。

专题报道中的一系列照片进一步图示了演员和角色之间的复杂互动。双页排版中从上至下出现了三张照片。第一张是电影《史密斯先生到华盛顿》(*Mr. Smith Goes to Washington*, 1939)的生产剧照,来自国会的冗长辩论的场景:史都华饰演的杰弗逊·史密斯(Jefferson Smith)笔直地站在一堆信件旁边,这些信件据说都是在反对他对国会中的政治腐败所做出的"注定失败"的抗争。第二张是战争期间史都华穿着军官制服的一张档案照片。照片中的他似乎坐在一张桌子上,双手环绕在翘起的膝盖上。这个姿势看起来很随意,甚至有些尴尬,但却不乏魅力,突出了他标志性的瘦高身材。第三张照片是《美好人生》中的一张生产剧照。照片中,史都华饰演的乔治·贝利坐在波特办公室的一张华丽椅子上,抽着雪茄,皱着一条眉毛。照片的选择和安排都颇为用心,以营造出一种富有逻辑性的演进感。史都华的目光始终是向左的,但是随着照片沿着从左到右的对角线不断下沉,史都华看起来像

---

[1] 'The Stewart touch', *Newsweek*, 30 December 1946, 72—3. 史都华的回归也出现在一份周日报纸增刊《本周》(*This Week*)的封面上。参见 Nord Riley, 'Stewart's story', *This Week*, 15 December 1946, 18—19. 另见 'Jimmy Stewart comes back in new film', *Cue*, 12 December 1946, 16—17; Howard Barnes, 'On the screen', *New York Herald Tribune*, 21 December 1946; 'New pictures', *Time*, 23 December 1946, 54; Bert[Bert Briller], 'It's Wonderful Life', *Variety*, 25 December 1946; Eliot Norton, 'Jimmy Stewart and Capra in Hub', *The Boston Post*, 29 January 1947; 'Liberty picks a movie eligible for top honors', *Liberty*, 15 February 1947.

是从站姿过渡到坐姿。简而言之,这里形成了一种与爱森斯坦导演的《战舰波将金号》(1925)中著名的石狮子在愤怒中站立起来刚好相反的蒙太奇效果。战前,饰演史密斯先生的史都华以一种理想主义的,甚至是痛苦的反抗姿态站立着。战后,饰演贝利的史都华学会了妥协。几行文字说明也将这个照片系列连缀成一个摄影性语汇:"史都华:战前的史密斯先生"……"第八空军上校"……"战后的乔治·贝利"。中间的这张照片十分重要,它被上下两张剧照夹在中间,代表了史都华在一个不同的行动剧场——战争——中所扮演的另一个角色(即"第八空军上校")。与此同时,两张剧照与位于中心的"真实生活"中的史都华的并置,也展现出一个被密切关注的电影明星和公众英雄的不同事业阶段。

这种将真实和虚构的图像完美交织的现象,是杂志行业中一种较为普遍的工作模式的一个极其精简的例证。新闻图片与插图和装饰性广告并置;名人照片与电影剧照无差别地混合在杂志页面的配图中。封面图片是展示每周重大"故事"的最好位置,然而各种封面图片之间不做任何区分。所有的图片都被置于"《新闻周刊》/要闻杂志"的旗号之下,都被当作新闻事件。同时封面上还明确地标明了日期:1946年12月30日。

因此,我们可以把这视为封面照片所代表的另一类图像:新闻图片。从这一角度看,《美好人生》这部电影只是一桩有新闻价值的事件,一个可观看的世界的一部分,我们可以从这个世界中找到一个图像并将其复制传播给读者。那么,宣传照片在这一语境中又意味着什么呢?

为了回答这个问题,我们不妨回顾一下《新闻周刊》在之前数年的圣诞季节所刊登的封面图片。1941年12月的封面并没有给怀旧情绪留下空间:那些封面照片只是记录了太平洋战争的爆发。1942年12月28日的封面却刊登了一张摆拍的照片,大胆地将战时情绪和节日的欢乐结合起来。一位身穿制服、看起来很职业化但又有些运动气息的女性,在轰炸机机翼形成的保护顶罩下开心地在一颗标有"猛攻(Rush)"的炸弹上涂上了"昭和天皇,圣诞快乐"的字样。照片的构图和色调都非常精致;轰炸机的单调色彩正好与明亮的前景相互平衡。女人锈色的南部联盟士兵帽、口红和指甲油,以及与之颜色相近的圣诞彩带和桌子搭配得恰到好处,展现了时尚摄影的元素。而且圣诞礼物的传统在这里的使用也预示着在家园大后方女性的支持下,胜利的曙光终将到来。一年后,1943年12月20日,《新闻周刊》展现了一张标题为"家信"的前线黑白照片。士兵们赤裸着上身,看起来与圣诞季节常规的冬日风景距离遥远。节日的主题也只是间接地通过信件才进入照片中的场景。尽管这种照片的构图显然是为了强调照片中央那位微笑着的健壮士兵,但黑白的新闻照片风格为其带来了一种抓拍的特质。1944年12月25日,正值进攻德国的余波,收到来自海外礼物的士兵又成为封面照片的主题。照片中的美国士兵拿着一堆包裹,独自走在德国的城市街道上。这张照片有点让人心痛,因为礼物的接收者孤独一人,而照片背景中的一个女人正朝着反方向走去。但照片的标题显示出了一丝侵略性:"他收到了自己的礼物:来自德国前线的圣诞收获",仿佛这些包裹是这场持续了太久的战争的战利品。而且照片中的士兵朝着远离罗特根和施托尔贝格这两个城市的方向走去,看起来像是要离开德国。

1945年12月24日,读者的注意力被带回美国,回到拿着礼物的女兵身上。彩色封面上刊登的是一位陆军妇女队(WAC)的成员。背景看起来很模糊,但似乎融合了两个标记:星条旗上的星星被赋予了圣诞树灯光的昏暗效果。女兵手上拿着的包裹的配色方案显示出了爱国主义与节日气氛的结合:包装纸主要由红白蓝三种颜色构成,和女兵袖子上的徽章的条纹相一致。我们还可以猜想她手中的包裹并不是邮寄来的,而是被亲手送上的。编辑在杂志内页的手记中也进一步暗示了向日常家庭生活的回归。读者被告知1945年可能是陆军妇女队第一个也是最后一个和平时期的圣诞夜,因为该军团当时已经要解散了。

　　在上述的每一个事例中,编辑的任务都是要将时事性的考量与正在进行的圣诞节神话融为一体,或者说是从时事的角度来重铸圣诞节神话。封面照片具有高度的象征意义,它要从当周的新闻中凝聚或提取出一个新闻点。无论是抓拍的照片还是摆拍的照片都是如此,尽管抓拍照片可能更需要说明性的文字来固定其意义,以便使其在意义传达方面与那些明显风格化的照片一样有效。

　　1946 年 12 月 30 日,随着所有前线的战事均告结束,《新闻周刊》开始将读者带回到美国家庭之中,并为他们奉上了一张重组家庭的理想化照片:父亲终于回来了,母亲似乎从未离开。作为一张新闻照片,这张剧照并不像从一系列宣传照中选出来的,反倒像是从家庭影集中挑出来的。而且我们的确能从中找出家庭快照的痕迹。我在想这张照片中最值得注意的就是最底部那个我们一开始可能都没怎么注意到的男孩的目光。那是一个不太听话的眼神:他和画面中假装摄影机不存在的其他人的眼神都不一样。相反,他意识到了摄影机的在场,打破了剧照(也包括好莱坞电影)的禁忌,刺穿了虚构的电影试图封闭的叙事空间。当我们隔离出这个男孩的脸时,这张照片作为快照的身份是十分清晰的。但即便是在整张照片的空间里,这个男孩的眼神还是会引导我们对于他上方那些人物的怪异眼神进行全新的解读。这张照片的画面和那些每个人物都尽力忽略相机同时望着彼此的家庭照很类似。照片中右侧的家庭成员都看着左边的人物,这对照片下方那个需要扭着脖子向上看的小女孩来说并非易事。而左边的人则自行把握自己的目光。但这个男孩却盯着摄影机。编辑本可以把下方这个不太听话的小男孩(连同那笔钱)都裁剪掉。但是这个小男孩却被留了下来。我怀疑是因为这个小男孩为照片提供了抓拍感。此外,将几位邻居从画面右侧剪掉的方式也孤立并且强化了这张照片中的家庭形象,同时重新平衡了这张照片,使得母亲在这张照片中占据了中心位置。

显然，这张照片里的明星光芒过于强大，以至于读者不可能仅仅将其解读为新闻摄影记者所记录的一位籍籍无名的老兵回家团聚的情形。让我们怀揣着多重解读的概念，再回顾一下《新闻周刊》所勾勒的名人戏码。关于史都华回归的专题报道并未让读者去欣赏一位传奇明星的八卦，反倒是在试图将史都华回归战前职业的事件和当时十分普遍的老兵回归战前职业的事件联系起来。我们被告知，这"就像刚结束驱逐舰上的服役期的妇产科医生第一次接生，或者刚在炮兵野战部队待过一段时间的小提琴家的第一次独奏表演"。职业的改变以及更重要的老兵自身的变化，都让史都华以及导演弗兰克·卡普拉(Frank Capra)对于他们能否重拾战前的辉煌感到担忧。《新闻周刊》的报道称："在片场，史都华和卡普拉合作解决他们所面临的重返银幕的难题，他们互相安慰、彼此扶持，用努力的工作来掩盖他们的担忧"。卡普拉的名气也足以吸引新闻记者的兴趣，但史都华却是更受人瞩目的明星，是一个对于归乡充满不安的老兵英雄的理想代表。[1]《新闻周刊》认为，战前史都华身上的男孩气已经"自他退役归来之后消失殆尽，那段驾驶B-24轰炸机的战时经历已留给他少许成熟的灰发"。他的表演被称赞为"成熟、有吸引力的战后演绎"。

吉米·史都华的形象不仅代表了"乔治·贝利"，也代表了那些焦虑的老兵。这些老兵的回归也影响了这个封面故事。然而，乔治·贝

---

[1] 卡普拉曾在1938年8月8日登上过《时代》杂志封面，因此他对杂志宣传并不陌生。当时很多关于他和史都华重返好莱坞的报道都提到了他们为了摆脱制片厂合约所作出的努力。史都华决定不再回到米高梅公司，卡普拉则尝试与退役老兵威廉·泰勒(William Tyler)、乔治·斯蒂文斯(George Stevens)以及萨缪尔·布里斯金(Samuel Briskin)一起建立自由电影公司(Liberty Films, Inc.)。自由电影公司被认为是战后独立制片公司中的领头羊，当时的业内报刊也在这一语境下对《美好人生》进行了报道。但是影片在票房上的表现差强人意，这也被认为是导致自由电影公司在1947年解散的重要原因。参见 Fred Stanley, 'Out of Hollywood', *The New York Times*, 10 February 1946, Sec. 9, p. 1; 'New Pictures', *Time*, 23 December 1946, 54; and 'The price of liberty', *Time*, 26 May 1947, 88。

利的回归与作为演员的史都华和作为观众的老兵的回归并不完全相符。乔治·贝利并不是从战场上归来的。他没有上战场而选择留在后方工作的事实,是他的精神问题的一部分,或至少是一个症候。通过电影叙事可知,乔治为了他的弟弟哈利压抑了自己想要征服世界的渴望,他的弟弟最后因为其海外战功获得了国会荣誉奖章。与电影《黄金时代》(The Best Years of Our Lives)——这部电影与《美好人生》一同竞争圣诞节的票房,并在次年春共同角逐奥斯卡奖项——相反,老兵重新适应社会这一议题在《美好人生》的叙事中充其量只占边缘地位。哈利的回家是一个纯粹值得庆祝的事件,而且为乔治重生的欢乐氛围锦上添花。然而,我们也可以将乔治关于社会关系疏离、家庭破裂和小镇价值观断裂的梦魇解读为战后黑色电影精神的体现,黑色电影对于老兵痛苦情绪的再现通常并非字面意义上的。《美好人生》在这个问题上的隐晦性,恰好让《新闻周刊》在报道这部电影时所提供的"误读"变得更加有用了。

媒体努力将电影置于当日的新闻事件中,并为读者提供一个理解电影的语境。这种努力开启了一个与电影叙事相交但并不重叠的历史轴线。同样的,媒体的努力也使我们得以启用历史观众(historical spectator)这个概念。叙事的构造物即文本中的观众(spectator-in-the-text)在某个点上会和这个历史性观众相遇,但却并不能完全定义后者。

这里有必要聚焦新闻杂志这种信息特别丰富的媒体,因为这类周刊的目的就是要将分散的事件整合起来,将各种碎片并置一处,以便用一种熟悉的方式赋予其连贯的社会含义。不详述新闻来源(包括照片获得的方式和地点,以及是谁或什么在传播新闻)的普遍做法旨在形成一种同质化的风格,这种风格可以让潜在的不和谐的"声音"被统一成权威性的单个"声音"。电影就是那些需要被驯服的"声音"之一,也是解读众多杂志图片的必要语境之一。

因此,我们这里所讨论的是一个媒介网络,在这个网络里,文本和语境相互关联;文本自身在视野内外不断转换,像是一个不稳定的视觉幻象中人物与背景之间的来回摇摆。在我们能够准确地讨论历史观众这一概念之前,我们必须更加清楚地了解电影产业和界定图像网络的不同渠道之间不断演化的结构性关系。来自好莱坞和好莱坞电影的图像并不是像蒲公英那样随风飘散的;随着这些图像的传播,体制也在壮大。哪些特定的渠道在这个体制中互相关联?一个统一的讯息是如何在各种形式中传播的?抵抗、改变和意义的颠覆都在何处发生?追踪单部电影和单个电影明星是阐明这一网络的方法之一。它也是建立一个批判性和历史性的电影图像话语的重要一步。

(张敬源译 杨玲、刘金平校)

作者简介:查尔斯·伍尔夫(Charles Wolfe)是加州大学圣塔芭芭拉分校的电影研究副教授,著有《弗兰克·卡普拉:参考文献与资源指南》(*Frank Capra: A Guide to References and Resources*, G. K. Hall, 1987),编有《约翰·多伊》(*Meet John Doe*, Rutgers University Press, 1989)。

10 | 三位印度电影明星

贝赫鲁兹·甘地、罗茜·托马斯

一、印度的明星制

每天清晨一位身穿藏红色长袍的人都会出现在位于海德拉巴(Hyderabad)郊外的一所房子的阳台上。一小群人则会聚集在那里接受罗摩·拉奥(N. T. Rama Rao)的祝福,他是泰卢固语电影(Telugu cinema)的顶级明星,多年以来因扮演克利须那神(the god Krishna)而闻名。1983年他被选举为安得拉邦(Andhra Pradesh)的行政部长,这一事件表明在印度神学、电影和政治之间存在着复杂的关系,而且这一关系会被充分利用。尽管孟买的明星们不再出演神话类电影,[1]因为这种类型自1960年代就已经在减少,但人们仍然频繁地将印度明星和印度教万神殿中的众神相提并论:二者都是绚丽多彩的传奇人物,他们的生活和爱欲,包括道德缺失,都是大众津津乐道的题材并得到大众极度的宽容,明星们总体来说也优雅地接受了民众对他们的几乎到了膜拜程度的爱慕。

---

[1] 更多关于印度电影中不同类型的发展的讨论,参见 Rosie Thomas in *World Cinema Since 1945*, ed. William Luhr, Ungar (New York, 1987).

10 三位印度电影明星

与好莱坞一样,印度明星的力量也是逐渐发展出来的,但是他们今天所拥有的地位——不管是经济地位还是在大众想象中的地位——都是一种特殊经济体制所导致的结果,这一体制赋予了他们比好莱坞同时代明星更多的绝对权力。不仅电影产业坚信明星是任何主流印度电影取得成功的至关重要的因素(其他关键因素通常被认为是歌曲和对白),围绕着以各种语种(包括英语)出版的兜售明星绯闻的杂志,还发展出了一个庞大的附属产业,这种情况自1960年代以后尤甚。尽管印度的每一种地方性语言的电影产业都有自己的明星,但以孟买为基地的印地语电影(Hindi cinema)的明星实力最为强大,他们在整个印度(以及大多数第三世界国家)都很出名,并且一直是大众关注的焦点。

显然,电影明星在印度受重视的原因与他们在其他文化中被看重的原因大体相同:他们为观众提供了认同和探索超凡脱俗领域的代入性快感,这些观众无论在物质生活还是情感生活中都遭遇到多方面的限制。有趣的是,尽管明星被粉丝狂热地追随和爱慕,但他们在银幕内外的明星形象常常包含了颠覆印度社会严格的道德观念的行为,这些行为在任何其他语境下都会被认为是"可耻的",甚至他们最忠实的粉丝也会这样认为。当然,他们不只是简单地越轨:明星也被呈现为理想行为的化身(尤其是在亲属关系和性关系的领域里),并以此来平衡其越轨行为。最有用的方式是把电影和明星八卦的潜文本都看做是关于道德的争论,尤其是围绕"传统"在印度的现代化进程中的角色的协商。

印度的明星体制是与好莱坞明星制并行发展的,并且对后者有着一定的认知。卢米埃兄弟(the Lumieres)的电影在巴黎和伦敦进行首演的数月里,电影就来到了印度,第一部演员都是印度人的电影《哈里什昌德拉国王》(*Raja Harischandra*,D. Phalke 导演)出现于 1913 年。到了 1920 年代,一大批从事电影制作的印度企业纷纷成立;在宏伟的剧院和特意修建的电影院之外,一个以流动帐篷和露天影院为形式的放映网络也在全国范围内得以建立。在 1920 年代和 1930 年代,电影生产主要依靠制片厂来组织。这些制片厂像一个大家庭一样运作；明星首先是制片厂的雇员，要遵守严格的纪律和苛刻的合同。制片厂制度从1940年代中期开始瓦解。战争财以及非法武器交易导致一批富裕的独立制片人脱颖而出，他们用巨额的酬金诱惑那些具有市场价值的明星离开制片厂。整个1950年代，一些主要的独立制片人/导演占据了主导地位，控制了电影产业的扩散趋势；其票房上的频频胜出使他们有足够的能力建立起常规的团队，甚或是自己的设施基地。

当电影业由那些相信明星阵容是降低其电影投资风险的最安全方式的私人金融家经营的时候，明星们逐渐认识到他们可以发号施令。一个恶性发展的明星制在1970年代中期达到了顶峰。当时出现了所谓的多明星电影（multi-starrers），即在一部电影里安插多位明星以增加电影的市场价值。这样的做法其实仅仅强化了顶级明星的垄断地位，这些明星有时候同时在多达50部影片中工作。在1980年代早期，那些落伍的电影开始在票房上遭遇大滑坡，电影融资也受到严重的冲击。然而，明星们依然同时签订大量的演出合同，要求高额的报酬，并且花费大量时间在各个制片公司之间来回奔波，在同一段时间内拍摄十多部电影。这很大程度上是由于电影业都是各自为政，由数百个小的制片人、发行人和放映商组成，周期性的规范化尝试总是被顶级制片人和明星的短期利益所阻碍。问题之复杂还在于合同通常不是强制履行的（因为印度法律机器运转缓慢，任何交易都是非官方的，其履行依靠个人喜好和"信任"），而且大多数制片人花费大量时间和精力去追逐和哄骗任性的明星们。就是在这样的背景下，所谓的"新电影"于1970年代和1980年代发展起来，它绕开熟悉的明星和高额的预算，给这个极其不实用的体制带来了巨大的挑战。

不过，女明星在这个电影体制中的位置肯定是受到限制的。迄今为止，男明星具有最高的"价值"，其薪酬至少是女明星的两倍，并且女明星的价值很大部分取决于与她合作的男明星。女性在印度电影行业中的地位充满了矛盾性：初期，很少有女性会答应去做这么有损身份的事情，即允许她们的形象出现在银幕上，并且受到全国成千上万陌生男性的凝视。甚至妓女也拒绝做这样的事情。早期的女星主要是盎格鲁裔印度人，比如苏洛查娜（Sulochana，原名 Ruby Meyers），她们没有印度和穆斯林文化的包袱，这两种文化都严格禁止妇女面向公众展示身体。尽管这些禁忌被逐渐打破，少数中产阶级家庭的"体面"女孩也在1930年代以后开始进入电影行业，但是矛盾依然存在。不仅仅是这个行业一直是由男性控制并且被很多人认为是"肮脏的"，而且女星们难以避免地被同时定位为崇拜的对象和性客体，既异常强大，又是男性行业中被动的棋子。

尽管这对任何行业的女星来说或许都是如此，但是印度特有的一套关于女性气质的观念毋庸置疑地加剧了这个矛盾。初看起来，许多印度女星也许是关于印度妇女温顺的陈腔滥调的拙劣模仿，但印度社会对于女性的大众表征是复杂且分裂的。一方面，我们可以看到一个"纯洁"和顺从的女性图景，其全部身份都是由一个专制的父权等级文化所结构的。她以下面的各种形象出现：天真无瑕的女儿，被视为赠予其丈夫家庭的 *dan*（神圣的礼物）；为家庭操劳并且生下男性继承人的含辛茹苦的奴隶；自我牺牲的母亲；或者贞洁和谦逊的妻子，她存在的理由就是把她的丈夫奉若神明，其一生充满着祈祷、仪式和斋戒以保证他的安康。然而，与这样一幅女性生活图景同时存在并明显矛盾的是一个关于女性力量和权威的悠久传统：如受到男性敬畏、遵从和崇拜的女性；具有侵略性或者会惩罚男性的女性；拥有强大性力的女性，她们或全然自主或为男性的领导者。前者通常被当做"受压迫"的妇女的图像，而后者有时候会同时引发印度传统主义者和一些（西方的）女性主义者去赞美这些显然强大而"正面的"女性形象，将其视为女性真正权力的证据。当然，情况并不会这么简单。

本章通过聚焦印度电影史上三个关键时刻的三位女星，来追踪印度电影50年以来关于强势女性气质的表征传统。这三位女性分别是：20世纪三四十年代的特技皇后,"无畏的纳迪亚(Nadia)";因1950年代出演《印度之母》(Mother India)而闻名的纳尔吉斯·达特(Nargis Dutt);20世纪七八十年代"现代女性主义者"的代表性人物思米塔·帕蒂尔(Smita Patil)。需要强调的是,我们并不想论证她们是其所处时代的"典型",或她们肯定是"顶级"明星,我们想说的是她们每一个人都在印度的文化和历史语境中提出了一些有关女明星身份的有趣问题。本章将试图阐明每个时代的强势女性气质是以何种方式被协商的(negotiated),每个明星与她所处的历史(政治和经济)语境的关系,以及被用来使明星形象"合法化"的其他文化表征的范围。我们认为,在每个明星身上,受控制的女性气质与女性力量这两个矛盾的形象同时共存,似乎以此来缓解明星形象的威胁。我们进一步指出,从无畏的纳迪亚相对单一的银幕形象到纳尔吉斯和思米塔银幕内外复杂交织的角色形象,我们可以在印度五十年的电影史中探查到一种日渐增加的复杂性。

二、无畏的纳迪亚

我儿时最难忘的声音是无畏的纳迪亚"嘿——"的呼喊声。她像君王般地坐在马上,大胆地将手在空中举起,向坏人冲去。对我们这些生活在1940年代中期的学生来说,无畏的纳迪亚象征着勇气、力量和理想主义。

上述话语来自纳迪亚众多粉丝中的一位,他属于独立前的一代人,他随后描述了一部典型的纳迪亚主演的电影,以此继续着他的回忆:

仁慈的国王被诡计多端的大臣囚禁了。正义的臣民遭到拷打或监禁。无助的公主,陷入绝望之中,孤立无援,最后决定自己行动、匡扶正义。不久,这位高大美丽的女性(她身上所包裹的纱丽比政治形势更让她感觉到不舒服)开始身着黑色紧身衣、头戴面具,这样她可以骑马、游泳、格斗、摔跤、击剑,还可以从地面反向跳到阳台上。这是一个大家屏住呼吸等待的时刻,当它来临的时候,整个坐在三安那[1]区的观众都从板凳上站起来欢呼,而那些坐在更贵的四安那椅子上的人则发出一片"坐下"和"蠢猪,坐下"的喊叫声。[2]

纳迪亚所扮演的银幕角色是一个将男人和社会从天灾与暴君手里拯救出来的复仇天使。这样的纳迪亚明显地颠覆了印度女性或为男性欲望的迷人客体或为温顺的受害者的程式化电影形象,尽管她的外表还是充满不可否定的情欲气息。骑马或者打架的时候她很少穿纱丽——它们太束缚人了,她最喜欢的衣服是短裤或者紧身裤,低胸衬衫和大靴子,这样的装扮通常展现出她丰满的大腿和胸部。然而纳迪亚被清晰地定义为"好女孩":只有在《对抗》(*Muqabala*,B. Bhatt 和 B. Mistry 导演,1942)中,作为双重角色的一部分,她扮演了一名"荡妇",轻佻地抽烟、喝酒和跳舞,以其明显具有情色意味的"坏姐姐"形象与"好妹妹"形成了鲜明的对比。尽管她通常不被允许唱歌和跳舞,但她身边总会出现一个男性主角作为她的浪漫恋人。然而,需要注意的是,较之相似的好莱坞角色(例如《宝林历险记》(*The Perils of Pauline*)中的白珍珠(Pearl White),她是纳迪亚系列电影的原始灵感来源),纳迪亚的形象更加强悍(她是一名战士而并不仅仅是一个特技演员),并且较少被浪漫结局所削弱:与之配戏的男星有可能成为纳迪亚的终极拯救者,反之

---

[1] 安那(Anna):小额硬币,16 安那=1 卢比。
[2] Girish Karnad: 'This one is for Nadia', in *Cinema Vision*, India, 1, 2 (April 1980).

亦然，[1]两种可能性不相上下。此外，电影制作方总是用一个女二号来衬托纳迪亚，这个角色提供了浪漫的歌曲、舞蹈和无助的眼泪。

从她主演的第一部电影《持鞭子的女人》(*Hunterwali*, 1934)开始，纳迪亚就获得了异乎寻常的成功。在这部电影中，她伪装成男性并拿着一条鞭子在乡下游荡，劫富济贫。在纳迪亚多年来出演的一系列电影中（这些电影数量在1950年代才减少，尽管其全盛期是在1935—1945年），一些元素反复出现，如她的会玩把戏的狗、忠诚的马、拉吉普特人[2]、旁遮普邦和旁遮普邦之子、被她命名为"劳斯莱斯的女儿"的"宝贝奥斯丁"(Baby Austin)款汽车。她在电影中的冒险包括崖顶救援、火车失控和遭遇凶猛野兽。人们尤其喜爱她健身的场景，这无疑在那个时期掀起一阵健身狂潮。她什么都不想就举起魁梧的打手，将他们扔到屋子里或者将他们扛在肩上。她强硬、能干、全能的形象也对那个时代的女性传达了独特的激励信息，其电影频繁地劝告女性为自己而战：比如在电影《钻石女王》(*Diamond Queen*, 1940)的一个长镜头中，她呼吁印度斯坦的妇女们教育自己并且摆脱她们的压迫者。她从不被允许展示软弱：

> 在《乐子》(*Mouj*, 1943)中我确实有一场感情戏，那是一段漫长的哭诉。
>
> 我为那个最后的场景付出了很大的努力——我甚至在没有甘油的帮助下真的流下了眼泪。但是电影拍摄结束的时候，发行人坚持要霍米(Homi)删掉了这个场景，他们说"纳迪亚不能哭"。[3]

纳迪亚原名玛丽·伊文思(Mary Evans)，1910年出生于珀斯[4]。

---

[1] 意即纳迪亚也有可能是男星的拯救者。——译注
[2] 拉吉普特人(Rajput)的意思是"王公之子"，是印度拉贾斯坦邦刹帝利（武士）阶层的成员。——译注
[3] 所有的引用都来自作者1986年2月在孟买的一次访谈。
[4] 珀斯(Perth)，英国苏格兰东部城市。——译注

10 三位印度电影明星

她的父亲是一名来自威尔士的军人,她的妈妈是希腊人,曾是马戏团表演艺人。她在一岁的时候被带到印度,随母亲定居于孟买,那时候她的父亲已在一战中阵亡。纳迪亚还是孩子时,就从她在军队担任兽医的叔叔那里学会了骑马,并且成为一名狂热的电影迷,非常羡慕白珍珠和露丝·罗兰(Ruth Roland)的成就,当时她们的电影在印度广泛发行,同时大受欢迎的还有道格拉斯·范朋克(Douglas Fairbanks)和其永远的最爱——查理·卓别林。纳迪亚的第一份工作是孟买的一名速记员,同时她开始参加舞蹈训练,作为与体重的持久战的一部分。受到她的舞蹈老师的启发,她辞掉了办公室工作,加入了在扎克的俄罗斯马戏团,不久又进入了一个在印度从南到北巡回演出的团体,担任歌手和舞蹈演员,并很快地小有名气。她在军队、平民俱乐部演出,同时还在电影院为电影做现场表演。帝王剧院(Regal Theatres)的经理拉哈尔(Lahore)坚持带她去见其孟买电影的制片人朋友 J. B. H. 瓦迪亚(J. B. H. Wadia)。起初纳迪亚并不情愿进入电影业,因为她的月薪只有可怜的 150 卢比,而且她非常担心必须讲印度语,后来她与瓦迪亚签了一份三年的合同,并且迅速掌握了她被要求表演的那些吃力和危险的特技动作。尽管有很多危险的场景,但她在职业生涯中的任何时刻都极少使用特技替身演员。

瓦迪亚影业公司(Wadia Movietone)是 1930 年代在孟买成功建立的数家制片厂之一。贾姆希德(Jamshed)和霍米这对瓦迪亚兄弟组成了一个出色的团队。J. B. H. 瓦迪亚是一名作家和知识分子,对文学和政治感兴趣,雄心勃勃地想要为印度电影做出一番成绩。他的弟弟霍米是更加务实的伙伴,一个对电影票房吸引力有很现实的理解的成功导演。他们刚开始在位于孟买的达达尔区(Dadar district)的科伊诺尔制片厂(Kohinoor Studios)建立了一个电影实验室,于 1928 年制作了他们八部默片中的第一部,尽管这使他们"受尊敬的"帕西[1]家族感到丢脸。他们很早就发现了声音的潜力,引入歌手达斯图尔(Firoz Dastur)出演电影 *Lal-e-Yaman*(1933)的主角,并立即在票房上获得成功。这部电影所带来的利润使他们能够在达达尔建立自己的制片厂,即瓦迪亚影业公司。兄弟二人共同发展出一种成功的商业模式,专攻廉价的肯定会轰动一时的神话和特技类型的电影,偶尔也会涉足社会问题和天方夜谭式的幻想类题材。后来,他们用这些电影赚到的钱来投资更有野心的项目,但却在票房上遭遇了滑铁卢,导致他们不得不在1942年卖掉瓦迪亚影业。在这之后,霍米通过与位于孟买市郊商波尔(Chembur)的巴桑特电影厂(Basant Studios)合作,东山再起,继续制作廉价而成功的类型电影,包括纳迪亚系列电影。

在所有早期的制片厂里,明星们仅仅是制片厂的雇员,被要求每天在正常工作时间段上班。制片厂向他们支付很低的月薪:纳迪亚最出名的时候,每月也只有 1500 卢比(60 英镑)。霍米将早期瓦迪亚影业的纪律描述为"像一所学校":每天上午 10 点,铃声会响起,厂方按照签到表点名并且宣布一天的拍摄计划;不需要出现在现场的演员可以选择利用这一天进行排练或者回家。纳迪亚描述了不拍摄的时候,她是如何把时间都花在制片厂的健身房里,与被其称之为"我的伙计们"的十几个男性伙伴一起勤奋地排练她的特技动作:

> 我们的特技教练阿滋波伊(Azimbhoy)教我剑术,经常只给我们很少的提示……霍米则经常会过来并告诉我们那天他所想要的场景。我们会在健身房或者顶楼平台上排练,这样我们一旦开始拍摄,就很少重拍。我们准备充分且沉着镇定——任何重拍都是摄影机的错。我从那儿得到了很多乐趣。

---

[1] 帕西人(Parsee),印度袄教徒,又称拜火教徒,7—8 世纪逃到印度的信袄教的波斯人后裔。——译注

很明显，制片厂里充满了友情和嬉笑，按照纳迪亚和霍米两个人的话说就是"像一个快乐的大家庭"。包括明星们和瓦迪亚兄弟在内的所有成员会在同一张桌子上吃午餐，而且许多人会在下班之后一起参加社交活动。

那些早期的制片厂没有成熟的明星"营销"，明星只是在华丽的社交场合露露脸，拍一些媒体照片，接受一些舒适的采访。纳迪亚收到过大量的粉丝来信，尤其是来自印度北部；如果她在大街上被认出来的话就会被层层围住。她在男性和女性观众，特别是年轻观众中都有广泛的追随者。不过，纳迪亚的名声是牢牢地建立在她的电影角色之上的，公众很少知道她的私人生活：在她的银幕生涯中，她成功地保守住了她是一个未婚妈妈的秘密。她曾经这样开玩笑："这些瓦迪亚男孩毁掉了我结婚的机会：哪个男人敢与像电影中的纳迪亚那么强势的女人结婚？"最后她和她的老板即她最喜欢的导演霍米，在相恋 25 年之后，于 1960 年结婚。据说是秘密结婚，因为霍米的帕西家族反对他娶一个电影明星——况且还是一个欧洲人。从此她退出了电影行业，要么与朋友们聚会，要么享受赛马的乐趣，前明星的身份基本被人淡忘。

与许多投身印度电影行业的人一样，瓦迪亚兄弟是独立运动的积极支持者。尽管严格的英国审查制度禁止对印度国大党（the Congress Party）及其领袖的公开指涉，20 世纪三四十年代许多电影制片人尝试了一些间接影射那场抗争的方式，如通过寓言或者貌似随意的方式插入支持独立的标志和歌曲。因此，诸如纳迪亚扮演一个从篡权的邪恶外国暴君手中拯救受压迫的人民的电影，在当时都被观众明确地解读为反英寓言。纳迪亚将她银幕内外的角色看做是对国大党和印度各邦的明确支持："所有电影都包含了一个宣传性的讯息、某些需要去抗争的事情，例如呼吁人们要自我教育或成为一个强大的民族"。

纳迪亚的成功在很多方面都是一个有趣的现象。一位在印度电影中担任主角的"白人"女性公然反英，并且频繁地扮演受压迫人民（暗指印度)的解放者的角色,就是一个巧妙的反讽。刚开始雇用她的时候,J. B. H. 瓦迪亚实际上就建议她去染发(要不然人们会称你为"Buddhi"(老人)),并且将她听起来像欧洲人的名字"纳迪亚"改成更加像印度人名的"提毗"(Devi,意思是"女神")。纳迪亚这个名字是她还在跳舞的时候听了一个亚美尼亚算命者的建议而取的艺名。她强烈地拒绝了瓦迪亚的建议:"这不是我合同的一部分。纳迪亚跟瓦迪亚押韵,另外……我可不是什么'女神'"。我们现在与她早期的粉丝交谈时发现,很明显地,她绝对没有被简单地等同为英国人,并且电影本身不是将她当作一个外国人介绍给观众,而是作为一个"Bombaywali"(来自孟买的女性),这个词暗含了一种异域情调和西化色彩。然而,她的确在印地语台词方面有很多困难。尽管她能将它们牢记于心,但是她的发音总是被嘲笑。她回忆了一个难忘的场景,当她落入坏人手中大喊"*mujhe chot do*"时,所有的工作人员爆笑成一团。导演只好把她带到一边解释"*chhod*"和"*chot*"的区别——前者的意思是"放开我",后者的意思则是"操我"。

尽管纳迪亚的欧洲出身在一个层面上被她的观众明确地否认了,但必然有人会猜测这个出身也许在另外一个层面有助于在殖民地印度的语境下将她的力量、非凡的外貌和行动自由合法化,同时还支撑了其性吸引力所带来的矛盾的兴奋感。1920年代英国的审查制度主要关心的是保护殖民地社会中白人女性的形象。印度电影放映委员会(the Indian Cinematograph Committee)1925年的一份报告中写道:"在印度广泛放映的西方电影已经造成很多伤害……大多数电影主要来自美国,这些电影讲述的都是耸人听闻、肆无忌惮的谋杀、犯罪以及离婚,从整体上降低了白人女性在印度人眼里的身份"。[1] 纳迪亚的"白人属

---

[1] Report of the Indian Cinematograph Committee, 1927—8, 引自 E. Barnouw and S. Krishnaswamy, *Indian film* (New York, OUP, 1980)。

性"也许在殖民语境下增加了她力量的可信度,她在电影中总是和火车、飞机、汽车等西方技术符号联系在一起的事实也有同样的效果。她拍摄的第一个场景就是在火车的顶部,她主演的电影名字也都少不了火车,如"边疆号快车小姐"(Miss Frontier Mail)、"风暴号列车"(Toofan Mail)、"风暴号快车"(Toofan Express)、"飞翔的王妃号快车"(Flying Ranee)、"特殊飓风"(Hurricane Special)、"风暴号列车之子"(Son of Toofan Mail)。

  瓦迪亚的工作人员曾经将神话类型片当做"仅仅是由男神和女神主演的特技电影",但神话电影和特技电影可说是代表了关于传统和西化的持续进行的争论/对话的两端。神话电影给观众提供了最传统形式的力量的幻想;特技电影则提供了与西方技术密切相连的力量的想象,并且公开地指涉了西方的类型电影。也许纳迪亚的西方出身是她作为这种类型电影的女主角获得成功的原因,尽管其他的几家制片厂也试图用他们自己的特技女王去竞争,但是没有人能够像纳迪亚那样赢得公众想象。

  不过,具备出众体力和超凡能量的女性形象在传统的印度大众文化和神话学中有着悠久的历史。一方面,印度有一个关于令人生畏的天后的强大传统,其中最值得注意的是杜尔伽[1]和卡莉[2],她们是极端强大的女性宇宙能量萨克提(shakti)的主要化身,如果被惹怒的话,就会侵犯、攻击和杀掉男性。卡莉不仅仅要求她的追随者们用血来祭拜,并且通常被描述为拥有一张愤怒的黑色面孔,四只手里拿着一大堆可怕的武器,戴着一个用头骨串成的项链在尸体上跳舞的形象。历史传说也演绎了这一母题,并尤其迷恋章西女王(Jhansi ki Rani)之类的女

---

[1] 杜尔伽(Durga):印度神话中的战斗女神,又名难近母,湿婆的妻子之一,美艳嗜杀。——译注
[2] 卡莉(Kali):印度神话中的女神,黑暗和暴虐的黑色地母,湿婆妻子帕尔瓦蒂(Parvati)的黑暗面。——译注

战士。章西女王是中央邦(Madhya Pradesh)的一个公主,她被英国政府的"无嗣失权"[1]政策激怒,在1857年参加了印度兵变(Mutiny),伪装成一个男性加入战斗。当她的身份被发现的时候,她卓越的格斗技能使其男性战友们大吃一惊。这位马背皇后的形象在流行的挂历艺术中也十分常见,在其全盛期经常出现在甘地夫人的肖像旁边。近年来,女土匪(亡命之徒)也引起了公众和媒体的广泛瞩目。这是一个与章西女王类似的、但是更加当代的民间女英雄形象,其中以普兰·戴维(Phoolan Devi)最为家喻户晓。普兰·戴维是一个冷酷无情、充满诱惑力的年轻女性,在被轮奸之后充满了复仇的欲望。她在整个1970年代晚期,带领着她的男性土匪团伙到处掠夺,让昌巴尔山谷(the Chambal Valley)村庄里的富裕地主备受威胁。可以说,纳迪亚的强势源于她同时汲取传统文化和西方文化资源的方式。然而,她形象中所蕴涵的激进力量却因为她被构建成各种情欲化的奇观而遭到削弱。

纳迪亚是一个相对单向度的形象,任何冲突或者矛盾都被两种方式去除了,一种是通过制造作为"荡妇"的双重角色(这种情况很少),另一种更普遍的情形是使用一个女二号,由这个女二号来展现女性气质中软弱、依赖、敏感以及忠诚的另一面。随着纳尔吉斯的出现,明星人格(star persona)开始变成了一个更加复杂的建构物。

三、纳尔吉斯

纳尔吉斯是独立后早期印度电影"黄金时代"的关键明星,在20世

---

[1] "无嗣失权"(doctrine of lapse):英国制定的一项法律,不允许女性有皇家继承权。

纪四五十年代被广泛视为"印度电影的第一夫人"。她的银幕形象比无畏的纳迪亚包含了更广泛的女性气质的模型：她在职业生涯中扮演了从卖弄风情的骚妇到甜美的村女、从西化的社交名媛或独立的受过教育的职业女性到坚忍的大地母亲以及被压迫农民的捍卫者等多种多样的角色。贯穿这种多样性的不变因素是她根本上的"纯洁"和道德完美——她是一个不折不扣的女英雄，不过，纳尔吉斯在她所扮演的所有角色中都将尊严、智慧和反叛性的生存之乐（joie de vivre）以独特的方式结合在一起。

在20世纪四五十年代，明星的幕后生活故事得到了更广泛的传播，相比于早些时候的明星，如无畏的纳迪亚，纳尔吉斯的明星人格是银幕角色和丰富多彩的人生故事之间更加复杂的混合。为了发现这种交叉是如何进行的，我们会在这一部分以纳尔吉斯主演的电影《印度之母》(Mother India)(Mehboob Khan 导演，1957)为例，考察她银幕外的形象。[1] 尽管关于纳尔吉斯所扮演的"典型"角色并没有明确的认定，但这可能是她最为人熟知的角色。不仅仅因为它实际上是她退休之前的最后一部电影——并且被很多人认为是她最成功的表演——还因为《印度之母》本身是印度电影史上创纪录的高票房电影，直到今天依然满座，据说每一天印度的某个地方都会放映这部片子。

《印度之母》讲述了一个与孩子相依为命的穷苦农村妇女拉达(Radha)面对巨大的命运不公(如饥荒、洪水和腐败好色的放贷人)捍卫自尊和女性的美德的故事。她最后被迫杀死了她挚爱的儿子柏居(Birjoo)，因为他在与放贷人及其所代表的压迫势力单打独斗中触犯了法律。表面上看，拉达是一个坚强而勇敢的女性，她独立生活、不依靠男人；当儿子违背社会规范时，她团结村里的女性、克服母爱的束缚杀死

---

[1] 这一部分节选自'The mythologisation of Mother India', Rosie Thomas in *Quarterly Review of Film and Video*, 11, 3 (1989).

了他。然而,电影中的角色却呈现出多个、有时甚至自相矛盾的面向,这些面向指涉了印度文化中一个关于理想女性气质原型的光谱。随着电影故事的展开,拉达的形象不断发生变化:从她英勇地呼吁村民们不要抛弃他们的故乡到她被他们随意践踏;从她在儿子手下获救到他们在田里拉犁时,她在儿子嘴里塞满印度薄饼;从展现她在新娘面纱后面害羞脸红或告别时点在她额上的朱砂的俯角镜头到她大步向前给犁套上马具的仰角镜头;从她靠在儿子肩膀上哭泣、如情人般地请求他到她挥舞起沉重的棒子、斧头和最后的枪支。当然,印度文化语境中最具有震撼力以及最令人生畏的形象,还是她拿起枪瞄准她儿子的脑袋的画面。事实上,她最亲近的两个男人都因她而被摧毁:她不仅杀死了她最爱的儿子,并且由于她坚持开垦荒地而导致她的丈夫失去了双臂。

大多数观众都会在某种程度上将拉达的形象与印度神话中各种各样的人物典故联系起来:如西妲女神[1]、萨维德丽[2]、拉达本身[3]、拉克希米[4]和更让人恐惧的天后杜尔伽与卡莉,后两者即在前一部分提到的女性神圣权威的强大化身。这些形象之间存在的矛盾反映了这样一个事实:在印度教传统中,女性具有一种根本意义上的二元性,既是施予者,也是破坏者。但是,女性的性能量一直被认为是具有潜在危险的,尽管如果通过婚姻来控制它或者以其他方式让其服从于男性权威,它就可以变成(对男性来说)有利的东西。[5]

拉达/纳尔吉斯显然是影片叙事结构的中心人物及其行动的主要推动力,通过叙事结构的逻辑,纳尔吉斯的形象在很多方面成为强势的

---

[1] 西妲女神(the goddesses Sita):印度教罗摩神的妻子,贞洁善良。——译注
[2] 萨维德丽(Savitri):印度神话中的女神,梵天的妻子。——译注
[3] 拉达(Radha):印度神话里黑天(Krishna)最宠爱的情人。拉达和黑天之间的爱情故事在印度民间流传甚广。——译注
[4] 拉克希米(Lakshmi):印度神话中的女神,毗湿奴的妻子,又称吉祥天女,象征幸运、财富和爱。——译注
[5] 参见 Susan S. Wadley in D. Jacobson and S. Wadley, *Women in India* (New Delhi, Manohar, 1977).

女性气质的代表。然而,我们要意识到,在整部电影中,拉达的"能力"或"力量"是与她对"传统价值观"的尊重紧密联系在一起的,尤其是"贞洁"或控制女性性欲的观念。尽管她似乎是村庄的救世主,但她获得尊敬和权威还是因为她是贤妻和贞洁的典范,甚至为了维护村庄的"荣誉"杀死了自己的儿子(以确保那些嫁到其他村子的年轻女孩对她们丈夫的家庭来说是纯洁的处女)。

纳尔吉斯在1940年代后期成为明星。尽管她1957年就息影,但直到她1981年去世之前依然广受公众瞩目。她进入影坛时,恰好遇到电影行业在生产基础上的重大变化。第二次世界大战对电影行业产生了毁灭性的冲击。战争暴利和非法武器交易产生了大量的黑市资金和洗钱的需要,这导致大量富裕的独立制作人用高额的酬金诱惑那些具有重大市场价值的明星离开他们的电影厂。给明星的报酬开始有白钱和"黑钱"(没有记录,也因此无须纳税的酬金)之分。在1930年代,绝大部分大电影厂支付给明星的月薪不超过3000卢比,但是在40年代早期,明星的收入已经达到了每部电影20000卢比,到1950年更是涨到每部电影200000卢比,明星的片酬通常占了电影全部预算的一半。[1] 到了50年代中期,片酬又涨了一倍,达到了每部电影400000卢比。面临来自暴发户式的自由制片人的竞争,制片厂被迫重组或者走向消亡。大部分制片厂解散了他们的永久工作人员以及奢侈的设施(这些设施有时候还包括动物园、图书馆和子弟学校),仅仅留下一个舞台设施,可以按日租借给那些成百上千的小制片团队。这些团队通常是为了拍摄单部电影而建立起来的,雇用的都是自由职业者。但是,这个体制确实为一些重要的制片人/导演的成长/发展提供了空间,而这些制片人/导演也建立起了长期合作的团队。如拉吉·卡普尔(Raj Kapoor)、梅赫布·罕(Mehboob Khan)、V. 尚塔拉姆(V. Shantaram)就

---

〔1〕 关于明星薪酬的更多细节,参见 Barnouw and Krishnaswamy(op. cit.)。

将他们从成功的电影中赚到的钱用来建设他们自己的电影厂（主要是设施基地），这些设施让他们对电影生产有了更多的控制权。但他们也还是必须像其他人一样与明星协商，尽管拉吉·卡普尔、古鲁·度特（Guru Dutt）和 V. 尚塔拉姆通过在他们的主要电影中自己出任男主角的方式避开了这个问题，然而，所有这些电影制片人每拍摄一部影片都要受制于为他们融资的金融家和发行人。

纳尔吉斯的明星潜力，是在其 13 岁的时候由家族朋友梅赫布·罕发现的，随后她被逐渐认定为有重大市场价值，特别是在与拉吉·卡普尔联合主演电影的时候。尽管她在其职业生涯中与很多独立制作人合作过，但她对梅赫布·罕和拉吉·卡普尔两个人显示出了特别的忠诚，与他们一起制作了她的大部分重要电影。纳尔吉斯无疑是印度电影的核心传奇人物，大多数印度观众都熟悉——并且现在依然在讨论——她的人生故事的细节。尽管许多为粉丝构建明星形象的电影出版物在 1950 年代大量涌现，但是它们相对比较温和和阿谀，大部分情色资讯仅通过含沙射影或是作为绯闻口耳相传。以下的信息很贴近我们今天所能够收集到的绯闻，但它的确反映了 1980 年代早期之前，纳尔吉斯这个传奇是以何种方式被重述和改写的。

有必要强调的是，我们这里所关注的是作为公共绯闻的纳尔吉斯人格，而不是"精确的"传记。绯闻中的纳尔吉斯是一个不幸的女孩，1929 年出生于勒克瑙（Lucknow），是一个有名的穆斯林高级妓女和一名年轻的印度医生所生的孩子，她的父亲为此被"有声望的"家族驱除。当她还是一个孩子的时候，她就已经梦想着通过成为一名医生来使自己得到救赎，她母亲送她到一所"好的"孟买学校，并且对她严格管教，让在她整个童年时期都几乎远离电影行业。然而，在她青少年的时候，纳尔吉斯的母亲不仅哄骗她（使她非常不情愿地）主演了她朋友梅赫布·罕的一部电影，并且据说还把她女儿的 *nath*（贞操）放在市场上售卖，允许一个富裕的穆斯林王子慷慨地购买了她的初夜（这个故事是否真实与故事的叙述并不相干)。

　　到了1940年代后期,纳尔吉斯就已经是一个顶级明星了。不过,她是由于和年轻英俊的明星、制片人、导演拉吉·卡普尔在银幕内外的情侣关系才迅速成为超级明星并且声名狼藉的。这对情侣"大胆"且公然的恋情引起了这个国家好色之徒的想象:人们一方面羡慕地赞美这对情侣,因为他们年轻、迷人、漂亮、富裕并且据说处于热恋之中。他们象征着"现代"自由和无拘无束。他们在全世界飞来飞去,1952年在白宫与杜鲁门总统的合照被制成宣传画在整个阿拉伯世界的市集售卖。当他们的电影《流浪汉》(*Awaara*,拉吉·卡普尔导演,1951)在俄国获得空前的成功之后,他们在俄罗斯也变成家喻户晓的名字。不过,他们的恋情在得到欢庆的同时也遭受到抨击。尽管纳尔吉斯因公开恋情的勇气和对"她的"男人的忠诚而被称赞(比如,为了迎合他的突发奇想,她只穿白色的纱丽,并且在他的电影厂以微薄的报酬堪称模范地拼命工作),但是拉吉·卡普尔却是一个有孩子的有妇之夫。当这段恋情在1955/1956年走到尽头的时候,部分公众认为她是一个"被毁掉的女人",罪有应得地遭到了遗弃;另一部分公众则将其视为一个为了恋人牺牲了全部却惨遭背叛的值得同情的女人。那个时候,她被另外一个男人"拯救"了,即苏尼尔·杜特(Sunil Dutt)(他在电影《印度之母》中扮演她的儿子),她嫁给了他,离开了"肮脏的"电影业,随后就生了一个儿子,他们三个孩子中的第一个。在公众的想象里,她当时通过将她的精力用来照顾丈夫和儿子来救赎自己。她也热心服务于社会慈善机构,尤其是麻痹症患者。她开始被印度电影业尊称为 *bhabhi-ji*(字面意思是兄长的妻子),成为印度电影制片人协会(the Producers' Association,简称"IMPPA")的公众发言人和会长。更重要的是,据说她与英迪拉·甘地[1]成为了好友,并因此于 1981 年在印度上议院(Rajya Sabha,即 House of Lords)获得了一个席位。此时,她成为高贵魅力和体面的民族象征,印度的另外一位"第一夫人"——魅力版的英迪拉·甘地。纳尔吉斯首次以议员身份的发声具有强烈的爱国精神且极具争议性:她公开批评萨蒂亚吉特·雷伊(Satyajit Ray)的电影向西方展示了印度的贫穷,而不是"现代的印度……[比如]大坝",这个观点随后引发了全国性的争论。

就在 51 岁的纳尔吉斯刚刚巩固了"印度之母"的公共人格时,她被查出患有癌症,并且被送到美国的一家医院进行救治。在经历了一段与病魔长期而戏剧性的抗争之后,她病逝于自己的"梦想"——她深爱的儿子主演的首部电影与公众见面——实现三天之前。

特别让人感兴趣的是,纳尔吉斯的人生故事是如何与她所主演的电影形成呼应和张力的:一方面,她后来的公共人格与她在《印度之母》中的人物形象紧密相连;另一方面,当她出演这个角色时,她的公共人格与角色相距甚远。[2]《印度之母》可以被看做是协商了女性的一系列矛盾形象,并通过一个强调限制女性性欲之必要性的故事将这些形象联系在一起;而纳尔吉斯的八卦故事同样将现代印度女性气质中矛盾的多面性联系在一起:穆斯林交际花、热情的女神拉达、"西化的"自由恋爱者、乐于奉献的印度妻子、热爱孩子的母亲、有权势的政治家等等。这种联系是通过一个关于救赎的故事实现的:通过纳尔吉斯对其丈夫和儿子坚定的奉献(以及对事业的牺牲),她原初"坏的"不受控制的性欲开始变得对社会有利,她变成了一名有权力和受尊重的社会成员。

---

[1] 英迪拉·甘地(1917—1984):印度前总理,印度历史上第一位女总理,有"印度铁娘子"之称。——译注
[2] 还有许多奇特的交叉,因为太不平常而不能在此详述,参见 Quarterly Review of Film and Video (op. cit.)。

尽管纳尔吉斯银幕内外的个人形象涵盖了传统印度神话中对于女性气质的多样性表征，但其中的关键还是被圣化和理想化的"母亲"形象，这个形象被归因于与纳尔吉斯的身体力量相对的情感与道德方面的力量。"母亲"形象的道德力量要求女性的性欲应该被坚决控制——她的纯洁和荣誉（izzat）应该无可挑剔。无畏的纳迪亚的身体力量在某种程度上因为被当作一种情欲奇观而遭到破坏，而纳尔吉斯人格的道德力量也在20世纪四五十年代很有趣地被银幕外的故事所削弱和弥补，尽管她今天保留下来的作为生命历程的明星传奇，强调通过一种以母职为象征的救赎形式来获得力量。

在印度社会里，母子关系具有特别的活力，而且人们经常认为一个印度男性与他母亲的关系比他与妻子的关系还要关键。[1] 此外，在传统印度社会里，妇女是通过承担儿子的母亲的角色，才有效地获得了社会身份和价值。母亲和儿子的角色都有着清晰的界定：理想的儿子应该对作为美德、养育和终极权威之典范的母亲展现持续不断的顺从和尊敬。传统上，只有在这种母子关系中，印度妇女才能拥有一个为数不多的真正有权力的领域。女政治家和职业妇女总是利用这一符号来获得权威，最值得注意的就是甘地夫人的例子，她在1980年的竞选活动中使用了这样的标语："推着摇篮的手统治世界"。

这种与母亲有关的现象中最有趣的部分之一，是它被转化为民族主义关切的方式。"印度之母"在独立运动的背景下是一个非常感人的口号，理想母亲的"纯洁"概念通常被用做"祖国"（motherland）的隐喻，女性被表征为传统价值、文化和风俗所在。独立后第一个十年的电影从整体上不太关心公开反英的情绪，而是更加关注建设一个新印度的愿景。它是一个充满希望和浪漫的理想主义的时代。《印度之母》展现了一个摆脱封建和殖民压迫的新印度的浮现，那个时代许多电影关心

---

[1] 参见 Ashis Nandy, *At the Edge of Psychology* (New Delhi, OUP, 1980).

的重要问题是如何去协商一个既不"传统"又不怎么"西方"的"现代"印度。捍卫拉达以及村庄里的妇女们的贞洁,就是在捍卫现代印度的"纯洁"。因此这部电影的开场就是拉达,一个满身泥污的老妇,正在被一群恭敬的村民们请求去开辟一个新的灌溉堤坝。公众对纳尔吉斯银幕外生活的着迷也显示出一个相似的考量:如何在正在现代化的印度活出女性气质。尽管纳尔吉斯的大部分魅力显然在于她耀眼的性感、勇敢的反抗和不寻常的美丽,但这个矛盾重重的纳尔吉斯人格也为解决一个转型社会所出现的各种难题提供了一个(持续进行)的讨论场所。在接下来探讨思米塔·帕蒂尔的过程中,我们可以更清楚地看到那些社会身份危机的发展,并且在思米塔身上,银幕内外的角色逐渐变得越来越难以彼此分离。

四、思米塔·帕蒂尔

> 我想演一些反映当代女性所有的复杂性、困境和问题的角色……展示她为了达成愿望,是怎样与自己、社会及其家庭结构做斗争的;并且她这样做,不会被男性或者社会称之为坏女人,而是会被称为一个寻找身份认同的强大个体。(思米塔·帕蒂尔,1985年5月)

以上是一个30岁的女演员所讲的话,一年后她不幸去世了,就在她第一个孩子刚刚降生不久。思米塔·帕蒂尔成长于印度新电影运动的时代,并且成为这场运动最闪耀的明星之一,在艺术电影和商业电影领域都拥有超过十年以上的辉煌生涯。她获得了许多国家级表演奖,被授予了莲花装勋章(Padmabhushan)——印度公民最高奖,巴黎的法国电影馆还举办过她的电影季活动。

在1970年代,她因为扮演关心社会和政治的银幕角色而获得了名声,那个时候电影中的女性角色只局限于扮演男性明星花瓶式的浪漫伙伴。她从不吝惜用其明星形象为印度的妇女中心进行募资,后者最初是在一个臭名昭著的强奸案件发生之后建立起来的,后来更致力于妇女政治的各个领域。

思米塔的表演潜力是被导演山亚姆·班尼戈尔(Shyam Benegal)发现的,当时她还是孟买电视台的新闻主持人。尽管思米塔在主流商业电影领域更加多产,但她主要是因为早期所出演的角色而被铭记在大众记忆里,特别是班尼戈尔导演的《角色》(*Bhumika*,1977)使她一夜成名并且出现在每一家印度杂志的封面上。电影故事的灵感来源于汉萨·瓦德卡尔(Hansa Wadkar)——马拉地舞台和银幕上的琼·克劳馥[1]。汉萨混乱的演员生涯充满了苦恋,这使得她在以演员、妻子、女儿和母亲等种种身份寻找自由和平等的过程中变得酗酒而孤独。《角色》给思米塔加上了性感的独立女演员的身份标识,这位女明星的个人经历和她的银幕角色在观众脑海里交织为一体。不过,思米塔的标志性角色还是没有化妆的农村姑娘或城市贫民窟的居住者,以机智、热情和活力与社会压迫做斗争。如果她所扮演的角色不是受压迫的社会阶级成员之一,那么她会发现她所扮演的角色反映了她自己的阶级出身,我们可以将这种出身描述为不安分的社会工作者,其中最好的例子就是她在贾巴·帕特尔(Jabbar Patel)导演的电影《门槛》(*Umbartha*,1981)中扮演的苏拉芭(Sulabha)。尽管思米塔算不上印度电影中传统意义上的漂亮女明星,但她闪烁的黑色眼眸、朴实的性感、柔软的身体以及毫不造作的气质成就了一种独具吸引力的银幕形象。

---

[1] 琼·克劳馥(Joan Crawford,1904—1977):好莱坞黄金时代的著名女星。详见本书的第八章。——译注

思米塔在 16 岁之前只看过不超过 8 部电影(其中还包括经典的宗教电影),但从 17 岁开始就迅速成名。对于这样一位女演员,我们只能从创造了她独特明星形象的一系列历史的交汇来解释。她作为印度电影中"被解放的"妇女形象与 1970 年代兴起的、挑战主流大众电影的印度新电影运动的发展密切相关。新电影运动的产生源自 1960 年代晚期政府资助的电影金融公司(Film Finance Corporation)所实施的政策改革。该公司支持低预算和实验性的拍摄计划,不使用明星,通常在现场拍摄。尽管新电影运动并没有取代主流电影的流行,但它试图使用一种更现实主义的表现手法,彻底远离了大众电影载歌载舞的矫饰传统。新电影运动不仅关注改变电影的形式,同时还专注于更严肃的社会问题,塑造女性的新形象就是它的一个主要议题。通过电影为女性创造新的角色,而非获得金钱和奢华,对于思米塔这种背景的女性来说很有吸引力,因为她看到了电影改善社会现状的可能性。

思米塔出生于马哈拉施特拉邦(Maharashtrian)一个家庭关系亲密的中下层家庭,这个家庭致力于社会改革并且是人民社会党(the Praja Socialist Party)的积极成员,参加了乡村和城市贫民社会福利项目的基层组织。她的父亲后来成为马哈拉施特拉邦内阁的一名部长。这个政治因素增加了任何一个女演员都会经历的公众审查的压力,但是无疑也提升了她这样一位不符合传统形象的女演员的吸引力。她的家庭向来轻财好义,追求更高的社会理想,孩子们从小就被送到夏令营,参加社会服务项目。思米塔是那些基层党组织(Sevadal)夏令营的积极参与者,并将她在新电影运动中的角色看做是那些活动的延伸。这些角色通过展现妇女——如电影《轮》(Chakra,1980)中的阿玛(Amma)——的悲惨命运来鼓动社会变革。在这部电影中思米塔扮演了一名青少年的母亲和货车司机的不听话的情人,并因此荣获国家奖(the National Award)。在《挤奶工二三事》(Manthan,1976)中,思米塔扮演宾度(Bindu),一名印度贱民女孩,她成为建立一个牛奶合作社的抗争中的核心人物。在她早期的从影生涯中,她只根据导演的正直品性来选择电影,拒绝那些她认为程式化的角色,喜欢接小成本电影,只要它们传达了某种"社会"讯息。这通常意味着拍摄条件会极端原始,尤其是在乡村地区,但是思米塔却非常享受团队成员之间的友情,这也让她重新过上夏令营式的生活。当她因为获得国家奖而被给予现金奖励时,她开心地把这些钱捐给了残疾人士。

到了1970年代晚期,新电影遭受了资金方面不可避免的危机,原因是那些电影没有获得广泛的发行,也没有得到更大范围的观众的支持,因为它们违反了大众趣味的所有规则。许多导演尝试跨界,想要与商业电影中的大明星合作,减少电影中的社会教诲。思米塔也陷入了抛弃她的原则的困境中,并发现自己将重要的角色输给了来自商业电影的女演员。当新电影正在重新建立其身份时,思米塔听从了丈夫的劝告,同意出演主流电影的角色。她丈夫也是一名演员,有在剧院表演的背景,当时也试图在电影业获得一席之地。尽管对于浓妆的新角色以及繁重的日程安排颇感不适,她依然成功地在主流电影中站稳了脚跟,同时没有放弃她作为女演员的正义感,给她的角色注入了个性和尊严,在最坏的情况下她的角色也只是稍显呆板。通过作为商业电影明星重建她的市场价值,她可以重新获得以前错过的与"作者(auteur)"导演合作的机会,那些导演彼时也正在使用接近主流电影的预算。

如果说思米塔早年并不为大众所知,只有少数艺术电影爱好者通过印度和国外电影节,或大城市的有限放映观看过她的早期电影,那么对她的明星身份来说,最让人印象深刻的方面就是她成名的过程。在很多方面,通过影迷杂志、报纸和采访传播的八卦,助长了人们最初对她的兴趣,除此之外,她在孟买电视台做主持人时期的曝光以及部长女儿的身份也对她的名声有所帮助。

与她同时代的印度城市女性一样,思米塔部分地受到西方女性主义思潮的影响,她的形象在某种程度上是与印度电影明星的迷人形象背道而驰。她很少或者几乎不化妆,被称为"外表自然",总是穿着传统的纱丽,这样的穿着吊诡地强化了她离经叛道的形象。起初,她不具备明星仪表的长相被认为"不够性感",她被描述为脏兮兮、肤色黧黑并且有点土气,八卦杂志经常抱怨其"皱巴巴的纱丽"。但她的人格后来随着她所扮演的角色逐渐发生了变化,她作为一名聪慧和自然的女性开始被公众所知,即便她缺乏传统的性魅力,但却具备了一种朴实的气质和更强大的个人吸引力。她热情浪漫的气质使她常常卷入与已婚男性的问题恋情,这一点虽然被认为是不道德的、典型的"西化"电影女主角的特点,但也提升了她独特的个人魅力。在她越界加入商业电影的那一刻,她抛弃其原则的做法引发了公众的广泛深思,以至于她接受第一个商业电影角色的决定,对制作人来说成了一个意外的成功,她的"道德困境"成为其市场价值的最主要特征。

尽管她成为主流电影的一部分,讽刺的是她却从未真正获得成功,因为她对自己所扮演的角色明显地感觉不适。她的外在吸引力和自然气质在厚重的妆容中消失了,她不愿让自己沦为"性客体"的决心使她在捍卫尊严方面有些笨拙,丧失了原有的战斗精神的活力。她的粉丝因为她冒险进入商业领域而感受到背叛,嘲笑她在勒米殊·西比(Ramesh Sippy)导演的商业电影《守护神》(*Shakti*, 1982)中所扮演的角色,电影里她在雨中无精打采地歌唱,尽管穿的是一件朴素的白色纱丽。而她在电影《轮》中的获奖角色则被遗忘了,她在扮演作为贫民的阿玛时有一个几乎裸浴的场景,不过那时的裸体以艺术和现实主义细节的名义被原谅了。

这种情形对进军商业电影领域的思米塔来说是不可避免的,因为商业电影不可能复制已经成为她的标志的那些角色。大众电影屡试不爽的生产配方要求一个强势的男主角,它从来都不会容纳一个不安分的与男主角平起平坐的女主角,尤其是与最受欢迎的男星阿米塔布·巴沙坎(Amitabh Bachchan)演对手戏的时候。思米塔初次接触商业电影时,愚蠢地接受了这个角色。然而她延续了她的成功,比以前出演了更多的角色,第一次赢得了大量观众的事实,引出了"出卖自己"的指责之外的更多问题。

尽管大多数商业电影的导演都不知道该如何处理思米塔的人格,少数出身新电影运动并且已经与商业电影协商跨界的导演却意识到她形象的潜力,并从中挖掘出了能与整个文化产生神话性共鸣的元素。不幸的是,她的事业由于她的英年早逝而终止,无法让一个持久的神话占据主导地位。然而,根据导演和所尝试的电影类型,一种多变的原型还是浮现出来了。

将思米塔的形象从民间女英雄转变成半神话人物的过程,根据导演对各种神话的不同理解而有所不同,毕竟这些神话有不同的阐释可能性。像杜尔伽和卡莉等强势的女性神明,通常被展现为具有威胁性和毁灭性,这样的表征本身可能就是长期以来父权文化对神话的原始本质的严重歪曲。杜尔伽的出现源自于众神联合请求喜马拉雅女神[1]从可怕恶魔所引起的灾难中拯救世界。卡莉从杜尔伽的眉毛中产生,并帮助她摧毁最恶毒残酷的半人半兽,但杜尔伽的这一至关重要和强有力的方面却被男性评论家称为令人恐怖的。类似地,当我们从思米塔从影生涯中的"神化"(mythologising)时刻来审视她主演的三部电影,也可以发现她对女性力量的不同表现。

克坦·梅达(Ketan Mehta)导演的《辣椒咖喱》(*Mirch Masala*,1986)是一部有趣的电影,首先它是在思米塔去世之后上映的;作为思米塔主演的最后一部电影而出名,并且是最早几部在美国广泛发行、纽约公开上映的印度电影之一。克坦是一位来自新电影运动的导演,他在其早期电影《人生故事》(*Bhavni Bhavai*,1980)中,借助思米塔给角

---

[1] 喜马拉雅女神(the goddess of the Himalayas)即湿婆神的妻子帕尔瓦蒂,又称雪山神女。——译注

色带来的独特气质和活力，塑造了吉卜赛贱民女孩乌扬(Ujaan)的人物形象，并且意识到自己正在重新创造一个"民间或者草根的抵抗形象"。在电影《辣椒咖喱》中，克坦让思米塔出演一名叫松佰(Sonbai)的角色，背景还是设定在他的家乡古吉拉特邦的乡村。松佰是一名在家庭手工作坊里生产红辣椒粉(这部电影的名字)的女工。她迷人的外表吸引了来访的收税员的注意，收税员命令村长把她变成他的性娱乐工具。村中的长者们为了减轻压迫，决定对这本该是关乎集体荣誉的事情视而不见。松佰在工厂院子里避难，年老的看门人承诺到死都会保护她。当收税员的士兵猛攻工厂大门的时候，妇女们往他们身上倒辣椒粉，而思米塔则手握镰刀，随时准备袭击她的敌人们。这个角色的有趣之处在于，在思米塔演艺生涯的这一刻，她很少被要求出演并且展现角色的性格，与动员妇女们抵抗的村长妻子正好相反。她要么被定位为一个穿着袒胸露背的异域民族服装来唤起欲望的客体，要么是一个闪烁着凶狠眼神、手握长柄镰刀、随时都会爆发的复仇天使，让人想起流行画报里出现的女神卡莉的形象。那种形象的变体经常在描写女性被强奸和复仇的类型片中反复出现。

这种复仇形象更加极端的例子是拉吉夫·塞提(Rajiv Sethi)导演的电影 Angaaray (1986)。作为商业电影导演，拉吉夫显然利用了这种复仇形象的潜力，他让思米塔出演阿尔蒂·瓦尔玛(Aarti Varma)，一位肩负家庭的经济和情感重担的女性，她被卑鄙的上司强奸，之后又因荣誉被玷污而丧失了结婚的可能性。这种电影是印度大众电影的一种亚类型，在80年代中期达到巅峰，它经常展现的是女主角令人发指的复仇过程而不是对实际强奸过程的描写。这部电影正好就是这样的例子，其中女主人公击中了强奸犯的腿，用枪托抽打他，强迫他钻进一个已经去掉车门把手的汽车里，然后捅破车子的油箱，点燃一圈汽油，随后强奸犯就被戏剧性的爆炸产生的火焰包围了。

在库尔玛·夏哈尼(Kumar Shahani)导演的电影《工资与利润》

(Tarang，1984)中，思米塔扮演了贾娜吉(Janaki)这个角色。夏哈尼对神话和原型的使用，完全颠倒了复仇者的原型，因为电影的目的是重塑女性传统，并将其从长期的父权文化中解放出来。在这部电影中，女性气质被表征为两个面向：一方面由思米塔所扮演的贾娜吉来呈现，她是一名工会组织者的遗孀，被工厂老板雇用来帮忙家务；另一方面是由老板拉胡尔(Rahul)的妻子汉萨(Hansa)来呈现。贾娜吉拥有强大的大地母亲的所有品质，使她成为老板家庭不可缺少的一分子，同时她还继续支持工会的无产阶级盟友；汉萨(这个名字的意思是天鹅)则具备所有宝贵、体贴和谦让的女性气质，甚至到了可以自我牺牲的程度。在影片结尾，电影重演了女神乌拉什(Urvashi)和国王普鲁拉瓦斯(Pururavas)的相遇，伪装成女神乌拉什的思米塔，拒绝了宇宙中最有权力的国王之一。让人感兴趣的是，女性气质的两种不同面向是如何在思米塔所扮演的女神乌拉什的角色中结合起来的，天鹅装扮的思米塔成功地打破了贾娜吉所象征的丰裕和汉萨所象征的贫瘠之间的分裂，将这种二元对立转变为变革所需要的生机与力量。

尽管思米塔通过精心的平衡术在一系列混乱的商业电影角色中成功地保持了她的身份，但是她银幕外形象的矛盾依然很难处理。当她选择成为她演员同行的"第二个妻子"，并且为他生下了孩子，她旧有的忠实粉丝——他们从未在意过她过去与已婚男性的恋情——却突然将她的行为放置在挑剔的公众审查之下，并且谴责她背叛了女性主义的原则。她被认为已经违反了她本该支持的道德观，讽刺的是，惩罚她的是现代性的正统价值观，而不是她担心会给她扣上"坏"女人帽子的传统社会。不过，她的过早离世挽救了她的名声，尤其是当她的辞世与女性的终极责任和牺牲——孕育儿子——相关。

尽管思米塔在那个时代从未在票房号召力上占据首位，但是她的名字将永远与那个时代联系在一起，因为她同时代表了受威胁的女性气质形象以及强势的女性力量形象的增多。一位批评家曾将这个被称为"反派的时代"(Day of the Villain)描述为"满是坏人的电影的充斥着强奸犯的阶段:每一个坏人都至少'拥有'一次强奸机会"。[1] 在这样的大环境下,思米塔将其个人身份塑造为既非受害者也非复仇天使。问题是她所成功找到的这个身份是否、在多大程度上是一个孤立的现象,是否仅局限于她自己的特殊人格,她的女性银幕同辈是否受到了她的影响。

思米塔的人格体现了一个时代的矛盾,当时反传统的某种西方女性主义已经出现,并建构了截然不同的女性气质。纳迪亚的身体力量和纳尔吉斯的道德力量,哪怕充满矛盾,最终还是可以被纳入关于强势女性气质的广泛而复杂的传统观念中,但思米塔对那些传统制度的动摇所产生的余响尚有待人们去消化。

(李祎琳译　杨玲、刘金平校)

作者简介:贝赫鲁兹・甘地(Behroze Gandhy)是一位独立电视和电影制片人,最近在制作第四频道的系列片《另一方面》(*On the Other Hand*)和库尔玛・沙哈尼(Kumar Shahani)的《一艘搁浅的船》(*A Ship Aground*)。她也是英国电影分级委员会的兼职电影与录像审查员。她已经在《银幕》(*Screen*)、《框架》(*Framework*)和《电影》杂志上发表了数篇论文,并在英国国家电影剧院、国际档案理事会和佩扎罗电影节上组织了数次印度电影季,还在伦敦大学讲授过电影研究。

罗茜・托马斯(Rosie Thomas)是伦敦中央理工大学哈罗学院的电影理论方面的高级讲师,摄影、电影和录像文学学士课程的主要负责人。她也是第四频道的独立电视制片人。曾就印度电影发表过多篇论文和演讲。

---

[1] Madhu Jain, 'Day of the villain', in *India Today* (30 November 1988).

11 《一个明星的诞生》与本真性的建构[1]

理查德·戴尔

本章讨论的是电影《一个明星的诞生》(A Star Is Born)中一个狭窄但却关键的方面，即"本真性"(authenticity)的概念与建构。文中讨论的验证真伪(authentication)的过程既是一般意义上的明星"素质"(quality)的保证，也是本章关注的明星的特定形象的保证。

若从社会意义的角度去粗略描述朱迪·嘉兰(Judy Garland)的银幕形象所包含的元素是十分容易的。我只需将她事业发展的各阶段概括为三个不同的刻板定型——美国小镇的邻家女孩阶段；活力四射又风趣健谈的艺人阶段；神经质的女人阶段——就能让你从中领会其形象所蕴含的社会共鸣。但如果想要具体了解并且分析这个形象独特的感染力和影响力，我们可以更为细致地考察嘉兰的形象对于这些刻板定型的微妙偏离，这些刻板定型在嘉兰所属时代的更宽广的文化话语中的位置，不同的嘉兰影迷的不同考量。我们可以开始去认识到，为什么人们愿意花钱去电影院观看她，并区分在她的银幕形象里所找到的各种不同含义。

然而这些似乎都没有揭示出对比如魔法、权力、迷人、威望、重要性

---

[1] 本文曾在英国电影协会(British Film Institute, 简称 BFI)教育部组织的周末工作坊上宣读过，随后刊载于 1982 年出版的《明星符号》(Star Signs)一书，该书是由 BFI 教育部制作的工作坊论文集。——编注

和光晕(aura)等概念的理解,这些都是一些最常识性的与"明星""卡理斯玛(charisma)"等词语相关的概念。部分原因在于明星在人们眼中所体现的价值观念与这些价值观念(特别是如果这些价值观念看似受到了威胁或遭遇危机,或是挑战了已被接受的价值观,或成为我们理解和应对当代生活的重要一环)在人们心中的地位之间的精确的、差异化的关系。但我还想要指出的是,所有这些都有赖于明星被公众接受为与其公开形象完全一致的程度。

还有另外一种理解明星的方式,一种实际上是解构的方式,它拒绝相信表里如一的保证。这种解构性的阐释实践中流传最广、最习以为常的形式是坎普[1]。嘉兰与坎普的关系是一个根植于男同性恋文化的现象,这种关系充满悖论,特别是考虑到嘉兰恰恰是因为其本真性,而成为传统的男同性恋文化中的重要偶像。[2]

在粉丝文献中有一大串关于明星的词汇,其中一些形容词没完没了地反复出现,如真诚、直接、自然(spontaneous)、真实、坦率、地道等等。所有这些词都可以看做与广义的"本真性"概念有关。如果我们接受一个明星,就会要求他们拥有这样的素质。在坎普式的欣赏方式之外,明星是靠着与其形象相符,是其所是,来确保自己的明星地位、"明星素质"或卡理斯玛的。本真性既是明星现象得以存在的必要条件,也是明星所体现的其他价值理念(如"邻家女孩儿"的特性)的真实性的保证。正是这种能够验证真伪的本真性的效果赋予了明星卡理斯玛,这也是本文所要讨论的问题。

不过,我们首先要考虑这样一个特殊的事实,即本真性的概念对于整个明星现象而言竟是如此关键。直接、真诚、可信等词语如此耳熟能

---

[1] 苏珊·桑塔格在《关于"坎普"的札记》一文中认为,坎普(camp)是一种感受力,本质上是对不自然事物的爱好,对奇诡和夸张造作的事物的欣赏。——译注
[2] 参见 R. Dyer, 'Judy Garland and gay men', in *Heavenly Bodies* (London: Macmillan, 1987), 141—94.

详(因为我们也用这些词来形容我们生活中遇到的人),以至于我们对它们的特殊性无动于衷。而这一类词汇很明显只有两三百年的历史(或是说,这种用法只历时这么久,这些单词本身存在的历史要更久些)。这种用法的特殊性在于,上述词语被用于个人,成为判断社会事务的真实性与合法性的标准。换句话说,社会事务的真实性已经不再根植于掌控社会行为本身的普遍标准,而是根植于表演者(performer)本人。同时,掌控表演的标准也从判断一个表演是否出色转变为判断一个表演是否真实,即是否与表演者的"真实"个性相符。(我这里所说的"表演者"既是戏剧意义上的,又是社会学意义上的。)甚至真实也是一种特殊的评判标准——我们已经不再追问某人表演得好还是不好,是不是符合某种道德箴言,而是去判断他们的表演是否真实,真实性的指涉物不是可被证伪的陈述,而是作为人的人之实质(the person's 'person')。

理查德·桑内特(Richard Sennett)的著作《公共人的衰落》(*The Fall of Public Man*)曾对这一变化进行了详细说明。这一发展变化,对于人道主义和个人主义的发展有着至关重要的影响。当代西方社会的主流话语都将人视作个体,视作自由并独立的人,这些独立的个人是一切社会安排的源头。一旦这种意义上的个人成为理解社会的各种话语的关键,那么这些个人是否确实如他们表面看上去的那样为人就十分重要了。如果个体是社会秩序的保证人,那么他或她必须能够胜任这一角色。因此(举一个显而易见的例子来说),撒谎才会引起道德热议;在西方撒谎被看做是绝对的道德错误,许多社会将撒谎当作一种道德上实用的行为而接受的做法让我们颇感困扰。我们在思考一个人的任何言论之前,必须首先确认他/她所说的是否是其真实本意(而不是他/她说的是否正确、有用、形式无误或良善)。

然而,就在这种组织并理解人类话语和交流的方式被建构为人类活动的基石之时,人们在表达时言不由衷的可能性和概率也变得越来越显著和令人不安。西方文化中被歌颂为智识(intellectual)革命的一些主要潮流,都多多少少解构了个体作为话语的可靠保证者的地位。马克思主义(至少在它最广为认知的形式里)提出,自由建构的(即"个体的")选民通过自由选举,选出自由运作的代言人的社会政治活动形式,根本不是真正的社会政治。真正的政治反而是位于生产与再生产的工具和力量的隐形运作与结构里。行为主义认为,我们貌似出于我们意识到的理由自由地行动,但我们的真实动机其实很难被意识到,它们只是驱力和本能而已。精神分析学说也同样认为意识并不是真的有意识,意识只是一个表面,它掩盖了意识之下我们称之为无意识的运作。还有一些语言学理论以及和这些理论相关的美学现代主义也坚持认为,并不是人说语言,而是语言说人,个体也远远不是话语的保证者,而只是话语的产物罢了。我是在这些流派的理论观点层面对其进行约略说明,但它们以不同的程度和形式影响到话语的各个层面。众所周知,我们的行动、言说、思考与感受,以及世界上发生的事情,都并不由我们自己做主,而是受制于经济力量、本能、无意识动机、言语(speech)的习惯和模式等。两大历史进程进一步威胁到了个体的概念:大众传媒的发展(特别是广告,包括广告本身和作为商业性质的广播、电视、新闻的经济伴随物的广告)与极权主义的崛起(如纳粹主义、斯大林主义等)。这二者背后的统治性概念都是"操纵",控制人类的话语与交流,以便一方面创造巨大的经济利益和专制力量,另一方面制造顺民。(这儿不是讨论关于大众文化、极权主义、操纵等概念的合法性的地方,不过我们必须认识到这些概念是多么的成问题;这里要紧的是它们作为"发达"国家社会关系的特色形式的指标而被广泛传播。)

马克思主义、行为主义、精神分析、语言学和现代主义内部的思想史大多试图将本学说的范式与人道主义范式进行调和。这里,我不想对此进行深究。大众传媒与极权主义的迷人之处在于,即使它们被看做是对个体的摧毁,它们大部分仍然在倡导个人和人道主义主张。回到明星的问题,媒体中没有哪个方面是比明星的生产更明显地伴随着炒作的;人们不需要久经世故,就能知道明星是被制造和宣传出来的,这是个常识。哪怕是媒体自己都知道这一点,就像《一个明星的诞生》中表现出来的那样。可是,不论观众与制作人如何一致承认明星是炒作的产物,他们依旧将其看做是真货。正如媒体被解读为真诚与本真性的对立面,它们也被视为呈现真诚与本真性的缩影(即真正的明星)的源泉。

明星形象是怎么做到这一点的呢?这个形象是如何被鉴明为不单单是形象,而是比形象更可靠、更真实的东西?某种程度上,明星现象是由一个内置的鉴定真伪的方式来定义的。明星通过电影、广告、八卦专栏、电视采访等媒体文本出现在我们面前,但是不同于其他表征,明星不仅仅存在于媒体文本中。要说明星存在于媒体之外的现实生活中是会误导人的,但明星是由某些人承载的,这些人的确拥有不同于其媒体形象的生活,而且重要的是我们知晓这一点。约翰·韦恩[1]回家之后也许会变回马里恩·莫里森,但这其中有一个持续存在的真实的人,在他一遍遍扮演约翰·韦恩的空隙中实际存在的人。而要让《傲慢与偏见》一书的女主人公伊丽莎白·贝内特离开书页则是不可能的(除了被其他媒介文本、戏仿作品、续写和改编所指涉)。因此,验证明星真伪的问题首先就可以归结到明星在真实世界的存在。

重提这一点是与明星存在于照片媒介中的事实密切相连的。明星是图像与其指示对象之间的假定性关系的特别例证。一张照片永远都是呈现某人或某物的照片,并且这些人或物必须是事先存在的,以便能够被相机拍摄。依据我上面的论述,关于摄影的最著名观点之一"相机不会撒谎"就是一种症候性的断言。摄影作为一种随意的日常实践的普及,毫无疑问让人们对相机说真话的信心严重受损:很少有人是天真的现实主义者,这种现实主义也遭到理论的驳斥。然而"拍摄对象的确

---

[1] 约翰·韦恩(John Wayne,1907—1979):好莱坞著名影星、导演和制片人,原名马里恩·莫里森(Marion Mitchell Morrison)。——译注

存在过"的残余意识依旧强大。琼·克劳馥不只是由绘画或文字所塑造的一个表征,她是由一个出生时叫做露西尔·勒·萨埃尔(Lucille Le Sueur)的人承载的,这个人后来被相机拍下来呈现给我们。

如果我们认为克劳馥与存在于电影或美女招贴画中的克劳馥/勒·萨埃尔之间的存在性纽带——这种纽带用皮尔士(C. S. Peirce)的术语来说就是指示性(indexicality)——被电影制作或拍照过程(华丽的照明、聪明的剪辑等)所歪曲,变得不真实,我们永远可以找到一张克劳馥在做家务活或抱着女儿克莉斯汀娜的照片。如果我们觉得这些再现她家居活动的照片也是摆拍的,我们还可以用个袖珍照相机偷拍到她未化妆的样子,或冲着女儿发火的样子。诸如此类,通过一张比一张更真实的照片展开的无限还原过程。但这些照片其实都是明星形象的一部分,每一张都让整体的明星形象处于一种本质的、未发掘的本真性中,然后又可以被用来解读明星的表演、角色和招贴画。

我们没有必要用尚未发现的东西,去确证明星形象最明显和最熟悉的层面所体现的特殊性格特点。在好莱坞明星现象的发展过程中,制片厂一直企图使明星形象中的不同层面相互巩固,直到这种操纵变得广为人知,以至于人们为了了解明星的"真实"个性而偏爱那些没有明显打上好莱坞印记的消息来源。八卦杂志、未授权的传记、以偷拍为主的图片新闻也因此大量涌现。

总体明星文本(total star text,即某个明星的所有不同的媒介展现所构成的文本)中这一面向的滋长,借鉴了理解马克思主义、语言学以及最为明显的精神分析和行为主义的蕴意的一种可能方式。这些理论不再将个人视为话语的保证人,但它们还是假定了——或是说可以被解读为假定了——一种潜藏于表面之下或之后的、由作为话语性范畴的"个体"所表征的"真实"。的确,这些理论话语之所以吸引我们的注意,都在于它们宣称揭示了表象之后的某个或唯一真相,撕去了布尔乔亚范畴的面纱,或文明的(被压抑的)行为的面纱。它们的基本范式是:

11 《一个明星的诞生》与本真性的建构

那表面之下或背后的东西,毫无疑问地、名副其实地从定义上来说,就是真相。因此,那些告诉我们明星其实不是他们在银幕上的样子的报道,反而从整体上巩固了明星形象的本真性。而且在明星的某次媒体爆料之后,她/他接下来出演的电影通常会主动收编爆料所揭示的真相,将其作为证明该明星在下部电影中的本真性的一部分。

由作为形象的明星与作为真人的明星这一含混的联结体所提供的本真性鉴别,正像一面挂满了镜子的墙。当然,并不是所有的情况都这么复杂。很多明星形象就是通过展示明星的确与其银幕形象并无二致来坐实的。在另一些情形中,明星的戏外名声要么被压制(比如,令人难忘的异性恋男神和女神在现实中其实是同性恋者的无数传闻),要么就是没有被广泛纳入明星的大众形象中(比如,詹姆斯·卡格尼[1]所有的媒体采访与传记都向我们保证他是个又绅士又善良的人,但这似乎对他的明星形象于事无补)。而朱迪·嘉兰的演艺生涯则阐明了这种潜在的相互关系的复杂性。比如,嘉兰职业生涯的最后一部电影《我仍能歌唱》(*I Could Go On Singing*)汲取了媒体对她的各种生活困境的曝光,自称是对嘉兰的真实刻画。现在看来,当我们了解了她的童年经验与在米高梅电影公司的青春期,就可以对她在 1940 年代所拍的电影做重新解读,并从中发现焦虑与神经衰弱的迹象。因此,在不同的时间点解读嘉兰的明星形象的过程,就包含了不同层面的本真性的鉴定。《一个明星的诞生》在这方面也许是最复杂的,因为它重塑了嘉兰在米高梅时期的形象,包括她富有天赋的形象,各种让人回忆起她早期电影中那个清纯的邻家女孩儿的服饰和表演细节,以及戏中戏的主题,如韦德·詹宁斯(Wade Jennings)指出的,电影中指涉的那些电影就像是米高梅在 1940 年代为嘉兰安排的那些大制作表演。[2] 不过,影片似乎

---

[1] 詹姆斯·卡格尼(James Cagney, 1899—1986):美国演员,第 15 届奥斯卡影帝,以扮演强盗和罪犯闻名。——译注
[2] Wade Jennings, 'Nova: Garland in *A Star Is Born*', *Quarterly Review of Film Studies*, Summer 1979, 321—37.

也间接指涉了嘉兰之前经历的艰难时光(比如,詹宁斯提到,影片将嘉兰的演艺生涯转移到梅森扮演的角色身上),因此,我们可以从中较为容易地解读出精神衰弱(我们乐于去给这种病症加上这个标签)的迹象,特别是从嘉兰的演绎风格的角度。

目前为止,我所说的一切依旧根植于明星现象中的一个基本事实,即明星形象是由真实的人所承载的。但很显然,这一点并不稳定。证实一个明星的表里如一也许是有用的,但这也可能被解读为进一步的操纵;而展现一个明星的名不副实,既可能成为他/她个人形象以及该形象的进一步建构和再解读的一部分,但也可能彻底打碎幻象。除了证实真伪的过程,还有一套关于本真性的修辞。这套修辞也自带着不确定性——昨天的真诚、真实的标记可能在今天就变成了刻意炒作的标志。当然,只要它还没有被视为修辞,就仍然还是非常强大的修辞。

我在这里并不想尝试去建立某个历史时刻流行的特定本真性符码。我感兴趣的是一些影响变化中的修辞策略的支配性概念。媒介文本中的本真性是由一系列表明无控制、无预谋和私人性(privacy)的标记建立或建构的。这又把我们带回到存在于表象背后或之下的真相的概念。表象是有组织并受控制的,是经过预先安排的,是公开的。从表演的角度来说,这就意味着每一个细节都是经过深思熟虑和精心计算的;从叙事的角度来说,则意味着所有真正重要的行动都被置于公共领域。不用说,涉及本真性的问题时,我们是找不到这种类型的表演和叙事的。

一部电影必须花费大量努力来部署本真性的标记,以便支撑明星的不稳定的本真性;而如果这部电影本身就是关于明星身份的,那它就更是要煞费苦心了。《一个明星的诞生》对于明星身份的处理压根不像它的电影名所暗示的那样单纯。乔治·库克与朱迪·嘉兰合作的这部影片反复表明,明星是被复杂的生产程序制造出来的;影片中超长的歌曲《出生在箱子里》('Born in a Trunk')讲述的是一个事实,生于剧院的箱子不等于生来就是明星。影片在承认明星的建构性之外,也试图去宣称明星是真实的,强调这个明星(无论我们把她想成是埃丝特·布洛杰特、维姬·莱斯特[1]还是朱迪·嘉兰)不管怎样都是真实的。整部电影就在承认普遍的制造性与宣称这个特殊案例的本真性中摇摆。

嘉兰唱着《逃离的男人》('The Man That Got Away')的这段表演是宣告这种本真性的关键时刻。我们由此确信埃丝特确实具备"明星素质";如果这一段演出没能让我们相信这一点,那之后发生的所有事情都是在暗示她是靠炒作成为明星的。

这段演出仅仅凭借是嘉兰的大独唱的事实,或许就可以建立本真性——"这是嘉兰"这一点或许就足够了。整首歌是由一个长镜头完成的,可因其捕捉到嘉兰表演的延续性而被观众接受,而我们早就将嘉兰的表演看做是"本真的"(巴赞关于长镜头的现实主义的观念于此处适用)。但是这首歌对于影片而言实在太过关键,仅仅停留在这个方面是不够的。

嘉兰的这段演出来自一种事实上是虚假的叙事角度,她的演唱被詹姆斯·梅森(诺曼·梅因)[2]看到了,随后他宣称她有"一点点特别"的明星素质。他看着她并且如此评价她,这一回他没有喝醉(影片中目前为止第一次)也不带任何欲念(之前的戏里一直在强调他满是情欲的表情),他的评判被标志为清醒而公正的,因此也就显得更为权威。他自己也是演员,而且在电影里的这一刻,他是一个比埃丝特/嘉兰更丰满的人物形象。由于这些原因,他可以被看做是真理的代表。如果他说她是一个明星,那么她就是。可是——这依然不确定。以此前我们看到的影片内容来说,我们很难将他称之为一个可靠的证人。

---

[1] 埃丝特·布洛杰特(Esther Blodgett)是电影《一个明星的诞生》中女主人公的原名,女主人公从影之后,开始使用维姬·莱斯特(Vicki Lester)的艺名。——译注

[2] 詹姆斯·梅森(James Mason,1909—1984):英国演员,在《一个明星的诞生》中扮演男主人公诺曼·梅因(Norman Maine),一个走下坡路的大明星。——译注

电影必须调动本真性的各种标记。首先是没有人为控制的标记：嘉兰的一些身体姿势与面部（尤其是嘴部）的表情，从直接表达感情或突出歌曲中的词语或乐句的角度来看，是十分多余的；这类姿势常常被解读为神经质（很抱歉我一直在轻率地使用这个词，但如果一直给它打上引号真的很无聊——这里的神经质是一个社会建构的范畴），而她1956年的银幕外形象让这种解读变得更容易。（例如，她在唱"再也没有那种每时每刻的战栗"这句歌词时，先是轻抚喉咙，然后把额头上的一绺头发撩开；但她的头发已经打理整齐，并没有那么散漫的一绺；作为一个实用性的动作，它是多余的，但作为一个表达性的动作，又很难辨别其含义，除非把它看做是一个"出卖"了神经质的手势。）其次是毫无预谋的标记：嘉兰的其他一些身体姿势，以及开头的"嘟嘟"的轻哼、听到最后一个钢琴乐句时上挑的眉毛、随后满足的笑声，似乎都是源自音乐，都是即兴的表达。她和其他那些演奏者都被刻画成爵士音乐家，因此将他们与基于即兴表演的音乐传统联系起来（人们普遍认为爵士音乐中的即席创作就是兴之所至的，自发的，未经排演的）；在这背后是与黑人文化的关联，而黑人文化在白人话语中一直是作为本真性与自然性的记号。最后是私人性的标记：她和乐师们并不知道他们正在被人观看。移动的摄影机反复呈现的黯淡的光线与坐得很近的乐队都暗示出一种私密性，表明这并不是一场公开表演。这首歌就以上述这些方式，在本真性方面被多元决定了（overdetermined）。

然而，电影中没有任何一段演出、任何一个场景能保证它将会以自身"偏好"的方式被解读。不断调整的电影镜头将埃丝特/嘉兰定格于画面中心的做法，或许会提醒我们这是一出为我们奉上的表演；嘉兰知道我们在观看，哪怕埃丝特对诺曼的目光浑然不觉。有了这个意识，我们可能就会进一步提醒自己这首歌或许拍了二十遍，终止了这个场景是一个无预谋的、未经排演的表演的念头。诸如此类。不过，这是在观影的过程中解构电影，将本真性的标记当作标记。这是在与这段表演和这部电影作对。

这段演出令人好奇的一点是,歌曲没有指涉影片中已经发生的任何故事情节,如果说它预示了诺曼的自杀,似乎也有些牵强附会。我们或可认为它在喻示嘉兰的人生,她之前的婚姻与恋情;这与她后来将这首歌作为自己音乐会的登台曲目相互呼应。不过,嘉兰的婚姻状况从来没有像药物和酒精那样成为她的神经质形象的一部分,药物和酒精都是她当年在好莱坞做童星时的遗产。这段演出所追求的本真性其实与埃丝特/嘉兰在唱什么毫无关系——此时是她唱歌能力的本真性在接受考验。我们必须知道她的明星素质与录音技术无关,与机械复制无关(哪怕我们所观看的就是一种录制),而是以她直接的(=无控制)、自发的(=无预谋)、本质的(=私人性)自我为基础。这保证了她的明星身份不是一个骗局,因为一个本真的个体成为她的明星身份话语的真实性的担保人。通过没有任何直接的情感指涉,这一段演出强化了明星素质的本真性,这种本真性又可以将埃丝特/嘉兰所表达的任何情感的本真性合法化。以这种方式,这段演出成了验证明星素质真伪过程的一个特别有趣的标志。

(赵婧译 杨玲校)

作者简介:理查德·戴尔(Richard Dyer)在英国华威大学讲授电影研究,是《明星》(*Stars*)、《天体》(*Heavenly Bodies*)和《现在你看到它了:同性恋电影研究》(*Now You See It:Studies on Lesbian and Gay Film*)等书的作者。现正在撰写一部关于娱乐和表征的论文集,并正在与吉内特·文森图(Ginette Vincendeau)一起主编一部关于欧洲流行电影的论文集。他还准备研究电影中白人身份的表征。

12 | 女性魅惑：明星—观众关系中认同的形式[1]

杰姬·斯泰西

一、消失的观众

在本书中，如同在绝大多数电影研究中，观众因其缺席而十分显眼。当我们谈论操控……消费……意识形态工作……颠覆……身份认同……解读……安置（placing）……以及其他问题时，观众的概念显然都是十分重要的，然而在每一种情况下，我都不得不提示我们知识中存在的这个空白，然后继续论述，就好像它仅仅只是一种空白。但是，如何将观众概念化——以及这种概念化的经验适当性——是关于明星和电影如何运作的每一个假设的基础。[2]

我十岁的时候，母亲在国家电影院获得了一份工作。对我来说这意味着通往天堂的门票，我会定期去神庙参拜男神和女神。

---

[1] 本文的第二部分中译，参考了贺玉高翻译的《女性魅惑——一个认同的问题？》一文，该文收录在陶东风、杨玲主编的《粉丝文化读本》中。——译注
[2] Richard Dyer, *Stars* (London, BFI Publishing, 1979).

12 女性魅惑

> 当幕布渐开,灯光变暗,一种共享的亲密感降临在安静的观众中间,我总是有一种按捺不住的兴奋。　　　　　　　　　　(D. H.)

第一段引文来自理查德·戴尔(Richard Dyer)的明星研究的结论,第二段引文来自一位影迷对四五十年代好莱坞明星带来的欢乐的回忆。自戴尔的《明星》(Stars)一书在1982年出版之后,并没有多少成果填补了该书结语部分所提到的研究空白。挑战电影研究中受众的缺席对女性主义者来说十分重要,因为它再产生了一种假设,即女性电影观众是被动的。为了了解女性观众以及她们与明星的关系,我在两本著名的女性周刊上登了一则广告,希望读者就她们最喜爱的四五十年代好莱坞明星写信给我。我对这一段历史时期很感兴趣,因为许多关于好莱坞的女性主义研究成果都审视了这个时期的电影,而且这个时代也是女性气质的定义在好莱坞和整个社会不断发生变化的时代。

我收到了来自加拿大、美国和澳大利亚的300多封影迷的来信,这些热情的回应证明了好莱坞明星在女性的生活和想象中的持续意义。很多来信长达好几页,提供了对特别喜爱的明星和这一时期电影的详细回忆。受访者还寄来了她们喜爱的明星的照片、剪贴簿和原始剪报,以及她们自己写的明星魅力的说明。这些信涵盖了广泛的主题,包括电影、特别是明星对于女性生活的重要意义;电影在战时英国的角色;为什么女性不再成为明星的粉丝;20世纪四五十年代背景下电影经验带来的特殊快感。本章首先审视了电影研究中观众持续缺席的原因,然后论述了我正在进行的一项关于好莱坞女星和女性观众的关系的研究,并提供了一些初步的研究发现。

在一般的电影研究中,对明星的研究主要停留在文本上。虽然戴尔已经将符号学和叙事分析的文本研究模式与针对明星的社会学研究方法联系了起来,并以此挑战了电影研究的现存边界,但很少有研究成功地从电影观众的角度来推进这一研究路径。对明星的分析持续聚焦于电影文本中特定意义的生产,或电影产业的其他方面,比如宣传,而非观众是如何在特定的文化历史背景中理解那些明星的。[1]

有关好莱坞明星的女性主义研究成果少得令人惊奇,关于观众的研究成果就更少了。1980年代的女性主义议程非常关注电影类型(尤其是情节剧(melodrama)、女性电影和黑色电影,叙事(尤其是那些再生产俄狄浦斯情结的叙事)和观看的形式(尤其是窥淫癖和恋物癖)。然而,特别令人疑惑的是,尽管好莱坞女星似乎是分析父权文化如何建构理想女性形象的一个显而易见的焦点,但好莱坞明星却是一个尚未被充分挖掘的女性主义研究领域。在已经出现的相关著述中,女性主义电影理论家们也倾向于再生产关于明星的文本分析。女性主义电影理论的两个核心视角,即"女性的形象"(images of women)[2]的研究路径和"女性作为形象"(woman as image)[3]的路径,尽管在理论立场上大相径庭,但却都依赖文本分析,忽视了观众在电影中的作用。

例如,莫莉·哈斯凯尔(Molly Haskell)从刻板印象的角度讨论了好莱坞电影女星,这些刻板印象在一个男性主导的文化中限制和控制了女性气质的定义。比如,她将"危险的女人"与"超级女人"(superfemale)和"女强人"(superwoman)进行了对比。如出演《吉尔达》(Gilda,又名《荡妇姬黛》)和《上海小姐》(The Lady from Shanghai,又名《欲海

---

[1] 一个值得注意的例外是里奥·汉德尔(Leo Handel)的 Hollywood Looks at its Audience (Urbana, University of Illinois Press, 1950). Andrew Tudor, Image and Influence: Studies in the Sociology of Film (London, Allen & Unwin, 1974)的第四章进一步发展了汉德尔的洞见。

[2] "女性的形象"这一研究路径的代表著作包括:Molly Haskell, From Reverence to Rape: The Treatment of Women in the Movies (Harmondsworth, Penguin, 1974); Marjorie Rosen, Popcorn Venus (New York, Coward, McCann and Geoghegan, 1973) and Brandon French, On The Verge Of Revolt: Women in American Films of the Fifties (New York, Frederick Ungar Publishing Co., 1978).

[3] "女性作为形象"的研究路径的典型是:Laura Mulvey, Visual and Other Pleasures (London, Macmillan, 1989) and Constance Penley, ed., Feminism and Film Theory (New York, Routledge, and London, BFI Publishing, 1988).

妖姬》)的丽塔·海华斯(Rita Hayworth)属于第一种女人;出演《红衫泪痕》(*Jezebel*)的贝蒂·戴维斯(Bette Davis)属于第二种女人,"虽然极其'女性化'和调情卖俏,但相对于社会命令她扮演的温顺角色来说,还是过于有野心和聪慧了"。而"女强人"则"不再利用她的女性气质,而是采用男性特征去享受男性特权,或者仅仅只是为了生存"。[1] 女星凯瑟琳·赫本和琼·克劳馥都是第三种女性类型的代表,她们不同于琼·阿利森(June Allyson)、奥利维娅·德·哈维兰(Olivia de Havilland)和朱迪·嘉兰等"甜美纯真"型的女星:"每一个老于世故的夫人,都对应着一个天真无邪的甜心……"。[2] 尽管哈斯凯尔的分析指涉了电影文本之外的、社会上普遍存在的关于女性的刻板定型,以及为了自己的利益而延续这种刻板定型的父权文化,她对明星本身的讨论还是局限于电影中的人物塑造和叙事手法。

女性主义电影批评对明星的另一研究方法是探究作为"男性"凝视对象的女性明星。例如,劳拉·穆尔维(Laura Mulvey)在她的著名文章《视觉快感与叙事电影》中分析了导演斯滕伯格(Sternberg)是如何将玛琳·黛德丽(Marlene Dietrich)当作"终极的膜拜物(fetish)"来使用:

> 女性作为客体的美与银幕空间融合:她不再是罪恶的载体,而是一个完美的产品,她被特写镜头风格化和碎片化的身体,既是电影的内容,也是观众视线的直接容器。[3]

这种对好莱坞电影女星的恋物崇拜是提供给观众的窥视癖(或观看的快感)的一种形式,另一种则是银幕上的女星的客体化所带来的窥淫快感。为了说明后一过程,穆尔维探讨了希区柯克电影中的女主人公,这些女主人公被建构为男主角(以及观众)施虐狂式的、渴望控制他

---

[1] Molly Haskell,*From Reverence to Rape*,214.
[2] 同上,194。
[3] Laura Mulvey,*Visual*,22.

人的窥淫癖的被动客体:"使他人臣服于施虐狂般的意志和窥淫癖般的凝视的力量,将女性变成了这种意志和凝视的客体"。[1]

除了明星在电影文本中的作用,女性主义电影理论家很少关注好莱坞女星。[2] 然而,也有少数例外,这些研究尝试着将文本分析和对观众的民族志调查或历史语境化结合在一起。例如海伦·泰勒(Helen Taylor)最近出版的新书《斯嘉丽的女人们》(Scarlett's Women)分析了观众对《乱世佳人》中的费雯丽的解读。[3] 简·盖恩斯(Jane Gaines)审视了1940年代的影迷杂志对女性气质的不同定义,女明星可以透过这些定义被解读。[4] 安吉拉·帕廷顿(Angela Partington)在保持对电影类型的关注的同时,令人信服地分析了女明星在1950年代情节剧"过度的"女性气质生产中的位置,我们只有和其他表征及消费者的实践结合起来,而不是仅仅根据情节剧自身的文本操作才能理解这一现象。[5] 最后,理查德·戴尔在《天体》(Heavenly Bodies)一书中,提供了通过男同性恋亚文化的话语对朱迪·嘉兰的明星形象的解读。基于对一则广告的反馈,戴尔的分析展示了产生于电影文本之外的意义对于观众解读好莱坞明星的重要性。的确,没有比这更好的证据来反驳文本决定论了,因为这些影迷解读的基础显然不仅超出了电影文本或电影院,还超出了主流文化本身,他们是在一个颠倒和戏仿了主流意义的亚文化之内做出解读的。[6]

---

[1] Laura Mulvey, *Visual*, 23.
[2] Robyn Archer and Diana Simmonds, *A Star Is Torn* (London, Virago, 1986).
[3] Helen Taylor, *Scarlett's Women*: *'Gone With the Wind' and its Female Fans* (London, Virago, 1989).
[4] Jane Gaines, 'War, women and lipstick: fan mags in the forties', in *Heresies*, 18 (1986), 42—7.
[5] Angela Partington, 'Melodrama's gendered audience', in Sarah Franklin, Celia Lury and Jackie Stacey, eds, *Off Centre: Feminism and Cultural Studies* (London, Unwin Hyman, forthcoming). 另参见该书中 Herzog and Gaines, LaPlace and Weiss 的文章。
[6] Richard Dyer, *Heavenly Bodies: Film Stars and Society* (London, BFI/Macmillan, 1986), chapter 3. 另参见本书中 Andrew Weiss 的文章。

调查观众

尽管这些成果表明了关于受众的研究在发展,[1]但这一新兴领域仍面临一些困难。分析过去年代的受众的一个特殊困难是不容易找到这些受众。那么,有哪些调查他们的可能途径呢?[2] 首先,票房统计数据可以提示我们哪一部电影,或者说哪一位明星在哪一段时间很热门。《电影周刊》(*Cinematograph Weekly*)或《电影观众》(*Picturegoer*)之类的电影杂志会对明星进行人气调查,这些调查结果更详细地表明了哪些明星是受欢迎的,什么时候开始走红以及红了多久。那一时期完成的其他调查也可能说明哪些人去看了哪部电影,以及观看的原因,例如萨塞克斯大学的大众观察档案(Mass Observation Archive)的成果,[3]或其他出于商业原因而做的市场调查,或关于电影对观众产生的"效果"的社会学调查。有时这些信息会依据阶级和性别的范畴进行分解,这使得判断哪些类型受特定观众的欢迎成为可能。[4] 不过,这些信息虽然可以为我们提供关于观众喜恶的广泛提示,但却很少能揭示这些偏好的更定性的面向。

---

[1] 参见 Bruce A. Austin, *Immediate Seating: A Look at Movie Audiences* (Belmont, California, Wadsworth Publishing Co., 1989)。
[2] 关于历史性观众的讨论,参见 Janet Staiger, 'The handmaiden of villainy: methods and problems for studying the historical reception of a film', *Wide Angle*, 8, 1 (1986); Philip Corrigan, 'Film entertainment as ideology and pleasure: towards a history of audiences', in James Curran and Vincent Porter, eds, *British Cinema History* (London, Weidenfeld & Nicolson, 1983); and Sue Harper, 'Popular taste and methodological problems: British historical films in the 1930s', paper given at *Popular European Cinema* conference, University of Warwick, September 1989。
[3] 参见 Jeffrey Richards and Dorothy Sheridan, eds, *Mass-Observation at the Movies* (London and New York, Routledge & Kegan Paul, 1987)。
[4] 参见 Janet Thumin, 'Super special long-run propositions: revenue, culture and popularity in "Cinematography Weekly" 's annual review', paper at *Popular European Cinema* conference, University of Warwick, September 1989。

观众对于过去明星的书写是一个更丰富的信息来源,能为我们提供更多的关于观众的偏好和趣味的细节。比如,电影杂志的读者来信栏目就包含了观众对于明星的意见以及其他问题。杂志及报纸所刊登的读者来信通常包括投诉、批评、欣赏、喜欢及讨厌等各种类型。它们通常是回应针对某一特定明星、电影或导演的文章或专题报道,或是回应由编辑设立的争议性话题。例如,作为20世纪四五十年代最受欢迎的电影杂志,《电影观众》会定期刊登一些刺激性的文章,如文森特·基恩(Vincent Keene)的《魅力而非曲线》一文,质疑了构成理想的女性气质的要素。[1] 接下来几周的读者来信专栏充斥着读者对这个问题多样而又广泛的回答。读者来信可能是观众对明星的偏好和回应的一个有用指标,但要谨记来信中的话题都是被杂志根据整体和自身编辑标准设置的。因此杂志的模式产生了特定的类型惯例,读者来信都受到了这些惯例的引导。

除此之外,编辑对于所刊信件的挑选,显然也决定了我们能接触到怎样的读者意见。[2] 因此,周刊杂志的信件对于研究这些杂志及其在英国塑造好莱坞形象的过程中所发挥的作用是很有趣的,但是在提供观众的详细资讯方面就比较没用了。

20世纪四五十年代的影迷俱乐部提供了关于观众的另一信息来源,但我们通常很难追踪这些观众,而且这一时期的很多影迷信件都已丢失或销毁了。我曾向一些影迷俱乐部去信咨询,得到的回复是,俱乐部不再保有这些来自英国的陈年影迷信件了。

调查20世纪四五十年代观众的一个最后的可能方法,就是分析人

---

[1] Vincent Keene, 'Charm not curves', *Picturegoer*, 14 October 1950. 回应这篇文章的来信发表于 *Picturegoer*, 9 December 1950。

[2] 我很感谢简·盖恩斯向我指出,登载在电影杂志的读者来信专栏的信件的真实性有待考证。不过,萨塞克斯大学的大众观察档案保留了1940年寄给《电影观众》的所有原始信件,这会为电影观众的历史性分析提供更可靠的来源。

们关于那一时代电影的记忆和回忆。不过,如同之前所讨论的资讯来源一样,调查的规则决定了能够获取什么样的信息。用广告来征集观众对他们所喜爱的明星的回忆,不可避免地生产出一套显然是被特定的文化语境所结构的特殊表征。就我自己的例子而言,首先我的研究关注的是女性对好莱坞明星的回忆。受访者需要记起好莱坞明星对她们的生活所产生的意义,然后做出选择,而这种选择也因此以特殊的方式被中介(mediated)。哪些明星会被记住以及如何被记住,必然还受到这些明星自走红以来的文化建构的影响。例如,观众对明星的记忆会因以下原因而发生变化:是否健在,如果像玛丽莲·梦露那样已经去世,死因是什么;是否像狄安娜·窦萍(Deanna Durbin)那样拥有粉丝俱乐部;是否一直拥有成功的事业(如凯瑟琳·赫本和贝蒂·戴维斯那样的影坛常青树);她们的电影是否经常在电视上播放,或是否如芭芭拉·斯坦威克(Barbara Stanwyck)那样后来成为电视演员。

除了这些因素之外,记忆引入了一种特殊的选择过程。什么被记住,什么被忘记,或许不仅仅取决于明星职业生涯的特定时间段,还取决于电影观众的身份。我请求女性观众写下她们对女星的看法,观众提供的表征将受到自我形象和自我认知,尤其是与性别身份有关的自我形象和自我认知这类问题的影响。好莱坞对女性气质的多样建构,例如贝蒂·戴维斯的力量和叛逆,玛丽莲·梦露的性吸引力,狄安娜·窦萍干净的活力,有可能在追忆时具有特别的吸引力,或许会在今天具备了一些当时(20世纪四五十年代)并不具备的意义[1]。

我在本章中使用的是研究历史观众的最后一种方法。我尤其想探讨那些回应我的广告的女性寄来的信件中反复出现的一个主题:女明星和女观众之间的认同(identification)过程,这是二者进行交流时的一

---

[1] 参见 Popular Memory Group, 'On popular memory', in Bill Schwarz et al., eds, *Making Histories: Studies in History, Writing and Theory* (London, Hutchinson,1982)。

个关键问题。我选择聚焦明星和观众之间的关系,不仅仅是因为它是信件中反复出现的主题,也是因为它对于好莱坞电影的女性主义批评具有重要的理论意义。

二、一个认同的问题

"认同"这一术语在心理分析理论和电影研究的讨论中都处于核心位置。在精神分析理论中,"认同"一直被视为身份生产的关键机制。弗洛伊德分析了无意识机制,自我就是通过无意识机制在与外部对象的关系中被构建出来的。在《认同与明星:拒绝差异》一文中,安·弗里德伯格(Anne Friedberg)引用了弗洛伊德关于认同的观点:

> 首先,认同是与对象建立情感纽带的原初形式;其次,认同以一种退行的方式成为包含力比多的对象联系(libidinal object-tie)的替代品,因为它是借助对象内投(introjection)到自我的;第三,任何意识到与非性冲动对象的他人有共同品质的新知觉,也可以导致认同的产生。共同品质越重要,这种部分的认同也就越成功,因而可能代表了一种新纽带的开始。[1]

视觉在认同中所发挥的作用始终是弗洛伊德理论的一部分(例如,对看到性别差异这一瞬间的强调),不过,"认同的镜像作用"已经占据了拉康镜像阶段理论的核心位置,在这一阶段,主体"通过对他者的镜像误认而得以构建"。[2]

---

[1] S. Freud, *Group Psychology and the Analysis of the Ego*, 1921, chapter 7, quoted in Anne Friedberg, 'Identification and the Star: a refusal of difference', in Christine Gledhill, ed., *Star Signs* (London, BFI Publishing, 1982).

[2] 同上,49。

在克里斯蒂安·麦茨(Christian Metz)等电影理论家看来,这些被精神分析用来探索无意识身份的发展的认同模式与观众的观影经验类似。[1] 正如弗里德伯格所勾勒的:

> 麦茨描述的主要认同(primary identification)(不同于弗洛伊德的"原初的和情感的纽带"),意味着观众认同于摄像机和放映机,正如站在镜子面前的孩子,构建了一个关于整体性和统一的身体的想象性概念……次要认同是认同于演员、角色或明星……任何身体都可以成为认同性投入的机会,一个为自我提供替代/误认的可能外套。[2]

精神分析电影理论家们因此发展出对电影认同的复杂分析,这一分析的基础是婴儿时期与他者相关的个人身份的建构,类似于在银幕上观看电影的过程。尽管这可能是一个有吸引力的类比,特别是考虑到在后期精神分析理论有关身份发展的论述中镜像所占据的中心地位,但还是存在一个问题,即这样直截了当的转换是否正当:这两个过程到底有多相似,这种仅仅聚焦观影的心灵层面的论述会导致什么样的遗漏?这样的框架对于理解电影认同帮助有限,除了对发生在个体心灵中的这些过程的一个概念性类比,提不出其他的证据。

在一般的电影研究中,"认同"这一术语更普遍地用于指示更广泛的一系列过程。借鉴文学分析,认同经常被松散地用于表示同情或投入某一角色。它也和"视点"(point of view)这一概念连用,即从某个角色的视点来观看和理解电影。这不仅包括了由镜头类型、剪辑序列等组成的视觉视点,也包括了通过与主人公共享知识、同情心或道德价值

---

[1] Christian Metz, 'Le Signifiant imaginaire', *Communications*, 23 (1975); tr. Celia Britton, Anwyl Williams, Ben Brewster, Alfred Guzetti, *Psychoanalysis and Cinema: The Imaginary Signifier* (London, Macmillan, 1983).

[2] Anne Friedberg, 'Identification and the Star', p. 50.

观而产生的叙述视点。因此认同作为电影和文学研究中的一种常识性术语,指涉着一套极其多样的过程,还需要更充分地理论化,以便提供一种行之有效的分析模型来替代较为简化的精神分析模式。

有趣的是,女性主义在与性别身份相关的认同问题的书写上,发展出了两个相反的方向。一方面,受精神分析影响的电影批评追随劳拉·穆尔维对叙事电影中的视觉快感的原创性抨击,对任何形式的女性角色典范(role model)、女主角或可供认同的形象都持怀疑态度。穆尔维的电影,例如1980年拍摄的《艾米!》(*Amy!*),和她有影响力的理论成果,提倡对流行表征的惯例的拒绝,不仅是因为这些表征所建构的女性气质的形象,也是因为它们为电影观众所提供的认同过程。"认同"本身被视为一种通过强化身份的父权形式而与主导文化的再生产共谋的文化过程。安·弗里德伯格就女性主义者对认同功能的质疑做了如下总结:

> 认同只有通过识别(recognition)才能达成,而所有的识别本身都是对现存形式的含蓄确认。此外,对于明星作为理想自我的制度性认可还建立起了符合规范的人物。认同迫使主体崩陷于千篇一律的规范化要求,在父权社会里这通常指的是和男性一样。[1]

另一方面,一些女性主义文化理论家尝试从这样的批评中拯救认同的过程,并注意到流行文化消费中某些认同形式所具有的赋权作用。例如,瓦莱丽·沃克丁(Valerie Walkerdine)分析了一个工人阶级家庭中的不同成员解读电影《洛奇2》(*Rocky II*)的方式,论证了洛基角色中战斗隐喻的多样意义。[2] 尽管性别差异使得沃克丁和家庭成员产生了多样且矛盾的认同;但沃克丁的分析仍认为认同潜在地生产出了叛逆

---

[1] Anne Friedberg, 'Identification and the Star', p. 53.
[2] Valerie Walkerdine, 'Video replay: families, films and fantasies', in Victor Burgin, James Donald and Cora Kaplan, eds *Formations of Fantasy* (London, Methuen, 1986).

情绪和反抗主导性制度的欲望,并且是文化消费的一个必要方面。

这两种观点代表了关于视觉媒体的认同过程的两种对立立场:第一种立场批评任何形式的再生产一致性、固定性和确认现存身份的认同,而第二种立场则声称认同能够潜在地对抵抗进行赋权和表达。然而,两种立场都不约而同地将认同的精神分析描述当作他们理解观众的核心。

虽然关于认同的心理过程的精神分析描述已十分详细,[1] 但是较少有研究涉及电影认同的更广泛的文化和社会面向。因此,较之将精神分析理论应用到电影文本中去调查电影认同,我更愿意把观众对此过程及其意义的表述作为我的出发点。这并不是说,观众才是电影或明星的"真正意义"的来源:显然正如前文所述,观众的回忆本身便是一系列高度中介化的文化表述。本研究的目的是从观众建构明星的方式的角度,来审视明星意义的生产。

我收到的这些观众来信中特别引人注目的一点是,那些可以被松散地称之为认同的过程的多样性。某种程度上,认同包含了各种协商自我和他者之边界的过程,[2] 这些过程在为女性观众提供了各种不同形式的理想化的女性气质形象的流行电影中承担了特别的意义。其中有些认同过程相当清楚地涉及了精神分析所描述的心理过程,而其他的过程则进入了更普遍的文化消费领域。

然而,对于那些提供信件用于此次分析的女性观众,我们却很难找到一个术语来指代她们。女性主义电影理论广泛使用的"女性观众"(female spectator)一词,一直让人很困惑;它既用来指代由电影建构的

---

[1] 例如参见 Jacqueline Rose, *Sexuality in the Field of Vision* (London, Verso, 1986), Mary Anne Doane, *The Desire to Desire: The Woman's Film of the 1940s* (Bloomington and Indianapolis, Indiana University Press, 1987), and Teresa De Lauretis, *Alice Doesn't: Feminism, Semiotics, Cinema* (London, Macmillan, 1984).

[2] 关于观众与明星关系的类型学,参见 Andrew Tudor, *Image and Influence*, 80.

文本位置,也通常含蓄地指代电影观众中的女性成员。[1] 在最好的情况下,这两种过程被认为在某种程度上是分离的,但一般来说,一种隐含的文本决定论界定了我们对观众的假设。[2] 此外,观众一词的单数形式暗示了一种统一的观看经验,对它的使用暗含着一种消极的观众观影模式。

我在此以一种不同的方式使用"观众"一词,特指电影观众的成员。然而,用这一术语来讨论发生在电影院之外的实践则有了更多的问题,因为,在更广泛的意义上,观众一词指的仍是待在电影院内的人。当我们将观众(spectatorship)当作文化消费的一个方面时,它就不再仅仅是复制婴儿时期的误认的电影文本的延伸,或是一个孤立的观影过程,而是身份的更普遍的文化建构的一部分。

下文对信件的分析分为两部分。第一部分讨论的认同过程涉及对明星和观众关系的幻想。总体而言,这些认同形式都和电影语境相关。第二部分检视的认同形式涉及实践和幻想,观众因为与明星的关系,实际上会去改变他们身份的一些方面。由于这些实践超越了电影本身,因此我会从更普遍的女性身份的建构的角度来考察观众。

1. 电影认同幻想

1) 挚爱和崇拜

我想写信告诉你我对于我最喜爱的影星桃瑞丝·戴(Doris Day)的挚爱。我认为她太棒了,并且加入了她的粉丝俱乐部,尽我所能地收集她所有的照片及信息。我在两星期里把她的《珍妮的遭遇》(Calamity Jane)看了45遍,而现在仍在兴致勃勃地看她所有的影片。我的姐妹们都认为我简直是疯了,会犯傻依恋一个女

---

[1] 参见 Tania Modleski, 'Introduction: Hitchcock, feminism and the patriarchal unconscious', in *The Woman Who Knew Too Much: Hitchcock and Feminist Theory* (London, Methuen, 1988).

[2] Annette Kuhn 处理了这个难题,见 'Women's genres', in *Screen*, 25, 1 (1984), 18—28.

人。但我认为她非常了不起。她们都痴迷于"猫王"埃尔维丝,而我的爱是献给桃瑞丝·戴的。 (V. M.)

一些信件甚至没有提到自我,只是提供了对某个女明星挚爱的证据。不过,这种情形比较少见;我收到的大多数信件都将其对明星的评论建立在与自身身份的关系上。在第一组中,许多信件谈到了与明星的差异带来的快感,由差异产生的距离提供了魅力的源泉。明星常常被描述为遥不可及的,属于另一个世界或另一个层次的存在:

影星……似乎是非常特别的人,充满魅力,英俊,而且在某些方面超出我们这些凡胎肉身之人。 (J. T.)

我永远都不会忘记我第一次见到她的情景,那是在1942年的电影《不是冤家不聚头》(*My Gal Sal*)中,她的名字是丽塔·海华斯。我几乎不能把眼睛从她身上移开,她是我见过的最完美的女人。"银幕女神"已经是用来形容许多影星的陈词滥调了,但要描述这个可爱的人却非用这句话不可。……我惊呆了,世上怎么可能有这么可爱的人。 (V. H.)

影星是用来被人们从远处崇拜的美妙造物,由自己喜爱的影星演出的每部电影一上演,都被影迷们狼吞虎咽地吃下去。 (P. K.)

这些陈述把影星表征为特别的和不可接近的存在。这里的宗教性能指不仅显示了影星的特殊地位与意义,还暗示了观众所感到的挚爱的强度。它们还加强了影星的"他者性"(otherness),观众们认为影星不属于自己居住的凡世。最后一个例子的确把影星引入凡尘,但却是通过一个让人联想起圣餐仪式的比喻——"吞咽"来完成的。把影星当作女神来崇拜,涉及一些宗教虔诚情感中出现的对于自我的否定。在上述的引文中,观众只是作为一个崇拜者或影星爱慕者才存在。没有提及观众的身份或表明要通过变得更像影星来缩小影星和粉丝之间的差距;只有从远处欣赏的表白。在这些例子中,自我与偶像之间的界线是相当稳固的,强调的重点绝大部分是放在影星身上而不是观众身上。甚至在最后一段陈述中,在说到影星要被吞下去的时候,自我似乎已包含其中,但是这句话的主语仍是影星。

2)变成的渴望(The desire to become)

在其他例子中,明星与观众的关系也通过承认明星与观众间一个不变的差异来阐述:"贝蒂·戴维斯是我们梦想成为的样子的缩影,但是我知道这永远不可能实现!"(N. T)然而这种想跨越差异变得更像明星的欲望在这里被表达了,即使这是不可能实现的。[1]观众与其理想之间的距离似乎导致了一种渴望,这种渴望提供了转换身份的幻想。

这种变得与影星相似的欲望发生在几个层面上。可以预料,许多这样的欲望是通过外表而得到表达的:

  我最终与琼·克劳馥保持一致——每个打字员都梦想要成为的样子。(M. R.)

  当然还有她(贝蒂·格莱伯)的衣服——一个年轻姑娘怎么会不想穿成那个样子呢?(S. W.)

  虽然我希望每周都看上去像不同的影星(这取决于我看了什么电影),但我仍然认为我的最爱是丽塔·海华斯,我总是想象如果我能像她一样让我红色的头发迎风飞扬……并与我的白马王子相见。(R. A.)

显然,影星起到了一个标杆的作用,以至于她们经常被解读为角色典范,并参与了那个时代文化中所流传的有关女性魅力的观念的建构。影星和年轻粉丝之间的年龄差异在这里被凸显出来:影星为那些一心想获得成熟女性气质的青少年女性观众提供了女性气质的理想。这种

---

[1] 关于这种女性之间由差异产生的欲望表征的讨论,参见 Jackie Stacey, 'Desperately seeking difference', in *Screen*, 28, 1 (1987), 48—61。

认同部分涉及识别偶像身上值得拥有的品质并向其靠拢的欲望：

> 在我还是孩子的时候，桃瑞丝·戴……似乎是我效仿的典型，如果幸运的话，我也想成为她那样的人。 （B. C.）

> 我喜欢看狄安娜·窦萍。我过去常常把自己放在她的位置上，她活在一个典型的女孩梦里。 （J. G.）

这些例子显示的不仅是拉近观众与影星之间的距离的欲望，而且是对两种身份之间的可能移动的幻想。

3）女性力量的快感

女性明星与女性观众之间的差异是观众着迷的一个原因，不过，女性观众着迷的不仅是女明星所代表的理想的容貌，还有她们的个性和行为，后者常常赢得观众的钦佩或羡慕。这些认同展示了好莱坞明星提供的一种矛盾的快感，一方面，她们重现了女性魅力的规范性模式，另一方面，她们又为女性提供了反抗的幻想。例如，一些女性明星代表了力量和自信的形象。这些明星常常都是最受欢迎的，因为她们为观众提供了自身经验之外的权力的幻想。

> 我们喜欢与我们最不同的影星，而凯瑟琳·赫本就是其中的一个。她无论在什么情况下，都充满了自我肯定的欢闹。我们那时还是小年轻，什么都有就是没信心，并且对世故一无所知，所以，自然地，贝蒂·戴维斯是另一个支柱。她可以是一个真正的"婊子"，不用转动头发，仅用一个挑眉或嘴角的一个冷笑就把男主角给镇住了。 （N. T.）

> 贝蒂·戴维斯……太棒了，我爱她在电影里走过房间的样子，她看起来好有自信而且打扮得很独特，我觉得那时很多女明星都是那样…… （E. M.）

有力量的女性经常在惩罚性的父权叙事中扮演角色，在这些叙事里，女性要么被杀掉,要么与人结婚,或者两者同时存在,但是这些观众看起来并没有挑选电影的这些方面来写。相反,自信和力量的品质被记住了。它们为女性观众提供了参与她们自己缺乏并想要得到的品质的快乐。

4) 认同与逃避主义(escapism)

在这些信件中阐述的这种从观众到明星的移动是逃避主义的愉悦的一部分。观众和明星之间的差异为观众提供了暂时离开她的世界而进入到明星世界的可能性,而不是处于被识别和维持的状态:[1]

> 一部电影是以亮晶晶的地球、自由女神还是咆哮的狮子[2]开始的,对我来说都无所谓。我不再是坐在座位上了,而是在匪徒追击下逃命,在银色的冰面上轻盈地滑翔,或用百灵一样高亢、动听的嗓音歌唱。 (D. H.)

> 我那时只是个女孩,但我能从愁云惨淡的现实穿越到银幕中的另一个世界里。 (J. T.)

> 琼·克劳馥能唤起如此的感伤,忍受如此的苦难……让你身临其境。 (M. B.)

在这些例子里,从观众到明星身份的移动比前述的那些关系类型更具流动性,而这种流动性提供了众所周知的观影快感:在电影中"迷失自我"。相对于前面讨论过的、在自我与偶像之间保持区分的观看过程,在这类幻想中,观众身份与电影中的影星或影星所扮演的角色融为一体。

在第一部分,我已经讨论了观众观看的几种过程,其中包括以各种方式协商影星与观众之间的差异:首先是自我否定,以便为了把明星尊

---

[1] 关于逃避主义提供给电影观众的愉悦感觉的讨论,参见 Richard Dyer,'Entertainment and utopia', *Movie*, 24(Spring 1977), 2—13。

[2] 这三样东西分别是环球、哥伦比亚和米高梅电影公司的标识。——译注

为银幕女神;继而是想要变得与明星相似的欲望,但是又认识到这种欲望的不可能性;最后是克服了差异,与银幕偶像融为一体的愉悦。

2. 电影之外(Extra-cinematic)的认同实践

现在我想讨论与我称之为"认同实践"相关的观看过程。它们几乎都与电影语境之外发生的种种认同实践形式相关。这些过程包括观众参与某种自我的转变的实践,从而变得与她们所喜爱的影星更相似,或者将他人牵涉进来,让他人认识到自己与影星的相似之处。

1) 假扮(Pretending)

> 我们家隔壁正好有一个大型的露天采煤场——我们一共有9个女孩子——我们放学后就去那个地方,在煤场挖出的土堆上玩。土堆被我们称为"比弗利山庄"[1],我们都在那儿玩得十分开心,每个人都有自己的位置,在那儿我们把土壤垒成圆形的东西——那是我们的豪宅。我们在那一玩儿就是几小时——每个人各自假扮我们最喜爱的一个电影明星,然后一个接一个地拜访其他人的豪宅。
> (M. W)

> 我真的喜欢那些电影,它们就是我的命,我过去常常假装我与贝蒂·格莱伯有关系,因为我也叫贝蒂,当其他孩子不相信我的话时,我就会非常生气。
> (B. C.)

假装是某个影星,这涉及一种想象性的实践,但是参与的观众知道这只是一个游戏。这与我们前面讨论的电影的逃避主义过程不同。在那些过程中,观众感到完全沉浸到影星的世界里,自我暂时解体,与影星的身份融为一体。这一部分所列的第一个例子的不同之处在于,它同时涉及真实的转变和想象的转变。此外,假扮不只涉及单个观众的私人化想象,就如发生在逃避主义的过程中那样,它还涉及其他观众对集体

---

[1] 比弗利山庄(Beverly Hills):美国洛杉矶市内最有名的城中城,云集了许多好莱坞影星的豪宅和众多顶级大百货公司。——译注

性的幻想游戏的参与。这种对明星与粉丝之间关系的表征,更多地是建立在相似而非差异的基础之上,因为尽管粉丝意识到整个过程是一种假扮,但她们在一个临时的过家家的游戏中披上了明星的身份,将明星与粉丝之间的差异掩盖了。

2)相像(Resembling)

贝蒂·戴维斯——她的眼睛特别漂亮,走起路来很高傲。……我的眼睛是黑色的,那时我有很浓的黑眉毛……我爸爸经常说……"能不能别用你那贝蒂·戴维斯式的眼神瞥我,小姐……。"再说桃瑞丝·戴,她是另一码事了——我们生日相同。

(P. O.)

观众和明星之间存在着很多关于相似性的认同点。这些认同不是建立在假扮某个自己不是的人物基础上的,而是基于观众已存在的身份中的某些和明星类似的东西,把它们挑选出来,以此建立明星和自我之间的联系。这并不必然涉及任何转变,只是对个体观众身上的明星特征的强调。在这个例子里,特定相貌特征的意义,如"贝蒂·戴维斯式的眼神",似乎已经超过了外表的相似,而暗示某种挑战了父亲权威的反叛性女性气质。

3)模仿

不同于上述粉丝识别与明星的相似之处的过程,许多观众还提到了一些将自己变得更像明星的实践。这不同于在看电影的时候幻想自己是明星,或表达出变得与明星更相像的欲望,因为它涉及对一个明星在特定电影里的特定特征的模仿。换句话说,这种认同实践包括一种假扮或表演,然而它也不同于假扮,因为假扮被表征为一个涉及整个明星人格的过程,而模仿在这里仅指局部地披上明星身份的特定方面。

几封观众来信给出了在看完电影表演之后模仿自己喜爱的影星载歌载舞的例子:

> 我们过去常回到家举办演唱会,基于我们在电影里看到的歌曲和舞蹈,我一个朋友的阿姨,就像是电影歌词的信息宝库……
>
> (B. F.)
>
> 看完电影,我们在回家的公共汽车上一路都在唱,有时候还演……
>
> (J. T.)
>
> 我最喜欢的女影星是贝蒂·格莱伯。她在电影里唱的歌,我会努力记住,然后在回家的路上又唱又跳。
>
> (P. G.)

对明星的模仿不局限于唱歌跳舞,模仿明星的手势、说话和性格明显也是一种乐趣:"我当然有我的最爱。……第一个星期里我会像琼·克劳馥一样暴躁地来回踱步,下一个星期我又会努力以贝蒂·戴维斯断断续续的腔调说话,并同时叼上一支香烟吞云吐雾一番"(D. H.)。

4) 复制(Copying)

虽然模仿和复制作为实践联系非常紧密,但我想有区别地使用它们,以区分观众对行为、活动的模仿与对外貌的复制。正如对外貌的努力效仿,复制与前面讨论的想要与影星相像的欲望相关。但这不只是表达一个未被满足的欲望或愉悦的幻想,如在早先的例子中那样;它也是一个改变观众的身体外貌的实践。

复制是电影之外最普遍的一种认同实践的形式。如果考虑到下面这一点,这丝毫都不令人感到奇怪:在我们这个文化中,一般而言身体外貌对于女性气质具有最重要的意义,对好莱坞女星尤其如此。由迷人性感的好莱坞明星提供的"视觉快感"已经在别处被女性主义者彻底批判了。[1] 在这里我感兴趣的是,女性观众是如何与银幕上的好莱坞明星所呈现的理想的女性气质发生关系的,尤其是这种认同是如何超越个人幻想,变成改变观众自身身份的实践的。

---

[1] 参见 Laura Mulvey, *Visual*, and E. Ann Kaplan, *Women and Film: Both Sides of the Camera* (London, Methuen, 1983)。

> 我是贝蒂·戴维斯的铁杆粉丝,现在还能记起她在电影《黑暗的胜利》(*Dark Victory*)里的样子。……那部电影对我的影响非常大。我还记得,回到家后,我照着镜子狂热地想要把我头发梳成她那个样子。我把她当偶像崇拜……认为她是一个极好的演员。
>
> (V. C.)

这个实践涉及自我与他者、主体与客体的交叉重叠。电影对这个观众的影响使她想要在外貌上与她的偶像相似。在自己的映像面前,这个观众通过制造一个更类似偶像的新形象,来竭力缩小她自己与理想的形象之间的差距。在这个例子中,她的头发是这种转变欲望的焦点。实际上,发型是观众最经常想要复制的明星的外貌特征之一:

> 我和朋友们试图复制明星们的发型,有时我们能做到,有时我们只好放弃,因为我们没有那些明星的外貌,也没有钱像她们那样穿戴。
>
> (E. M.)

> 现在是桃瑞丝·戴……别人告诉我说,我长得像她,所以我就剪了一个她那样的发型。……有一段时期简·怀曼(Jane Wyman)是我的最爱,我的发型就照她的样子弄,叫做郁金香发型。……现在玛莉莲·梦露更年轻,我这次就又改变了自己的形象,我的头发金黄得几乎发白,也更长,我就复制了她的发型,因为人们都说我长得像她。
>
> (P. O.)

这些形式的复制,牵涉某种自我改变以便制造出一个与好莱坞明星相似的外表。某些观众的成功感明显比其他人强烈:头一个例子包含了一种失败感,而最后一个例子则看起来能得到某些想要的相像,特别要记得,这个受访者是那个拥有"贝蒂·戴维斯眼睛"的人。影星与观众之间的差异,通过女性气质的典型运作(即按照女性气质的文化理想,把自我同时生产为主体和客体),是可以转变为相似性的。

5）复制和消费

　　复制著名电影明星的发型可以看做是一种文化生产和文化消费。它牵涉到通过融入明星形象的快感来生产一个新的自我形象。在最后这一部分，我想考虑复制这一认同实践的延伸，即观众除了消费明星形象，还会消费其他文化产品。女性作为电影观众的建构与她们作为消费者的建构在这里是重合的。

　　观众对明星发型的复制在某种程度上与这种消费是有交集的。但我把发型与这一过程的其他方面区分开来，因为在通过改变发型来转变身份时，并不一定真的要去购买其他产品，尽管有的人也可能去买。购买与特定影星相关的衣服和化妆品，却凸显了电影工业与其他资本主义工业之间的关系。明星是可消费的女性形象，而女性观众则可以通过其他形式的消费来复制这种形象。

　　　　我就买来和她(桃瑞丝·戴)一样的衣服……裙子，软羊毛的，无袖，只有短外套，像盒子一样的小帽子，我们过去叫它半截帽(half hats)，还有低跟的球鞋(叫做小猫鞋跟)来与我的全套行头搭配。……人们都说我看起来像她[玛莉莲·梦露]。我甚至在看了她的电影《尼亚加拉》(Niagara)后买了一套跟她一样的套装。

　　　　　　　　　　　　　　　　　　　　　　　　　　　(P. O.)

　　　　试着复制你最爱的明星的衣服、帽子、妆容，尤其是眉毛，是很有趣的。帽子那时候非常流行，商店里常出售明星戴过的相似款式。我对帽子很热衷，并试着用自己的方式(低预算的)来复制其中的一些款式。当然，我买了狄安娜·窦萍款和丽塔·海华斯款。

　　　　　　　　　　　　　　　　　　　　　　　　　　　(V. C.)

　　　　我想把狄安娜·窦萍列为我最喜爱的明星之一。她美丽的歌声，自然的个性和闪闪发亮的眼睛让她的电影如此令人享受，大家都知道她会穿波列罗[1];在一部电影中她穿过六套不同款式的波列罗。我至今也很喜欢穿波列罗——所以你看我们在银幕上看到的衣服会对我们有多么持久的影响了。

(J.D.,狄安娜·窦萍协会的成员)

明星被等同于特定商品,这些商品是女性身份再生产的一部分。在这些例子中,女性观众生产了能让她们想起自己喜爱的明星的特定女性气质的形象。在这样做的时候,她们生产了一个新的女性身份,这是一个结合了自己的外貌与明星的某个方面的新身份。这与模仿不同,模仿更多的是对与明星相似的特定行为的临时再生产。它改变了观众原来的外貌,带给了观众一种与自己偶像建立了更紧密联系的快感。

作为年轻少女,我们没有像现在这么多的衣服和化妆品可以选择,所以我们就带着极大的兴趣来研究发型与化妆并复制。……我好像还记得当时买了蜜丝佛陀(Max Factor)化妆品牌的宣传小册子,上面印着明星的照片,多数是米高梅公司的明星,这些小册子详细说明了她们用的化妆品以及如何使用它。(E.H)

她们的化妆毫无瑕疵,她们引领40年代的时尚潮流:厚底鞋、半截帽后面露出几缕波浪卷发。……我们常常把那种鞋子叫做"卡门·米莲达"(Carmen Miranda)鞋。……我在用力士香皂的时候感觉自己就像是一个电影明星,因为广告上把它说成是明星用的香皂。

(V.B.)

通过使用化妆品,以及购买和使用衣服,观众披上了部分的明星身份并把它变成自我的一部分。自我与偶像结合起来以生产另一种女性身份,与偶像更接近的女性身份。这种认同过程与我们在第一部分讨论的那种认同直接相反,在那种认同过程中,有关观众从好莱坞女星那里

---

[1] 波列罗(boleros):前襟敞开的女式短上衣。——译注

得到的快感的描述处于中心地位,而观众自己的身份相对而言却只是个边缘化的陪衬。在最后这种认同过程中,影星则变得更加边缘化,只是在与观众自己的身份相联系时才是相关的。正如其他评论者已指出的,后面的这些实践证明了,联系1940年代和1950年代其他的文化工业来理解好莱坞明星和她们的观众是非常重要的。[1]

三、结语

在勾勒了这些观众来信所表述的观众—明星关系中的一些不同形式之后,现在有必要从本研究的角度重新考虑一些早期的认同与观看模式。首先,认同过程的多样性,包括欲望的各种形式,在这些信件中十分引人注目。鉴于上文讨论的认同过程所涉及的范围,精神分析电影理论中常被假设的单一认同过程,似乎并不能令人满意。另外,鉴于20世纪四五十年代不同的女性电影观众在解读明星时所体现出的多样性,用"女性观众"一词来指代一个由电影文本建构的单一定位(positioning),同样也是不合适的。

除了对观众—明星关系中各式各样的认同进行分类,我还关注了两种不同形式的认同——认同的幻想和认同的实践——之间的广泛区分。这并不意味着实践之中不包含幻想,或者幻想不能被视作一种实践。而是因为以前我们只是在幻想的层面上对电影认同进行分析,我们需要扩展对电影认同的理解,涵盖这些观众所记录的实践,以便理解明星身份和观众身份之间不同的重合方式,这种扩展是很重要的。

---

[1] 参见 Partington,'Melodrama's gendered audience'。

我在文中还论述了电影认同和电影之外的认同之间的显著区别。电影认同,指的是观影体验;电影之外的认同,指的则是在一个不同的文化时空对明星身份的使用。毫不奇怪的,到目前为止电影研究都在关注前者。然而,这些女性观众的来信表明,电影之外的各种认同形式也是极为重要的。这些认同形式不仅是观众与明星的关系中最频繁地被提及的方面之一,观众在这种语境中回忆明星意义的细节时的快感和情绪性力量也是惊人的。

所有上述的认同形式都与我用来安排引文顺序的最后一个区分相关:即基于差异的认同和基于相似的认同。早期的认同范畴关注的是因明星和观众之间的差异而产生快感和魅惑的过程。这些过程的表征倾向于强调明星的存在,弱化观众的身份。后来的认同范畴关注的是由相似性或至少是缩小明星和观众间的差距的可能性而产生快感的过程。在这些例子中,观众身份的再生产倾向于成为评论的焦点。因此,认同不仅包含基于相似性的识别过程,也包含对女性气质间差异的富有成效的识别。

的确,基于差异性的认同过程似乎更直接地与电影语境相关,在此种语境中明星形象仍然呈现在银幕上。那些包含复制相似性的过程和实践,似乎是多发生在观众更熟悉的家庭背景的电影之外的认同,在家庭语境里,观众的新身份对明星身份进行了选择性的重组和收编。即使在这些例子中,认同并不仅仅涉及对现存女性气质的被动的再生产,而是在积极参与和生产不断变化的身份。

之前讨论了精神分析研究背后的假设——认同固定了身份:"认同只有通过识别(recognition)才能达成,而所有的识别本身都是对现存形式的含蓄确认。"[1]但许多我讨论过的例子都与此假设相悖,这些例子不仅表明了现存形式的多样性,同时也表明了识别涉及的是对渴望的

---

〔1〕 Friedberg, 'Identification and the Star', 53.

身份的生产，而不是简单的对现存身份的确认。许多认同形式包含了改造的过程和新身份的生产，将观众的现存身份与她渴望的身份，以及她对明星身份的解读结合了起来。

这项研究也质疑了这样一种假设，即认同必定是有问题的，因为它给观众提供了统一的主体性的虚幻快感。在这些信件中呈现的认同，既包括部分性的识别和碎片化的复制，也包括将银幕上的自我理想（ego ideal）当作是一个统一的主体性的误认。因此，文化消费不一定固定了身份，破坏了差异，确认了千篇一律。如果我们把观众当作出发点去理解对明星的消费，那么明星—观众关系中积极且富有创造性的元素就开始显现了。

不过，在挑战先前的、被动的女性观看模式，并阐述明星和女性观众之间的认同的多样性和复杂性的同时，我并没有暗示女性主义者不加批判地看待文化消费。以观众为出发点会为女性主义分析带来一些问题：我们如何做到对好莱坞生产的占主导地位的性别意义保持批判态度，同时又认真对待女性观众所表达的关于她们最喜爱的明星的快感？或许这个问题本身，就是女性主义者不愿意去分析女性观众及其与主导性的理想化女性形象（如好莱坞影星）之间的关系的原因。

请求女性就好莱坞影星的吸引力写信给我，不可避免地会让我收到热情洋溢的回复。女性观众书写她们最爱的好莱坞影星的热情，与女性主义对好莱坞中的女性气质的父权建构的批评之间的矛盾，导致了一个在许多文化分析领域工作的女性主义者都熟悉的困境。仅仅用女性观众写给我的来信内容来说明父权资本主义的臣服性运作，在我看来似乎有些过于高人一等，而且也相当悲观。但是简单地去接受她们所描述的热烈的快感同样也很成问题，会再生产出一种将关键的女性主义洞见弃之不顾的、不加批判的民粹主义。因此，对于那些分析好莱坞电影的女性主义者来说，如何一方面生产出关于主导性文化表征的批判性论述,同时又将女性文化消费视为一个积极的、富有创造性的过程并发展出相应的理论,仍然是一个挑战。

致谢

我想衷心感谢理查德·戴尔、莎拉·弗兰克林(Sarah Franklin)、安·格雷(Anne Gray)、希拉里·海恩斯(Hilary Hinds)、理查德·约翰逊(Richard Johnson)和西莉亚·卢瑞(Celia Lury)对论文初稿提出的宝贵意见,以及他们对这个研究项目的鼓励和支持。我同时还要感谢克里斯汀·格莱德希尔(Christine Gledhill)的兴趣、热情和耐心。

(赵婧译　杨玲校)

作者简介:杰姬·斯泰西(Jackie Stacey)在英国兰卡斯特大学讲授媒介研究和女性研究。她是即将出版的《中心之外:女性主义和文化研究》(*Off-Center: Feminism and Cultural Studies*,萨拉·富兰克林、西莉亚·卢瑞、杰姬·斯泰西主编,Unwin Hyman,1991)的主编之一,并在《银幕》《女性主义评论》(*Feminist Review*)和《媒介、文化与社会》(*Media, Culture and Society*)等杂志上发表过关于女性主义理论、表征和性的论文。

第三部分 ｜ 表演者与符号

13 | 阐述明星身份[1]

白瑞·金

尽管布拉格学派(the Prague School)早就对演员作为符号再现者(re-presenter)的功能显示出兴趣,但这一领域向来很少引起学界的关注。[2] 因此,本章的首要意图就是聚焦电影(也可扩展到电视)中表演(acting)符号学的类型和变量(variables),这些类型和变量在我看来是至关重要的。我的第二个目的是发展出一种方法,来调和针对主流(好莱坞)电影中的明星身份(stardom)的"政治经济学"研究路径以及将明星身份视为表征和认同的互动的理论。我的核心观点是,明星身份是一种表演策略,是对主流电影施加在表演上的限制和压力的一种适应性反应。

为了展开这项讨论,我们必须揭示明星身份是如何作为针对三个话语实践或经济之间的互动的反应发展出来的。此处的"经济"指的是调动各种话语资源来达到明确效果的控制系统。这三个领域分别是:身体符号的文化经济、电影中的指意经济、演员的劳动力市场经济。

---

[1] 本文最早发表于《银幕》(*Screen*)(1985年9月/10月)第26卷第5期,有删减。——编注
　　原文标题是"Articulating Stardom"。——译注
[2] 最近的研究见于 Kier Elam, *The Semiotics of Theatre and Drama* (London, Muthuen, 1980)。在以下的论述里,出于简化的目的,我将只从单个电影演员(男演员或者女演员)的角度来进行探讨。感谢《银幕》杂志编辑部提出的有用批评,尤其是安德鲁·席格森(Andrew Higson)对本文初稿的指正。

不过，在直接进入讨论之前，我们有必要先来探讨舞台表演和银幕表演的关系，因为我对这种关系的解读奠定了后面的论述基础。

一、舞台与银幕

有一种观点在演员中、甚至是那些专门从事银幕表演的演员中广为流传，即认为舞台表演为银幕表演提供了一种评价标准。通常的看法是舞台是演员的媒介，演员只有在舞台上才能最好地实现其角色（character）塑造的"创造性意图"。[1] 尽管这种看法可能受到了与一种精英机制（如"戏剧舞台"及其伟大传统等）相提并论的企图的影响，但演员工作环境的某些经验主义特征也倾向于确认这种判断。[2]

我们可以辨认出两个反复出现的主题。首先，"好的"表演基于某种意向性观念，甚至是作者身份（authorship）。人们想当然地认定演员在指意过程中的参与，应该是一种有意识的、构成性的表演控制的结果。而且人们或多或少都认为电影（或录像）而非戏剧，对这些要求造成了一种既潜在又随时可以实现的威胁。其次，人们也顺理成章地认为与可编辑的媒介相比，戏剧媒介要求演员具备更为持久的演技和责任心。因为戏剧需要演员在观众面前直接表演，并且这种表演的持续时间就是演出本身，而不是提供可以用来编辑成一场在别处上演的演

---

[1] 这种看法见于 Lilian and Helen Ross, *The Player: The Profile of an Art* (New York, Simon and Schuster, 1962) 以及 Ivan Butler, *The Making of Feature films: a Guide* (London, Penguin, 1961). 最近的表述见于 Tony Booth 在 "All actors should be working class" 一文中的评论，*Marxism Today*, October, 1984.

[2] Pierre Bourdieu, 'Intellectual field and creative project', in M. F. D. Young (ed.), *Knowledge and Control* (London, Collier-Macmillan, 1971).

出的材料。

因此,对舞台的偏爱,显而易见是对在主流戏剧和电影中工作的组织性现实的反应和顺应。至少在英国和美国,表演的话语实践,都与意向性的展示紧密相连。这种联系最确定的证据就在于对演员的培训。[1] 构成演员培训的练习体系一方面当然增长了他或她应对杂耍、跳舞等特殊技能的能力,但更是要使演员熟练控制其语言、手势、姿态等方面的行为。类似的,口音、姿态、步伐的变化和其他差异的标记,都旨在使演员在表演过程中,能将这些外生的(exogenous)行为"自然化"为自己的行为(或者在表演中有意识地使用一些自己特有的元素),以便与角色合二为一,让其更有说服力。[2] 在最极端的情况下,这种对意向性(即传达角色内心"真相"的意图)的强调,有一种笛卡尔哲学的意味:最大限度地强化对习得的气质、继承的性格(虚构的乌托邦)和它们在文化中约定俗成的意义的有意识控制。鉴于和其他职业团体一样演员也会有意排斥未经训练的入行者,这种极致就有了一种实用主义的价值取向,因为它强调并要求:"演员必须忠于任何可想到的角色,让所有的表演都成为可信的、自发的。"[3]

在表演常规方面,这样的理念导致了扮演的规范(the norm of impersonation)。这个规范提出,无论出演任何角色,演员自己"真实"的个性都应该消失,或者反过来说,如果演员只能局限于扮演和他(她)自己的性格相一致的角色,这就是"坏的"表演。我将后面这种遭到贬低的情况称之为具现(personification)。扮演有以下一些特点:例如,它似乎超越了表演风格,无论是方法表演(Method)还是百老汇式的表演,都只是实现同一个目标的不同策略,同时,它还被用来明确区分演员在同辈

---

[1] 参较 J. Bensmain and R. Lillenfield, *Craft and Consciousness* (Wiley Interscience, 1973)。
[2] Peter Barkworth, *About Acting* (London, Seeker and Warburg, 1980), 13.
[3] D. Mixon, 'A theory of actors', *Journal for the Theory of Social Behaviour*, 13, 1 (March 1983).

中的地位。[1]但毫无疑问,最关键的理论问题涉及这个计划所隐含的作者身份的观念。

正如福柯说过的,"作者"的观念可以被视为一种掌控着文本的认同、组织、流通和接受的一致性原则,而非指示着一种通过文本明确显示的、独立的历史身份的语言标记。因此,福柯论述的是"作者功能",而不是"作者"。[2]福柯观点的一个要旨就是突出了那种关于作者的浪漫主义观念(即作者是一个统一的主体,他/她在读者前面展示其内在性,而读者也被设想为接受领域内的一种和作者类似的一致性)是如何通过多种途径构成了对互文性的否认。那种关于扮演的观念是否在事实上构成了作者神话在表演领域的变形呢?

我的答案基本上是否定的。坦率地说,只要演员(或者集体生产过程中的任何其他功能)的贡献融入角色,那么这个表演文本或者严格地说由各种表演的集合创造的文本,就可以归功于一个单一的、总体性的作者。尽管如此,关于作者的浪漫主义神话仍然通过作者的文学性观念的轻率却貌似有理的延伸,欣然而贪婪地稳固了其在表演世界中的位置。[3]

演出的目的是通过激活文本的各个部分(parts)来重现这个文本。在表演中,叙事通常是由其角色实现的,在音乐中,音乐总谱则是由各种乐器演奏实现的。"部分"的演绎与最终的"文本"之间的关系,或多或少是由一个名义上的作者通过一套记号系统指定的。但剧本或总谱中本质性的关系是互文性的:只有通过表演,现实中就是各种表演的集合,"文本"才能获得彻底的实现,不过,每一个表演自身也构成了一个具体的文本,或多或少是音符或文字记录下来的文本的一个版本,并且

---

[1] 参较 Richard Dyer, *Stars* (London, British Film Institute, 1979), 158。
[2] Michel Foucault, 'What is an author?', *Screen*, 20, 1 (Spring 1979), 13—33。
[3] 关于这种入侵的一个最近的例子,见 Hall Hinson, 'Some notes on method actors', *Sight and Sound*, Summer 1984, 200 ff。

与过去、现在和未来的版本所构成的话语产生勾连。因此,将莎士比亚的哈姆雷特与奥利佛或吉尔古德所扮演的哈姆雷特相提并论是富有意义的,当然最终还是会造成误导。[1] 这样的言说方式显然错误地使用了作者的概念,而非与作者概念相对的作者功能的概念,因为它使用了那些主要演员的名字(特别是当主演也是导演的时候)来指示一个文本的具体实现和再现,但无论是该文本还是版本都无法构成以作者意图为中心的、具有历史排他性的最权威的作品或愿景。对演员们来说,意向性是双重表述的:演员只处理由总体表演或其他演员(或者其他参与者,个人秀也绝不可能只由一个人完成)给出的表演中的一个部分,而正如已经指出的那样,这种总体性本质上具有互文性。乍看上去,演员(特别是主演)以某种特定方式塑造某个特定人物的意图,似乎与作为某个固定的、限定的文本的创作原则的作者身份相对应。但是通过扮演来塑造角色的过程要求演员努力消除其个体身份,从而成为铭刻在角色中的意向性能指。这种消除将意向性的计划带回到通常由导演或剧作家根据其个人"愿景"而"创作"出的叙事的层面,而不是将意向性呈现为一种从集体性的表征艺术中浮现的意义。[2] 因此,演员作为角色在叙事中的全身心投入,都建立在对作者的文学性观念的抑制上。

互文性的另一个方面与这样的事实有关,即演员作为一个个体的人本身已经构成了主位文化(host culture)中的一个符号,他或她的行为特质或身体特质已经并且还将继续被解读为个性的线索。演员在舞台或银幕上的位置当然强化了这个推论过程,由单个演员来出演一个角色也会再次巩固角色的塑造。但总体而言,一个演员可以接受的角

---

[1] 参较 Richard Woolheim, *Art and its Object* (London, Pelican, 1978), 90 ff.
[2] 人们抱怨演员们为了让角色逼真而不顾后果,比如将伊娃·贝隆(Eva Peron)塑造得很迷人,这种抱怨就源于意图性的置换。

色安排都受限于他或她天赋的身体和行为特质。不过,扮演让演员可以"自由"出演一些角色,只要他们能够压制那些在非演员身上被视为个性的真实标志的东西。这些考量指向这样的结论,即扮演的规范是建构差异化表演风格的基本手段。

电影技术对扮演的影响构成了偏爱舞台而非银幕的最后一个逻辑环节的基础。直言不讳地说,演员和其他评论者普遍相信,电影这种媒介通常(虽然并非必然地)包含了降低技巧(deskilling)的过程,废弃或者稀释了演员的演技,让未经训练的演员取代了训练有素的演员。恰如埃德加·莫兰(Edgar Morin)所言,"电影不只是破坏了演员的表演,更导致其萎缩"。[1]

尽管像莫兰那样得出电影表演无需任何技巧的结论是荒唐的,但确认电影技术引起的表演实践方面的变化还是非常重要的。电影对表演的影响最终还是取决于各式各样的可以用来制造叙事活动的符码。[2] 电影的形塑能力(formative capacity)威胁并破坏了在以演员为基础的指意过程中塑造具有心理稳定性的角色的计划。电影中的角色塑造通常并不是一个线性的时间过程。角色被假定为一个在叙事所设定的时空中展开的连贯主体,角色的行为常常是由反复多次演绎(和接受)的细微动作总量组成的。但是在电影拍摄过程中,由于合同或地点的原因,这种行为总量在角色和情节发展的时间顺序上是完全断裂的。比如,一个演员必须与他从未见过的角色配戏,或是演绎一段婚外情的后果,但这段婚外情尚未发生。同样的,一个给定的表演总量,它本身只是拍摄场景中的一小部分,还要受到摄影机位置的很大影响,在剪辑

---

[1] Edgar Morin, *The Stars* (New York, Grove Press, 1960),144;关于演技,见152页。
[2] 参较 Bill Nichols, *Ideology and Image* (Bloomington, Indiana University Press. 1981), 82。

过程中也可能全部或部分删除，或者修补。[1] 另外一种相互关联的情况是，在电影的形塑能力特别是安排场景序列的能力中，有一些场景只有非生命的事物出现，它们可以替换演员成为能指，并且轻易地将演员从拍摄场景中移除，这样无生命的客体或非人的有生命客体，也可以像演员一样正式地指意情感状态。[2]

这样，电影技术就对演员造成了一种广义上的降低技巧的效果。这并不是说电影表演与技巧无关。严格意义上说，从舞台到银幕的转变包含一种再技巧化（re-skilling），而那种通过舞台训练得到认可的技巧很难被只有电影工作经验的人掌握。[3] 然而，技巧的概念并不依靠那种关于某种固定的技术内容的过分简化的观念，而是取决于这些技术内容，不管其复杂程度如何，能否被一群特定的工作者所垄断。并且在这种语境中，技术的运用是加强还是削弱了雇员和雇主这两个相互竞争的群体的控制权。[4]

从这个角度看，主流电影中的常规实践显然都倾向于将控制的边界从演员转移到导演，或有权决定电影的最终剪辑的人，倘若这个人不是导演的话。同样的，电影（或录像）的形塑能力可以用来弥补一个演技较低的演员并使未经训练的演员做出较为可信的银幕演出，这对于演员的专业地位和雇佣机会而言都并非小事。[5] 在这种环境下，对戏剧产生偏爱就不足为奇了。因为，不借助技术手段和在"现场"观众面

---

[1] Bruce Dern 曾提出，鉴于演员所扮演的角色的核心地位，他可以通过保持拍摄镜头的一致性来克服武断的剪辑控制，但这是不可能的。见 J. Kalter, ed., *Actors on Acting* (Oaktree Press, 1979), 192, 以及前面所引用的 Ivan Butler 的书中 James Mason 的评论。
[2] 关于这点的经典论述，见 A. Knox, 'Acting and behaving', in R. Dyer MacCann (ed.), *Film: a Montage of Theories* (E. P. Dutton, New York, 1966)。
[3] 参较 W. Hyland and R. Hatnes. *How to Make It in Hollywood* (Nelson-Hark, 1975) 中 Jack Lemmon 关于 Tony Curtis 的评论。
[4] 见 David Harvey, *The Limit to Capital* (Blackwell, 1982), 109 and 119。一般性讨论参见 Paul Thompson, *The Nature of Work* (London, Macmillan, 1983)。
[5] Rod Steiger 在 Ross and Ross, op. cit., 278 中提出了这一点。

前重复表演的要求实质上消除了戏剧领域中降低演技的威胁。所以,在戏剧中演员拥有对于其表演的意义和质量的最大控制,即便这种控制的实现是不均衡的。[1]

另外,戏剧的历史性优势,以及表演是由戏剧学校或学院传授的事实都强化了这种偏爱。戏剧学校的教学具有舞台倾向,不仅是出于明显的成本的考虑,还因为舞台表演的要求可以按比例减少,而电影表演技术却无法轻易地放大。[2]

这些观点都指向了我所谓的有条件的技术决定论。技术总是代表着由各种潜在应用组合在一起的复合体,但是技术所嵌入的生产的社会关系倾向于偏爱某些特殊形式的使用和技术应用模式。如果想在电影和电视中维持戏剧舞台上演员通过不断积累的表演过程所达到的塑造角色的效果,就必须采取措施来补偿常规的影视拍摄实践中的原子化效果。当诸如排练、集体商讨等补救措施缺失时,就会出现一些自我指涉的补偿方式,比如对着摄影机进行表演、主要演员或明星担负起制片人或者导演的工作。[3]

我现在要把明星当作电影表演的一种特殊变体来加以审视,我认为,只有将这种变体当作本文开头提到的三种经济之间的互动,并且是能带来各种不同的境遇性结果的互动,我们才能充分理解它。

---

[1] 在这一点上,电视对"现场"观众的使用还有待仔细评估。这种电视表演通常为了播放而经过剪辑。

[2] 见 P. K. Manning and H. L. Hearn,'Student actresses and their artistry', *Social forces*, 47, 1969 以及 A. K. Peters,' Acting and aspiring actresses in Hollywood', Ph. D. thesis, UCLA, 1971.

[3] V. I. Pudovkin, *Film Technique and Film Acting* (Mayflower edition, 1958),该书首次意识到剪辑对演员动机的影响,并建议有必要让演员全程参与制作过程。

二、人类身体的文化经济

表演或表征的艺术，无论是发生在戏剧、电影还是电视中，都必然与整体的文化环境中流通的多种符号发生关系。戏剧表征体系和现实世界的关系的确切本质具有历史的变动性，但是在西方，至少从19世纪晚期开始，戏剧和随之而来的电影、电视都是由自然主义主导的。自然主义可以定义为这样一种戏剧表征的标准，即主张个体的外在方面，如他或她在日常生活中的言语、行为和形象等能让我们管窥个人的和集体的现实境况。[1]

如果我们将更形式主义的、象征符号而非图像或指索符号(iconic or indexical signs)占据支配地位的戏剧表演体系，如中国戏剧或日本能乐与自然主义做对照，那么在这种熟悉的对比中，自然主义的含义就更清楚了。(根据 C. S. 皮尔斯的定义，象征通过约定俗成的惯例来指意，图像通过形似来指意，指索则是通过物理联系来指意。)在自然主义的体系下，表演中展现的所有符号都声称是理据性的(motivated)——不管这种声称是多么可疑，是对超戏剧、超电影等现实的一种模仿。这种模仿的关系可以视为对符号生产的自主性的限制，因为肖似(resemblance)的子符码(subcoding)不断指向所指的图像或指索的现实性(actuality)，在这种体系中其实就指的是观众对逼真性的感知力。在非自然主义的戏剧中，指意体系通过高度程式化的系统和参照(reference)的子符码生产自己的所指，观众期待的并不是(自然主义意义上的)逼真

---

[1] 见 Raymond Williams, *The Long Revolution* (London, Penguin, 1971), 271—99 and M. Gorelik, op. cit., 47ff。

性,而是能指和所指之间关系的内在一致性。既然即便是自然主义体系也有其自身的特定子符码,那么这里的区别仅仅在于对表征符号和符码的公开或隐蔽的使用,以及能指与所指之间的关系在多大程度上具有约定俗成的性质或是理据性。[1]

在一个渗透着自然主义的戏剧传统中(美国戏剧在这方面表现尤为显著),演员在角色塑造中遇到的问题关涉到他或她作为一个文化客体,而非戏剧客体的身份。[2] 演员是符号的再现者,为了刻画角色,他或她通过扮演,启动或解除了作为私人的个体所承载的一般性文化标记。[3] 这些问题的核心源自这样的事实,戏剧想要"映射"街道,而街道中早已充斥着各种符号。所以,拥有给定的发色、体型、所有的手势、表达方式、口音、方言等特征的演员作为主位文化的一员,总是预先就指意(pre-signifies)了一些意义。演员和文化的这种关系对扮演过程造成了众所周知的各种困难。首先,在表演之前有一个类型化的选角过程,这个过程具有一种持续的自我循环的倾向——演员只有看上去像某个角色,才能争取到这个角色。[4] 这种关系,像一种生理的、社会的宿命一样束缚着演员,并且和表演中的符号化过程(即出现在镜框式舞台或者摄影机镜头中的所有事物都被赋予了意义的事实)混合在一起。这里的难点在于如何抑制演员的外表和行为中的某些元素,让这些元素不在角色塑造的层面展示意义。[5]

---

[1] 因为这些原因,布莱希特特别喜欢中国戏剧,认为它代表了"陌生化效果"(A-effect)的极致。见 John Willett (ed.), *Brecht on Theatre* (London, Eyre Methuen, 1977)136 ff。
[2] 关于自然主义在美国戏剧中的主导地位,见 G. B. Wilson, *A History of American Acting* (Bloomington, Indiana University Press, 1966)。
[3] 见 Richard Sennett, *The Fall of Public Man* (Cambridge University Press, 1974),特别是第六章关于戏剧和街道之间的关系史的讨论。
[4] J. Turow, 'Casting for TV parts: the anatomy of social typing', *Journal of Communication*, 28 (1978), 19—24。
[5] 参较 Jonathan Miller,转引自 Elam, op. cit., 77。欧文·戈夫曼(Erving Goffman)对给定的符号(signs given)和不自觉流露出的符号(signs given off)所做的区分在这里非常重要。见他的 *The Presentation of the Self in Everyday life* (London, Penguin, 1971), 14。

相反,在戏剧体系中,台下的符码和台上的编码之间的联动较低,或者是约定俗成的,演员和观众都对这种惯例了如指掌。在这种情况下,演员的外貌特质(这种特质被假定为角色的性格标记)对角色分配的约束力较弱。化妆、服装和风格主义的运用也不需要具备图像符号或指索符号式的严格相似性。当然,这方面的差异只是程度上的,正如艾柯所指出的,即使图像符号的功能也有赖于惯例。[1] 但自然主义的约束在更经典的体系(这些体系从形式上规定了舞台和银幕之间的距离)中是不存在的。

三、电影中的符号经济

正如上文指出的,电影(录像)将降低演员对表演的控制。问题仍然在于,电影作为媒介的特征以及这些特征如何为与控制相关的社会决定和目标的贯彻提供了一种符号性"渠道"。要理解这些特征,就必须找出演员通过塑造角色而介入叙事的参与点(point of engagement)。正如斯蒂芬·黑斯(Stephen Heath)指出的那样,由于涵盖了与叙事有关的一系列立场,角色和演员这两个术语的含义都是模糊的。[2]

为了解释演员和媒介的直接互动,我们需要了解与其直接相关的变量:角色、人(person)和形象(image)。与此同时,扩展形象这个术语,使其涵盖电影表征过程与电影之外的表征过程以及二者之间的互动,

---

[1] 见 Umberto Eco, *A Theory of Semiotic* (Bloomington, Indiana University Press, 1976), 199。
[2] Stephen Heath, 'Film and system: terms of analysis', Part II, *Screen*, 16, 2 (Summer 1975), 特别是 101—7。

也是非常必要的。首先,人们早就认识到,对于镜头前任何演员的外貌和动作,电影起到了强化的效果。虽然这些效果源自摄影装置,但却仿佛是演员"自然的"体貌和行为特性的一部分。[1] 这样一个强化的过程,无论是在特写镜头中过滤掉皱纹、专拍"最好的一面",或者用仰拍来让演员显得更加高大、调节照明等,都不只是对明星有效,而是对所有演员都如此。其次,银幕形象自身,特别是那些明星的形象,常常通过话语之外的实践得到强化,或者更确切地说是在电影话语和非电影话语的互动中获得强化。[2] 在此可以提及两点。第一,演员们倾向于发展出一种个性(personality)以便与公众互动,这种个性显示他们是演员并且向那些潜在的雇主暗示他们是有趣和精力充沛的人,这种个性还包括所有为了维护、修饰身体的各种装备。第二,特别是对于那些明星而言,演员的银幕影像早已与传记或者逸闻趣事的传播一起构成了其银幕内外的形象。对英格丽・褒曼[3]和多丽丝・戴[4]的研究显示,那些电影以外的话语甚至能够挑战公众从电影表演中看到的证据,从而对公众关于明星的认知产生最重要的影响。[5]

在这种关联中,理查德・戴尔的术语"明星形象"(star image)是有用的,因为他的分析表明,那些用来强化明星在电影中的存在感的手

---

[1] 参较 I. Pichel, 'Character, personality and image: a note on screen acting', *Hollywood Quarterly* (1946), 25—9。

[2] "换句话说,一部电影仅仅在它调动了一种话语从而对另外一种话语产生影响的情况下才是重要的"——Sue Clayton 和 Jonathan Curling, 'On authorship', *Screen*, Spring 20, 1 (1979), 41。另见白瑞金, 'The Hollywood Star System', Ph. D. thesis, University of London, 1984, 这部博士论文从影院(cinematic)而非电影(filmic)的角度,对明星身份的职业决定因素进行了更广泛的探讨。

[3] 英格丽・褒曼((Ingrid Bergman, 1915—1982):好莱坞著名影星,曾多次获奥斯卡奖,代表作有《卡萨布兰卡》《东方快车谋杀案》等等。——译注

[4] 多丽丝・戴(Doris Day, 1924—):美国著名歌手兼电影演员。——译注

[5] Richard Dyer, 'Four films of Lana Turner', *Movie*, 25 (1977/8), 30—52; J Damico, 'Ingrid from Lorraine to Stromboli', *Journal of Popular Film*, 4, (1975), 2—19; 以及 Jane Clarke, M. Merck, Diana Simmonds (eds), *Move Over Misconceptions* (London, British Film Institute Dossier no. 4, 1980)。

段,也同样运用到对角色的塑造上。明星形象事实上就是对这些效果主张一种所有权,仿佛这些效果是明星作为人的属性。这种主张依靠的主要不是那些银幕上的表征,而是在附属文献中形象被演绎成它的承载者、作为明星的演员的"现实生活"属性。

另一方面,戴尔在他关于明星的讨论中,将角色和个性完全对立起来了。角色是"电影中被建构的人物",而个性则是"电影赋予[角色]的一系列特质和特点"。不过,这个定义包括了观众的前见、名字、外貌服饰、装饰布景等并不专属于电影的符码以及一些专属于电影的符码,所以他对电影话语和非电影话语的交织的讨论仍然是模糊不清的。[1]

为了保存那些对于表演分析有用的说明,我建议做出以下的改进。现有的"角色"术语是恰当的。"人"这个术语则应包括对演员的实体存在(physical presence)的理解,即演员的实体存在已经被编码,在主位文化中拥有社会认可的个人属性(不管这种"解决方式"多么成问题),也就是拥有一种个性,并且从特定的意义上说,这种"个性"已经适应了表演的需要。类似的,"形象"这个术语应该严格限定在电影"体系"对于银幕外的演员"个性"的视觉影响,以便将演员在银幕内的形象认定为一种以技术为基础的建构物。最后,我将引入"人格"(persona)这个术语,用来涵盖斯蒂芬·黑斯讲到的"将身体和人转化为闪光的电影形象的过程",[2]也就是我所重新定义的人和形象的接合。换言之,人格是影院(cinematic)话语实践和电影(filmic)话语实践的交叉点,以便为了实现一种连贯的主体性。

记住这些背景要点之后,我现在要指出两个具体的电影过程,它们提供了我先前提到那种符号渠道,通过这种渠道影响人格或明星地位的社会决定渗透进了电影体系。这两个过程分别是:超符号化(hyper-

---

[1] Richard Dyer, *Stars*, op. cit., 100 ff.
[2] Stephen Heath, op. cit., 105.

semioticisation)和内在性的替换(displacement of interority)。前者用来指对于我们可以在戏剧中观察到的过程的强化。电影中近距离拍摄的使用,为作为指意物体的演员投入了更大的意义,尤其是那些演员身体中能传达意义的部分,比如眼睛、嘴部等显露的地方。这意味着演员的意义传递仅仅是由于他或她自动的或生理的天赋特点,比如嘴唇形状和运动,面部五官和习惯性表情。[1] 在这样的情形下,扮演就成为对精致的而非粗俗的身体行为的、日益被重新定义的控制。这里的问题在于,随着人们扩大观察的规模,行为的范围会变得无法控制,或者反过来说,单纯的被动性就能指意。当然,观察的规模有惯例上的限制。因此,特写通常止于脸部。自然主义的典律对更激进的变体做出了限制。当脸部本身在观点镜头中被安置为视线的中心和鉴别角色真实性的时刻,它常常是不化妆的。这就是说,化妆的意义建构方式甚至可以导致化妆的消除,在可能的情况下,演员最低限度的修饰为镜头深度、焦点、灯光等元素的指意游戏提供了基础。[2] 这种演绎理据性符号的约定俗成的系统,似乎是自然主义的合乎逻辑的后果,而且在很大程度上,也的确如此。但这却违反了经济学准则,杰克·华纳(Jack Warner)的不满就是一个明证。华纳曾经为鲍尔·穆尼(Paul Muni)在《胡亚雷斯》(Juarez)中的表演支付了高额报酬,但穆尼作为明星在这部电影中却毫无辨识度,华纳因此颇为恼怒。

　　对于在这样的环境下致力于扮演的演员来说,身体的粗俗细节就带来了严峻的问题,因为这些细节常常是难以改变的。[3] 总的来说,演员无法摆脱他或她的体貌所承载的自然主义个性的含义,无论这些

---

[1] 参较 D. Thomson,'The look on the actor's face', Sight and Sound, 46, 4 (1976)。Bela Balazs 的《电影理论》(Theory of Film)是这种观点的代表性体现。
[2] 见 P. Stallings 和 H. Mandelbaum, Flesh and Fantasy (St Martin's Press, 1978)。
[3] 不过也存在被预期的化妆易容的例子。琼·克劳馥的职业生涯提供了一些经典的案例。

蕴意是多么的刻板或与事实不符。欧内斯特·博格宁可以成为一个更好看的欧内斯特·博格宁,但却不可能是罗伯特·雷福德。[1]

事实上,现存的主导倾向是抛弃扮演的规范,以具现为基础来挑选演员——让演员根据其身体的类型来出演角色,并让演员的身体特质自由展示其意义。换言之,演员成了符号的最初级形式,在这种符号中,能指的实质就是所指的实质:演员是一个人,有其个性,他或她的外表就说明了他/她是什么样的人,当然这种"表里如一"有赖于演员所表征和有时重新定义的文化中的某种第一秩序。[2] 在电影(和电视)工业中,这样的类型化的选角形式最为明显和严格,而在戏剧中则相对不那么明显。

因此,理想的男主演应该是 19 到 25 岁之间,至少有 5 英尺 10 英寸高,但不超过 6 英尺 2 英寸,身材匀称,相貌英俊、粗犷或有趣,牙齿整洁,头发茂盛。理想的女演员则在 18 到 22 岁之间,身高在 5 英尺 3 英寸到 5 英尺 7 英寸之间,身材匀称,面容姣好有趣。[3] 很明显,很少有人能完全满足这些要求,但这并不影响这些挑选标准的针对性。选角的导演可能无法用精确的语言来描述什么是"粗犷",但他们还是能一眼就发现外表粗犷的演员。当然,随着时间的流逝,这些类型必然会产生变化,但这并不能否定它们在短时期内的有效性。对大多数演员来说,他们追求的就是短期效应。

根据类型来选择演员的做法导致了一系列的相关现象:演员在其

---

[1] 欧内斯特·博格宁(Ernest Borgnine,1917—2012):美国著名的性格演员,外貌不佳,早年主要扮演坏蛋。罗伯特·雷福德(Robert Redford,1936—   ):美国演员、导演,以扮演聪明可靠的好男人形象闻名。——译注

[2] 见 Umberto Eco,'Semiotics of theatrical performance',*The Drama Review*,21(1976),111。

[3] 见 N. Blanchard,*How to Break into Movies* (New York,Doubleday,1978),41 ff;J. Sleznick,'The talent hunters',*American Film* (Dec.-Jan. 1979),60;and L. G. Yoaken,'Casting',*Film Quarterly* (1958),36。

演艺生涯中总是局限于某种特别的角色,即所谓的小伊莱沙·库克[1]综合征,除非特别努力地去超越类型的局限。不过,同样重要的是,演员开始在其银幕内外的生活中都致力于具现,希望通过稳定其人和银幕形象之间的关系,来获取一个有市场潜力的人格。就这点而言,罗伯特·德尼罗[2]是一个有趣的例子,他似乎吊诡地将精湛的扮演能力与将自己变成角色的化身的动力结合了起来,例如《愤怒的公牛》(*Raging Bull*)中的杰克·拉莫塔(Jake La Motta)。事实上,德尼罗的表演方式与那种让扮演适应电影工作中隐含的控制关系和技术的努力是完全一致的。一方面:

> 在戏剧中你一晚只要做一次表演,而在电影中要一点一点地来。你可能要拍十遍只有一到两次是非常出色的,但你有机会把它做得很好。我从来不会因此感到疲倦。

另一方面:

> 剧本是主要的……然后我还得了解导演……因为工作量很大——你可能要和什么人纠缠上六个月。这绝对是场噩梦。你必须知道你们在同一轨道上,你可以不同意,你可以用你自己的或他们的方式尝试,最终是他们在剪辑,这是他们的电影……。[3]

换言之,拍摄尝试(takes)的优点是以电影生产的社会关系为前提的。德尼罗对方法表演的不懈追求——他努力去了解背景,为他塑造的角色找出现实生活中的样板——是和电影在角色刻画方面的原子化效果

---

[1] 小伊莱沙·库克(Elisha Cook Jr,1903—1995):美国性格演员,长期在好莱坞扮演懦弱无能的失败者。——译注

[2] 罗伯特·德尼罗(Robert De Niro,1943—   ):美国著名电影演员和制片人,曾多次获奖,是美国当今影坛最具影响力和最受欢迎的演员之一。代表作有《愤怒的公牛》《教父2》等。——译注

[3] Guardian 演讲的文字稿,再刊于 *Three Sixty*: *British Film Institute News* (May 1985),10—11。

相一致的。这种对"真实"的激进替换试图在电影拍摄过程之外寻找角色的真实感。对剧本的强调也指向了一种相似的监测手段，用以控制角色刻画的每一处细节，而自我的身体转换则是模拟性地捕捉超电影真实(extra-cinematic real)的最后一步。

电影把演员转换成一个表面(ostensive)符号的趋势，其对扮演规范的成问题的插入，又被第二个过程，也就是内在性的置换所强化。人们普遍认为电影限制了内在性的表征，倾向于行为主义，表现"事物的表面"。尽管主流电影已经发展了一系列手段来重构角色的内在空间，但基本的要点仍然是：电影倾向于让内在性的指意场域从演员转移到装置。理查德·戴尔已经在别处充分罗列了这些效果，[1] 我无意在此赘述，但这个置换的过程支撑并制造了形象。这意味着电影中的角色刻画过程，不管是倾向于扮演还是具现，都使用了一种准自动的形式，在这种形式中演员的表演一部分源自他或她的动作，一部分来自电影设备的活动，后者包括灯光和摄影机的调度。换言之，内在性的投射越来越少地源自演员，却越来越多地属于导演或剪辑方面的决定。在这种情形下，一种人格的潜在政治浮现了，演员或更重要的是，明星的议价能力，因他或她在人格的建构过程中对装置(形象)而非自我产生的资源(人)的依赖程度而受到实际的影响。因此，谈论、比较明星自主性的高低是有道理的。例如贝蒂·戴维斯运用演技扩展其角色范围，而琼·克劳馥在出演《欲海情魔》(*Mildred Pierce*)之前的人格则较为单一。[2] 类似的，电影制片厂体系下，从未经训练的演员中培养明星的既定政策，就包含了在潜在的明星中制造臣服性的元素。

超符号化和内在性置换的双重进程导致了一种吊诡的情形：电影一方面增强了演员在指意过程中的核心性，另一方面电影媒介的形塑

---

[1] Richard Dyer, *Stars*, op. cit.
[2] 见 Barry King, op. cit。

能力也越来越多地将演员限定为某些效果的承载者,但演员没有、也无法创造这些效果。

四、演员劳动力市场的经济

目前确认的电影层面的影响,本来只具有潜在的地位,但劳动力市场对寻找持续和稳定工作的演员的影响,却改变了这一点。电影和电视演员的劳动力市场的特点是众所周知的,并且几十年都没有变化。就演员工会的成员数量来看,我们随时随地都能看到大量供过于求的演员。因此在 1979 年,好莱坞电影演员公会的 23000 名成员中,90% 的成员的收入都低于最低生活工资,而英国演员工会(Equity)每年都有 70% 的成员没有工作。[1] 同样的,即使那些找到工作的演员,在收入上也和那些主要演员、明星有巨大的悬殊,明星们可以商讨一份个人合同,绝大多数演员只能挣到集体合约所拟定的基本报酬或稍稍高一点的报酬,收入的巨大差距可能超过 50 倍,甚至 100 倍。结果就是,角色的竞争,鉴于自然主义惯例的运作,导致对演员独特性的强调,也把重点从演员的演技转向了演员本人。罗伯特·布拉迪(Robert Brady)所说的个人垄断(personal monopoly)就是这样被建构出来的。[2]

电影中,个人垄断的建构依赖于把重心从表演转向具现,但这种转

---

[1] 见 Jeremy Tunstall and David Walker, *Media Made in California* (Oxford University Press, 1981), 78。如果只考虑演员,而不是其他表演者的话,就业率在 80%。见 John Lahr, *New Society* (20 December, 1984), 468—9。

[2] Robert Brady, 'The problem of monopoly', in Gordon Watkins (ed.), *The Motion Picture Industry*, Annals of the American Academy of Political and Social Science 254 (November 1947), 125—36.

移采取了一种激进的形式,把演员的人格的含义也带进了日常生活。因此,那些寻求成为明星的演员,会在公开场合保持他们的明星形象,仿佛他们本人与形象之间具有一种没有经过中介的联系。换言之,人格本身就是一个角色,但这个角色超出了特定叙述的定位或束缚(或者在明星载体电影中,使叙事从属于人格的奇观),存在于影院而不是电影的时空中。[1]确实,被宣传、传记等话语实践和化妆、美容方法所支撑的人格是相对持久的,一旦在公众意识中沉淀下来,即使角色和表演与人格发生偏离也没有关系。

对于那些能力有限或一般的演员,投入精力去培养一种人格是在他们掌控范围之内的事情,也是他们与那些有扮演能力的演员竞争的方式。在片厂制度中,比起培养人格来说,扮演技术的确被赋予了更低的价值。[2]在当代,具现的倾向由于广告这种新的雇佣市场的出现而加强了,广告将自然主义和对人格魅力的培养整合起来作为销售宣传的元素。[3]另一方面,方法表演的自我指涉性,例如白龙度的所谓的个人表达性的现实主义,代表的并不是演员作为扮演者的胜利,而是对扮演进行成功的改造,使其适应了具现的压力,利用扮演来指涉演员本人,他或她每个角色背后的那个一致的实体。[4]

但我们不应将这种把塑造人格当作垄断策略的趋势视为毫无问题的。由于诸多原因,扮演的规范仍然是一个强大的存在。它也是表演实践的一个重要价值。即使在最为自动化的生产状况下,仍然需要"毫不费力地"扮演角色的演员,因此有评论说"性格演员简直是把明星撑

---

[1] 参较 Christian Metz, *Psychoanalysis and Cinema* (London, Macmillan, 1982), 67。
[2] H. Powdermaker, *Hollywood: The Dream Factory* (New York, Little, Brown and Co., 1950), 206.
[3] 受雇于广告行业不仅仅是"直接"表演的一种替代性选择,如果广告在多个渠道播放的话,演员的收入将十分可观。
[4] Roland Barthes, *Image-Music-Text* (Stephen Heath (ed.), London, Fontana, 1977), 75.

起来的胸罩"。[1] 演艺界对这种规范的遵从,也不足为怪,鉴于该规范为那些并不适合流行的固定类型的演员提供了成功的通道。因此,除了明星制这一卓越的表面符号的领域,我们还会发现一个由性格演员组成的等级制度,他们在专业声誉、演艺生涯的长度和收入的持久性方面都会强过那些转瞬即逝的明星。这样的等级制度提供了它自己的反明星(counterstars),例如像罗伯特·杜瓦尔(Robert Duvall)这样的个体,其卓越的声誉完全依靠演技和角色塑造。另一方面,选角的一种决定性和周期性的效果就是,给定的角色类型会逐渐沉淀到演员的个性中,以至于角色和人格之间的界限开始变得模糊,或者至少需要高度警惕。

> 我发现JR这个角色总是在现实生活中干扰我。我希望并不是我变坏了,但我确实发现我总是不经意地冒出德克萨斯口音。我遇见的人真的很希望我是JR,我不想让他们失望。
>
> 拉里·哈格曼(Larry Hagman)[2]

最后,有必要对那种认为具现的出现仅仅是因为演员为了适应雇佣市场的条件的观点做出限定。这些条件是垄断资本的利益在文化生产领域运作的产物。其后果是复杂的,但具现基本上是通过认定明星的贡献取决于他或她作为人的私人属性来遏制影视联合企业之间的竞争。这样一来,某个特定的影视作品就能够因为未在整个生产领域流通的一些"价值",如技术知识,而得到推崇。对技术的开发利用,比如最新一波的特效电影,往往导致巨大的成本升级。同样的,人格(明星)作为价值指标的重要性,为那些控制文本的人提供了一种控制表演细节的形式。演员欣然承担表面符号的功能的情况,可以被视为一种防御性的策略:通过接受指意从演员向摄影机的转移所带来的(真实或潜在

---

[1] H. Powdermaker, op. cit., 210.
[2] 引自 The Sunday Times Magazine (26 August 1984).

的)自主性的丧失,以及明星身份作为一种生活方式所带来的银幕外的限制,演员吊诡地增加了装置对其作为独特客体,或更准确地说,作为行为性商品的存在的依赖性。具现和扮演之间的变化导致了相互冲突的压力和认同的吊诡,正是这些压力和吊诡,而非那种认为明星和资本主义相契合的散漫观念,为主流电影中的明星身份提供了基本的型构。

(李祎琳译 杨玲校)

作者简介:白瑞·金(Barry King)目前在宾夕法尼亚州切斯特市的韦德纳大学讲授传媒与文化研究。他是《银幕》杂志的编辑顾问委员会的一员及一系列关于表演和表演符号学论文的作者。他曾担任英国演员工会主持的一项关于雇佣条件的调查的顾问。这项研究由英国延续到美国。他的一部关于明星身份的著作即将完稿,并将在Polity Press出版。

14 | 银幕表演与替换测试[1]

约翰·欧·汤普森

当下,只有那些反对电影符号学研究的人才想要谈论银幕表演。由于叙事电影的很多含义都是由演员及其表演所支撑的,(如果用过于好战的口吻来说的话)这就等于是把一个重要领地留给了敌人。一些关于演员与角色、银幕 vs. 舞台等等的标准教条和数不清的重新发现的"真相",可能不仅抑制了电影的批评实践,也压抑了电影的创造性实践。不过,符号体系中这个鸿沟依然存在的原因是可以理解的。表演似乎是很难形容的,对于表演的思考往往导致的是想入非非,而不是真正的分析。

在本文中,我想把一种称为替换测试(commutation test)的符号学技巧,延伸到银幕演员身上,并据此提出该领域中一种更加有条理、更有自反性的话语。

---

[1] 本文最初发表于《银幕》(*Screen*)第19卷第2期(1978年夏),略有删节和修改。作者在《银幕》第26卷第5期(1985年9月/10月)上还发表了一篇名为《替换之外——关于银幕表演的再思考》(Beyond commutation—a reconsideration of screen acting)的文章。——编注

一

我想先引用大卫·汤普森(David Thompson)在近期的一篇文章中的一段话。这段引文首先提出了一个为人熟知的观点。布莱希特在1942年的一篇日记中总结了他和阿多诺的一段对话,他认为"相对电影来说,戏剧(theatre)的第一个优势就是……剧本(play)和表演(performance)之间的分离","机械复制让一切都染上了结果的特点:不自由且不能改变"。[1]汤普森也这样认为,并且还就电影"本性"中这个明显的阻碍进行了分析:

> 舞台角色像是协奏曲,它们灵活、高尚、客观,足以接纳所有的扮演者。但是电影中的角色是短命的:像是贞操一样,一旦被人取走,其他人就再也无法获得。拍摄前,各种各样的选择都会让电影从业者困惑,也让角色变得模糊。金·诺瓦克[2]在《迷魂记》(Vertigo)中的角色最开始是为维拉·迈尔斯[3]设计的;秀兰·邓波儿本来是《绿野仙踪》中的多萝西这个角色的首选演员,我们可以想象如果是那样的话,影片中的《彩虹之上》这首歌就可能是惬意而忧伤的,而不是像朱迪·嘉兰的版本那样成为让人心碎的梦想的缩影。……一旦一部电影拍完,其他任何人都不能扮演其中的角色了……电影中的文本是表象。

---

[1] Ben Brewster, 'The fundamental reproach (Brecht)', *Cine-tracts*, 2 (Summer 1977), 44—53.
[2] 金·诺瓦克(Kim Novak, 1933—):美国女演员,曾出演《迷魂记》《金臂人》等影片。——译注
[3] 维拉·迈尔斯(Vera Miles, 1929—):美国女演员,曾出演《惊魂记》。——译注

要感谢安德鲁·萨里斯(Andrew Sarris)……他指出争论到底是费雯·丽还是梅尔·奥勃朗(Merle Oberon)应该出演威廉·惠勒(William Wyler)导演的《呼啸山庄》是没必要的。……但是评论者可以通过这种猜测更多地了解电影。……如果维拉·迈尔斯出演《迷魂记》的话,那个角色会和《申冤记》(The Wrong Man)中的妻子角色一样精神崩溃,而不是让诺瓦克显得凄惨动人的、被情节推动的麻木走卒……或者要是史宾塞·屈赛[1]饰演《公民凯恩》的男主角的话,那电影一定会更加的伤感。这种想法是有用的,至少能展示出这部电影中的世俗之情是如何少之又少。[2]

我突然发现"这些猜测"和"一个在特鲁别茨柯依(Trubetzkoy)的思想中已有体现但是直到1936年第五次语言学大会上才由叶尔姆斯列夫(Hjelmslev)和尤德尔(Udall)创立的操作性概念"[3]之间有相似之处。这个概念名叫替换(commutation)。罗兰·巴特在《符号学元素》(Elements of Semiology)一书中简略地讨论了替换测试这一概念:

替换测试包括在表达层面(能指)人为地引入一种变化和观察这种变化是否能够引起内容层面(所指)的相关变化……如果两个能指的替换产生了所指的替换,那我们就可以肯定在受试的横组合轴(syntagm)片段中找到了一个组合单位:第一个符号已经脱离整体,具有独特性。[4]

这个公式意味着什么?语言中的某些差异会产生语义的差异;有些差异则不会导致语义的差异,尽管它们可以被感知,并且可能承载了关于说话者的地区、社会阶级和性别等方面的信息;还有些差异,除非

---

[1] 史宾塞·屈赛(Spencer Tracy,1900—1967):美国男演员,曾出演《猜猜谁来吃晚餐》《纽伦堡审判》等影片——译注
[2] David Thomson,'The look on an actor's face', Sight and Sound, 46, 4(Autumn 1977), 240—4.
[3] Roland Barthes, Elements of Semiology (London 1967), 65.
[4] 同上。

使用复杂的测量工具,否则是无法被感知的。字母 p 和 b 之间的差异是第一种(path 和 bath 是不同的单词),英格兰北部的高 a 和南部的低 a 之间的差异是第二种(bath 中的 a 不管声音高低,还是同一个单词)。替换测试严格来说只涉及声音的变化,观察不同的声音是否会带来意义的变化。到底哪种意义发生变化,则可能是无关紧要的,因为语言中声音和意义之间的联系是任意的、非理据性的。[1] 这个测试和汤普森的研究如何能够比较呢?汤普森提议在头脑中用一个演员来替换另一个演员,其目的不仅是为了观察这样的替换是否会导致意义的差异,而且是要观察到底导致了哪一种差异。在他的这个试验的语境中,我们自然地感觉到符号的理据性是很重要的:我们对于某人是否适合某一角色的感受依赖于合适性(suitability)的标准,[2] 这种标准掌控着能指(演员)和所指(角色)之间的联系,我们认为这种联系是非任意性的。将替换与其在音韵学上的应用联系在一起思考的一个好处是,它鼓励我们对合适性的假设发出质疑。这种假设充满了意识形态因素,且随着历史发生变化。但是我们没有理由相信在某种程度上所有的理据性经过分析都会变成虚幻的(将电影还原为语言):意识形态不是虚幻的。

二

测试将一个演员替换成另一个演员是否会对电影的含义造成影响,看上去似乎没什么意义:"这种影响当然是存在的!"但情况并非如

---

[1] Roland Barthes, Elements of Semiology (London 1967),第 66 页引用了一位机器翻译专家的说法:"意指(significations)之间的差异是有用的,但意指本身并不重要"(Belevitch)。
[2] 这里要注意,如果"电影中的文本是表象"并且"结果"绝对是"不自由且不能改变的"——即如果对汤普森来说,媒介内在地迫使演员和角色完全为了观众才结合起来——那我们就很难理解"谁最适合某一角色"的问题究竟是如何被提出来的。

此。比如说,替身演员或者裸替,必须与电影中他们所替代的演员一模一样:为此需要大费周章,以确保一个演员替换成另一个演员对电影文本不会造成影响。而临时演员的替换一般则不会产生意义的变化。有趣的是,英国演员工会(Equity)和泰晤士电视之间达成的协议清楚地将临时演员定义为"不被要求展现个性的表演者",[1]即一个不需要、也不应该让自己与众不同的表演者。一个没有辨识度的人物被不加区分地替换,也就不足为怪了。对于这些让意义保持不变的替换来说,限制似乎主要发生在群体层面(或是更加抽象的单位,比如电影中的路人):如果路上的每个人都是女性或者光头,那就会引起我们注意了。对于属于中间范围的小角色来说,情况就有些模糊了,但是鉴于观众电影看得越多,就越能发现小角色中的个性,最好还是把他们当成对"理想观众"而言具有独特功能的人。但是有时出于叙事的考虑,会特意要求小角色没有辨识度。在希区柯克的《火车怪客》(*Strangers on a Train*)中,盖伊的妻子米丽亚姆的不检点和放荡,在一定程度程度上是通过两个平淡无奇的男人带她去游乐园这一事件建立起来的。即使反复观看电影之后,观众也很难将这两个男人加以区分。

三

替换是一种工具,可以让我们有意识地了解那些之前不可见的、隐藏在符号系统操作之下的单位。这也是它可以反省式地发挥作用的原因:当我们自问能指的变化是否会造成影响时,答案会出乎我们的意

---

[1] 引自 Manuel Alvarado and Edward Buscombe, *Hazell: The Making of a TV Series* (London 1978), 20。

料。但如果演员的替换只能揭示出加里·格兰特[1]不是加里·库珀[2],那就没有替换的必要了:我们对于总体差异的把握已经足够准确了。如果我们要论证替换在银幕表演分析中的合理性,那它就必须揭示一些更加微妙和隐蔽的东西。为什么我们不能认为银幕表演是由"更精细"的元素、语言学意义上的特征(features)组成的呢?

直接的答案当然是,约翰·韦恩[3]要比音位复杂多了:我们可以用一些数量有限的特征(雅各布森和哈勒就使用了 12 个特征)对一个音位进行彻底的描述,[4]然而这样的分析对于演员丰富多变的银幕存在(presence)来说却是不可能的。但如果我们从音韵特征转换到语义特征的话,这种想法就不会那么夸张了。尽管没人敢夸口说我们几乎可以对自然语言的语义学提供一个公认的描述,但至少可以说"大部分现行的语义学理论,也包括传统的理论,都将意义分解成更小的成分以便进行分析,并且为词项指定了一个包含复杂的语义性原始元素的语义表征"。[5]典型的特征不再是浊音与否或鼻音与否,而是抽象与否、有活力与否或者是男性还是女性。语义特征的分解到底能做到什么程度现在依然是很有争议的,[6]但毋庸置疑的是,这种成分分析(componential analysis)的方法还是对词与词汇的其他部分之间的含义关系进行了有效的归纳。

---

[1] 加里·格兰特(Cary Grant,1904—1968):美国男演员,曾获奥斯卡终身成就奖。——译注
[2] 加里·库珀(Gary Cooper,1901—1961):美国男演员,曾获奥斯卡终身成就奖。——译注
[3] 约翰·韦恩(John Wayne, 1907—1979):美国男演员,曾出演多部西部片。——译注
[4] 参见 Roman Jakobson and Morris Halle, *Fundamentals of Language* (The Hague 1971).
[5] Janet Dean Fodor, *Semantics*:*The Theories of Meaning in Generative Grammar* (Hassocks 1977), 144.
[6] 参见同上,143—214,可以了解到该领域对此问题的最新的详细讨论。

四

让我们来看看将电影表演当作一系列独特特征的概念能将我们引至何处。每个特征都是一个潜在的辨义成分（distinguisher），不管是在电影中，还是在观众通过对电影的整体熟悉程度而建立起来的无限扩展的空间中。比如，约翰·韦恩的特征就常和吉米·史都华[1]的特征在他们共同出演的电影中进行比较，从未与约翰·韦恩在一部电影文本中出现过的让-保罗·贝尔蒙多[2]甚至也常被拿来和约翰进行比较。文本让某些特征和特征对比（feature-contrasts）变得完全失去主题，让其他特征仅具有含蓄的主题以便明确地集中在相对少的特征身上。未被主题化的特征可以被改变或者再分配，而不引起电影含义的变化。做苦工的囚犯和合唱队成员像我们其他人一样通过眼睛的颜色彼此区分。但改变眼睛的颜色总体上对文本不会造成什么影响。大多数特征对比可能只是被轻微或含蓄地主题化；但改变特征（当我们考虑这一点时）就有可能带来一些变化，甚至是很大的变化：比如，在一群做苦工的囚犯中加入一个女性？但电影的运作方式并不鼓励人们这样思考。替换测试因此具有很好的去自然化功能。发挥作用的逼真性、合理性和指称性（referentiality）等标准变得突然可见了：当然不存在男女都有的做苦工的囚犯，强壮的英雄不可能是矮子，西部片的英雄也不可能有利

---

[1] 吉米·史都华（James Maitland Stewart, 1908—1997）：美国男影星，又名吉米·史都华（Jimmy Stewart），详见本书第9章。——译注
[2] 让-保罗·贝尔蒙多（Jean-Paul Belmondo, 1933—   ），法国男演员，曾出演《筋疲力尽》《狂人皮埃罗》等影片。——译注

物浦口音。每部电影中都有一些对立是被高度主题化的,将自身展现为"电影的内涵"。两个或多个角色被设定为竞争对手、辩论对手、伴侣或(成为其他角色或观众或二者兼有的)非此即彼的爱慕或仇恨的对象等等。《黄金三镖客》(*The Good, the Bad and the Ugly*)、《双虎屠龙》(*The Man Who Shot Liberty Valance*)中的韦恩和史都华,很多影片中出现的鲍嘉(Bogart)和白考尔(Bacall),《红尘》(*Mogambo*)中的艾娃·加德纳[1]和格蕾丝·凯利[2],《表兄弟》(*Les Cousins*)中的表兄弟等等。这些在影片中随处可见的组合就是要明确地引起观众的比较与对比。

目前为止,我们都是把特征当作和演员相关的"名词"来进行讨论,但原则上没有理由不去分析角色的动作(相当于"动词"或"形容词"谓语)以及动作表现的方式("副词"特征)。出于批评和教学的目的,我们有时可以把讨论限制在特定电影中被明确主题化的对比,或至少从这些对比出发。这可以保证被审视的特征都具有针对性,并使替换的可能性保持在一定限度之内。比如说,由于我们对于微笑的种类没有一个令人满意的有限清单(尽管我们可以相当精确地将微笑分成各种类型——薄唇的、疯狂的、羞涩的等等),因此随意地将微笑分类并没有什么意义。但是《红尘》中加德纳和凯利的微笑间的对比却是这部电影系统的一部分。假设我们将两种微笑替换,让年轻天真的金发美人拥有诱人、精明、愉快的微笑,让年长成熟的棕发美人拥有很少展露的压抑的微笑,那我们就能对福特导演塑造的女性类型背后的假设体系有深入的了解。[3] 但总是将替换限制在文本所体现的对比之中也是不对的。用和电影完全不相干的微笑类型(比如疯狂的微笑或残忍的微笑)来替换《红尘》中的微笑是否有用,取决于我们手中的调查资料。在审

---

[1] 艾娃·加德纳(Ava Gardner,1922—1990):美国女演员。——译注
[2] 格蕾丝·凯利(Grace Kelly,1929—1982):美国女影星,详见本书第4章。——译注
[3] 这里所说的体系显然是很普遍的,侯麦尔(Rohmer)的《慕德家一夜》(*Ma nuit chez Maud*)展现了一模一样的微笑类型,并且也是以同样的方式与头发的颜色相对应。

视《红尘》这样的电影中女性必须遵守的礼仪限制时,这种替换可能是切题的。如果电影中的行动要保持整体上的愉快氛围,并且不让观众感到威胁的话,女性角色就必须举止得体。当我们讨论的特征是一个清楚限定的纵聚合轴集合(paradigmatic set)中的一部分,那我们就更不需要担心使用电影自身的主题化对立之外的替换了。也许这一集合最明显的例子就是男女对立。这种替换总是具有戏剧化的效果,能让我们快速领会"普通的性别歧视"的要义。

五

我们在做测试时,是替换整体演员(whole actors)还是特征呢?这要视实际情况而定。替换演员可能没什么必要并导致直觉模糊:如果已经确定哪些特征是相关的,那么就可以来操控这一特征。看似是整体演员的替换可能实际上只是单一特征的替换。下面是玛乔丽·比尔博(Marjorie Bilbow)对《寻找顾巴先生》(*Looking for Mr Goodbar*)的尖锐评论:

> 电影中男人不在乎爱情只追求性欲的释放被认为是理所应当的,但是女人这样做的话就会招致道德批判。事实上,把《寻找顾巴先生》中的女主角与特吕弗的轻喜剧《痴男怨女》(*The Man Who Loved Women*)中的男主角对调的话,会是一种有益的智力操练。两个人都是突然死于非命,你觉得他们中的哪一个是罪有应得呢?[1]

---

[1] *Screen International*,129 (11 March 1978),30.

当然比尔博不是让我们在替换黛安·基顿[1]和查尔斯·登纳[2]时,要逐个特征地比较二者(或者他们扮演的角色)之间的差异。相关的特征(性别)已经很明显了。在此谈论整体角色,是因为它说明不管是性行为还是最终命运在替换中都是不变的。随着性别改变而发生变化的,只是对这种命运的道德评估。因此,替换所分离出来的"意外"单位存在于电影的道德所指层面。一般来说,当我们不确定哪个或哪些特征会造成差异或一个特征怎样和其他特征配合从而产生单个主题化的对立时,整体演员的替换就是有用的。黛安·基顿饰演的《寻找顾巴先生》中的特丽莎的特征之一是她的发色。但对特丽莎的发色进行替换(比如她可以是红发吗?),就不如将基顿和她的金发姐姐塔斯黛·韦尔德[3]进行替换,更能揭示这个发色作为电影中的一个能指所发挥的作用。塔斯黛的金色染发搭配的是表面上的纯真(她父亲眼里的纯真)和真正的愚蠢,恰与特丽莎的教养、真挚以及父亲眼中的罪孽形成对比。

六

替换演员所隔离出来的单位(特征或特性),并不是无法分析的原始成分:一个有诱惑力和企图心的研究会旨在将面相、微笑、步态及相似的行为分解成用生理学术语来描述的独特特征,如同从口腔、喉咙和

---

[1] 黛安·基顿(Diane Keaton,1946—):美国女演员,曾出演《安妮·霍尔》《教父》等影片。——译注
[2] 查尔斯·登纳(Charles Denner,1926—1995):波兰男演员,曾出演《通往绞刑架的电梯》《焦点新闻》等影片。——译注
[3] 塔斯黛·韦尔德(Tuesday Weld,1943—):美国女演员,在《寻找顾巴先生》中扮演凯瑟琳(Katherine Dunn),女主人公特丽莎(Teresa Dunn)的姐姐。——译注

舌头的机制来对语音特征进行描述。追求严谨的人可能会认为"紧张的微笑"或"疯狂的微笑"等描述是完全不准确和印象式的。("紧闭双唇的微笑"可能稍微令人满意一点。)不过,我们也有理由不对这些严谨主义者太在意,尽管电影学者应该更加关注非语言交流研究中的最新成果。[1] 严谨主义者的问题之一是,这种研究路径会分散调查的注意力,人们感兴趣的更多的是"宏观"层面的规则,更能够和经济、政治和意识形态结构产生联系的东西。在寻找行为的原始成分的研究中,还有一个原则性的问题:我们没法保证类似于"自信而老练的风度""疯狂的微笑""浅薄无脑"(如"浅薄无脑的金发美人")等概念能把生理上是一个整体的各种行为集合(group)起来。也就是说,肯定有一些肌肉上独特的微笑,可以在我们所处的这种文化中被集合为"疯狂"、"老练"和"粗犷"的归纳更是如此,但我们需要在文化集合的层面进行操作。如果分析的范围太小的话,会破坏我们所关注的对象。

不过,替换和严谨主义者的研究路径有一点是相符的,那就是替换的效果让我们不断注意到我们用于描述表演中的差异的术语是多么的成问题。有些差异似乎是无法用术语描述的,[2] 而有些术语则集合了无限的差异。(但在这方面,我们关于表演的话语和关于其他事物的话

---

[1] 这一领域一个特别富有英雄气概的研究是 Ekman 和 Friesen 的研究,二人致力于通过分离面部肌肉活动的最小单位来制订一套具体的面部行动准则:"我们花了大半年的时间用镜子、解剖文本和相机做了大量研究。我们学会了调动我们自己脸部的不同肌肉"。到目前为止,他们分离出来的最小单位达到了 45 个。两位研究者表现出并且拍摄下了这些单位的"四五千种面部组合"。"如果我们想了解可以表现情绪的面部动作……那这种方法就是必要的"。参见 Paul Ekman and Wallace V. Friesen, 'Measuring facial movement', *Environmental Psychology and Nonverbal Behaviour*, 1(Fall 1976), 56—75。

[2] 参较 Eugene A. Nida, *Componential Analysis of Meaning* (The Hague 1975), 19。"认为我们总是可以轻易地描述出相关含义之间的关系的想法是错误的。对于某些意义组合来说,可能并没有方便可用的术语来谈论差异。比如说颜色。我们可以显而易见地区分紫色、蓝色、绿色、黄色和红色等等,但我们并没有一种元语言可以用来描述这种差异。人们可以根据不同颜色的波长来使用一些技术术语,但这并不代表我们通常用来构想颜色差异的方式。"此处过多的讨论会让我们跑题,但需要指出的是,维特根斯坦和拉康都否认存在一种真正的可以用来描述人类行动的元语言。

语是一样的:自然语言就是以这种方式运作的。)这让我们在将表演及其细节概念化的过程中拥有了较多的机动性。比如说,想要重新获得用来描述默片表演特征的术语,就常常要求相当的历史想象力。

七

分析香奈儿五号香水的广告,我们会发现这一广告由如下部分组成:凯瑟琳·德纳芙[1]的特写镜头,一瓶香水的照片,页面下方用大的字母写就的商标,以及在其上方用小的字母写的"凯瑟琳·德纳芙支持香奈儿"。朱迪斯·维廉森(Judith Williamson)认为,香奈儿使用"德纳芙的面孔对于我们的意义"来建立"香奈儿五号香水所试图传达给我们的含义"。

> 因为德纳芙有一个"形象",在一个符号系统中有意义,因此她可以用来创造和香水相关的一个全新的意义系统。如果她不是一位电影明星或者不是因其时髦的法式美貌而出名,如果她对我们来说没有什么意义,那么她的面孔和香水之间的联系也就没有意义。因此并不是她的面孔本身,而是她在一个象征了无瑕的法式美貌的符号系统中的位置,使她的面孔成为可用来兜售香奈儿的语言货币。[2]

符号系统中的含义依靠差异。维廉森选择了一个在法贝热公司的"贝贝"香水广告中出现的模特作为一个不同的女性符号:

―――――――――――――――
[1] 凯瑟琳·德纳芙(Catherine Deneuve,1943—):法国女演员。——译注
[2] Judith Williamson, *Decoding Advertisement: Ideology and Meaning Advertising* (London 1978), 25.

德纳芙只有在她不是玛戈·海明威[1]时才有意义。……（后者）的新奇、年轻和假小子风格的意义，只有在和模特界典型的女性风格的比较中才有价值。这种意义被转移到香水身上，相对于其他成熟品牌的香水，该香水就成了新鲜和新奇的象征。如果不是其他香水广告展示的都是一些衣着亮丽、发式精致的女性，海明威穿着跆拳道服、把头发梳到脑后、乍看像个男人的样子也就没有什么意义了。[2]

我认为维廉森的观点可能夸大了这一整个指意领域被还原为差异的可能性，但这并不是说差异不重要。我想把德纳芙当作是"预先存在的多个差异系统之间的正式关联"运作的一个例子。因为这些系统不仅"适合广告"[3]，而且在电影选角中也是重要的决定因素。

维廉森认为，我们对于德纳芙和海明威之间的差异的了解，要比我们对产品差异的了解更加确切。（"香水没有什么特别的意义"）[4]因此将前者的差异转移到产品领域才会具有说服力，由于认知效果的缘故。[5] 问题是在人们进行这种比较前，德纳芙和海明威之间那种牢固的差异是在何种程度上存在的？在本案例中，这个问题让我感觉特别突出，因为尽管我在读维廉森的文章前对海明威一无所知，但我还是能理解维廉森的观点。其实维廉森也进行了一次德纳芙和海明威之间的

---

[1] 海明威（Margaux Hemingway，1954—1996）：美国模特和演员，本名"Margot Louise Hemingway"。当她得知她的名字来自玛歌酒庄（Château Margaux），她母亲怀上她的那一天所喝的法国葡萄酒之后，她就把名字的拼写从"Margot"改成了"Margaux"。——译注

[2] Judith Williamson, *Decoding Advertisement: Ideology and Meaning Advertising*（London 1978），26。

[3] 同上，27。

[4] 同上，25。香味可能不具有意义，但却是召唤性的（evocative）。关于为何"不存在香味的语义领域"这一事实可以引起召唤性的有趣的讨论。参见 Dan Sperber, *Rethinking Symbolism*（Cambridge 1975），115—19。

[5] "这似乎是图腾制度的反转"，这里事物是用来区分不同人群的。Williamson, op. cit., 27。

替换,而我对其中一个替换元素的无知并没有影响这种替换的效果。怎么会这样?事实上,维廉森赋予德纳芙的意义——"因时髦的法式美貌而出名……无瑕"——与海明威"形象"的意义之间并不是简单的差异关系。很符合逻辑的,同时也是为了弥补德纳芙的"+名气",海明威具有"+新鲜感",而德纳芙则具有"−新鲜感"(德纳芙和香奈儿之间的联系已经维持很久了)。但很少有人会赋予海明威"−时髦"的属性(尽管时髦的类型总是在变);她身上的"−法国性"特质也是模棱两可的(比如"Margaux"和"Margot"的差异,可能来自她的作家爷爷海明威身上的那种"美国人在巴黎"的特性[1])。穿着跆拳道服的人似乎没法维持"无瑕的美貌",但这也不能说是"有瑕疵的美貌"。潜在的对比似乎包括移动性(mobility)这一点。海明威可以在移动中维持其美貌,但是我们没法想象香奈儿的德纳芙能在那种运动中依然保持无瑕的美貌。

德纳芙和海明威之类的个人形象在由语言所提供的差异网络中找到了一席之地;正是在语言中,女性(feminine)和假小子(Tomboy)之间的对立才被固定,这是这一对立在广告这样的特殊话语中通过真人和形象体现出来的必要条件。在这个层面上,同样的女性对立可以由无限数量的不同人物来体现。但是反过来说,每个个体人物都是一个由无限数量的决定因素组成的集合,尽管任何给定的替换只强调了其中的一部分决定因素,但它依然会涉及不止一个特征所带来的对立。这意味着一旦作为特定的特征簇(feature-bundle)的"玛戈·海明威"被选中去代表一个极端,那么针对"移动性"的对立就总是会包含更多的内容,哪怕是当另一极端只是泛泛的描述("其他香水广告展示的都是一些衣着亮丽、发式精致的女性");而且一旦作为特定的特征簇的"凯瑟

---

[1] 这里有个有趣的问题:如果凯瑟琳·德纳芙的名字被拿掉,她身上还有那种法式风情吗?(如果香奈儿广告上的宣传语改成了"雪莉·桑德斯支持香奈儿",其他都不变,会出现怎样的情形?)

琳·德纳芙"被安置在另一个极端,这种对立会更加丰富。这种精微的丰富性是我在了解玛戈·海明威之前不可能存在的,而且我对这个形象了解得越多,对立也会更加丰富。但维廉森用这两种对立的形象来诠释的概念,并不依赖于这种丰富性:很多模特和女演员都可以被用来体现任意一种特征对比。

为广告选模特和为电影选演员间的差别主要在于电影叙事结构的要求,这些要求不管在自身层面上有多大的束缚性,总是会让演员的特征获得比在广告中更活跃的表现。如果说香奈儿广告和德纳芙出演的电影中有一个单一的德纳芙形象在发挥作用,那么当叙事将这个形象的潜在模糊性发掘出来时,它就会获得更加不可预测的呈现和发展。

当伯特·雷诺兹[1]请求罗伯特·奥尔德里奇[2]执导他主演的电影《活跃》(*Hustle*)时,奥尔德里奇说道:

> 我执导这部电影有个条件,就是你要找来香奈儿小姐。因为电影中的女性角色被设定为美国人,但我觉得这行不通。我认为我们的中产阶级价值观是不会允许一个警察和妓女恋爱的。因为我们文化背景中的某些奇怪的特性,广大观众不会相信这个故事。但只要她不是美国人,一切就圆满了。
>
> 所以伯特接受了这个条件,我们拿着钱去了巴黎,等候了尊贵的夫人[指德纳芙——译注]七天,她终于答应拍摄这部电影。[3]

剧本中的这个角色包含美国人的特征,但是导演以可信度为由改成了非美国人。奥尔德里奇认为"美国人、妓女、被警察爱上"的特征集合是

---

[1] 伯特·雷诺兹(Burt Reynolds,1943—):美国男演员,曾出演《不羁夜》等影片。——译注
[2] 罗伯特·奥尔德里奇(Robert Aldrich,1918—1983):美国电影导演、作家和制片人。——译注
[3] Stuart Byron (interviewing Robert Aldrich), 'I can't get Jimmy Carter to see my movie!', *Film Comment*, 13 (March—April 1977), 52.

不可信的,不管他的直觉是否是一种个人癖性[1](在我个人看来,选择德纳芙出演的决定很棒,但我不认为可信度是其强项),这都不足以说明从无数非美国女演员中选择德纳芙是成立的。对于"香奈儿小姐"的联想性跳跃(associative leap)表明这牵涉到更多的"德纳芙"特征簇的特点,而且"等候了尊贵的夫人"[2]的表述语气暗示选择德纳芙出演妓女的角色,可能是想让"无瑕疵"的人瑕疵化,并利用这种"从香奈儿小姐到妓女"的形象反差。但"德纳芙"特征簇中一定有某些特征促成了这种反差,因为任何从电影角度来描述德纳芙形象的企图都要把布努埃尔(Bunuel)导演的《白昼美人》(*Belle du Jour*)当作核心文本。《白昼美人》和《活跃》两部电影都利用了使德纳芙成为香奈儿的合适能指的那些特征,都通过不同的方式使这些特征为叙事服务,而叙事也引出了这些特征的更黑暗的蕴意。在《白昼美人》中这种无移动性的特征被用来暗示性冷淡和活死人一样的外表。《活跃》中"无瑕性"则从边缘开始破裂。

德纳芙的广告和德纳芙的电影都或多或少地以闭合文本的姿态发挥作用(《白昼美人》和《活跃》这两部影片都比许多其他影片更开放,而像特伦斯·杨(Terence Young)的《魂断梅耶林》(*Mayerling*)这种传统电影甚至比香奈儿广告更封闭):但它们完成闭合的机制却是不同的,我们可以把德纳芙当作常量,同时改变作为她表演的语境的文本实践,以此来达成替换,让这些机制本身通过替换变得可见。替换试验的一直敞开的可能性使香奈儿广告面临某些颠覆。通过一些电影叙事建立

---

[1] 在电影《唱诗班少年》(*The Choirboys*)中,这种集合又出现了,但其"不可接受性"以一种"坏的"施虐——受虐关系的暴力形式被镶嵌在文本中,这种关系导致电影中的警察羞愧和自杀。

[2] 这一表述有助于澄清威廉森复制的另一则德纳芙的香奈儿广告,op. cit., 28,广告中有一张露出头和肩膀的德纳芙与一个香奈儿香水瓶的照片,上面的文字是"这正是作为女人的乐趣之一"。这张照片有些令人费解,因为德纳芙面无笑容,表情严肃,并没有享受任何"乐趣",除了可能是在享受作为一个"尊贵的夫人"的乐趣。

起来的德纳芙形象同样有遭遇颠覆的可能:香奈儿无法阻止我们联想到德纳芙在《白昼美人》和《活跃》中的形象,以及那些形象中一些讨厌的、令人不安的特征。

八

我们仍然需要对于电影选角的历史做更多的细致研究。琳达·罗森克兰茨(Linda Rosencrantz)[1]在最近的一篇文章中对于经典电影曾考虑过的演员人选进行了快速地爬梳,这些材料对于我们理解特定历史时期什么样的明星形象适合扮演什么样的角色很有帮助。有必要将足够细致的实际选角实践的记录,与我们在替换中关于演员和角色之间的匹配性的直觉进行对照。显然,选角受到了意识形态的强力束缚。角色一定要由拥有或能展现该角色所需特征的演员来饰演,剧本中对特征的规定和电影拍摄过程中这些特征的文本化组织,都受到关于什么是"自然"的、什么是"不言而喻的"意识形态假设的控制。

在唐·西格尔(Don Siegel)的《神枪手》(The Shootist)中,约翰·韦恩饰演一个身患癌症的快死的枪手,吉米·史都华饰演诊断疾病的医生。我见过的人中,没人能够想象这两个角色的互换,而且原因很费解。大多数人经过考虑之后认为可以想象史都华饰演韦恩的角色(因为史都华在安东尼·曼(Anthony Mann)的西部片中曾经饰演过粗鲁的角色),但是韦恩饰演医生却似乎是"不符合语法规则的"。但究竟是什么原因让我们觉得韦恩身上的特征和医生矛盾呢?我们对于医生有何

---

[1] 'The role that got away', *Film Comment*, 14(Jan—Feb. 1978), 42—8.

了解呢？描述韦恩时常用的一个形容词是"粗犷"：这和灵敏并不矛盾，韦恩在《赤胆屠龙》(*Rio Bravo*)中就展示过这一面。但是粗犷的气质和医生，特别是外科医生所需要的那种待在室内进行研究的灵敏有些矛盾。当然西部片里的边疆地区的医生并不都是像基戴尔医生那样的，但是不管他本性多好，缺乏优雅的气质还是让人觉得他与东部地区的医生相比，表现了一种能力的退化。边疆的医生可以体现出一些粗犷的特质（经常是由于酒精的原因），但他一般还是要保持一种非硬汉的特质，比如个子不高，身体也不太健壮。这些特征的一个反例是维克多·迈彻(Victor Mature)在福特导演的《侠骨柔情》(*My Darling Clementine*)中所饰演的霍利迪医生。这个医生瘦高健壮，但是患有肺结核、常酗酒还是个书呆子。将他和韦恩替换是不可想象的。

这似乎说明在医院剧特有的类型化语境之外，医生的职业某种程度上不被视为具有足够的男性气质，以至于无法在好莱坞叙事中维持一个中心地位（如《神枪手》这部电影的主角就不可能是史都华）。但这一点颇令人疑惑，因为医生这个职业在美国是备受尊敬的。为什么枪手的角色在叙事上具有这么大的价值呢？这就是替换所揭示的事实迫使我们去质疑的问题。这些问题是没法通过小说的意识形态"反映"模式或"颠倒的反映"模式来轻易回答的，不管被反映的东西是真实的，还是一种文化理想。

九

我想通过回到布莱希特的"根本责备"(fundamental reproach)的方式，来做一个简要的总结。布莱希特认为，由于电影中的角色和演员是合一的，所以不可能在二者之间引入某种距离来促进反思。这方面的确存在问题，但是如果我们不停留在特定时刻呈现在我们面前的某部电影，而是把整个电影机制、甚至是电影之外的普遍的表征性文化当作我们的经验单位（unit of experience）的话，这个问题也不是无法解决的：一个包含各种可能性与不可能性的更大系统，作为一个系统，就像是我们的语言，而且很大程度上也依靠语言。和语言一样，电影的符号系统不是立刻就能通过文本体现出来的：将分析局限于"文本本身"、从方法论的角度排除反事实性陈述都是对教条性的经验主义的投降。

我认为明星制度在演员和角色之间打开了一个有限的缺口，因为它鼓励观众将银幕上的单个形象看成是角色和明星的结合。为了利用这一缺口并使其继续扩大，我们需要意识到角色的含义和明星的含义都以一种看似自然因此值得怀疑的方式，依赖于一个彼此相关的差异网络，这种意识可以通过教学获得提升。我认为替换测试提升了观众的正确的质疑意识。

（张敬源译　杨玲校）

作者简介：约翰·欧·汤普森（John O. Thompson）是英国利物浦大学政治与传播研究学院的讲师。他著有《莎士比亚，隐喻与意义》(*Shakespeare, Metaphor and Meaning*，与安·汤普森合著,1987)、《传媒读本》(*The Media Reader*，与曼纽尔·阿尔瓦拉多（Manuel Alvarado）合编,1990)。

15 | 明星与类型[1]

安德鲁·布里顿

理查德·戴尔的专著《明星》(*Stars*，伦敦，英国电影学院，1979)的一个主要局限是他对明星和类型(genre)的讨论。譬如，他对明星载体电影[2]的论述。

载体电影可能提供(a)与明星相关的某种类型化的角色(例如梦露塑造的"金发无脑"女郎，嘉宝扮演的忧郁的浪漫角色)，(b)与明星相关的某种情境、设定或者类型片语境(generic context)(例如嘉宝总是与有妇之夫有染，韦恩总是出演西部片……)，或者(c)明星展示自己的特长和特质的机会(这在音乐剧的明星中最为明显……同时还包括展示梦露的身体与她摆动的步伐，韦恩电影中的动作戏的机会)。载体电影的重要性一方面在于它们建立的惯例，同时也在于它们对这些惯例的发展，也就是它们的构成要素和这些要素的实现。从某些方面来说，这类明星载体电影很像是西部片、音乐剧、黑帮电影那样的类型电影。如同类型片一样，我们可以在一套明星载体电影中分辨出延续性的图像学(iconography)……视觉风格……和结构。当然，并不是所有由明星拍

---

[1] 本文是安德鲁·布里顿(Andrew Britton)的专著《凯瑟琳·赫本：1930年代及以后》(*Katherine Hepburn: the Thirties and After*)(Newcastle upon Tyne, Tyneside Cinema, 1984)第六章的缩写。——编注

[2] 明星载体电影(star vehicle)指的是为展露明星的才华而特意拍摄的电影。——译注

摄的电影都是为他们量身定做的载体电影,但如果我们从载体电影的角度去观看他们出演过的作品的话,就会注意到那些与载体模式和明星形象不相符的、产生变化的、例外的、颠覆性的电影。

(理查德·戴尔,《明星》,70—71页)

戴尔在这里的根本错误是,"一套明星载体电影"就"像是"一种类型。恰恰相反,类型的存在,以及类型之间的关系是载体电影的一个先决条件:载体电影构成了一个独特的子集,或多或少地具备高度的个性化,其惯例性的关系总是先于明星。所以把"类型片语境"简化为类似"情境或设定"这种松散而模糊的概念是十分误导人的,因为"类型片语境"是与叙事的决定因素不可分割的。事实是,嘉宝并非主要"与有妇之夫有染",而是和"安娜·卡列尼娜"式的结构(精力衰退的年长丈夫/充满激情的年轻妻子/浪漫的情人)相关。除此之外,戴尔的"载体电影的重要性一方面在于它们建立起来的惯例,同时也在于它们对这些惯例的发展"的观点,让我们忘记了发展的可能性是蕴含于惯例之中的(或至少是受限于惯例的),而为某个明星量身定做的载体电影本身绝不是这一发展的主要事实。"安娜·卡列尼娜"的叙事模式暗示了一种完全不依赖嘉宝出演的情节轨迹。这种叙事结构让越轨的女性欲望以通奸的形式获得疏导,然后给女性留下了一个要么放弃、要么死去的"选择"。质疑嘉宝为什么总是被安排这样的戏路当然是十分重要的,但同样清楚的是,这个案例中的载体电影附属于一个有着特殊限制和参数的类型框架。

"安娜·卡列尼娜"是一个具有原型特点的中产阶级叙事,对于这种叙事,嘉宝从某种意义上说是无能为力的:可能的结局(她的电影上演了各种可能想到的变体),甚至是复杂的同情模式(这让我们对女主人公的"罪行"的态度变得成问题)都是预先给定的。当然,从另一个意义上说,她的作为也至关重要,但恰恰是因为她的影片并不"像"类型电影，而是嵌入到了类型电影，我们才能具体看出她发挥的影响。

戴尔对类型电影的讨论隐约支持了罗宾·伍德（Robin Wood）所说的"将各种类型视为不相关联（discrete）"的趋势，大量类型电影理论的典型的唯我性特点都是源自这种观点。如果我们将单一类型中的"图像学、视觉风格和结构的延续性"的隔离当作我们的出发点，我们就会在我们的分析范畴里再生产材料本身所隐含的分割和区别。类型将自身呈现为不相关联的，对它们进行形式主义的分析不可避免地是一种同义反复。

马克思在1857年的《政治经济学批判》的《导言》中曾提出"政治经济学的方法"，对此处涉及的基本理论问题做了经典的阐述：

> 从真实和具体的元素出发，从现实的前提出发，似乎是正确的，例如，在经济学上从作为整个社会生产进程的基础和主体的人口出发。但更仔细的考察会显示出这种做法是错误的。如果我们抛开构成人口的阶级，人口就是一个抽象。这些阶级也将是空洞的术语，如果我们不知道其所依赖的因素，如雇佣劳动，资本等等。而这些因素是以交换、分工、价格等等为前提的。比如资本，如果没有雇佣劳动、价值、货币、价格等等，它就什么也不是。因此，如果我们从人口着手，那么这就是一个混沌的关于整体的表象，经过更仔细的定义之后，我们就会在分析中达到越来越简单的概念；从表象中的具体达到越来越稀薄的抽象，直到达到一些最简单的定义。到了这一步之后，又有必要往回走，再回到人口的概念，不过此时的人口已不是一个混沌的关于整体的表象，而是一个拥有许多决定因素和关系的丰富的总体了。

《德意志意识形态》，C. J. Arthur 主编（Lawrence and Wishart 1978），第140页

因此，情节剧（melodrama）的"真实和具体的元素"也"将是空洞的术语，如果我们不知道其所依赖的因素"；这些因素之一，就是西部片和小镇

喜剧的存在,也即好莱坞电影体制中各种电影类型之间劳动分工的生产与重申。类型的不可化约性的条件,恰恰是它们历史上的互惠性(reciprocity):从一个看似吊诡但却十分确实的意义上说,这些类型的差异正是因为它们的共同之处,而不是尽管有共同点,但仍然彼此不同。它们的共同之处,就是文化中的各种阐释之间的深刻冲突——这种冲突是无法消除的,因为它与文化有关——同一个术语或一套术语被指派了相互冲突的意义。每一种类型都试图通过组织特定的"形式与规则"以及合理的期待来调节冲突,通过这种方式,矛盾的特定显现和解决似乎已成了类型世界的属性。举例来说,《梅琪》(*Margie*)与《越过森林》(*Beyond the Forest*)对美国中部地区的定义与评估就是完全相反的,但两部电影都与类型片所创造的语境相符,因此它们看起来就不那么矛盾重重了。每种类型都有一定的方式、方法来施演和调和矛盾的价值观念和忠诚,每种类型也都存在于与其他类型的互补关系中——这种互补关系通过控制可能的戏剧性存在来自行促进对矛盾的协商。

美国流行电影预设了观众对于类型电影的惯例有着非常精细的了解,能够强烈地意识到此故事世界的逻辑与彼故事世界的差异,好莱坞电影鼓励一种本能的形式主义,将一部电影凝固为它所使用的各种范畴的一个例证。奇观被自然化,并不是因为它的惯例是隐匿的,而是因为它是自我指涉的。

> 如果从类型与现实以及现实的生成的内在主题关系的角度去理解类型,我们就不得不说每一种类型都有其独特的观照现实、对现实进行概念化的方法……每一种重要的类型都是一个由各种有意识地控制和最终确定(finalisation)现实的方式和方法组成的复杂系统。(巴赫金/ P. N. 麦德维杰夫(P. N. Medvedev),《诗学中的形式方法》(*The Formal Method in Poetics*, Johns Hopkins University Press 1978,第 133 页)

由于好莱坞电影类型看起来是个自治的单元，它们与彼此唯一的联系就是它们之间的差异——换句话说，由于各种类型在任何历史时刻所拥有的、共同的"与现实以及现实的生成的内在主题关系"总是被压抑的——一部好莱坞电影所要求的解读，似乎在它被置于相关类型的"方式和方法"的那一刻就被耗尽了。电影采用的惯例及其与可解读性的关系似乎形成了电影指涉的范围。并不是说电影自身不是一个文本，而是说一些特定的文本解读会显得不相干和不合适：文本没有生成或最终确定现实，它"不过是部恐怖片"而已。在这个意义上，类型成了一部电影的商品形式，它作为商品的身份是由娱乐性来保证的，这样就既将电影当成了一个预期的快感对象，同时也将这种快感琐碎化了。

与此相反的，每一部好莱坞电影，无论是什么类型，都必须允许至少一种保守的解读方式。没有任何电影能明确地认可对意识形态的背叛或宣告意识形态的破产，它们通常会采取一种保护性的伪装，在表面上肯定意识形态，而很多好莱坞电影都真诚地、不带任何反讽地提供了这种肯定。确实，反讽的大团圆结局必须以一个毫无反讽意味的大团圆结局为条件。类型电影的表面自治与自我指涉，以及任何一种电影无论其真实意图为何，都必须背书（endorse）整体文化中被大规模再生产的规范的义务，都是在阻挠任何不去肯定现状之正当性的电影，从戏剧世界延伸到观众所栖身的现实。

事实上，我们可以说，好莱坞造就、也遏制了"越过森林"。金·维多（King Vidor）导演的电影《越过森林》（*Beyond the Forest*）之所以可能，因为它"只是"一部贝蒂·戴维斯的电影，而我们都知道贝蒂·戴维斯所体现的东西：对颠覆性作品的结构性同化是预先给定的。与此同时，正是这份保证为《越过森林》提供了空间；而这也是我的基本观点，我认为即便是意图保守的电影也在完成使命的过程中为非官方的用途留下了空间。如果类型，特别是明星载体电影这个亚类型，为好莱坞影片指派了其商品形式，那它们也为其增添了巨大的密度和复杂性，电影的商品身份实际上可以促进对于类型的创新与越轨性使用。正是因为《越过森林》不过是贝蒂·戴维斯的另一部情节剧，它才能表现这部电影所能表现的东西。

这个论点对于明星研究来说有若干重要的寓意。

1. 明星在其电影中上演的矛盾至少一直都潜藏于特定类型中。《扬帆》(*Now, Voyager*)是一部贝蒂·戴维斯的片子，而"贝蒂·戴维斯"这个名字则是与高深喜剧(sophisticated comedy)相关的情节剧的一种子集或变体。约翰·韦恩、加里·库珀、吉米·史都华、亨利·方达和克林特·伊斯特伍德都是独具特色的人格，也都曾在不同时期扮演过西部片的主人公，如果不联系西部英雄这个概念或西部片类型所彰显的、某个具体的当代时刻所折射出的美国白人历史的神话所蕴含的紧张，我们就无法对他们进行深入分析。

2. 因此，我们必须严格分辨明星作为其电影中的矛盾的化身/调停者的功能与他们的其他功能和含义。戴尔正确地提出，嘉宝的息影和她的作品一样是嘉宝神话的关键一环，但这也还是在说嘉宝神话将嘉宝电影(一种关注女性的压迫和自决的电影类型的高度特殊化的变体)的含义神秘化了。嘉宝神话是自发的、同质的、自给自足的：嘉宝的电影只有在和赫本、戴维斯与黛德丽的电影联系起来时才具有可读性，而这些电影都根植于类型的历史境况。"《瑞典女王》(*Queen Christina*)是一部嘉宝电影"这句话可能要么假定了电影的商品形式，要么假定了它的分析范畴，但最终将是该电影的类型决定这句话的意义。显然，嘉宝神话的结果及其他对电影的追溯效力具有根本的重要性。《瑞典女王》的最后一个镜头作为一个可抽取的膜拜物(fetish)是这一神话的关键，不过它也有一种戏剧功能，描述了女性的浪漫激情的终点——从历史中被驱逐，并被僵化为一个圣像(icon)(克里斯蒂娜刚向她垂死的恋人诉说永不分离)。这一幕表现了这两种意义之间的张力，神话将第二种意义纳入了被假定代表"嘉宝的本质"的爱情悲歌。我们只有把影片的结尾视为类型清单(这一清单常被用来压制嘉宝所提出的问题)的一项时,才能重新发现嘉宝人格中的紧张和更激进的倾向。实际上,神话的本质化倾向就是一个遏制的过程,而且模糊了嘉宝作为情节剧的演员所获得的意义。

3. 许多明星都反复跨越了不同的类型。在某些案例中,明星在他/她的职业生涯中的某个阶段专门出演一类电影——比如,嘉宝在她最后两部片子之前,就只出演情节剧。还有一些明星,更是和特定类型联系在一起:如大部分有着特殊才能的音乐剧明星,以及罗伊·罗杰斯(Roy Rogers)、吉恩·奥特里(Gene Autry)等西部片影星,或是像卡洛夫或卢戈西那样几乎就是为某个具体角色而生的明星。[1]但是大部分明星都还是同时出演不止一种类型的电影。例如,赫本在1940到1950年代,出演了不少喜剧与情节剧,而史都华在1950年代与导演安东尼·曼(Anthony Mann)合作了动作片与家庭情节剧,同时还出演了希区柯克的惊悚—情节剧。

这并不真的意味着一个明星的作品能够构成一种新的类型实体,但却再次展示了各种类型之间的历史渗透性。产生了史都华/曼的西部片中的动作英雄的历史语境,也在西部片中为先前被边缘化的考量和主题创造了一个空间,并让西部片转向了情节剧和哥特电影。一贯被想当然的男性行动的驱动力和基本理由,变得很成问题(1940年代晚期的伟大西部片及其补充,黑色电影,对这一进程的展开做了详细的描述),而类型作为矛盾调节者的功能也被它自身的发展轨迹所打乱。史都华本来代表的是英勇的冒险者、法律的创造者与守护者,现在却变得有强迫症、精神分裂和不善言辞,也就是说,具有情节剧风格了。

如果说史都华的例子,典型地说明了类型电影彼此继承和重申其

──────────

〔1〕 英国演员卡洛夫(Boris Karloff,1887—1969)和美国演员卢戈西(Bela Lugosi,1882—1956)都是以出演恐怖片中的角色而闻名。——译注

惯例所欲边缘化或排除的事物的倾向,赫本在情节剧与喜剧中的摇摆,则让我们注意到各个不同的类型为了解决相似的问题所采取的策略之间的异同。戴维斯、斯坦威克(Stanwyck)和罗素(Russell)等明星的职业生涯揭示了一种雷同的模式,这一事实警告我们将明星分割开来与对类型进行划分一样都是危险的。作为例证,让我们将《费城故事》(*The Philadelphia Story*)、《妮诺契卡》(*Ninotchka*)和《碧血烟花》(*Destry Rides Again*)三部影片并置在一处来讨论。这三部影片分属不同类型,依次是高深喜剧,浪漫喜剧(romantic comedy)与西部片,但都拍摄于1939年。它们分别是为赫本、嘉宝与黛德丽三位明星打造的载体电影,这三位女星都在1937年被《综艺》(*Variety*)杂志打上了"票房毒药"的标签,每部影片都通过修饰明星的形象成功地重建了其商业价值。

在此处重申这三位影星在人格上的共同特质是没有必要的:她们都特征鲜明,鉴于她们复杂的性别身份,她们也在同一时刻引发了争议。她们的个人特征反映在她们重建商业价值时选择的影片类型上:保持与过去角色的连续性是恰当解决她们身上的棘手要素的前提条件之一。因此嘉宝选择了浪漫喜剧,试图去维持她与轰轰烈烈的浪漫爱情的联系,同时避免悲剧与失败的结局:这种类型的惯例允许浪漫冲动在资产阶级—资本主义的现状中获得安顿,并将浪漫主义的主题合法化为反抗,这种反抗是嘉宝作品的重要组成部分。类似的,黛德丽在《碧血烟花》中扮演的沙龙艺人的角色,重申了她的轻佻女歌手的形象,但又远离了异域风情的歌舞表演的气氛,并用一种类型化的语言来压制这种气氛;而高深喜剧的"世界"则被清晰地标记为强调并改善赫本令人讨厌的"上流社会的姑娘"的形象的必要媒介。

这种利用类型的可能性,已经是颇有启示性的了。在每一个案例中,用一种类型来解决或缓和另一种类型所激化的紧张,都是基于类型"代表了处理同一种意识形态紧张的不同策略"的事实(伍德,同上)。同样的,三部电影所使用的不同的类型策略(strategies)体现了一个共同的意识形态战略(tactic)：它们的叙事运动是高度雷同的。

（1）每一个明星/角色，在开始都被安置在一个拥有社会权力的位置。法兰奇/黛德丽是瓶颈镇的"真正老大"；妮诺契卡/嘉宝是个苏维埃政委；奇希·劳尔兹/赫本既是来自新英格兰的生活优裕的女继承人，又是家族里的原动力。

（2）这一社会权力看起来非常的不民主、不美国化。法兰奇的权威对一个有机的边疆社群的"法律与秩序"来说十分有害，妮诺契卡是个布尔什维克，而奇希则是对民粹主义信念的活生生的冒犯。

（3）此外，女性的权力和她们对来自男人的性管控的抵抗相关。法兰奇夺走了加拉罕（《碧血烟花》中被喜剧性地阉割了的男性，由米沙·奥尔(Mischa Auer)扮演的裤子，用性魅力让瓶颈镇的男人都拜倒在她的石榴裙下，并坚持索要"男人在幕后所拥有的一切"。妮诺契卡反对"资本主义社会里傲慢自大的男性"，并将浪漫爱情看做是用来奴役女性欲望的神话。奇希是一个任何男人也无法占有的"童贞女神"，她对男性的双重恶习，即性依赖和性机会主义进行了严厉的批评。

（4）一位男性教育者让女人重新皈依资本主义和"女性气质"。《碧血烟花》中，德斯特尼擦去法兰奇的妆容，要求她"不要辜负"这张被浓妆遮掩的"可爱脸蛋"；随后，法兰奇对德斯特尼死心塌地，将象征她幕后权力的幸运兔脚交给了他（德斯特尼称他希望那是个"又大又强壮的兔子"）。妮诺契卡在爱情中发现，革命必须要推迟："给我们属于我们的时刻！"奇希认识到她对电影中的所有男人都不太公平，她的强势就是他们软弱的根源，并且重新嫁给了她之前轻蔑拒绝的丈夫。

毫无疑问，这些主题在其他的美国电影中也有，只是那些影片不一定有这三部电影中由三位女星带来的复杂性、暧昧性和不和谐。关键是我们在这里有一个非常引人注目和具体的例子，清晰地揭示了不同的明星人格之间、各个类型之间的关联，以及类型电影与明星载体电影之间的辩证关系。让黛德丽来出演一个沙龙艺人是将她的角色定位在了类型片的世界里(就像其他类型片里的相关角色类型),与角色相对应的评价和戏剧性的人生都会被类型片的惯例所严重束缚。尽管黛德丽的存在不能避免角色的类型化命运,而且这种命运本来就是选角的决定因素之一,但出于同样原因,选角(毕竟是由黛德丽而不是弗吉尼亚·梅奥[1]来担任主演)仍然会对角色类型(character-type)的类型化判断的强制性实施产生一定的影响。其结果是在影片中出现了有关价值与忠诚的严峻危机,对于"法律"和"秩序"的相关评价,以及这些范畴的内在连贯性都被深刻扰乱了。我们只要比较一下法兰奇/黛德丽与《侠骨柔情》(*My Darling Clementine*)中的吉娃娃/琳达·达内尔(Linda Darnell),就能意识到这样的危机虽然是隐含于类型之中的,但它的上演却并非如此:对于特定演员的选择,显然是一种可能的催化(另一种可能是某个特定导演的干预)。电影中的明星必须永远被解读为一个基于极其复杂和精心设计的主题和动机,并对这些主题和动机进行干预的戏剧性存在,这种存在因而让我们注意到类型的社会现实的某种特殊状态,以及类型之间的关系。比如说,黛德丽对《碧血烟花》的影响在最后一幕中表现得很明显,在法兰奇死后,电影流露出对她的死亡的惋惜:胜利的长老走在新近文明化的小镇的街上,他的门徒,一个男孩,走在他身边,模仿着他的每一个动作,对面驶过来一辆四轮马车,里面全是高唱着法兰奇的第一首歌《小乔》(*Little Joe*)的姑娘。黛德丽将这部电影的歌舞主题展现成被压抑的音乐剧特色的正面回归,并且通过这种方式为该电影对于老镇的定义增加了一丝暧昧。

4. 任何一套明星载体电影都揭示了一些反复出现的主题与风格特征,它们的特定运作和发展的确都是由明星的存在所决定的。然而,必须做出一些关键的区分和辨别。像查尔斯·阿弗农(Charles Affron)指

---

[1] 弗吉尼亚·梅奥(Virginia Mayo,1920—2005):美国电影演员和舞蹈演员。曾在1940年代的一系列电影中扮演了梦中情人和邻家女孩的角色。——译注

出的那样(《明星表演》(*Star Acting*, E. P. Dutton, New York 1977,第95页),围绕嘉宝的脸的首次出现所制造的巨大惊奇(*coup de théâtre*)是她的许多电影中的一个典型的修辞节点,这让我们注意到面孔对于明星人格的特殊价值和意义。与此同时,这个手法是传统的明星出场的特定变体——我们不妨想想赫本在《早间主播》(*Morning Glory*),黛德丽在《上海快车》(*Shanghai Express*),韦恩在《关山飞渡》(*Stagecoach*),鲍嘉在《卡萨布兰卡》(*Casablanca*)中的出场。这种惯例的效力,使得《扬帆》中的精彩开头得以成为可能,该片首先精心制造出对贝蒂·戴维斯"出场"的期待,随后又突然破坏了这种期待。相反地,某些嘉宝电影的主题,比如对她抚摸无生命的对象或与无生命的对象进行感性沟通的强调,是专属于嘉宝的。父女关系是赫本电影的核心,但这种关系在嘉宝的影片中很少出现(《安娜·卡列尼娜》与《瑞典女王》是重要的例外),老夫少妻的关系才是嘉宝电影的标志,赫本则很少出演这样的角色。这些主题都将没有太大的意义,如果我们从情节剧的语言来推断它们,或忽视如下的事实,即这些差异是情节剧类型中的明星载体电影独特但却互补的干预所造成的。

(赵婧译 杨玲校)

作者简介:安德鲁·布里顿(Andrew Britton)任教于英国华威大学与埃塞克斯大学,在电影领域著述颇丰,成果包括发表于《电影》(*Movie*)和《电影行动》(*Cinema Action*)杂志上的多篇论文,以及《加利·格兰特:喜剧与男性欲望》(*Cary Grant: Comedy and Male Desire*, Tyneside Cinema,1983)和《凯瑟琳·赫本:30年代及以后》(*Katharine Hepburn: The Thirties and After*, Tyneside Cinema,1984)两部专著。

16 | 情节剧的符号

克里斯汀·格莱德希尔

1970年代末,人们对明星和情节剧(melodrama)同时出现了评论的兴趣,这一事实可能并不是巧合。关于这两者的关系有一些有趣的观点,其中最值得注意的就是让·卢普·布尔热(Jean Loup Bourget)关于琼·克劳馥作为"情节剧的脸面"的文章以及安德鲁·布里顿(Andrew Britton)关于凯瑟琳·赫本的眼泪的评论,[1]但尚未出现对二者关系的持续深入的探讨。本章首先提出了将明星当作情节剧修辞系统的符号的假设,随后审视了近期关于两种现象的一些研究成果,并通过比较这些成果中所使用的术语之间的相似性进一步探讨了上述假设。

情节剧通常有两个含义,一是指一种很受欢迎但是早已被取代的维多利亚戏剧,二是指集中表现家庭和私人生活,特别是将女性作为中心的好莱坞家庭剧。然而,如果我们想了解明星和情节剧之间的关联,我们最好将这一术语当作一种涵盖一系列好莱坞类型片的样式(mode)。关于这一点有很多先例。19世纪西方的情节剧尽管主要是在舞台上获得了最系统化的发展,但它不仅包括了从军事题材到家庭题材的各种广泛的不同戏剧类型,同时也提供了一种观看世界的方式,对许多艺术和智识生产领域都产生了影响。情节剧在当代的相对弱势

---

[1] J. Bourget, 'Faces of the American melodrama: Joan Crawford', *Film Reader*, 3(1978), and A. Britton, *Katharine Hepburn: The Thirties and After* (Newcastle upon Tyne: Tyneside Cinema, 1984). 布里顿(Britton)一书的节选作为第15章收入本书。

是由于作为文化价值试金石的现实主义的崛起，以及情节剧被隔离为一种女性形式所造成的。[1] 想要了解当代流行文化中情节剧样式的运作，很重要的一点就是要把握情节剧从维多利亚时期到现代影视形态的变迁。明星可说是构成了这一转型过程中的一种重要机制。

一、人与情节剧计划

安德鲁·布里顿曾提道："好莱坞明星制度是对[情节剧]人物和表演传统的极其复杂精细的发展，不考虑这一传统就很难理解明星制度"。[2] 从这个意义上说，情节剧和明星制度之间的一个主要的概念性联系，就是"人"（person）这个概念对于两个系统的核心重要性。比如，理查德·戴尔认为，明星的魅力就在于他们展现了特定类型的人的样貌。[3] 托马斯·埃尔赛瑟（Thomas Elsaesser）则强调了对于情节剧所处理的社会和意识形态矛盾而言十分重要的个性化（personalisation）过程："情节剧的持续流行表明，流行文化……坚定地拒绝用私人语境和情感之外的方式来理解社会变化"。[4]

毫无意外地，情节剧和明星的研究者都将对于人的关注与资产阶级意识形态及其关键概念——个人（individual）联系了起来。个人主义的意识形态传统上也被认定为小说的创作源泉。然而小说在很大程度

---

[1] 我在 C. Gledhill（ed.），*Home Is Where the Heart Is*（London：British Film Institute，1987）一书中的'The melodramatic field：an investigation'一文中，对这些问题有更全面的讨论。
[2] Britton, op. cit., 102.
[3] R. Dyer, *Stars*（London：British Film Institute, 1979）.
[4] T. Elsaesser, 'Tales of sound and fury', in Gledhill, op. cit., 47.

上是和现实主义样式联系在一起的,通过现实主义,一个由个人视角建立起来的世俗的虚构世界维系了对资产阶级社会的想象。理查德·戴尔注意到,明星在很大程度上集中体现了小说中的资产阶级英雄的胜利。[1] 但他通过对小说角色与电影角色和明星形象的对比发现,后两者都没办法完整地表现出现实主义标准所要求的内在性(interiority)和个体性(individuation)。它们中的典型(typage)元素还是太显著了。安德鲁·布里顿引人深思的评论让我们能够用另一种角度来看待情节剧。

在追踪情节剧的谱系时,托马斯·埃尔赛瑟辨识了两种完全相反的趋势。从中世纪道德剧和民间歌谣的传统中衍生出了一种"非心理学的剧中人(dramatis personae)的概念,这个人物更多的是在展现行动以及在一个系统里将一系列场所串联起来,而非作为一个自治的个体"。而在源自法国大革命后的浪漫主义戏剧的另一个传统中,埃尔赛瑟发现了对于私人情感以及(清教和虔诚派的)道德良知的内化(interiorised)的强调。[2] 因此公共的、象征性的典型人物和强调私人属性的个性化之间就产生了冲突。

在《情节剧的想象》(The Melodramatic Imagination)一书中,彼得·布鲁克斯(Peter Brooks)对情节剧进行了论述,他认为,这种冲突来源于对现实生活中神话意义的矛盾性需求。[3] 情节剧和现实主义有着相同的运作领域,即资产阶级资本主义的世俗世界,但是情节剧弥补了被现实主义取代的部分。根据布鲁克斯的分析,资产阶级革命通过个人变成政治和社会秩序中心的世俗化过程,破坏了宗教、贵族和国家的等级秩序所反映的神圣世界秩序的合法性。这种改变带来了两种后

---

[1] Dyer, op. cit., 102.
[2] Elsaesser, op. cit., 44,45.
[3] P. Brooks, *The Melodramatic Imagination* (New Haven: Yale University Press, 1976).

果：首先，它提出了在一个个人至上的秩序中如何进行社会控制的政治疑问，其次，它打开了意义和个人动机方面的存在主义缺口。从这个角度来看，社会秩序的合法性不再只是单纯的政治议题，而是一个心灵(psychic)议题：新出现的个人范畴一定要包含一个能够回答有关承诺、辩护和终极意义等问题的理论基础。

一些文化形式曾承担过这一功能，如寓言或悲剧，而情节剧的崛起则是对这些文化形式的可信度的丧失所做出的回应。布鲁克斯认为，情节剧的直接历史任务是展现他认为的"道德奥秘(moral occult)……存储着神话的碎片化以及去神圣化的残余物的容器……一个意义与价值的领域"。[1] 情节剧与现实主义的惯例相联系，但却质疑了社会符码的适当性以及启蒙运动中产生的表征惯例。情节剧力图在日常生活琐事中展现善恶间持续的二元对立，这种对立和斗争为人类行动注入了伦理后果和意义。

在描述明星现象产生的基础时，布鲁克斯认为，道德价值的唯一来源就位于人类个性(personality)本身：

> 神话的创造现在只能是个人化的，私人化的……个性本身越来越成为最能宣称具有神圣身份的实体。随着其他原则和标准的崩塌，个体自我(individual ego)宣告了其核心的、压倒一切的价值，并要求成为万物的准则。[2]

这里作为欲望与动机来源的"人"，也在后神圣世界中成了道德准则的来源。对19世纪情节剧的道德的解读，为20世纪流行文化的人物和表演的心理化做了准备："后神圣世界的伦理律令已经被情感化了，被等同为情感状态和心灵关系，以至于情感和道德的表达变得难以

---

[1] Brooks, op. cit., 4.
[2] Brooks, op. cit., 16.

区分"。[1]

如安德鲁·布里顿所注意到的,人还持有一个用"神秘而紧凑的形式分离出来的某种阶级和性别特征"来定义的社会位置。[2]年龄、种族和族裔也提供了同样的象征性特征。然而正如布里顿的阐述所暗示的,情节剧人格(personae)的类型化方式和目的,都与经典现实主义小说中的社会典型不同。现实主义小说中,围绕个体化角色的社会细节的积累都是为了引导读者从个人走向社会网络,在这个社会网络中,角色充当了典型。情节剧中,这一过程被反转了。情节剧的象征性类型并不将人引向社会,而是引向充满社会和意识形态压力的内心世界。如布鲁克斯所言,在情节剧的世界观中,"只有个性才是人与人交流的有效途径"。[3]

然而,内化并不意味着圆形人物(rounded character)的内在性和复杂性。彼得·布鲁克斯详细解释了这一悖论:

> 从这个意义上说,情节剧是没有"心理学"的;角色并没有什么内在深度。……寻找内心冲突或者"情节剧心理学"是虚妄的;因为情节剧将冲突和心理结构都外化了(exteriorizes),产生了我们可以称之为"心理学的情节剧"的东西。[4]

社会因素的内化伴随着一个外化的过程,在这个过程中,情感状态和道德情况被表达为情节剧人物类型的行动。如罗伯特·黑尔曼(Robert Heilman)所言,戏剧冲突不是在人物角色中被演绎出来的,而是在角色和外部力量之间被演绎的,不管这些外部力量是"人、群体、事件还是自然"。[5]这种内化和外化的双重运动,解释了托马斯·埃尔赛瑟的两

---

[1] Brooks, op. cit., 42.
[2] Brooks, op. cit., 102.
[3] Brooks, op. cit., 33.
[4] Brooks, op. cit., 35—6.
[5] R. Heilman, *Tragedy and Melodrama* (Seattle: University of Washington Press, 1968).

种传统所暗示的情节剧角色的象征性和个人性、公共性与私人性的悖论式联合。

二、情节剧的人格化与明星

明星的建构展现了许多情节剧剧中人的特点。情节剧的人物刻画是通过人格化（personfication）过程表现出来的，在此过程中演员以及作为叙事空间中的行动者的虚构人物体现了道德的力量。"情节剧的善与恶是非常个人化的，最引人注目的是，恶就是罪恶，是通过一个肤色黝黑、身披斗篷、声音低沉的男人表现出来的"。[1] 道理力量则是个性的传达，是通过角色的身体、举止、穿着和行动被外化的。这种对于身体的诉求恰好与18世纪的表现性（expressivity）理论相一致，表现性理论认为自发的动作、举止、面部表情以及含混的声音是一种可以绕过社会语言惯例的限制的更自然、更真实的语言。姿势揭示了语言试图隐藏的东西。因此在情节剧中，"善恶都是道德感受"，[2] 姿势成了道德力量和个人欲望之间的重要联系。这些理论影响了绘画和表演模式，并通过19世纪一系列的表演指南得到普及，这些指南悖论性地试图根据与性别和社会阶级相关的不同的情感状态以及道德情况，来系统化地整理姿势和动作的全部清单。[3]

明星的人格也是通过类似方式建构的。明星主要通过身体来与他

---

[1] Brooks, op. cit., 16—17.
[2] Brooks, op. cit., 54.
[3] 参见 L. James, 'Is Jerrold's Black-Eyed Susan more important than Wordsworth's Lucy?', in D. Bradby, L. James and B. Sharrat(eds), *Performance and Politics in Popular Drama* (Cambridge: Cambridge University Press, 1981).

们的观众接触。摄影,特别是特写镜头,提供给观众相对于现实生活中的接触来说更近、更持久的凝视明星的机会。[1] 巴拉兹(Bela Balázs)认为,演员面孔的特写可以被视为"灵魂之窗",在其中"可以发现比任何语言都更加坦白、更加不受限制的表达,因为这是本能的、潜意识的表达。面部语言是不受限制和控制的"。[2]

科林·麦克阿瑟(Colin McArthur)认为,明星的含义"几乎都是来自于身体特征:演员的体格,他们的面孔和身体所传达出的身世经历,以及他们走路和讲话的方式等"。[3] 如同情节剧的人物一样,演员的这些特征也是经过选择和强调的,以便制造出象征性效果。劳伦斯·阿洛韦(Lawrence Alloway)将明星视为"最大化的类型"(maximised types)。"电影中的人物所体现的年龄、美貌、力量、复仇等等状态都是根据当时的情况进行了最大化处理"。[4]

情节剧的人格化模式不仅仅是面部表情和姿势的问题。尼古拉斯·瓦达克(Nicolas Vardac)关于19世纪台词本的研究揭示了情节剧是如何让角色从属于叙事活动、舞台装置、灯光效果和剧场调度的,换句话说,就是让角色服从视觉效果而不是语言效果。比如,他认为亨利·欧文(Henry Irving)的"进入壮观画卷的壮观出场"是一种图像式的人物塑造方式,本质上是电影式的。[5] 明星的人格也提供了同样的图像式存在,他们不管在银幕内外都为摄影机做好了准备,随时备好合适的场景、服装和饰品。明星在电影中的出场经常需要叙事和视觉层次的铺垫,让观众充满期待,以满足类似的视觉快感。

---

[1] 关于特写镜头与罗伯特·雷德福之间的关系的讨论,参见 S. McKnight, *Star Dossier 3: Robert Redford* (London: BFI Education, 1989).

[2] 引自 Dyer, op. cit., 17.

[3] C. McArthur, 'The real presence', in R. Dyer, *Teachers' Study Guide 1: The Stars* (London: BFI Education, 1979), 99.

[4] L. Alloway, *Violent America* (New York: Museum of Modern Art, 1971), 12.

[5] N. Vardac, *Stage to Screen* (Cambridge, Mass.: Harvard University Press, 1949), 93—107.

三、情节剧身份和明星

在彼得·布鲁克斯对于情节剧美学的研究中,人格化的目标是能够产生清楚的心理和道德身份:"戏剧的结果更多的是要让这个世界的道德变得更加清晰,而不是美德的胜利"。[1] 从这个角度来说,情节剧是一种误解和澄清的戏剧。其高潮是一种"提名"(nomination)的行为,人物最终宣布其真实身份,要求获得此前被故意的欺骗、隐藏的秘密和捆绑的誓言与忠诚所阻碍的公众认可。比如说,美国情节剧《酒徒》(*The Drunkard*, 1844) 的尾声中,一个最终被揭发的腐败律师克里布斯(Cribbs)说出了他的根本动机:

> 克里布斯:复仇和贪婪是我最重要的本性!我用心中最深沉最黑暗的感受痛恨爱德华·米德尔顿(Edward Middleton)的父亲⋯⋯
>
> 兰斯洛(Rencelaw):你还有忏悔的机会。
>
> 克里布斯:没有,我是个恶人,让我到死也是个恶人![2]

情节剧人物为心理状态和道德身份提供了象征性和私密性的人格化。罗伯特·黑尔曼认为,这类人物是单一情感的(monopathic),能够展示"感情的单一性",是悲剧英雄的分裂性自我的反面。情节剧人格致力于展现其主要欲望,不在乎道德和社会禁忌或人际冲突。

情节剧身份的这些特点,在许诺清晰表达个人身份的电影明星的

---

[1] Brooks, op. cit., 42.
[2] J. L. Smith (ed.), *Victorian Melodramas* (London: Dent, 1976), 136—7.

人格中得到了复制。比如，科林·麦克阿瑟曾说过，柯克·道格拉斯[1]和理查德·威德马克[2]"强迫性的现代感受力和身体呈现，让他们非常适合扮演神经质和精神病角色"。[3]好莱坞电影经常利用这些知识来重演误解和揭露的情节剧。在器官移植惊悚片《昏迷》(*Coma*)中，威德马克饰演了一位满头银发、慈父式的外科主任，直到他拍卖人体器官的阴谋被人发现，他隐藏的威胁性才被暴露，他镇静地说出资本主义医学的逻辑，并像《酒徒》中的克里布斯一样为其恶人身份辩护。

明星载体电影(star vehicle)经常把明星置于一个起初抑制其完整人格的位置。比如，克林特·伊斯特伍德的很多电影的开头，都展现了一个被践踏的失败者的形象。观众们兴奋地期待这一人物最后变成克林特·伊斯特伍德。[4]这种策略一个很出名的例子就是《扬帆》(*Now, Voyager*)。影片开头，贝蒂·戴维斯饰演了一个压抑邋遢、几乎濒临精神崩溃的未婚女子。随着电影的展开，她经历了化茧成蝶的变化，最后展现出了戴维斯人格的全部魅力。在这些案例中，明星结构本身就包含了认出(recognition)的戏码。这一点在明星自传中也有所体现，明星自传关注明星成名前的人格，以及那个引起公众膜拜的身份的逐渐浮现：即从诺玛·珍·贝克到玛丽莲·梦露[5]的历程。

---

[1] 柯克·道格拉斯(Kirk Douglas, 1916—)：美国演员、制片人、导演、作家和慈善家，一生出演了90多部影片，曾获奥斯卡终身成就奖。以情感强烈的现实主义演技闻名。——译注

[2] 理查德·威德马克(Richard Widmark, 1914—2008)：美国演员，曾出演《纽伦堡审判》《东方快车谋杀案》等影片。——译注

[3] McArthur, op. cit., 101.

[4] 感谢安吉拉·马丁(Angela Martin)对于克林特·伊斯特伍德的评论。

[5] 玛丽莲·梦露原名诺玛·珍·贝克(Norma Jean Baker)，梦露是她的艺名。——译注

四、过度

众所周知,情节剧身份的产生涉及一种表达的过度(excess):夸张的情感、夸张的姿态、夸张的情绪、雄辩的演讲、壮观的布景等等。明星的人格在其扮演的电影角色、在他们银幕下的奢华生活以及在粉丝和评论的反馈中也制造出类似的过度:

> 查尔斯·赫斯顿[1]是一个典范。他自身便可构成一出悲剧,他在任何电影里的存在本身就足够为影片增色。他忧郁冷冽的眼神所表达的被压抑的暴力,鹰一般的侧脸、眉宇间所展现出的专横、嘴角硬朗苦涩的曲线,以及能够爆发出惊人力量的躯干——这些都是他天生的资本,即便最糟糕的导演也不能够将之泯灭。[2]

彼得·布鲁克斯将这种过度解释为情节剧的欲望和压制之间冲突的产物,此乃世俗的、后启蒙和新教世界的核心特点。[3] 由于没有道德奥秘的经验性证据,以及面临语言、社会、心理和体制方面的限制,这种奥秘经常是通过一些非语言性的方式获得表达。道德律令出现在人类欲望的表达纠结中,通过视觉比喻、姿势或象征性的语言造成了一种能指的过度,并提出了"针对意义的宽泛而脆弱的主张"。[4] 米歇尔·穆雷(Michel Mourlet)曾为这种"通过身体的戏剧表征对于幸福的追求"的

---

[1] 查尔斯·赫斯顿(Charles Heston,1923—2008):美国男演员,曾凭借影片《宾虚》获奥斯卡最佳男主角奖。参见本书第17章。——译注
[2] M. Mourlet,'In defence of violence',参见本书第17章。
[3] Brooks, op. cit., 41.
[4] Brooks, op. cit., 199.

好莱坞美学的暴力进行过辩护。[1] 语言文字和心理性格的建构总是会伴随着语言符码和社会礼仪的限制,而情节剧和明星的人格化所包含的外化过程则通过回避这些限制,支持了穆雷所说的好莱坞美学。

情节剧的过度,与其致力于反映现实世界的形式构成了一种悖论关系。明星制中也存在着同样的悖论。如果说情节剧中的过度时刻将兴奋和意义注入平凡的人物和关系当中,那么明星就是普通人的代表,由于明星身份所赋予的强度,普通人的普通悲喜都变得不同寻常。如果说情节剧在确认社会习俗边界的同时,通过恶人破坏边界的意志而获得其能量,那么明星制就是在倡导模范家庭生活,这种生活因令人兴奋的丑闻迹象而闪亮。

五、从舞台到银幕的明星身份

理查德·戴尔认为,明星现象产生于个人主义兴起的 18 世纪。当时一些著名的演员在宣传他们所扮演的角色的同时,也开始宣传他们自己的个性和演技,声称表演中的个性提升了人物塑造的现实主义。[2] 不过,演员的个性还是通过其表演者的身份获得名望的,这使得观众可以用演员的名字来命名角色。比如盖里克(Garrick)的哈姆雷特,基恩(Kean)的理查德三世等等。当演员的银幕外及舞台下的生活,在半自主的人格或形象的生产中与他们所表演的角色同样重要时,真正的明星身份就诞生了,这一发展同时还有赖于新闻和摄影的广泛传播。

---

[1] Mourlet,参见本书第 17 章。
[2] Dyer, *Stars*, op. cit., 102.

从演员所饰演的角色到演员私人生活的滑动,表明了个性化过程的强化,在这一过程中,情节剧的象征性、道德性图式和社会现实之间的关系被重塑。首先,明星依附于一个活生生的、历史性的人,这为情节剧的人格提供了(用戴尔的话说就是)本真性的保证。自然主义、现实主义和本真性在世纪之交成为关键术语。当时,戏剧寻求获得文学和批评方面的尊重,情节剧被贬低为只适合妇孺的低级趣味。然而,正如我所说的,现实主义和情节剧美学之间并不是对立的。相反,它们代表了应对同样的意识形态和文化境况的不同路径。在19世纪,这两种路径是和尼古拉斯·瓦达克所说的"浪漫现实主义"美学一起发展起来的。瓦达克认为,电影提供了一种能够用现实主义方式再现浪漫主义幻想的高级技术方式。[1]然而,一旦当电影站稳脚跟,它就开始寻求一种可以吸引更富有的中产阶级观众的文化声望,这就要求情节剧实践和主题的转变与现代化,以便符合新戏剧和自然主义的声望、不断变化的社会风气以及逼真性(verisimilitude)的新标准。明星是这个过程中的关键人物。[2]

如果像彼得·布鲁克斯所说,情节剧想象的主要目的是发现"道德奥秘"的标志,那么这必然成为一个持续进行的为新观众开发新形式的过程。可以说19世纪最后十年里主要的技术、社会和政治变化使得这种改变更加迫切。本雅明·麦克阿瑟(Benjamin McArthur)对于美国戏剧明星的崛起的研究,表明了明星是如何为这种调整做出贡献的。鉴于清教徒对戏剧的取缔(戏剧被当作是一种具有欺骗性且不道德的行为),演员一直是美国社会的边缘人群。这种情况在19世纪末新闻不

---

[1] Vardac, op. cit. 关于情节剧和现实主义之间关系的讨论也可参见 R. Altman, 'Dickens, Griffith, and film theory', *The South Atlantic Quarterly*, 88, 2 (Spring 1989)以及 J. Stratton, 'Watching the detectives: television melodrama and its genres', *Australasian Drama Studies*, 10(April 1987).

[2] 也可参见本书中理查德·德闯多瓦的文章。

断关注戏剧明星时发生了改变。麦克阿瑟认为这和"世纪末对维多利亚时代社会规范的反抗有关,这种反抗不仅表达了对传统虔诚和社会礼仪的质疑,同时也从根本上质疑了权威本身"。[1] 与此同时,还出现了对 19 世纪情节剧式的人格化的拒斥,这种人格化保存了现如今已经僵化的资产阶级道德的价值积淀。随着这些社会变化,日益崛起的大众传媒在代表重建中的社会价值和身份的明星身上,发现了当代人格化的全新模式。因此,麦克阿瑟认为,明星代替了教会和建制(establishment)的职能,成为"道德和生活方式的典范"。[2] 上述提到的表演和明星身份的著名悖论,为伦理想象的欲望和禁忌提供了施展的舞台。

　　从形式上说,明星作为一种混合结构,能够处理好情节剧的象征性和非心理性人格与其从个人角度展现社会和道德力量的驱动力(这种驱动力来源于 19 世纪末对现实主义与日俱增的关切)之间的矛盾。我这里涉及的要素包括"真人"(real person)、明星在电影中扮演的"人物"或"角色"以及独立存在于真人和电影人物之外的明星的"人格",这三者组合在一起形成了一种公共"在场"(presence)。真人是不固定的、不断变化的身体属性、本能、心理驱动力和经验的领域。与此相对的,电影人物或角色则是相对成型的,被虚构的和刻板定型的惯例所固定。而人格,则将私人生活打造成了公共的和象征的形态,它一方面利用了普遍的社会类型和电影角色,另一方面又从真人身上的不可预知性中获得了本真性。人格对于受制于电子媒介拷问的真人的依赖,使得对于人物的小说式的心理化过程不再成为必须,但还是保留了情节剧身份所需的象征维度。

　　类型(genre)对于真人、明星人格和情节剧人物之间的交流至关重

---

[1] B. McArthur, *Actors and American Culture*, 1880—1920 (Philadelphia: Temple University Press, 1984), 141.

[2] 同上。

要。如保罗·魏勒曼(Paul Willemen)所说,类型阐明了一种第二秩序的现实,其中逼真性取决于被讨论的特定类型的内在准则。[1] 如同情节剧人格一样,类型片的人物受到了控制该特定类型片世界的力量的支配。这些人物将类型片世界的价值和律令"个人化"了。类型化角色和明星人格都是通过重复、异化、积累和互换的相似过程产生的。科林·麦克阿瑟认为:

> 像詹姆斯·卡格尼[2]、爱德华·罗宾森[3]、亨弗莱·鲍嘉[4]这些人似乎都具有他们所参演的类型片的各种特质,以至于电影中的暴力、痛苦和焦虑可以在他们的面孔、外形、动作和语言中得到再现。……每次出演同一类型的电影都会进一步巩固演员的银幕人格直到他不再扮演一个角色,而是将角色全部吸收进由他的身体、个性和过去所饰演的银幕角色组成的集成实体中。比如说我们用来辨认鲍嘉的方式:他的鼻青脸肿、疲惫眼神和刺耳声音,就部分来自于他所饰演的角色,如《马耳他之鹰》中的山姆·斯贝德(Sam Spade)以及《夜长梦多》中的菲利普·马洛(Philip Marlowe)等等。[5]

---

[1] P. Willemen, 'On realism in the cinema', *Screen*, 13, 1(Spring 1972).
[2] 詹姆斯·卡格尼(James Cagney, 1899—1986):美国演员,以扮演强盗、刻画罪犯的病态心理闻名。——译注
[3] 爱德华·罗宾森(Edward G. Robinson, 1893—1973):美国戏剧和电影演员,以扮演匪徒等硬汉角色闻名。——译注
[4] 亨弗莱·鲍嘉(Humphrey Bogart, 1899—1957):美国著名电影演员和文化偶像。——译注
[5] C. McArthur, *Underworld USA* (London: Secker & Warburg, 1972), 24.

六、道德奥秘和意识形态

戴尔提出,"尽管明星和电影都是商品,但是他们唯一的'价值'(即他们对于大众的用处)存在于他们所具有的意义和影响中。明星和电影都在贩售意义和影响。"[1]作为人的表征,明星"和人是什么样的或人应是什么样的观点相关"。[2]在他看来,明星的象征维度浓缩的道德价值没有社会和意识形态价值多。这部分地源自和特定社会或普遍类型有关的"类型选角"(type-casting),如詹姆斯·迪恩是反叛的,玛丽莲·梦露是胸大无脑的金发美人。另一部分源于情节剧人格化衍生出来的具身(embodiment)过程。戴尔认为,"明星似乎真正拥有我们所讨论的价值,甚至他们本身就是这些价值"[3]。例如,科林·麦克阿瑟将鲍嘉"饱经沧桑的脸、细长甚至瘦弱的身体、刺耳的声音以及勇敢的幽默感"视为"一种显然是现代的、都市化的样貌和感性"的体现。[4]

这种人格化在何种程度上展现了当代"道德奥秘"的运作呢?

> 善恶可以像人一样被命名。情节剧事实上趋向于对道德世界做出清晰的认定。情节剧的仪式包括清楚界定的对立人物之间的对峙以及其中一个人物的驱逐。[5]

明星所提供的意义,可能并未展现这种纯粹的道德象征和简单的对立。

---

[1] Dyer, *Teachers' Study Guide 1: The Stars*, op. cit., 18.
[2] Dyer, *Stars*, op. cit., 22.
[3] Dyer, *Teachers' Study Guide 1: The Stars*, op. cit., 19.
[4] C. McArthur, 'The real presence', op. cit., 100.
[5] Brooks, op. cit., 16—17.

但在对当代价值观进行个性化的过程中,明星经常被放置在意识形态的对立位置上。比如说劳伦斯·阿洛韦这样描述伯特·兰开斯特(Burt Lancaster)[1]和柯克·道格拉斯在《天涯独行》(*I Walk Alone*)中所饰演的角色:

> 伯特·兰开斯特之前是个罪犯,但同时也是一个有荣誉感的忠诚朋友;而柯克·道格拉斯则是一个有社会地位,但却背信弃义、堕落腐败的人。两人都是最大程度的象征符号。……一个具有老派的创业热忱(兰开斯特是个善良的走私犯),一个拥有现代管理技能(道格拉斯在公司的庇佑下腐败)。[2]

这里明星的人格不仅彼此对立,而且和他们出演的电影角色相反。混合的明星结构以这种方式体现出了资本主义的矛盾。这一策略不仅提供了道德冲突的情感激荡,同时也提供了更加复杂的伦理表达。

在当代心理现实主义的体制下,为明星分派绝对的道德价值是很困难的,这一点在单一明星的模棱两可的人格中得到了反映。比如科林·麦克阿瑟对于鲍嘉"饱经沧桑的脸"的描述,就表明人物刻画和伦理价值的源泉,已经从维多利亚时代的《圣经》教义转移到后弗洛伊德时代的精神分析学说和社会学。不过,鲍嘉的人格让暧昧本身也变成了一种象征,并保留了情节剧的澄清功能。彼得·布鲁克斯在讨论现代影视类型时说道:

> 并不是情节剧冲突被内化并被改进到一个消失点,而是心理学被外化了,通过彻底实现其情节剧式的可能性而变得通俗易懂、一目了然。[3]

---

[1] 伯特·兰开斯特(Burt Lancaster,1913—1994):美国电影演员,曾获奥斯卡最佳男主角奖,早年以扮演硬汉角色出名。——译注
[2] Alloway, op. cit., 12.
[3] Brooks, op. cit., 204.

明星的人格能够使鲜活、矛盾、含混不清、揣摩不透的人的某些面向变得具有象征意义(现实主义为了表现这些特点,走向了现代主义意识流),这也促进了心理学伦理的外化。

戴尔认为,"社会中存在着一些关于什么是人的普遍观念,明星作为人的表征,对这些观念进行了巩固和合法化,有时也做出了更改"。[1] 至此,我已讨论了这些人格在电影中的作用。但阐释明星人格的主要领域存在于电影之外,存在于大制片公司的宣传部门、公关机构、报纸和广播、电视脱口秀、电影评论、粉丝杂志等等当中。[2] 这些附属明星文本的传播提供了八卦和猜测的机会,用约翰·埃利斯(John Ellis)的话说就是,充当了一种"道德晴雨表"。[3]

通过这些附属文本的传播,明星结构的第四个组成要素,"形象",从人格和电影角色中被分离出来,同时凝聚和散播了文化中流行的欲望、意义、价值观和风格。不过,这一系列生产意义的机构和明星的内在混合结构,意味着形象本身是碎片化的、充满矛盾的。托马斯·埃尔赛瑟指出,在强烈的意识形态危机时期,情节剧的想象会变得格外活跃。[4] 戴尔也认为,明星和观众之间的关系的强度(即明星的个人魅力)存在于明星对意识形态矛盾的体现当中,明星的走红可以追溯到他们身上所凝聚的在某一时期受到威胁或处于变化中的价值观念,因此梦露的形象表现出在一个男性主导的放纵时期性感和纯真之间的矛盾。戴尔运用了巩固、协商、矛盾和反抗的概念来分析明星形象的不同侧面之间的意识形态关系。[5] 这些概念把握住了明星的矛盾性和暧

---

[1] Dyer, *Teachers' Study Guide 1: The Stars*, op. cit., 31.
[2] Dyer, *Stars*, op. cit. 亦可参见英国电影学院教育部(British Film Institute Education Department)出版的关于玛丽莲·梦露、约翰·韦恩和罗伯特·雷德福的《明星档案》(Star Dossiers 1, 2, 3),其中包含大量的补充性文本材料和影像材料。
[3] J. Ellis, 'Stars as a cinematic phenomenon', in *Visible Fictions: Cinema, Television, Video* (London: Routledge & Kegan Paul, 1982).
[4] Elsaesser, op. cit.
[5] 参见本书第6章,理查德·戴尔的《魅力》。

昧性，同时也承认了明星作为情节剧式的人格，趋向于象征单一情感。从这个角度看，明星自身的碎片性让他们变成了意识形态对抗的领域，不同社会群体重新定义"道德奥秘"的斗争性场域。

七、身份的神话

"情节剧言说(utterance)打破了构成'现实原则'的一切，打破了这一原则的所有审查、调整与缓和。欲望通过认同于完整的存在状态(full states of being)发出呐喊。"[1]彼得·布鲁克斯将情节剧所提供的身份描述为"完整的存在状态"，这种描述属于一种致力于"丰富"(plentitude)和"存在"的美学。罗伯特·黑尔曼将这种表征的愉悦形容为"当一个人用一个似乎充当其全部个性的单一的冲动或潜力做出回应时所创造出来的完满的感觉"。[2]"在场"是讨论明星时的常用术语，比如科林·麦克阿瑟的文章标题"真实的在场"。[3]电影的精神分析理论在评估经典叙事电影时，通常将这类术语当作贬义词，因为它们回避了语言和自我的幻象。彼得·布鲁克斯这样描述情节剧对这一问题的回应：

> 意识到情节剧模式其实是现代感性的核心事实，最终对我们来说是有好处的……原因是现代艺术总是觉得自己是建构在虚空(void)之上，其假定的意义和象征系统没有什么特定的理由，因为

---

[1] Brooks, op. cit., 41.
[2] Heilman, op. cit., 84.
[3] C. McArthur, 'The real presence', op. cit.

背后没有神学和普遍接受的社会规则的支持。[1]

如果说现实主义假定了用于理解和表征现实的某些语言和文化符码的恰当性,而现代主义则拥抱了意义在能指的自反性游戏中的无限回归,那么情节剧所根植的现实世界以及它激励普通生活的迫切的意识形态任务,引导其走向了相反的立场。面对去中心化的自我和语言的捉摸不定,情节剧用过度的人格化和过度的表达做出了回应。

戴尔在本书中对于本真性的讨论表明,明星身份也是对现代主义的去中心化的自我的一个回应,它从当代的角度为情节剧式的"在场"提供了一个出口。戴尔注意到了道德基础中的一个变化,即从"掌控社会行为的普遍标准"到"表演者自身"的变化,"掌控表演的标准从表演是否出色转变为表演是否真实,是否忠于表演者的'真实'个性"。[2]戴尔认为真实性(truthfulness)现如今指的不是道德训诫,而是"'人'的人格"。换句话说,情节剧对界定清晰的身份的需求已经从虚构的人物转移到了明星的人格,明星的人格的一个优势是,它通过指涉虚构世界外部的真人,确保了道德戏剧的真实性。如同在情节剧中一样,明星身份的表达受到了社会限制的阻碍,这里的社会限制主要指的是媒体的塑造和炒作。

> 基本的范式是这样的——所有位于表面(surface)之后或之下的东西,毫无疑问地、几乎从定义上说就是真相。因此那些提示我们明星在银幕上和生活中并不相同的明星特点,都有助于从整体上巩固明星形象的本真性。[3]

从这一角度来看,明星代表了人自身的最大化形式,我们的文化在很多层次上削弱了人作为理论概念或政治主体的力量和效用,而明星

---

[1] Brooks, op. cit., 21.
[2] 参见本书中理查德·戴尔的《〈一个明星的诞生〉与本真性的建构》一章。
[3] 同上。

则在这样的一种文化中确认了个性的真实性。明星的认证多指的是一种情节剧式的需求,即人要让自己具有物质性存在,而非一种普遍可获得的现实。

然而在分散的各种形象制造工业中传播的碎片化的明星形象,让约翰·埃利斯产生了明星是否可以产生连贯身份的疑问。[1]明星展现了身份的"姿态",这些姿态主要是为了引诱观众花钱去电影院消费叙事而炮制的,观众之所以去影院是希望接近一个具有虚幻的完整性和一致性的明星形象。在明星身上复制的"照片效果"(photo-effect)的错觉,是此类电影精神分析学说的关键所在。尽管电影明星对于电影观众而言,远比戏剧演员之于戏剧观众具有更强烈的在场感,但吊诡的是,明星并没有、也永远不会出现在影院观众面前。这种深刻的"缺席中的在场"是被明星激发出来的欲望的核心。但是在场并非简单的神秘化,也可以被理解为情节剧的想象在面对缺席时的一种主张(assertion),这其实是一种真正的悖论。认为明星形象在电影的虚构世界之外缺乏实质的观点,其实忽视了社会典型的功能,同时也忽视了前面讨论过的类型的累积性和外在于电影作品的工作,以及创造明星的媒体自身的话语重复过程。我们可以从专题报道、制片公司宣传和采访中不断传播的"事实"、意见和八卦中发现一种驱动力,这种驱动力不是为了生产出微妙的、差异化的和多层次的现实主义小说人物,也不是为了生产出随机的名人的速写,而是为了创造出一种具体的、单一情感的在场,为观众展示出一种经过放大的、但却深刻个性化的身份和经常处于矛盾之中的存在状态。

---

[1] Ellis, op. cit.

八、在场与表演：从情节剧到方法派

电影中的在场产生于两种美学元素的结合：约翰·埃利斯所讨论过的摄影的索引(indexical)本性以及表演的艺术，索引性基于"曾经真正在那儿的"被拍摄客体而提供形象。

情节剧的表演构成了一种适应内化和外化工作的表演模式。如前文所述，由于受到18世纪姿势语言理论的影响，并吸收了哑剧、滑稽剧和杂技的传统，情节剧表演试图在身体行为和声音表现中将内在的情感和动机对象化，在公共的姿势中体现个人情感。可是到了19世纪晚期，有着更多的文学性、分析性和自然主义偏好的新戏剧的崛起，以及心理学和相关学科的迅猛发展，迎合了不断增长的中产阶级观众的品味，并定义了人物建构和表演模式的转变。[1] 人物较少地指向已经存在的类型，而是依靠其特殊性努力制造一种随机的个体性的幻象。一系列基于心理学和对生活的观察的表演技巧开始重视内敛、含蓄和精度，试图取代哑剧仪式与修辞对话的限制来传达角色的内心生活和私人个性。这种现实主义价值观的改变，也改变了美国情节剧生产的风格，这种改变对于情节剧想象从舞台到银幕的迁移至关重要。

这一过程中的关键人物是美国演员、剧作家以及制片人斯蒂尔·麦凯(Steele MacKaye)和戴维·比拉斯科(David Belasco)。两个人都是"复杂而壮观的流行浪漫剧和情节剧"大师，[2] 但他们也对日益增长的

---

[1] B. McArthur, op. cit., 183.
[2] R. Blum, *American Film Acting: The Stanislavski Heritage* (Ann Arbor, Michigan: UMI Research Press, 1984), 7.

心理学现实主义的需求做出了回应,通过利用细致的舞台动作(stage business)和微小的姿势发展出了一种简化的表演风格。斯蒂尔·麦凯开办了美国第一所表演学校,对法国人弗朗索瓦·德尔萨特(Francois Delsarte,1811—1871)所创造的表演体系进行了极富影响力的改造。詹姆士·纳雷摩尔(James Naremore)和苏珊·罗伯特茨(Susan Roberts)都认为麦凯的改造对美国电影表演产生了深远的影响。德尔萨特的体系对面部表情和身体动作进行了精确的分析,定义了"声音表达的细小变化和身体的每个主要的表现部分"。[1] 这一系统与角色和生活的研究相结合,旨在使演员能够获得完全的"自发性"并且"解放内在情感"。[2] 尽管这套体系依然主要是从图像的角度来理解表演,强调演员的技巧和对于情感刻画的控制,但对个人细节的强调,为演员将自身个性植入到人物创作提供了大量机会。[3] 一个在不同角色中重复出现的可辨认的个性,也为新闻业的明星制造提供了更多的素材。

到了1920年代早期,康士坦丁·斯坦尼斯拉夫斯基的工作开始在美国受到关注。在其观点的影响下,演员不再强调舞台动作的外在图绘式细节,转而关注在给定的戏剧结构中通过对人物进行精神分析而得到的"内心生活"。目前的研究已充分表明,只有一部分的斯式体系被美国表演意识形态所接受,其中主要是他关于"情感记忆"的观点。这种观点训练演员使用自己的情感和经历来探索戏剧人物的深度。众所周知,这一技巧经过李·斯特拉斯伯格(Lee Strasberg)的拓展,成为"方法派表演"(the Method)。"方法派"始于斯特拉斯伯格参与组建的群体剧团(Group Theatre),后来在演员工作室(Actor's Studio)得到继承和发展,并且无形中消除了表演和心理治疗之间的界限。尽管被认

---

[1] S. Roberts,'Melodramatic performance signs',*Framework*,32/3(1986),69.
[2] B. McArthur, op. cit.,100,102.
[3] 同上,183—5。

为是一种强化的现实主义,但"方法派"所宣称的宗旨和技巧还是再一次让现实主义向情节剧靠拢。

詹姆士·纳雷摩尔引用斯特拉斯伯格的信条称:"演员不需要模仿人,演员自己就是人,可以自己来创造"。[1] 这一概念利用了弗洛伊德精神分析学说20世纪四五十年代在美国的流行,试图寻找戴尔所说的本真性。理查德·布鲁姆(Richard Blum)将方法派和斯式体系进行了如下对比:"斯式强调把想象作为表演的核心,从剧本文本中找寻情感真实。斯特拉斯伯格则从演员的无意识中找寻情感真实。"[2] 为了达到这一点,演员不仅要打破与剧本相关的压抑,也要打破私人生活中的压抑。斯特拉斯伯格将情感记忆("深入演员的无意识生活"[3])和即兴创作当作达到方法派的终极目标,即自我和角色的合二为一。由于从这个角度来看,无意识和情感是个人自我的本质,方法派演员被训练要"更加依赖动作、表达和站姿等手段,而不是牢记的对白和道具来传达表演重点"。[4] 这些技巧是对支撑起情节剧表演的原初的、难以言表的动作姿态的回归,因为这些姿态能揭示隐藏的道德驱动力和欲望。像情节剧人格一样,方法派演员也体现着矛盾,如果不是以公共修辞的方式,就是通过一系列同样可以系统化的个人怪癖、紧张的小把戏、口齿不清的呢喃等方式来体现矛盾。

"方法派"极其适应电影中的角色塑造和表演。如果说依赖于内敛的表演、内省的对白和戏剧结构的人物分析和内在复杂性在好莱坞电影中较难实现,那么摄影术所提供的与演员身体之间吊诡的亲密关系则抵消了这种内在性的缺失。将摄影机当作观察者和将面孔作为灵魂窗口的意识形态,为展现表演者的内心和个性开启了新的指意可能性。

---

[1] J. Naremore, *Acting in the Cinema* (Berkeley: University of California Press, 1988), 18.
[2] Blum, op. cit., 52.
[3] 同上。
[4] T. Pauly, *An American Odyssey* (Philadelphia: Temple University Press, 1983), 23—4.

白瑞·金（Barry King）提出了姿势含义的"超符号性"（hypersemiotic）增加，即演员的一举一动在被摄影机记录下之后都具有潜在的意义。[1]在这方面，方法派是最能表达"在场"的当代表演模式，而"在场"是情节剧和明星身份的核心目标。理查德·布鲁姆记录了好莱坞三四十年代斯式体系追随者的工作，以及后来方法派通过演员工作室产生的影响。演员工作室在50年代输出了像伊利亚·卡赞和尼古拉斯·雷这样的导演，也训练出或者说影响了一系列后来成为好莱坞明星的演员，比如蒙哥马利·克里夫特、马龙·白兰度和詹姆斯·迪恩。[2]

和强调集体表演的斯式体系相比，方法派明确地支持明星表演，如詹姆斯·纳雷摩尔所指出的，这种表演"不过是演员真实个性的虚构性延伸"。[3]这种对演员个人心理的强烈关注培育了明星身份不同凡响（larger-than-life）的维度，但也引发了诸如自我陶醉和精英主义的一些指责。布鲁姆引用沃尔特·科尔（Walter Kerr）的话描述了方法派从"三四十年代群体剧团'低调的自然主义'到50年代演员工作室的'开火'，从'平凡的精确'到'有节奏的力量'"的发展过程。[4]与斯式体系不同，方法派也支持类型选角，斯特拉斯伯格称这会让"自我与角色的合并过程更加顺畅"。[5]布鲁姆还引用了斯特拉斯伯格对加里·库珀、约翰·韦恩、斯宾塞·屈塞等演员的赞誉，他认为这些演员"并没有表演而只是做自己，按照自己的本性反应，他们拒绝一切与自己的性格不相符的言行"。[6]方法派宣称它源自演员的真正自我，并将情节剧和明星的个性化功能自然化了。

方法派的精神分析维度和好莱坞的弗洛伊德理论联合提供了对看

[1] 参见本书中白瑞·金的《阐述明星身份》一章。
[2] Blum, op. cit.
[3] Naremore, op. cit., 18.
[4] Blum, op. cit., 60.
[5] 同上，52。
[6] 同上。

不见的、无意识力量的暗示，这些力量能够刺激心灵并且导致矛盾的欲望和情感的产生。布鲁姆引用了卡赞的话："如果我非得挑一个关键词的话，我认为是'想要'(to want)。我们在戏剧表演中曾常说，'你在舞台上是为了什么？你走在舞台上是为了得到什么？你想要什么？'"。[1] 对于情节剧来说，获得这些欲求就意味着要刺破心理限制、社会惯例和语言限制的表面。在描述"本真性的修辞"时，戴尔定义了三个基础因素：无控制、无预谋和隐私。这些因素对于方法派表演和情节剧来说都很常见。它们源自"真实是位于表面之下或之后的概念。表面是有组织的并且受控制的，它提前被制造出来，是公共的……不是我们能得到的本真性"。[2] 通过接近无意识矛盾和欲望的各种技巧，方法派为情节剧情感的首要性和道德影响提供了现代出口和再次确认。同时，作为情节剧人格和明星人格标志的社会力量的内化，也发生了改变。

白兰度、蒙哥马利、克里夫特、朱莉·哈里斯[3]、埃里·瓦拉赫[4]、帕德里夏·妮儿[5]、金·亨特[6]、安东尼·博金斯[7]、罗德·斯泰格尔[8]以及其他在50年代出现的方法派演员，都最擅长扮演分裂性的角色。这些角色以外部的社会面具与内心的沮丧现实之间无法解决的紧张状态为基础。[9]

---

[1] Blum, op. cit., 63.
[2] 参见本书中理查德·戴尔的《〈一个明星的诞生〉与本真性的建构》一章。
[3] 朱莉·哈里斯(Julie Harris, 1925—2013)：美国戏剧和电影女演员，多次荣获托尼奖。——译注
[4] 埃里·瓦拉赫(Eli Wallach, 1915—2014)：美国男演员、制片人，曾获奥斯卡终身成就奖。——译注
[5] 帕德里夏·妮儿(Patricia Neal, 1926—2010)：美国女演员，曾获奥斯卡最佳女主角奖。——译注
[6] 金·亨特(Kim Hunter, 1922—2002)：美国戏剧与电影女演员，曾获奥斯卡最佳女配角奖。——译注
[7] 安东尼·博金斯(Anthony Perkins, 1932—1992)：美国男演员，曾出演《惊魂记》等影片。——译注
[8] 罗德·斯泰格尔(Rod Steiger, 1925—2002)：美国男演员，曾获奥斯卡最佳男主角奖，曾出演《炎热的夜晚》《码头风云》《日瓦戈医生》等影片。——译注
[9] T. R. Atkins, 转引自 Blum, op. cit., 65。

日益崛起的社会和心理治疗的合理化,让犯罪、母爱缺失和社会不足等概念变得流行,同时也为情节剧想象提供了关于道德奥秘的全新表达,改变了抗争的含义:现如今的关键是个体自我的存在。针对这种情节剧冲突的变化,方法派提供了明星演员,在他们的人格中,社会与其说是用暴力摧毁自我,不如说是用无足轻重和无意义来威胁自我。

九、情节剧观众与明星身份

如果说情节剧使伦理感伤化,那它同时也通过对诗意正义中同情感的呼吁建立起了一种全新的观众参与形式。如安德鲁·布里顿所说的:"基于行动元(actants)所指涉的客观社会矛盾(行动元同时也展现了对这种矛盾的某种解决方式),情节剧非常直接地呼吁对这些行动元的接受或排斥"。[1] 在分析情节剧的情感诉求(pathos)结构时,托马斯·埃尔塞瑟认为它同时提供了认同和批判的距离。在这种结构中,社会和经济矛盾一方面被内化为非心理化的、非内省的、单一情感的受害者的两难处境,另一方面也被外化成含混不清的动作姿态、多重因素决定的慷慨陈词和表现主义的场面调度。这些符号虽然没有被人物所意识到,但却能被观众所理解,观众也因此比情节剧中挣扎的受害者拥有更多的知识。不同于怜悯(pity),情感诉求既能在认出和移情的过程中把观众带入到角色的困境中,也能在批判产生困境的环境的过程中让观众保持一定的距离。

可以说明星带来了相似的情感诉求。明星的第一个承诺就是公众

---

[1] Britton, op. cit., 102.

能够接近(access)个性本身。同时,明星制的可见性、虚构的和类型化结构的操作又强调了那些让接近变成幻象的经济、社会和文化力量。明星身份的过度代表了面对这种困境时的情节剧式回应:

> 就像经典的剧场情节剧表演,好莱坞明星的表演也是倾向于过度的。显然,"典型"的原则持续存在——卡格尼、罗宾森和鲍嘉都显示了"黑帮人物的特性"——与之相伴的还有一种特殊化的原则,对于人格的不断重新铭写:除了"黑帮人物的特性",卡格尼还展现了"卡格尼特质"。[1]

过度来源于对身份和个性化的单一情感的坚持。

其次,通过浓缩挑选过的社会价值观念,明星本人变成了一个剧场,许多冲突性力量在其中上演,就如同彼得·布鲁克斯描述的情节剧人格一样:"人被认为,也应该自认为是在剧场演戏,这个剧场是各种超越其自身的、不可调解的、不可化约的律令的一个汇合点和冲突点"。[2] 如果在情节剧中,剧场是一个公共空间,其冲突性力量由相反的人格所体现,那么在明星身上,个性本身被戏剧化了,冲突是在人格中和围绕人格发生的。戴尔认为,明星的特殊性可能会将新的元素引入他们所体现的类型中,这些因素可能将类型带往一个新的方向,引出被抑制的元素,或导入和暴露矛盾。戴尔指出,公众关于克林特·伊斯特伍德的人格的争论,通过"他对硬汉形象中的男性法西斯和孤立底色的展现"暴露了矛盾,[3] 例证了明星将道德身份戏剧化的方式,重新定义了道德奥秘。

不过,鉴于文化形式所必须经历的不断更新和现代化过程,伊斯特伍德属于情节剧/明星人格光谱的象征性一端。从方法派表演和明星

---

[1] Britton, op. cit., 103.
[2] Brooks, op. cit., 13.
[3] Dyer, *Stars*, 113.

人格更多的心理化所带来的转变来看,情节剧"针对意义的宽泛而脆弱的主张"是在社会律令缺席的背景下提出来的。[1] 在影片《无因的反叛》(Rebel Without A Cause)中,詹姆斯·迪恩摇着桌子大喊"他们要把我撕碎"的时候,他的父母除了争吵之外几乎什么都没做。由表演、明星人格及场面调度的紧张能量和表现主义传达的这个宣称,是在缺乏充分的对立的情况下提出的。电影本身代表了一种寻求将两级冲突个性化的探索,以便做出道德承诺。尼古拉斯·雷的布景,包括天文馆、被车灯照亮的比试勇气的悬崖顶以及电影中的人物普雷多(Plato)哥特式的宅邸都是为了提供一个戏剧空间,在这个空间里受限制的人可以变成明星,将那些压倒一切的律令人格化。今天,当明星身份广为人知的境况,将自我和公共角色的对立戏剧化,作为身份和意义的源泉之一的明星身份本身,或许就是鉴别真伪的目标。[2]

(张敬源译　杨玲校)

作者简介:克里斯汀·格莱德希尔(Christine Gledhill)供职于英国电影协会的研究部门,是一名自由撰稿人和讲演者,也是两个儿子的母亲。她发表的成果包括为《再审视,女性主义电影批评文集》(Re-Vision, Essays in Feminist Film Criticism, American Film Institute, 1984)撰写的论文、专著《女性观众:观看电影与电视》(Female Spectators: Looking at Film and Television, Verso, 1988)以及一部关于情节剧和女性电影的编著《此心安处是吾家》(Home Is Where the Heart Is, British Film Institute, 1987)。

---

[1] Brooks, op. cit., 199.
[2] 感谢伊恩·霍埃尔(Ian Hoare)在这一问题上提供的热情帮助,希望他日后就明星和情节剧之间的联系,特别是詹姆斯·迪恩(James Dean)有更多的著述。

第四部分 | 欲望、意义与政治

17 | 捍卫暴力[1]

米歇尔·穆雷

　　暴力是美学的一大主题。不论是过去还是现在，潜在的还是积极的，暴力就其本质而言存在于每一个创造性行动的核心，即使是在它被否认的时刻。否认和平的作品中暴力的存在，就是承认其最深层次的存在，承认暴力存在于作品胚胎时期的扭曲肢体和将材料塑造成型的意志和强烈决心。暴力是减压：它源自个人与世界的紧张关系，当这种紧张达到一定限度时，就会像脓肿破裂一样爆发。必须首先经历这一过程，才会迎来任何平息。这就是为什么我会说，每一个艺术作品都包含暴力，或者至少假设了暴力，如果艺术是一种通过对冲突的意识去平息暴力的方式，那它也是这种知识所赋予的解决暴力的力量。

　　这篇文章有时会谈到电影。电影是最与暴力合拍的艺术，因为暴力来源于人的行动，当一股被压制的力量溢出，破坏堤坝之时，愤怒的激流会冲撞所有阻碍它前进的东西。对于这个瞬间，其他艺术形式只能暗示或是模拟，而镜头却能接过文学传递的火炬，自然而然地捕捉到。司汤达在描绘人物的意图倾向和精神暗流方面可以说比洛塞[2]

---

[1] 本文首次发表于《电影手册》(*Cahiers du Cinema*)第 107 期（1960 年 5 月），并由 David Wilson 翻译成英文，收录于 J. Hillier, 1986, *Cahiers du Cinema*, vol. 2, *The 1960s: New Wave, New Cinema, Re-evaluating Hollywood* (London, Routledge & Kegan Paul in association with the British Film Institute).——编注
[2] 约瑟夫·洛塞(Joseph Losey, 1909—1984)：美国戏剧和电影导演。1946 年加入共产党，1950 年代流亡欧洲，后定居伦敦，其作品多次在欧洲获奖。——译注

更出色，可一旦当内心世界在物质的客观世界中找到其化身时，洛塞就变得远比司汤达要高超。

　　场面调度（*mise en scène*）在树立演员的高大形象时，发现暴力是美的一个持续源头。打破魔咒的英雄在追求更真实、更高尚的和谐的过程中，将个人的混乱引入到世界的恶性秩序。我们在此界定的是一种特殊类型的英雄，他的名字是查尔顿·赫斯顿（Charlton Heston）或费尔南多·拉马斯（Fernando Lamas），罗伯特·瓦格纳（Robert Wagner）或杰克·帕兰斯（Jack Palance）。这类英雄既残忍又高贵，既优雅又阳刚，他们调和了力与美（或者，在杰克·帕兰斯那里，是华丽的兽性丑陋），是高贵种族的完美代表，生来就是为了征服、预言、享受世间欢愉。作为一种关于暴力、征服和傲慢的操练，舞台调度在其最纯粹的形式里，已接近了我们有时候称之为"法西斯主义"的东西。法西斯主义这个词通过一种无疑是很有趣的混淆，道出了尼采道德论的弦外之音，即真正的道德是与理想主义者、伪君子与奴隶的良心相对的。拒绝这种对自然秩序的探索、对有效行动和胜利光辉的狂热的人，将注定无法理解通过身体的戏剧来表征对于幸福的追求的艺术。某些信神者会天真地去在他们所认为的取代恶魔的实体中发现政治意义，他们用刷得漆黑的罐子去寻找黑色的恶魔，恶魔自然也就无处不在。

　　查尔顿·赫斯顿是一个典范。他自身便可构成一出悲剧，他在任何电影里的存在本身就足够为影片增色。他忧郁冷冽的眼神所表达的被压抑的暴力，鹰一般的侧脸，眉宇间所展现出的专横，嘴角硬朗苦涩的曲线，以及能够爆发出惊人力量的躯干——这些都是他天生的资本，即便最糟糕的导演也无法将之泯灭。正是在这个意义上，我们可以说查尔顿·赫斯顿不论在哪部电影里都能通过他自身的存在，为电影提供一个比《广岛之恋》或《公民凯恩》更准确的定义，而《广岛之恋》或《公民凯恩》这些电影的审美不是忽略就是拒绝了查尔顿·赫斯顿。通过赫斯顿，场面调度可以直面最激烈的冲突，并用因沉默的愤怒而战栗的被囚之神的轻蔑来解决它们。在这个意义上,与其说查尔顿·赫斯顿是一个拉乌尔·沃尔什[1]式的英雄,不如说他是弗里茨·朗[2]式的英雄。

电影为我们提供了几种不同的暴力。最低级的便是伊利亚·卡赞[3]电影中的暴力,一种疯狂的醉酒木偶秀,其最完美的表达就是卑鄙的卡尔·莫尔登[4]。这是伪劣假冒、矫揉造作和可笑的神经抽搐的领地。意图的幼稚与表达的丑陋相互竞争,在这些无端的过度中我们感受不到一个真正的演员,只感到一个神经质的唯美主义者被黏附在一个一按肚脐就会发声的挂线傀儡上。

奥逊·威尔斯[5]式的暴力则更诚实,甚至似乎是纯粹的自传;但这种暴力是修剪过的、吝啬的、受阻的,除了它所喜爱制造的喧闹之外没有别的回响。它就像是孩子撞到家具时会踢家具一样:《公民凯恩》中主人公破坏家具的场景就是这种精神状态的例证。受限于他自身的性格,威尔斯只能制作出人形纸板冲着我们晃动、炫耀,与此同时对着扩音器低号。

让我们忽略路易斯·布努埃尔[6]作品中的暴力,其每一个表现、每一个充满激情的冲动,都在为我们自青春期以来就无法摆脱的一些想法服务。(我们中有多少人在十六岁或十八岁时是因为他或是因为威

---

[1] 拉乌尔·沃尔什(Raoul A. Walsh, 1887—1980):美国电影导演,演员。——译注
[2] 弗里茨·朗(Friedrich Christian Anton "Fritz" Lang, 1890—1976):出生于维也纳的德国电影人,德国表现主义学派的代表人物。——译注
[3] 伊利亚·卡赞(Elia Kazan, 1909—2003),出生于土耳其伊斯坦布尔,导演、制作人、编剧、演员。——译注
[4] 卡尔·莫尔登(Karl Malden, 1912—2009):美国著名的性格演员,曾在卡赞导演的电影《欲望号街车》《码头风云》《娇娃春情》中扮演过重要角色。——译注
[5] 奥逊·威尔斯(Orson Welles, 1915—1985):集演员、导演、编剧、制片人等多种角色于一身的美国电影天才。——译注
[6] 路易斯·布努埃尔(Luis Buñuel, 1900—1983):西班牙国宝级电影导演,20世纪最伟大的电影大师之一。在半个世纪的创作生涯中,他将超现实主义创作方法与叙事完美结合,有机地融入他的32部作品当中,被誉为"超现实主义电影之父"。——译注

尔斯才发现了电影？但我们对自己的忘恩负义是毫无限度的。）

尼古拉斯·雷[1]更高一个档次，他呈现出了一个更充实、更感性、更真实但也更放肆的暴力形象[2]：暴力并不是大水在巨大的压力下变成湍急的洪流，而是一个永久性的洪水、沼泽，詹姆斯·梅森[3]永远濒于落泪。几年前一个评论家曾这样写道：在尼古拉斯·雷的电影中，"暴力自由地燃烧，一种光环围绕着英雄的行为；与其说这是一种真刀真枪的暴力，不如说这是一种高谈阔论的暴力"。这位评论家没有意识到的是，他本意是赞美的评语却切中了场面调度方式的要害，场面调度的导火索由于不堪重负而引爆。任何真正的激烈都变得不可能；激情被拆散为无尽的碎片。

正是因为拉乌尔·沃尔什，我们才首次邂逅真正的暴力之美，它照亮了英雄的成长之路，是他的力量和高贵的显现，是挑战的瞬间。这种干净直接的暴力并不是失败的标记；而是描绘了通往胜利的道路。这是战争的暴力，或是孤独的征服者的暴力，它表达的是生存的勇气，是一种人与自然斗争，人与人斗争的意识，以及必胜的意志的释放。沃尔什的全部作品都是查拉图斯特拉式格言的例证："男人为战争而生，女人生来是战士的休息地，其他都是疯狂"。所有真正关于冲突和冒险的电影都渴望这种视野，但只有沃尔什的作品达到了史诗或悲剧的高度。

弗里茨·朗令人窒息的世界特别有利于暴力的产生和维系，不过是在一个非常不同的意义上。他的电影中的每一个行为和眼神都充满了或明确或潜在的克制和保留，而且绝不像尼古拉斯·雷的电影那样

---

[1] 尼古拉斯·雷（Nicholas Ray，1911—1979）：美国编剧、导演、演员。——译注
[2] 穆雷此处对尼古拉斯·雷的选择，明确指涉了雷 1950 年代（并直到现在）在《电影手册》杂志中的重要地位；特别参见 Jacques Rivette,‘Notes sur une révolution’, *Cahiers*, 54 (Christmas 1955), translated as ‘Notes on a revolution’, in vol. 1, ch. 8, 以及 vol. 1, chs 10—15 中关于雷的档案资料。——编注
[3] 詹姆斯·梅森（James Mason，1909—1984）：出生于英国的演员，因出演影片《虎胆忠魂》被人熟知。——译注

被弱点所稀释,它实际上就像一个即将跃起的老虎。如果说沃尔什的暴力是公开的,那么弗里茨·朗的暴力就是暗藏的,在其悲剧中更为持久。只有恐惧可以释放这种暴力;大地因之崩塌,英雄被吞噬。

但对暴力探索得最深且展示得最好的电影制作人无疑还是洛塞,罗伯特·阿尔德里奇[1]不过是洛塞的不开窍的弟子,夸张的漫画版。只有洛塞,而不是《大刀》(*The Big Knife*)的制作人阿尔德里奇,才能与艾达·卢皮诺或沟口健二[2]相提并论。在卢皮诺和沟口的作品中,我们能看到演员身上令人吃惊的反射作用。洛塞电影中的暴力就在皮肤之下,它捕捉到了这样的时刻:脉搏激烈跳动,随着每一次放大的心跳,男人收缩肌肉去应对险阻。当暴力这么做的时候,便发现了一种平静和消散。这种暴力打开了和平之门,宣告了不同寻常的过度幸福。

(赵婧译　杨玲校)

作者简介:米歇尔·穆雷(Michel Mourlet)是《电影手册》(*Cahiers du Cinema*)杂志的知名撰稿人,也是一名小说家和一部关于电影的书《关于一种被忽视的艺术》(*Sur un art ignore*, Paris, La Table Ronde, 1965)的作者。

---

[1] 罗伯特·阿尔德里奇(Robert Aldrich, 1918—1983):美国导演,执导的影片包括经典黑色电影《大刀》,以富有侵略性、好斗的导演风格闻名,曾担任洛塞的助理导演。——译注

[2] 沟口健二(Kenji Mizoguchi, 1898—1956):日本电影导演、编剧。——译注

18 |"简·方达"的政治

泰萨·帕金斯

在本章中,我并不打算探讨一位叫简·方达的女性的实际政治信仰或者实践,无论它们是什么。我感兴趣的是审视明星形象政治的另一个方面,即明星形象对一些特殊人群产生意义的过程。在将"简·方达和她的政治"放入引号时,我想强调的是,"简·方达"是作为一个符号在运作,它的意义曾经是也会继续是争议的主题,而正是关于这种争论构成了简·方达的政治。我特别想要探究清楚的是简·方达对于1970年代的女性主义者意味着什么,正是在那个年代她的形象被激进化了。[1] 我认为,尽管媒体对简·方达的报道似乎削弱了其特殊的政治活动并攻击了女性主义,但1970年代的女性主义者仍然把这种攻击当作她们同情地认同简·方达形象的基础。简·方达正是因为媒体报道,才成为了一个反抗的榜样,而不是"尽管存在这些报道,她依然成为一个反抗的榜样"。媒体将"简·方达和她的政治"当作定义"正常的"性别活动的一种手段。简·方达对于女性主义者的意义,在某种程度上是通过她后期的一些电影得到加强的,这些电影向大众传播了女性主义的思维方式和情感构架。然而,这些电影在另一些方面似乎又减损了简·方达的贡献。

---

[1] 我当然不认为这就是她对于所有女性主义者的意义,更不用说所有妇女。相反,很明显,女性主义者之间对于简·方达和/或她的电影存在分歧,有些分歧无疑是显著的"政治"差异的症候。

18 "简·方达"的政治

简·方达如今可能是作为一名激进的或"曾经激进的"女演员著称。对于一些人来说,她的形象是与她在60年代后期和70年代对左翼"事业"的颇具争议性的参与密切相关,对于另一部分人来说,她的形象又与她近期难以归类的对身体政治的介入密不可分。还有一小部分人,依然记得在60年代中期她被视为性解放的象征,她那一时期最著名的角色是她在电影《太空英雄芭芭丽娜》(Barbarella)中饰演的同名女主角,以至于她当时被视为美国的碧姬·芭铎[1]。她早年主要在60年代初流行的轻性喜剧(light sex comedy)如《纽约星期天》(Sunday in New York,1964)中扮演天真无邪的少女或是性感小猫(并经常与某些无政治立场的明星,如桃瑞丝·戴[Doris Day],联系在一起),不过,恐怕没有多少人还记得她早期的银幕形象。简·方达当然也是作为亨利·方达的女儿而闻名于世,在简·方达的大部分生涯中,亨利·方达都是美国著名的男影星之一,即使在他去世之后,他的形象仍然饱含着美国自由主义的蕴意。简·方达同时也是彼得·方达的姐姐,彼得因在《逍遥骑士》(Easy Rider)中的表现而出名。在某些时期,她的形象就是围绕"简·方达和男性的关系"这一核心主题组织起来的。不过,这种对简·方达的不断变化的明星形象的描述,很难说是有争议的,哪怕是这一形象不断变化的事实,也毫无争议可言;明星形象本来就是流动不居并具备多重意义的。[2] 但是,"多变性"已经成了简·方达形象的

---

[1] 碧姬·芭铎(Brigitte Bardot,1934—):法国女演员、歌手、时装模特,1950年代和60年代最著名的性感女神之一。——译注
[2] 在《明星》(Stars)中,理查德·戴尔认为,明星的公众形象是多义性的。也就是说,可能会有很多种含义附着在一个明星身上。在一个时期内或在一个特定的时刻,这些意义都不是必然地相吻合的。但是,尽管可能有多种含义,这并不意味着一个明星形象可以对任何人展示出任何意义;"多义性指的是一个明星形象所指涉的多样但却有限的意义和效果"。对于明星形象的分析,涉及识别组成形象的不同成分和元素,并分析它们是如何发展、消减、强调或忽略的,它们如何在不同的时刻和不同的语境中发挥作用的。戴尔认为,明星研究的目的不是"为了弄清一个明星的形象在其职业生涯的不同阶段对于'一般人'有何意义,而是为了弄清不同的观众群体对她的意义做出解读的范围",Stars, Richard Dyer (BFI, London, 1979),72.

组成要素;这种多变性如何被不同的群体理解和评估,以及其对不同群体的各种内涵,常常千差万别。限制"简·方达"含义的努力也正是通过这些解释和评价展开的。

十年前,当我在做有关桃瑞丝·戴的研究时,我第一次意识到简·方达对于其他女性主义者的特殊意义。人们不敢相信一个有自尊的女性主义者竟然认为桃瑞丝·戴是值得书写的,他们总是问我为什么不研究简·方达,我惊奇地发现简·方达的名字不断被提起。一些人对于简·方达外貌的滔滔不绝的评论,或许可以证实戴尔的明星对与其同一性别的观众具有同性性吸引力的说法。另一些人则称一到两部简·方达电影对自己具有特别显著和重要的影响,《克鲁特》(*Klute*)、《荣归》(*Coming Home*)、《他们射马,不是吗?》(*They Shoot Horses Don't They?*)是最经常被提到的或是直接关系到简·方达的激进政治观的几部电影。

至少在70年代,简·方达似乎是最像女性主义女英雄的一位好莱坞明星。在我的追问下,不少人都表露出对于方达的某种矛盾心理,这种矛盾心理在今天可能更加显著。但我现在认为,这种矛盾心理是其意义的重要组成部分。毕竟,"意识到矛盾"(即矛盾心态)在70年代已经成为妇女运动的关键主题之一。简·方达本人是一位最明确地意识到这些矛盾,并且最公开地试图解决这些矛盾的电影明星。简·方达这样的明星,也就是被戴尔称之为"反叛型"的明星,特别容易激发公众矛盾的感情(例如,钦佩明星的反叛性,但又蔑视他们与体制的共谋),但这并没有降低他们的意义。

简·方达对于女性主义者的意义产生于两个领域(areas)(或许我应该用"竞技场"[arenas],因为这个词的好斗内涵在这里特别适合)。[1] 首

---

[1] 参见 Dyer, *Stars*,关于塑造明星形象的过程的讨论。正如戴尔所指出的,与我们常识性的假设相反,电影不一定是明星形象的意义的重要来源。他举了莎莎·嘉宝(Zsa Zsa Gabor)的例子,作为电影明星,其出演的电影很少有人知道,对于玛丽莲·梦露这样一位明星来说,其舆论宣传可能是这个过程中更重要的组成部分。

先，我将讨论新闻表征，例如一些关于她的最新电影或政治观点以及她私人生活细节的报纸杂志文章，如何提供了一系列意义，让女性主义者能够用一种特殊的并且主要是积极的方式产生共鸣。其次，我会分析她的哪些电影，尤其是1968年以来的电影，促成了她的这一形象。媒体表征一方面提供了关于简·方达的活动或意见的信息（如简·方达住在一个有三间卧室的房子里，而非一所豪宅，或者简·方达不相信婚姻）；在这个层次，女性主义者很可能会发现他们经常赞同她的活动，或同意她所持有的政治立场；另一方面，方达被书写的方式构成了另一种意义的来源：比如，许多文章的"基调"都是贬低性的，倘若还算不上是公然藐视的话。这种"基调"也会引起女性主义者的相关反应，并参与塑造了方达对于他们的意义。

一、有演技的小甜心——1968年前的简·方达

虽然1968年后的方达（和她的电影）对于女性主义者具有一种特殊的意义，但我们也不能完全忽视1968年以前的方达。这样做的原因是，许多欣赏她的女性主义者都是1968年前成长起来的，早就了解一些关于她的知识和她所代表的形象。他们在50年代末或60年代初期经历了一系列类似的事件和变化。方达的政治成长过程与许多女性主义者类似。这种共享的经验构成了女性主义者认同方达的一个重要因素。此外，人们后来提及方达的早期职业生涯的方式，与女性主义者发现自己的"早年"阶段（作为浪漫的青少年或充满希望的家庭主妇）遭到不断分析的方式类似。1968年以后，媒体经常提起方达早期的演艺生涯，仿佛那是一个理想的"前政治"阶段，因为那时方达只是一只毫无怨

言的性感小猫。[1]

  事实上,那些把方达早期的职业生涯缩减为单一的刻板形象(比如性感小猫)的行为,是在极大地简化和压缩方达的内涵。方达的早期职业生涯其实是有趣的,并且具有不寻常的多样性,特别是就她的性形象而言。例如,在她最早的四部电影中,她先是在《金童玉女》(Tall Story, 1960)中扮演了一位健康清纯的女学生,有评论者称她是活力四射的、享受男女同校教育的女生,理想的美国少女的代表;然后又在《神女生涯原是梦》(Walk on the Wild Side, 1962)中扮演了美国理想少女的对立面,一个坚强而狡黠的妓女。她的形象经历了从处女到妓女,再从妓女到一个把性当成家常便饭的女人的变化。然而,在《查普曼报告》(The Chapman Report, 1962)中,方达扮演了一个寡妇,性行为对于她来说成了一个问题了;然后在《调整时期》(Period of Adjustment, 1962)里,方达又从一个冰冷的寡妇摇身一变为一个新婚的、愚蠢的南方金发美女。在60年代中期,方达的角色也是多样化的,涵盖了从轻度讽刺社会的喜剧(《任何星期三》[Any Wednesday]和《赤脚在公园》[Barefoot in the Park])、更尖锐的讽刺喜剧(《女贼金丝猫》[Cat Battow]和《太空英雄芭芭丽娜》)到强硬的社会政治剧(如《追逐》[The Chase]和《快点日落》[Hurry Sundown])等多种风格。

  虽然《女贼金丝猫》《快点日落》和《追逐》都可以被视为有政治寓意的影片,但人们倾向于把方达的参演单纯地解释为这些影片为她提供了好的角色。虽然方达的观点已经公开了,但在这个时期,她尚未被描述成"具备政治立场"。方达的性感,她对性的看法和父亲对她的看法,

---

[1] 或是一个"真正会演戏的甜心"。这是1964年12月10日《每日快报》(Daily Express)关于方达的一篇文章的标题。本文由于篇幅所限,没有讨论方达作为一个演员的声誉对她的形象有何意义和贡献,但她的表演能力仍然是让她与大多数女明星区分开来的重要原因之一,即使是在她从影的早期阶段。她的演技也始终是唯一一不被批评者嘲笑或贬低的特质,除了极少数的例外。

才是关于她的媒体报道的主要特色。1964 年,一位美国的杂志编辑带着一丝震惊(似乎预示了未来的公众反应)回应了方达对于她最近出访俄罗斯的评论:"谁在乎呢?""美国人民只想了解她的性生活,而不是她认为俄国人有多么高贵。"[1]在 60 年代中期,方达主要生活在法国,在那里她遇到并爱上了罗杰·瓦迪姆(Roger Vadim),正如大卫·勒温(David Lewein)在《每日邮报》(1966 年 8 月 13 日)中描述的,他是"有俄罗斯血统的法国人,一手捧红了碧姬·芭铎(并与之结婚)"。当时的报纸坚持把他与两位前妻碧姬·芭铎和安妮特·斯特伯格[2]的关系与他和方达的关系进行类比。所有的女性都被认为是在瓦迪姆的掌握之中,当然,他执导了她们出演的电影的事实,也增加这种说法的合法性。《星期日快报》(1964 年 3 月 22 日)的一篇标题为"简·方达如何表现得像碧姬·芭铎"的文章的开头几段,能让我们领略一下当时的媒体是如何谈论方达与瓦迪姆的关系的:

"真的,你知道,罗杰·瓦迪姆这家伙必须得走了。"

"这些年我慢慢对他失去了耐心,因为他已经系统地拉拢并赢得了演艺圈一些最迷人的小鸡的心。"

"先是碧姬·芭铎。然后是斯特伯格。最近是黑眼睛的魅力女郎凯瑟琳·德纳芙。"

"这一切已经够糟糕了,但现在,他做得太过分了。他偷走了一个令人惊叹的女孩的芳心,这几个月以来,巴黎这座满是靓女的城市里最引人注目的明星,26 岁的演员简·方达,亨利的女儿。"

尽管报纸的报道让方达看上去只是瓦迪姆捕获的众多美女中的一个,并受到他的邪恶操控,然而另一个版本的方达也随之浮出水面。例

---

[1] 转引自 G. Haddad-Garcia, *The Films of Jane Fonda* (New Jersey, Citadel Press, 1981), 110。
[2] 安妮特·斯特伯格(Annette Strøyberg,1934—2005):丹麦女演员。——译注

如，方达被称为"不会嫁给瓦迪姆的女人"。方达关于婚姻的犬儒主义看法已经被广泛报道。《太阳报》(1964年11月4日)以后来为人熟知的贬低方式宣布，简·方达"把自己塑造成拒绝婚姻的牢笼的新式明星"。特别值得关注的是，在这些报道里，方达反感婚姻的理由与女性主义者在未来几年里提出的观点完全一致。在1964年的一篇报道中，方达说道："我害怕婚姻，是因为怕被占有。没有人是属于任何人的，为什么我们不能想明白这点，为什么要期待夫妻在各个层面都能够和睦相处？"(《星期日快报》1964年3月22日)。各种方达的采访都表明，她对这个问题，比大多数电影明星有一个更透彻的理解，这使得她的介入看起来是真实的，而不是赶时髦。事实上，对于一个"明晓世事"的读者(比如精通女性主义言论的女性主义者)来说，方达在她的采访中一般都显示出她比采访者具备更多的知识。

到了60年代中期以后，方达可以说已经与"宽容社会"(permissive society)明确联系在一起了，甚至是其领军人物之一。尽管1968年经常被称为是简·方达政治化的一年，但是很显然，她在60年代的访谈中表达的观点和情感，已经非常符合那个时代许多年轻的自由派/激进派的思想。到了1968年，她已被确认为是一位反叛者，她的许多电影角色也传达了方达的进步和愤怒的情绪。

这并不是否认以下的事实：1968年对于方达的形象而言确实意味着重大的变化，但是这种变化部分地源自与方达本人无关的社会变革。60年代中期，美国和欧洲都经历了重大的社会和政治动荡，并在1968年发展到了顶点。对于本文的写作目的而言，此时最显著的政治运动是新兴的妇女解放运动，这场运动可说是"诞生"于1968年的余波。至少在1968年后的一段时期里，人们开始从一个新的角度来看待一切事物，包括电影明星。当然，方达自己也经历了巨大的变化，无论是她出演的电影，还是她在媒体上发表的观点，都发生了变化；她在报刊上被讨论的方式也转变了。她不再被当作男人寻芳猎艳的珍品、尤物，如上文引用的《星期日快报》的报道,如下文所示,媒体文章的基调已经变了。拍摄于1967年的《太空英雄芭芭丽娜》,可能是方达"性感符号"阶段的电影中最知名的一部。拍摄于1969年的《他们射马,不是吗?》则是女性主义者所青睐的一系列严肃的、具有社会意识的电影中的第一部。在研究1968年后的电影如何影响了简·方达的形象塑造之前,我们应该先来看看这一时期另一个生产和传播简·方达"含义"的竞技场,也就是媒体,因为这些媒体报道常常构成了电影观看的语境。

二、"河内简——一个多嘴的傻瓜"

60年代末和70年代初的媒体报道突出了方达与一些左翼事业的关系。她被报道支持印第安人对阿尔卡特拉兹岛的占领,[1]也是黑豹[2]运动的著名支持者(虽然方达后来起诉美国联邦调查局向报纸散布她参与黑豹运动的虚假信息,企图抹黑她,将她无害化)。[3]她是印度支那和平运动的创始成员之一,致力于终止美国与越南的战争。媒体报道了方达参与的这项运动,她在美国各地与士兵的对话,并公布了她在军事基地被抓的照片。那一时期,绝大部分媒体都对方达在反战运动中的活动,特别是前往越南北部的旅行,表示出不同程度的蔑视态

---

[1] 1969年,89名美国印第安人占领了阿尔卡特拉兹岛(Alcatraz),认为这个废弃的岛屿应该重归印第安人所有。占领活动持续了19个月,开启了印第安人维权运动的先声。——译注
[2] 黑豹(Black Panther)指的是黑豹党,一个活跃于1960年代和70年代的美国黑人左翼组织。有研究者称其为"20世纪最有成效的黑人革命组织"。——译注
[3] 见 *Variety*, 17 December 1975。对方达的政治参与和媒体报道的全面讨论,超出了本文的范围。一个有用的和富有同情心的相关论述,见 G. Herman and D. Downing, *Jane Fonda: All American Anti-Heroine* (London, Omnibus, 1980) 或 Dyer, op. cit.

度。《太阳报》(1972年8月11日)一篇题为"河内简——让美国女性看到赤色的明星"的报道称,方达"因其越战广播而面临叛国罪审判"的压力,"许多美国人似乎已经确信……简·方达在河内的出没已经背叛了国家"。这篇文章囊括了众多文章的共有特性,一方面诋毁她的政治理念,一方面又渲染她的无害和可笑。为文章所配的照片下方是一行文字说明"简……'一个多嘴的傻瓜'"。文章上面则是一句口号"用'叛国'的怒吼淹没方达女孩的越战广播"(方达当时34岁,因被称作"女孩"而做出了强烈的回应)。在这篇文章中,作者雷·凯瑞森(Ray Kerrison),做出了如下的评论:

> 她一定是美国国家安全所遭遇到的最美丽的威胁……她的真诚毋庸置疑,她的天真则是另外一回事……简的河内之行……是她近三年"干自己的事"——跑遍世界各地,推动她的事业——的高潮。她的第一个事业是美洲印第安人……

诸如此类。

《星期日镜报》(1972年9月24日)的一篇文章使用了类似的策略。虽然它没有像许多文章那样显示出公开的敌意,但仍然嘲笑了方达的政治行为,暗示她的介入是盲目跟风。这篇文章最引人注目的一点是,它配发了一张简·方达赤裸地坐在沙滩上的照片。文字说明是"由罗杰·瓦迪姆设计其形象时的简·方达"。对这句说明的一种解读是:1)简·方达的姿态(无论是照片中的身体姿态还是这篇文章中所报道的政治姿态)只是她被设计的形象的一个功能而已,从这个意义上说,这些姿态不是"她"的,也不是真实的;2)其他人在设计她的形象。另一种相对不太可能的解读是,简·方达现在已经从瓦迪姆那里夺取了控制权。我们也可以对文章的开头段落做另类的解读:

> 当罗杰·瓦迪姆成功说服简·方达,他的第三任妻子,一脱成名时,他根本无法预见他这样做的后果……然而,随着她脱掉的衣

服,简也几乎摆脱了所有的女性束缚。

现在她对无耻的妇女解放运动的狂热震惊了世界,而瓦迪姆作为她分道扬镳的前夫和事业上的引路人,在谈论他们过去生活的时候说:"这就像和圣女贞德生活在一起……没有任何乐趣……"

然而一系列因素表明,另类解读并非文章的本意:裸照的使用,对瓦迪姆以及他对她形象控制的指涉,"狂热""无耻的妇女解放运动"的措辞,都旨在诋毁方达的女性主义观点,文中最后一段称方达正在为各种所谓的"事业"走火入魔,也是为了达到这种目的。瓦迪姆对他们过去生活"没有任何乐趣"的评论也意味着婚姻的破裂是她的过错。(在其他地方,他曾提到"为列宁做保姆")。同时这还预示她日后的生活也是"没有乐趣"的,这种人生是需要避免的。成为圣女贞德(即政治性的女人),就会变得索然无趣,丧失所有乐趣。这样做也是相当幼稚的,不是吗?

并不是只有小报记者才无法接受方达的政治理念。普遍被认为是自由主义的《卫报》(1971)也谈到了方达以前的形象是如何有吸引力,然后称"新的简·方达有很多面,但有一点,她就是不'可爱'"。在某种程度上,这句话说明了一切,它说出了每一个女性主义者都熟知的东西,成为一个女性主义者,成为一个投身政治的女人,就意味着"不可爱"。我们很难在阅读这样的评论时,不对简·方达这位被媒体界定为不可爱的女人产生压倒性的认同和同情,特别是当我们把她的"不可爱"的公共指责和之前的"可爱"描述做对比的时候。

正如理查德·戴尔所评论的,方达展示出"成为一个政治性的人是怎样的"。在70年代初,媒体似乎发现她的形象非常令人不安,他们在报道她时,都迫切地想把她放回到一些可识别的、正常的女性角色中去,与其说是削弱她的政治观点,不如说是想削弱她要求成为一个政治性的存在的主张。他们用来形容她的活动的语言中渗透着性别指涉和内涵,再现了一种拒绝赋予女性参与政治的权利或能力的意识形态,因此总是需要从和她有关联的男性的角度来解释她的政治观点。有一种观点被媒体重复了一次又一次,那就是在简·方达的生命中,"改变的基本引擎是男人",她根据目前所爱的男人来选择她的政治倾向。尽管这样的说法显然是为了诋毁她,它们也是性别歧视的经典例子,女性主义者很可能对它们被使用的方式非常敏感。

方达不仅遭到权势集团的拒斥。一些她昔日的左翼"兄弟"也排斥她。让-吕克·戈达尔和让·皮埃尔·戈林,两位激进的法国电影人,曾与她合作过《一切安好》(Tout Va Bien),他们竟然不辞辛劳地拍了一部名为《给简的信》(Letter to Jane)的电影,我们很难不把该片理解为对方达的政治攻击。而约瑟夫·洛塞(Joseph Losey)(他曾执导过她出演的《玩偶之家》)则在接受采访时嘲笑她的政治,声称她是个很难打交道的人。[1] 然而这些从左翼男性口中说出的充满无误的信心和权威的批评,可以被女性主义者重新解释。事实上,我们可以很容易地通过这些批评确认方达的女性主义的真实性。尽管她是一个电影明星,她仍然受到不公正的对待,而女性主义者认为这就是所有妇女的命运。洛塞的访谈强烈暗示着男人们在联合起来对付她。显然方达像其他的女性主义者一样,和左翼男性有冲突。

方达的女性主义的"真实性"进一步表现在她回应有关女权运动的问题的方式上。她曾无数次被问到她对女权运动的看法,她的回答总是表明她对女权运动远不只是一时兴起的同情。她明确表示,她认同这个运动,这个运动已经影响了她,改变了她对自己的认知、她对世界的理解以及她可以在世界上做些什么。很明显,她的政治观念影响了她的职业生涯,正如她自己说的,在 70 年代初,她被"列入了灰名单"。她不会接受她觉得带有贬低意味的角色,但提供给她的角色总是如此。

---

[1] 'The trouble with Jane Fonda'-Joseph Losey talking to David Lewin in the *Daily Mail*, 10 March 1973.

正是这些媒体采访所揭示的她对女权运动的认识和承诺,展示了她的独特性和真实性——它让很多人坚信,无论那些充满敌意的媒体如何表述或暗示,方达绝不只是一个追赶潮流的女性主义者。

方达早年的电影角色出现在 60 年代晚期女性主义复兴之前,但有一点特别值得注意的:在她 1968 年前拍的 16 部影片中,人们几乎总是只提到《太空英雄芭芭丽娜》这部电影,并用这部片子代替所有其他电影。这个很重要,因为它成为有关方达的"知识"的一部分,不断被提及和"应对"。部分媒体执意地、不加批判地突出方达早期角色的某些性感特质,并且似乎很得意地要求方达对这些角色负责。方达被要求"回答"假设性的女性主义者(一个媒体的发明)所提出的一项隐含指控,指控她没有更早地成为女性主义者或是与敌人勾结。言下之意是,如果她扮演这样的角色,她就不可能真的成为一名女性主义者。有时候,一些访谈还真的问方达对"过去"的看法,从而给她一个机会回应对她的"指控"。其中一次,方达说,在她看来《太空英雄芭芭丽娜》的剥削色彩比许多其他的早期角色更少;但在其他时候,对她的指控就存在于文章的书写方式,如上面提到的《星期日镜报》的例子。

这样的一种书写方达的方式,不仅生产出矛盾的意义,还滋养了纠结的心理,我认为许多女性主义者对于方达都抱有这种感受。一方面,媒体书写的"基调"邀请我们以蔑视的态度来审视方达;《星期日镜报》的文章以及无数其他文章所"偏好的"解读都是:方达与那些和她观点一致的女性主义者/激进派/共产主义者/左倾分子一样,是不需要被太当真的。

然而,我们要考虑的是,女性主义者对于这些问题可能会采取什么样的立场。这有许多可能性,但让我们只考虑两个。首先,他们可以同意报纸的暗示,即方达是不需要被认真对待的,她就是个政治墙头草;她不过是顺应潮流加入了女性主义者的行列,但也会很快退出。他们可能会拒绝承认方达与自己有任何共同点,拒绝承认她是一个女性主义者。女性主义者也可能会采取一种更加对抗性的立场,强烈反对文章(隐性或显性的)对方达的批评。在这种情况下,该文将提供同情性地认同方达的理由。这一对抗性的解读抵制了文章提供的阅读立场,展示了明星形象可能成为一个斗争场域的方式。如此一来,牵制简·方达的意义的企图就将被拒绝。

然而,这是就抵抗而言出现的最乐观的情形。我们最好把"抵抗"当作一系列可能出现的反应的一端。在另一端,大概就是对媒体关于简·方达的定义的全盘接受,例如,把她当作一个"无耻的"女性解放论者。但是,正如葛兰西所论述的,霸权性控制从来不是全面的,我们也必须承认,"抵抗"既不是全面的,也不是永久性的。抵抗性解读或多或少都会被主导性解读所污染。因此,尽管女性主义者可能会快速发现媒体对方达的处理方式是反女性主义的,并识别出他们用来攻击她的政治立场的各种手段,然而,主流(男流[1]?)媒体所炮制出的对方达的不信任,可能已经渗透到女性主义者对于方达的解读,导致了他们对于方达所特有的矛盾心理。

三、"政治变革的武器"

作为意义的来源之一,方达的电影也具有同样的复杂性。女性主义话语和父权制话语之间的博弈是她在 1968 年后拍摄的电影的一大特点。这些电影一方面具有独特的女性主义话语,这一话语影响了方达的表演和叙述的部分方面;另一方面又存在着一个趋向于主宰电影

---

[1] 此处的英文是"malestream",意即主流社会其实是男性主导的社会。——译注

的整体结构的父权制话语,这在《克鲁特》中格外引人注目。这些电影容易产生一系列的情感,这些情感构成了观众复杂的观影反应,不仅是对她决定为广大观众拍电影的政治考量的反应,也是对她扮演的各种角色以及这些角色的智力和情感冲击力的反应。[1]

方达决心用她的演技来制作可能成为"政治变革的武器"的电影。她的这一决定有可能被女性主义者解读为对体制的投降或对体制的利用。女性主义者对这样的对立含义是颇为熟悉的。对于那些并不支持分离主义的政治立场的女性主义者来说,方达是一种理想的典范。方达拥有大多数妇女缺乏的权力,从某种意义上说,也是女性主义试图从男子手中夺回的权力。鉴于方达已经拥有了这种权力,那么她就面临着女性主义成功之后所面临的问题:一旦你拥有了权力,你会怎么做?我们可以用进步的方式来使用权力吗,还是说权力总是会导致腐败?她提出的关于电影的主张,也和妇女运动的某些部分有相似之处。方达坚持为大众拍摄电影的重要性,体现了女性主义强烈的反精英主义的冲动。此外,她挑战了好莱坞制片人的惯常看法,即认为"人们不愿意去思考……",提出"人们希望被带领出泥淖,或至少帮忙清理混乱",倡导"电影或任何一种文化表达,应该使人们变得更加强大,而不是脆弱"。[2]她感叹道:"那些具有社会视野的人目前为止还没有找到一种大众化的表达方式。我们有太多的修辞和宗派主义。"她没有兴趣拍那种只能被左翼精英们看到和理解的电影。在1975年的一个采访中,她谈到我们很难知道应该拍摄何种电影,以及是否有可能使电影成为"政

---

[1] 关于简·方达的电影对于女性主义者的含义的争论,参见 D. Giddis, 'The divided woman: Bree Daniels in *Klute*' in K. Kay and G. Peary, *Women & the Cinema* (New York, Dutton, 1977); C. Gledhill, '*Klute 2*: feminism and *Klute*', in *Women in Film Noir*, ed. E. Ann Kaplan (London, BFI, 1978); and T. Lovell and S. Frith, 'Another look at *Klute*', in *Screen Education*, 39 (Summer 1981).

[2] 这部分以及之后的引用都来自 'An interview with Jane Fonda', reprinted in K. Kay and G. Peary, op. cit.

治变革的武器":

> 我感觉在这个阶段,在这个国家,不一定是由电影来提供一个解决方案。我感觉在这个时刻,挫折可能是有进步意义的。也许我们现在能做的就是为观众打造一种充满希望的挫败感。

方达的特殊政治战略意味着她对英雄角色不感兴趣,而女性主义者可能会希望她扮演这种角色。她对于制作前卫电影也不感兴趣,这类电影几乎没有带来任何快感。方达的电影从来都不是明显的女性主义或社会主义宣传手册,她也不会在一些影片中扮演她本人那样的"激进分子"。相反,她说:"我宁愿扮演一个法西斯分子,而不是著名的革命家,如果法西斯的角色能暴露一些关于种族主义和权力的信息"。这似乎是一个勇敢和诚实的决定,它背后的动因无疑受到女性主义政治——一种关于发现和赋权的政治,而非伟大和良善的政治——的影响。方达有充分的理由扮演著名的女性主义者或独立女性,但她却选择扮演"充满了矛盾的角色";她想表现那些"试图解决真实存在的问题"的人物。

方达不愿意专门扮演女性主义者或具有政治觉悟的妇女,这种决定的后果是,她扮演的角色经常很难得到女性主义者全心全意的认同。一方面,这些角色面临的问题和矛盾,已经成为女性主义者的人生体验和他们所讨论的更普遍的妇女经验的核心。例如,在《荣归》中,莎莉·海德困惑、盲目但却迫切地想要抗拒她傲慢和家长式的丈夫的控制,并试探性地控制自己的人生。她的这种需要让女性主义者感到一种痛切的熟悉。《朱莉亚》(*Julia*)中,莉莲对她朋友的糊涂但却坚定的信任,为女性主义者提供了肯定和欢庆妇女之间的友谊以及妇女能够被政治激励的最早例证之一。尽管她的电影探索了我上面提到的"女性主义的思考方式和情感结构",但这些东西从来没有获得充分的表达。

事实上方达在 70 年代所扮演的角色,至少是在每部影片的开始,都与方达本人高度政治化的明星形象相去甚远。随着电影情节的展开,角色通常会发生变化,与方达作为一名开明、独立和激进女性的明星形象逐渐吻合。《荣归》《朝九晚五》(*Nine to Five*)、《电动骑士》(*The Electronic Horseman*)、《朱莉娅》《中国综合症》(*The China Syndrome*)、《玩偶之家》都说明了这一点。这些电影为我们提供的叙事满足,与角色越来越像简·方达,也就是变得更激进密不可分。[1] 然而,这种激进化一般而言都很轻微,这意味着女性主义者从这些电影中获得的可能只是某种类似于对他们过往的回忆的东西,让他们联想到女性意识觉醒的初期,而不是找到当下继续前行的方向。

对于女性主义者来说,一个更严重的问题是,角色的激进化通常有赖于一个男人的引导。女性主义者倾向于认为,方达电影中的男性角色不仅削弱或抵消了方达扮演的角色,它还强化了方达的明星形象中有问题的部分,即把男人"当作改变的引擎",把方达的政治立场仅仅视为她所爱恋的男人的一个功能,而不是相反。虽然女性主义者拒绝接受媒体对方达的政治立场的贬低性解释,但他们一定想知道为什么方达没有对她 70 年代的电影实施更多的掌控。难道方达没有真正理解她所扮演的角色都是由男性主导的吗,还是说甚至连她也没有足够的控制权?这个难解之谜导致方达的形象出现了某种危机,特别是就它对女性主义者所可能产生的意义而言。

一方面,我们可以尊重方达"利用"体制,并通过建立自己的制作公司(IPC)从好莱坞手中夺取控制权的决定,可以欣赏她的表演,并拒绝媒体对她的解读。但这就把"简·方达"建构成一个理想化的成功和强

---

[1] 这一见解受惠于维克多·帕金斯(Victor Perkins)。另外一名相当不同的明星桃瑞丝·戴也有类似的过程。但是戴所扮演的角色一般在影片开头都是一个独立的、反叛的、为争取自主权而奋斗的妇女。到了影片结尾,戴扮演的角色会失去斗志,或者"意识到"去抗争是错误的,然后快乐地放弃她的独立性,变成"阳光的邻家女孩",即戴经常被人想到的明星形象。简而言之,戴所扮演的角色在向戴的明星形象靠拢的过程中被去激进化了。有关桃瑞丝·戴对于女性主义者的意义的讨论,参见 J. Clarke and D. Simmonds, *Move over Misconceptions* (London, BFI, 1980) 和 T. E. Perkins, 'Remembering Doris Day', in *Screen Education*, 39 (Summer 1981).

大的女性主义者,一个已经设法解决了制作激进的流行电影所牵涉的各种矛盾的女性主义者。但她拍摄的电影本身辜负了这个理想;这意味着要么是她的理解有偏差,要么是她的权力还不够大,以至于被迫对其政治立场做出妥协。所以,虽然在某一方面方达的电影巩固了方达的女性主义者形象,但在另一个方面,这些电影也让她的形象变得成问题,在女性主义者赋予"简·方达"的对抗性意义中打开了一个缺口。

在70年代后期和80年代,简·方达从媒体的角度变成了一个更加"可接受的"明星。媒体越来越多地将她建构为60年代激进主义,特别是女性主义的成熟面孔。1981年11月,发生了一件我一度认为不可能发生的事情:一期彩色增刊刊登了一篇关于逐渐老去的女明星的文章,其中写简·方达的那一段,对她过去的政治立场和行动只字未提。[1]这当然并不意味着关于"简·方达"意涵的争论已经结束,也不意味着她对于女性主义者已经不再重要,也不是斗争已不再具有政治性。相反,如我在本文开头所提出的,它表明"简·方达"具有符号的功能,这个符号的含义仍众说纷纭,而"简·方达"的政治也就在于此。[2]

(郑学明、韩云译　杨玲校)

作者简介:泰萨·帕金斯(Tessa Perkins)接受过舞台监督的训练,并以此为职业,也曾做过秘书,1960年代在埃塞克斯大学念过社会学,教授过社会学,研究并撰写过女性的兼职状况,也撰写过刻板印象、多丽丝·戴及其他议题。她现在是谢菲尔德理工学院传媒研究的高级讲师,讲授流行文化、电视小说、女性主义电影理论、媒介研究和文化理论。

---

[1] 'Famous fading fifties faces', *People Magazine*, 26 November 1989.
[2] 我要感谢克里斯汀·格兰德希尔(Christine Gledhill)和吉尔·麦肯纳(Jill McKenna)对本文的初稿所提出的有益的和鼓励性的评论。

19 | 名人的过剩[1]

大卫·拉斯特德

吉米·萨维尔[2]、崔茜·尤曼[3]、丹尼斯·沃特曼[4]、连尼·亨利[5]、克里夫·詹姆斯[6]、简·利明[7]……名人(personalities)是电视机制的核心。大量名人的储备保证了观众会一次又一次地为他们的角色买单,并提供源源不断的广告或执照收入[8]的现金流来维系这个机制的运行。因此,名人的建构和维护对于电视机制来说具有经济必要性。

这种保证像是一种生产公司和观众之间的非正式合约。然而,正如承诺可能被打破,这种保证也并不真正保险。与其说是合约,还不如说是一种面对常规和持续的相反证据却依然存在的神话体系。任何名人的人气都可能经历反复的起起落落。(昨日的名人可能在今天被重

---

[1] 本文首次发表于 L. Masterman (ed.), *TV Mythologies* (London, Comedian/Media Press, 1984)。——编注
[2] 吉米·萨维尔(Jimmy Saville, 1926—2011):英国广播公司(BBC)资深音乐节目主持人。——译注
[3] 崔茜·尤曼(Tracey Ullman, 1956—):英国女演员、歌手、编剧和导演。——译注
[4] 丹尼斯·沃特曼(Denis Waterman, 1948—):英国著名男演员和歌手,以出演硬汉角色闻名。——译注
[5] 连尼·亨利(Lenny Henry, 1958—):英国演员、作家和主持人。——译注
[6] 克里夫·詹姆斯(Clive James, 1939—):澳大利亚评论家、诗人和播音员。——译注
[7] 简·利明(Jan Leeming, 1942—):英国著名电视节目主持人。——译注
[8] 在英国看电视,需要申请电视执照(TV license)。目前,彩色电视一年的执照费为145.5镑,黑白电视为49镑。——译注

新发掘出来,到了明日又变得籍籍无名。如弗兰基·沃恩[1]和弗兰基·霍沃德[2]。)我们也早已知道观众不喜欢在特定节目或电视剧中接受太多名人。但作为一个制度,如电影的明星制,这种神话体系依然具有实际的作用:在不懈地追求高收视率的过程中生产更多的名人。

当然,这种神话体系有赖于电视领域之外的文化神话来维持。名人崇拜是关于个人(individual)的神话的产物。在这个神话中,历史由杰出的男性(和少数杰出的女性)所缔造,无关社会运动。这个神话有两种变体。一种强调的是通过个人努力和竞争获取成就,特别是为资本家的利益服务。另一种则是仰赖本性或命运而非努力、地位或环境的民间神话(如灰姑娘的故事,或是林肯从小木屋到白宫的故事)。前一种变体突显努力,而后一种变体则否定努力、宣扬天赋。这种个人主义的神话就如其他神话一样,是自相矛盾的。

这种矛盾在电视上最为明显,为了不断补充名人的储备,电视生产了太多的名人,一旦认识到这一点,稀有精英的神话也就暴露无遗。

> 我与她相识多年,她是个了不起的女性,独一无二,就像汤米·库珀[3]。
>
> (埃里克·莫克姆[4],关于黛安娜·多尔丝[5]逝世的评论,
> 《每日邮报》,1984年5月5日)

因此,电视的名人制度主要就是为了再生产个人主义神话。然而这种陈述既没有考虑观众从这个制度中所获得的快感或这个体制所传

---

[1] 弗兰基·沃恩(Frankies Vaughan,1928—1999):英国歌手,曾靠翻唱美国热门流行歌曲走红。——译注
[2] 弗兰基·霍沃德(Frankie Howerd,1917—1992):英国喜剧演员,在其60年的演艺生涯中,经历了一系列的东山再起。——译注
[3] 汤米·库珀(Tommy Cooper,1921—1984):英国喜剧演员和魔术师。——译注
[4] 埃里克·莫克姆(Eric Morecambe,1941—1984):英国著名喜剧演员和歌手。——译注
[5] 黛安娜·多尔丝(Diana Dors,1931—1984):英国著名女演员,最初因肖似玛丽莲·梦露而被公众所知,以性感尤物著称。——译注

递的快感,也不允许不同的意义尤其是社会意义的出现。如果说个人主义的神话是矛盾的,那么名人制度可能也是如此。在这些矛盾中,构成不同电视观众派别的社会群体也可以找到与电视名人制度的主导倾向相反的、另类的承认、肯定和认同。

汤米·库珀(1984 年 4 月 15 日)、黛安娜·多尔丝(1984 年 5 月 4 日)和埃里克·莫克姆(1984 年 6 月 27 日)三人的同时离世,为我们探索这些可能性提供了一个便利的(但也是悲伤的)个案研究机会。让我们来看看某些电视名人是如何通过与名人制度和个人主义神话相对的社会意义,来为某些派别的观众提供快感的。

首先,请记住这三人的生平成就都早于、并超越了电视机制。他们不仅仅是电视名人。库珀和莫克姆在成为电视名人之前就已经是综艺表演场所(比如音乐厅、夜总会、俱乐部等)的喜剧明星,成为电视名人后,也是如此。多尔丝则是"性感尤物"类型的电影明星,并以出演"困难的"角色闻名(例如《向夜屈服》[*Yield to the Night*]中的露丝·埃利斯[Ruth Ellis])。除此之外,我们还必须考虑他们超越其本来的演艺事业的电视曝光。库珀和莫克姆有自己的电视娱乐综艺节目,并且在其他明星的节目里充当嘉宾(两人中,库珀做嘉宾的次数远多于莫克姆)。多尔丝出演了不计其数的虚构节目,从电视剧到情景喜剧,都有涉猎。而且他们都现身于谈话节目、游戏节目、电视杂志……例如,莫克姆在犯罪剧《斯威尼》(*The Sweeney*)的一集中本色出演,因他与卢顿(Luton)足球俱乐部的关系,他也经常在体育节目中担任访谈嘉宾。库珀不仅经常在电视娱乐圈的各种活动中担任演讲嘉宾,也是另一位喜剧同行埃里克·赛克斯(Eric Sykes)制作的喜剧电影中最受欢迎的演员。多尔丝在综艺节目中担任歌手,并出演小品。她主持着自己的谈话节目,在去世前不久,还在早餐时段做一档电视减肥节目。因此,他们三个人不仅是专业艺人,也是互文性偶像。除了名人身份,他们也是电视明星,体现了丰富的大众文化记忆资源。这里要强调的是,他们的名字通过诸多变化的形象连接着各种类别的观众,对每个类别的观众而言,他们的意义都会有所不同。

接下来值得探讨的问题便是,将他们某种或多种形象中潜在的对于特定派别观众的社会意义分离出来。而且,如果我们有兴趣找出他们为最广泛的(但有种族、年龄和性别差异的)工人阶级所提供的肯定、承认和认同的话,那么就需要关注他们提供给那些观众的潜在意义的特殊性。我认为,这些名人中的每一位都将特定的肯定、承认和认同与特定的观众群体联系起来,同时又足够广泛多样,可以吸引到大多数的观众。

电视轻娱乐[1]形式的大部分乐趣不仅来自对名人的技艺(从杂耍人或魔术师的身体灵巧到说书人的语言组织)的识别,也在于意识到其中的风险。局部失误的可能性总是存在的,有时还会真实发生,无论是杂耍表演时掉落的瓶状棒或是非常明显的言辞失当。事实上,汤米·库珀的喜剧魔术师形象和埃里克·莫克姆扮演的滑稽傻瓜都承认了这一点,并将风险带来的愉悦融入他们的表演人格。这些人格承认了名人制度意识到但却试图抹去的表演风险。此外,库珀和莫克姆认识到这种曝光的核心在于与观众的共谋关系;它成为名人与受众之间一个令人愉悦的协商点。然而,许多轻娱乐为了确保成功和确认有才华的个人,都压制了这种承认。例如,在音乐综艺表演中,只有喜剧演员莱斯·道森(Les Dawson)走调的钢琴表演,但却没有走调歌唱的传统,即使是为了取乐。但游戏节目、问答节目和才艺比赛的部分乐趣恰恰就在于它们突出了失败的风险;它们超凡的人气也就不足为怪了。

然而最大的风险,并非仅仅是单场演出的失误,而是失去对于成功和才华的信心,后者是演艺事业的支柱。这种风险就像神经症一样围

---

[1] 轻娱乐(light entertainment)泛指通常是在电视上播放的各类表演,包括喜剧、综艺节目、问答或游戏节目、小品表演等。——译注

绕着轻娱乐,与"个人技能与努力就能保证经济成就和社会地位"的神话不相上下,这种神话违背了所有工人阶级的经验和部分工人阶级的意识。戴安娜·多尔丝在积极地操控自己复杂的人格时,就宣布了失败的风险并威胁到了个人主义神话。

综上所述,成功和天才的神话总是在轻娱乐形式中冒着被愉快地暴露的风险,然而某些名人的快乐和意义就来自他们对这一神话的经常性的去神秘化。

> 有些时候,我深感失望,甚至是绝望。公众从不曾察觉,因为我表面在大笑,内心却在哭泣。这种状态很危险,你很容易就会陷进去,无法自拔。
>
> (汤米·库珀,《每日星报》,1982年11月11日)

我们很容易察觉出,这三个名人都很"接地气"(common touch),与工人阶级生活的物质现实保持一致。不同于迈克尔·帕金森(Michael Parkinson)、戴维·弗罗斯特(David Frost)或赛琳娜·斯科特(Selina Scott)等间接代表体力劳动和/或家庭劳动文化的名人,库珀、莫克姆和多尔丝与工人阶级的物质现实有着直接而切身的认同;他们喜欢谈论小酒馆文化而不是酒吧文化,足球而不是板球,尿布而不是保姆。粗略地说,这是一个阶级文化的体现。然而,我们还可以在这三个名人与名人制度的核心意义和功能之间的批判性距离中,发现他们作为社会明星的更复杂的含义。

所有非虚构形式中的电视名人都会影响与观众的联系。半自白式的综艺节目、家常式的访谈节目和电视杂志以及更正式的新闻节目等特有的、直接的交流方式,都能够激发观众强烈的认同和共识。库珀、莫克姆和多尔丝的机智就是这一运作过程的注脚。库珀采用超现实的扯淡("我过去常收集灰尘,但后来放弃了"以及"我把饮料一饮而尽,但有时我要让衬衫一角上挂一点"。);莫克姆会恶搞,在边上搭腔"这小子是个傻瓜！"并对着摄影机发表评论,尤其是在与厄尼·维斯(Ernie Wise)的节目中假装不认识明星嘉宾;多尔丝虽也会开启喜剧模式,但是更多时候她偏爱尖刻地奚落她周围过分和蔼的名人("淡定,这是个好男孩")。这些语言(结合手势)将此三人与其他名人区别开来,使他们成为这个体制中既是合作者又是评论者的存在。这些以牺牲名人制度为代价来勾搭观众的反修辞手段,与熟悉名人制度并被这个制度吸引的观众建立起了一种更具社会性的联系。

> 对大多数人来说,生活是一种残忍可怕的折磨。他们做着他们讨厌的工作——如果他们足够幸运得到工作的话。所以当有人来让他们忘记烦恼,这对于他们来说是一种安慰。
>
> (汤米·库珀,《每日星报》,1984年4月16日)

三位名人都在他们的表演以及对电视的形式策略和制度化实践的特殊操控中,体现了工人阶级经验的某些特点。他们意识到"工人阶级性"是独特的、区别于其他阶级经验的。在他们对电视的操控中,他们代表了与惯例和规范的强制性定义的分离。在体现和操控的结合中,他们肯定了从属阶级,更重要的是,肯定了工人阶级经验中不屈不挠的特性。

三位名人还在另一种意义上肯定了工人阶级的适应力(resilience),其中最能让人产生共鸣的是库珀。他魔术表演中的过度失误,象征性地对应了劳动力的投入和回报之间的失衡。幽默的运用——以困惑、自谦的方式讲述的一系列没头没尾、突然的、过分的玩笑——正好连接了体力劳动者和家庭劳动者所特有的机智,并且是对他们阶级地位的荒谬性的评价,他们拼命工作却只能获得微薄的物质回报。这种坚忍的特质也和库珀本人的经历相一致,长期的心脏、肺部和胸部的不适,逐渐使他口齿不清、行动迟缓。尽管媒体的报道让他的观众对其健康状况一目了然,但他本人从不在演出中宣扬或提及这件事,这种生平经历强化了个人在灾难面前的坚忍。同样,莫克姆的心脏病和多尔丝后来恶化成癌症的甲状腺囊肿(导致她的身材走样),是构成他们个人传记的悲剧成分,也是他们人格中公认的次文本。他们与病魔的抗争、为大众所知的生命的脆弱性,成为了名人与受众之间的一种心照不宣的纽带。毫无疑问,对死亡的认知是没有阶级性的,但明知如此却依然要辛勤劳作,却给工人阶级意识带来了额外的情感激荡,因为这个阶级太了解工业疾病和早衰所导致的死亡。在许多方面,娱乐圈展现的奢华生活方式,其实是工人阶级文化中的及时行乐元素的象征性等同物,这个文化元素总是遭到左派和中间派的道德家的抨击。对于资本主义经济中的弱势群体、社会秩序的底层来说,要在循规蹈矩或拒斥与享乐中做出选择并不容易。因为无论如何选择,都会遭受惩罚,选择后者至少还能获得一些乐趣。库珀,尤其是多尔丝,像之前的朱迪·嘉兰[1]或席德·维瑟斯(Sid Vicious)一样,可以看成是后一种选择的支持者,也是这种选择的悲惨受害者。但库珀和多尔丝的悲剧与工人阶级意识有鲜明的联系。在这样的背景下,乐观地应对"体制"的"第二十二条军规"所带来的身体惩罚,就有了特殊的现实意义。

在将名人的人气与他们的观众联系起来的过程中,认识到适应力的表达和形式是非常重要的,这对于维系日常压迫下的例行的生存策略也具有重要意义。

然而,适应力也存在着以变革的代价来肯定生存的风险。如果这些名人的个人主义不去通过对社会变革、多种可能性和结果以及行动策略的象征性呼唤来鼓励各种反抗的形式,那么它将会仅仅相当于对阶级压迫的确认。莫克姆对关注的要求(claim to attention)是特殊的和有意识的。这种要求存在于他通过操控喜剧小丑这一类型化的角色而发展出来的特殊的拍摄风格之中。这种角色类型一般有两种形式——

---

[1] 关于朱迪·嘉兰(Judy Garland)的生平,参见本书第11章。——译注

蛮横的莽汉(比如莱斯·道森[Les Dawson]、布鲁斯·福赛斯[Bruce Forsyth],以及早期的鲍勃·霍普[Bob Hope]和更早的矮胖子丑角),或不幸的儿童(比如迈克尔·克劳福德[Michael Crawford]、弗兰克·斯宾塞[Frank Spencer]、弗兰克·克朗普顿[Frank Crompton],以及早期的杰瑞·路易斯[Jerry Lewis]和更早的滑稽小丑)。莫克姆仅仅和之前的W. C. 菲尔兹(W. C. Fields)有些类似,但在双人表演这方面,他是独一无二的,他用特殊的方式将上述两种选择结合了起来。莫克姆这个人格既盲目自大,随意侮辱他人,高度兴奋,同时又很容易地(或暂时地)缓和下来,总是被轻视和忽略。这些寻求关注的形式,常常被当做幼稚或疯狂的行为,尤其是在一个经常将异常的特性归因于与现状发生冲突的政治对抗行为的社会里。罢工、示威和罢工纠察队尤其被贴上"愚蠢"和"幼稚"的标签,以便将它们的目的去政治化,否认其合理性,改变其作用(或对其作用的意识)。莫克姆喜剧人格的复杂性,及其在喜剧语境中的形式化差异,否定了这样的标签,并且在社会世界中(为那些能够辨认出谎言的观众)对这个谎言进行了谴责。莫克姆肯定了各种反抗形式的适当性并且赋予它们地位。

特别是莫克姆所采用的形式化手法——将小品内容或者情节放在一边而与观众进行经常性的眼神交流,对观众试图阻止他的这种做法的反应——肯定了一系列的战术性策略。这些手法肯定了对抗性的实践,尽管主导性的社会思想许诺说对抗是不需要的;它们抵制收编并且认为被承认是一种权利;它们适应性很强但是又拒绝被改变。总而言之,这些手法象征性地肯定了从属阶级的斗争,证明了不仅需要生存的战术还需要反抗的策略。

这些特殊的认知与有组织的政治对抗的现存形式,特别是劳工运动中的对抗形式,有着明确的联系,对于那些来自这些组织的观众派别,莫克姆的人格和情境提供了特殊的确认。对于其他的派别,这个人格同样可能引发承认和/或引发政治化的意识。

莫克姆使用音乐厅的惯例和电视的直接表达模式,而库珀却颠覆了这些惯例和模式。他的节目排练众所周知地混乱;拒绝参照剧本,反复忽略粉笔记号[1],加入新的情节和俏皮话。排练混乱的局面对他的观众来说是显而易见的。库珀的表演对于节目导演和摄像师就像一场噩梦,意味着摄影机总是在错误的时间出现在错误的地点。笑话无人领会,因为金句(punchlines)在取景框之外;高潮被一个取景框调错的摄影机拍了下来;冗长乏味的部分发生在没有人能确定意图的地方。总之,库珀对于电视机制来说是一个无秩序的存在。他的"个人"露面也是以这种不可预测性著称。在一次电视播放的名流活动的演讲中,他假装失去语言能力和话筒出故障,一言不发;在电视节目《这是你的生活》(*This Is Your Life*)中,他假装不认识他需要招待的名人:"从未听说过这个人",让主持人伊蒙·安德鲁斯(Eamonn Andrews)倒吸了一口凉气。

库珀无法按照任何规则进行表演,这肯定了一种反抗的意识。然而他破坏偶像的行为总是被控制和冷静缓和了。他所代表的破坏形式是对更激进的工人阶级反抗的认同,这种反抗不符合常规,更加自发,但依然是政治性的。库珀的非逻辑的逻辑是一个破坏性的战术,不仅仅针对劳工政治领域,而且同样适用于家庭和其他社会生活领域。

最后我们要谈论的是戴安娜·多尔丝。多尔丝不遵循电视的惯例或形式,但却以透明的方式利用了电视机制的性质。多尔丝在她电影事业的早期就很有宣传意识,并掌控了电视的推销机制。她的演艺生涯充斥着个人丑闻和与经理人的职业纠纷,我们很难在她混乱的生活方式和自我推销之间做出明确的区分。然而,对多尔丝人格的高度自反性的使用就是这样发展出来的。

多尔丝最初被设定为一个性符号,但她拒绝了这一符号中愚蠢的

---

[1] 粉笔记号(chalk marks)是演出排练中在黑板或纸上画的一些记号,用来帮助演员将表演场景具象化。——译注

内涵。她对这一角色类型始终有着自觉的把握,几乎没有浪费任何机会就通过夸张的女性性姿势和对屏幕上四处猎艳的男性的轻蔑不屑(没人能像她那样撇嘴),揭露出性符号实际上是由男性窥淫癖建构出来的。然而,她巧妙地没有在这个过程中失去自己的性魅力,并且突显了一个尽管受到约束但依然具有控制力、长袖善舞的女性形象。随着年龄的增长,她致力于推销一种叫"好时光女孩"(the good time girl)的变异类型的内涵,保留了这一类角色自我调节、寻欢作乐的特性,但否认了它的罪恶性,并通过欢庆母职的活动与其他女性类型融合。她在谈话节目中以风月故事作为调剂,为家庭生活增添了活力,打破了女性气质和家庭生活的传统模式。她对这些惯例的挑战为电视机制带来了风险,因此有段时间她在电视上的露面是没有规律的,但这只是使她的每次出现都更具感染力。多尔丝提供了一种具有挑战性的模式,用以对抗惯常分配给女性(尤其是工人阶级女性)角色的意义,这种模式很可能与这些女性观众的经验和愿望发生共鸣。她与其他女性,尤其是马蒂·卡因[1]那种寻找性伴的母亲在一起时的快乐;她对男性群体实施的协商性控制,尤其是在电视剧《奎妮的城堡》(Queenie's Castle)这样的虚构世界里;她在伤感的歌曲里流露出的自信:所有这些都为在异性恋的夫妻关系、家庭关系中,改变针对女性角色的男性中心话语提供了战术性策略。

　　多尔丝打乱了一系列电视上的女性角色。通过这样做,她同各种不同社会角色和年龄段的妇女建立起了联系,承认了她们的经验,展示了在那种经验之内倡导变革的可能性,并且提供了另类可能性的模式。同样值得肯定的是——解释她的表演给男性带来的快乐也是相当重要的——在这些变革中,多尔丝给男性提供了解脱,他们受困于管控男性的异性恋关系的传统模式,以及这些模式所规定的无法企及的(非己所

---

[1] 马蒂·卡因(Marti Caine,1945—1995):英国女演员、综艺明星。——译注

欲的)男性气质的理想。

最后，无论这个特殊的个案研究的优点和局限性如何，我希望它指出了文化批评在电视神话之内，尤其是在电视与观众的关系中，探索对抗的结构和策略的必要性。这种必要性不仅仅是为了避免背弃构成电视观众的各个派系的工人阶级的利益，同时也是为了继续支持这些观众从电视获得的快感和政治性的反抗意义。这是文化批评界一处遭遇饥荒的领域，突然的过剩将让它受益良多。

（娄沁沁、李祎琳译　杨玲校）

参考文献

Rick Altman (ed.), Genre: *The Musical* (Routledge, 1981).

Richard Dyer, *Stars* (BFI, 1979). 'Entertainment & Utopia', *Movie*, 24 (Spring, 1977), 2—13, reprinted in Altman (1981). *Light Entertainment*, TV Monograph 2 (BFI, 1973).

John Ellis, 'Star/industry/image', *Star Signs* (BFI, 1981). 'Made in Ealing', *Screen* (Spring, 1975), v, 16, 1 (especially pages 113—18).

Jeff Nuttall, *King Twist: A Biography of Frank Randle* (Routledge, 1978).

作者简介：大卫·拉斯特德（David Lusted）是一名媒介教育领域的自由从业者，并经营着一个名为"媒介教育机构"的组织。他的著述包括专著《雷蒙德·威廉斯：电影、电视与文化》（*Raymond Williams: Film, TV, Culture*, BFI, 1989），编著《传媒研究》（*The Media Studies Book*, Routledge, 1991）。他是戏剧生产的文化顾问、临时演员。目前，他在英国雷丁大学电影与戏剧系做兼职教师。

20 快感、矛盾心理、认同：
瓦伦蒂诺与女性观众[1]

米莲姆·汉森

在讨论电影观众的语境下，无论是从历史还是理论的角度看，鲁道夫·瓦伦蒂诺(Rudolph Valentino)的案例都是非常值得重视的。女性观众越来越被认为是一个重要的社会和经济群体，电影开始不顾观众的真正构成而明确地针对女性观众。随着好莱坞制造了瓦伦蒂诺的传奇，促使明星的真实生活和银幕人格(persona)融为一体，瓦伦蒂诺的女性倾慕者事实上也成为这个传奇的一部分。在此之前，粉丝行为的话语从没有如此强烈地被打上性别差异的标记，在此之后，观影活动也再没有如此明确地与女性欲望的话语联系在一起。这种结合影响了接下来几十年中瓦伦蒂诺的神话，正如两本传记的封面介绍所说的：

> 瓦伦蒂诺瘦高的身材，热切的眼神和拉丁血统是每个女人的梦想……制片公司根本应付不了来自女性的成千上万个电话。她们渴望获得任何能匆匆看上瓦伦蒂诺一眼的工作。她们欣然愿意

---

[1] 本文原载于《电影杂志》(Cinema Journal)1986年夏第25卷第4期，收录时有删节。文章版权为伊利诺伊大学董事会所有。该文的修订补充版收录于作者1991年由哈佛大学出版社出版的《巴别塔和巴比伦：美国默片中的观看行为》(Babel and Babylon: Spectatorship in American Silent Film)一书中。——编注

无偿工作。[1]

尽管这些传记很少能就瓦伦蒂诺生活中的任何事实达成一致,但它们都很典型地将他的个人成功和痛苦与当时美国的文化和社会价值观的危机联系起来。[2] 在不止一个方面,瓦伦蒂诺的身体成了和第一次世界大战一同爆发的矛盾场域。那些既成就了他、同时也毁灭了他的特定历史状况包括:战争期间剧变的性别关系,比如大量的女性成为劳动力和消费经济的主要目标;以性别为基础的劳动分工的部分瓦解以及公共与私人传统界限的模糊;从家庭生活和母职以外的角度重新定义女性气质的需要;随着性行为和生活方式的热情解放而被大肆宣扬的新女性形象;友伴式婚姻[3]的出现。[4]

无论我们如何解释女性的所谓解放和她们融入消费社会之间的辩证关系,女性在那些年里的确获得了可观的公共能见度,电影也成了承

---

[1] Brad Steiger and Chaw Mank, *Valentino: An Intimate and Shocking Expose* (New York: MacFadden, 1966) and Irving Shulman, *Valentino* (1967; New York: Pocket Books, 1968). 亦可参见 Vincent Tajiri, *Valentino: The True Life Story* (New York: Bantam, 1977); Edouard Ramond, *La Vie amoureuse de Rudolph Valentino* (Paris: Librarie Baudiniere, n. d.)。关于戴安·凯瑟·科扎斯基 (Diane Kaiser Koszarski) 编纂的影片目录和参考文献,参见 Eva Orbanz, ed., *There Is A New Star in Heaven...: Valentino* (Berlin: Volker Spiess, 1979) and Alexander Walker, *Rudolph Valentino* (Harmondsworth: Penguin, 1976)。

[2] 瓦伦蒂诺是美国梦失败的象征,特别是对于诸如 H. L. 门肯(《偏见,第六系列》)(*Prejudices, Sixth Series*, 1927)和约翰·多斯·帕索斯(《赚大钱》)(*The Big Money*, 1936)等高雅的文化评论家来说。肯·罗素(Ken Russell)的影片《瓦伦蒂诺》(*Valentino*, 1977)通过对电影《公民凯恩》的广泛借鉴,比如说使用闪回叙事和其他老套的影射手法,也阐释了这一主题。该片根据斯泰格和曼克(Steiger/Mank)所撰写的传记改编,由鲁道夫·努里耶夫(Rudolph Nureyev)主演。

[3] 友伴式婚姻(companionate marriage)也译作"友爱婚姻",它是西方社会学家在 1920 年代提出的概念,强调配偶之间的平等关系和相互陪伴,而不看重生儿育女和经济支持。——译注

[4] 对这一时期的众多重新评价,参见 Estelle B. Freedman, 'The New Woman: Changing views of women in the 1920s', *Journal of American History*, 56, 2 (September 1974), 372—93; Mary P. Ryan, *Womanhood in America*, second edn (New York: New Viewpoints, 1979), ch. 5; Julie Matthaei, *An Economic History of Women in America* (New York: Schocken, 1982),特别是第 7—9 章。

认女性不断增加的社会和经济重要性的领域之一,不管是用何种扭曲的方式。市场对女性观众或消费者的重视,在传统的父权意识形态和对女性经验、需求及幻想的承认之间打开了一个潜在的裂隙,尽管这只是出于直接的商业剥削和最终遏制女性的目的。[1] 正是在这个裂隙中,瓦伦蒂诺现象才值得被解读为有关女性气质和性欲的不断变化的话语中一个意味深长的但却不稳定的时刻。特别说其不稳定是因为它绕过了上述话语而反过来质疑男性气质的标准,并且用性别模糊性、社会边缘性和族裔/种族的他者性动摇了那些标准。

瓦伦蒂诺也展现了对女性主义电影理论的挑战,特别是由于这种理论是于1970年代在精神分析和符号学框架下发展起来的。这一争论不可避免地回到了劳拉·穆尔维的《视觉快感和叙事电影》(1975)一文,该文率先讨论了拉康—阿尔都塞式的观影模式对于父权电影批评的含义。不管这篇文章有什么限制或者盲点,穆尔维观点的意义在于,她描述了经典好莱坞电影通过将观众打造为主体的各种惯例(也就是其组织视觉和建构叙事的模式)来维持性别不平衡的方式。这些惯例利用窥淫癖(voyeurism)、恋物和自恋的心理机制,依靠并且再生产了男性作为"观看"(look)的主体和女性作为奇观与叙事的客体之间的传统对立。通过将视觉快感和性别差异的等级系统相结合,经典的美国电

---

[1] 这一假设暗含了公共领域的概念,而且和奥斯卡·奈格特(Oskar Negt)及亚历山大·克鲁格(Alexander Kluge)在 *Öffentlichkeit und Erfahrung/Public Sphere and Experience* (Frankfurt: Suhrkamp, 1972)中提出的公共领域概念相悖。对此的英文评论,参见 Eberhard Knödler-Bunte, 'The proletarian public sphere and political organization', *New German Critique*, 4(Winter 1975), 51—75;以及我个人对奈格特和克鲁格在'Early silent cinema: whose public sphere?' *New German Critique*, 29(Spring/Summer 1983), 155—9 中的解读。关于这一转型时期,电影对于女性的作用,参见 Judith Mayne, 'Immigrants and spectators', *Wide Angle*, 5, 2(1982), 32—41; Elizabeth Ewen, 'City lights: immigrant women and the rise of the movies', *Signs*, 5, 3(1980), S45—S65; Mary Ryan, 'The projection of a new womanhood: the movie moderns in the 1920s', in *Our American Sisters: Women in American Life and Thought*, second edn, Jean E. Friedman and William G. Shade, (eds)(Boston: Allyn and Bacon, 1976), 366—84。

影必然引发了穆尔维所说的观众位置的"男性化"(masculinization)过程,不管真实的电影观众的实际性别(或者可能的性别偏差)到底是怎样的。[1]

穆尔维的观点经常受到批判,除了其某种程度上单一的经典电影概念和关于视觉快感的挑衅性的非黑即白的立场,还有一个原因是我们很难用它来将女性观众概念化,除了把女性观众当作一种缺席。[2] 然而在这篇文章问世之后的十年时间里,女性主义批评家已经尝试将女性观众从其"不可能之处",特别是那些由于聚焦对女性的系统性排斥而尚未关注到的领域,解救出来,比如说,1940年代的"女性电影"和关注女性主角及其世界的一些情节剧变体。

另一个女性主义研究领域(不过,这个领域的轮廓还不是很清楚)是快感问题,以及随之而来的女性观众(包括女性主义批评家)在实际接受主流电影时所经历的认同过程,她们接受的电影甚至包括西部片和黑帮片等致力于表现男性英雄和男性活动的类型片。"阳刚的"类型片的女性观众并不符合这些影片预设的观看者/主体模式,在很多这类电影中,对女性角色的自恋性认同都是无关紧要的,特别是这些电影中的奇观多被分散到风景或动作场面中,而不像歌舞片或者浪漫喜剧片等类型片那样把快感集中在女性的身体形象上。但女性对于电影的接

---

[1] Laura Mulvey, 'Afterthoughts... inspired by *Duel in the Sun*', *Framework*, 15—17 (1981), 12; 'Visual pleasure and narrative cinema' 首次发表于 *Screen*, 16, 3 (Autumn 1977), 6—18。

[2] 在近期理论的发展方向的更大语境中,对穆尔维的一个依旧有用的讨论,参见 Christine Gledhill, 'Developments in feminist film criticism' (1978), rpt in *Re-vision: Essays in Feminist Film Criticism*, Mary Ann Doane, Patricia Mellencamp, Linda Williams (eds) (Los Angeles: AFI Monograph Series, 1983), 18—48。主要致力于批判穆尔维的文章,参见 David Rodowick, 'The difficulty of difference', *Wide Angle*, 5, 1 (1982), 4—15; Janet Walker, 'Psychoanalysis and feminist film theory', *Wide Angle*, 6, 3 (1984), 16—23。关于挑战麦茨/穆尔维的观影范式的讨论,参见 Gaylyn Studlar, 'Masochism and the perverse pleasures of the cinema', *Quarterly Review of Film Studies*, 9, 4 (Fall 1984), 267—82; Gertrud Koch, 'Exchanging the gaze: re-visioning feminist film theory', *New German Critique*, 34 (Winter 1985), 139—53。

受也不是偶然的、任意的或者个人性的,或是忽视了电影的意义潜力。相反,我们或可认为,(穆尔维和其他学者所观察到的)[1]女性观众中的摇摆和不稳定构成了一种有意义的偏差,这种偏差是有历史基础的,它根植于观众的经验,这些观众都属于一个被称之为女性的社会差异化群体。作为一个从属的、相对不确定的集体形构,女性观众肯定是受制于主导性的主体位置的,不可能置身于意识形态之外或之上,但她们也不能被简化为一种非此即彼的模式。

安·卡普兰(Ann Kaplan)认为有必要区分历史观众、通过电影策略建立的假设观众,以及具有女性主义意识的当代女性观众之间的区别。但是通过文本建立的观看者/主体,除了我们的电影解读之外不具有任何客观性存在,而我们的解读总是片面的,甚或是有倾向性的。因此,阐释学不仅只是测量接受的历史范围的问题,还是一个解读的政治问题,[2]一个如何为另类的电影实践建立可用的历史的问题。女性为了观看主流电影,花费了大量的时间、欲望和金钱,如果这一观影活动对于一个女性主义的反传统(countertradition)应该有一定的重要性的话,那么我们就需要通过解读让这一活动变得明了,既清楚地意识到这一活动与电影装置的主导结构的共谋性和对后者的依赖性,同时也把它当作一种可以被重新挪用的抵抗性力量。[3]

瓦伦蒂诺电影的独特性在于将观赏快感集中在一个男性英雄/表

---

[1] Mulvey, 'Afterthoughts', 12.
[2] 参见哈贝马斯对于伽达默尔的批判,*Zur Logik der Sozialwissenschaften* (Frankfurt: Suhrkamp, 1970), 174ff; 'Der Universalitätsanspruch der Hermeneutik', *Kultur und Kritik* (Frankfurt: Suhrkamp, 1973), 264—301.
[3] 这一计划明显包含了一些"反向阅读",但最终有不同的目标。从女性主义的角度重写电影史,并不是为了单纯揭露每一部影片中那些表征女性主体性被父权制压迫的文本矛盾,而是致力于发现消费文化的最压抑、最异化的形式中女性主体性的踪迹。我想到的范式是本雅明关于巴黎拱廊的详尽研究,苏珊·巴克-摩斯(Susan Buck-Morss)(在一本即将完成的著作中)将其解读为关于大众文化的一种辩证的原初历史(Ur-history)。亦可参见 Habermas, 'Consciousness-raising or redemptive criticism: the contemporaneity of Walter Benjamin'(1972), *New German Critique*, 17(Spring 1979), 30—59.

演者身上。如果一个男人占据了性欲客体的位置,那会如何影响视觉的组织呢?如果充满欲望的凝视与女性观众的位置结合在一起,这会给女性主体性开辟一个空间,并创造一个另类的视觉快感概念吗?

乍看上去,瓦伦蒂诺的电影似乎是重复了经典的观看编排(choreography of the look),甚至到了戏仿的程度,并提供了一种肯定视觉领域中的性别文化等级的观点建构。从 1921 年的《天启四骑士》(*The Four Horsemen of Apocalypse*)开始,到他英年早逝的 1926 年,瓦伦蒂诺主演了由不同公司、不同导演拍摄的 14 部电影。[1] 这些电影展现了明星作为创作者和经济可行性的工具的意义。每部电影都重复使用了相同的模式来安排瓦伦蒂诺和女性角色之间的视线交换。只要是瓦伦蒂诺首先注意到某个女性,我们就可以断定这个女性将成为他的梦中情人,浪漫关系中的合法伴侣。但只要是女性首先注视瓦伦蒂诺,那这个女性就总是会标记为荡妇,在叙事的过程中遭到谴责和失败。

我们可以在影片《血与砂》(*Blood and Sand*, 1922)中观察到这种模式:由妮塔·纳尔迪(Nita Naldi)扮演的多娜·索尔(Dona Sol)是国家体育协会主席的侄女。在获胜的斗牛士看到她之前,她首先通过望远镜欣赏着斗牛士;因此,她就在语法上被标记为了荡妇。由丽娜·李(Lila Lee)扮演的男主角的未婚妻卡门,则是通过男主角的视角被镜头捕捉到。一个男主角脸部表情的特写镜头展现了他苏醒的欲望,同时还夹杂了一个令人费解的人群长镜头。这个充满欲望的眼神不断重复,导致卡门从人群中脱颖而出,为观众揭示了图像的谜底,并以相同

---

[1] 在瓦伦蒂诺与电影工业的历史中,一个持续的特点就是其电影的制作过程包含了大量的女性,尽管这种情况大多出现在 1930 年之前。他最重要的电影的剧本都是女人完成的,特别是"发掘"他的琼·马西斯(June Mathis),以及弗朗西斯·马里昂(Frances Marion)。《血与砂》(*Blood and Sand*)的精彩剪辑是由多萝西·阿兹纳(Dorothy Arzner)完成的。阿拉·纳兹莫娃(Alla Nazimova)以及身为设计师同时也是瓦伦蒂诺的第二任妻子的娜塔莎·兰波娃(Natacha Rambova)也在很多作品中体现了她们的艺术和精神影响,尽管在有些影片中她们并未署名。

的视觉逻辑让卡门成为合法的伴侣(后来的镜头中包括了他的母亲,进一步肯定了卡门的合法性)。因此,合法的女性角色被剔除了欲望性观看的主动性,并被贬低到叙事中的视觉客体的位置。然而在观众眼中,女主角和瓦伦蒂诺本人共享了视觉客体的位置。

　　瓦伦蒂诺的吸引力主要仰赖他将男性对观看的控制与(借用穆尔维有些拗口的术语)"被看性"(to-be-looked-at-ness)的女性特质结合在一起的方式。当瓦伦蒂诺堕入爱河时(他一般都是一见钟情),针对他面部的特写镜头显然在其作为奇观的价值方面超越了女性角色的镜头。在一种自恋的倍增过程中,观看的主体将自身构建成了客体,生动地展现了弗洛伊德对自体性欲(autoerotic)的两难处境的阐述:"我不能亲吻我自己真是太遗憾了"。[1] 而且这些具有熠熠生辉的图像质量的镜头,暂时地阻止了叙事的转喻性驱动力,这和女性的视觉呈现有类似的作用,如穆尔维所注意到的,女性的视觉呈现倾向于"在色情性的注视中冻结行动的连贯性"。[2] 但是在瓦伦蒂诺的案例中,色情性的注视同时具有主动和被动模式,使观众和角色成为一个双重视觉游戏的主体。

　　由于瓦伦蒂诺占据了一个主要的奇观客体的位置,这就需要对其人格进行系统的女性化。为了实现这一效果,很多电影试图让他饰演表演者(如斗牛士或舞者)或将其放置在一个去历史的或异国情调的场景调度中。不管是哪一种情形,女性化的内涵都通过服装的运用而得到延续,特别是那些能让人想起新娘服饰的闪光外衣和头饰,以及对于打扮和伪装的普遍强调。

　　在考虑特殊的视觉编排所隐含的认同可能性之前,我想先总结一

---

〔1〕 Sigmund Freud, 'Three essays on the theory of sexuality'(1905), *Standard Edition*(hereafter *SE*), 7: 182.

〔2〕 Mulvey, 'Visual pleasure', 11.

下关于女性视觉快感及其在父权制禁忌下的命运的一些观点。在这一语境下,弗洛伊德通过婴幼儿性欲中的窥视癖(scopophilia)的发展所分析出的窥视的某些方面是非常有趣的,弗洛伊德认为,这一阶段的孩童还没有形成稳定的性别身份。受母亲和孩子之间互相凝视过程的刺激,女性的视觉驱动力由双性恋和自体性欲的部分组成。这些部分后来都屈服于一种观看的文化等级制度,这种等级制度倾向于将女性固定于被动的、自恋的、展示性的角色,尽管如此,作为合成驱动力(component drive)的视觉结构中依然残留了一种基本的矛盾(ambivalence)。弗洛伊德在《本能及其变迁》(1915)一文中曾提到,驱动力中的被动部分代表了主动性的驱动力被颠转到其对立面,将自己重新引导到主体。力比多组成部分的这种矛盾建构可以用来解释同一个人身上存在的截然相反的驱动力(后期就固化为性变态),尽管其中一种倾向通常占据主导地位。因此偷窥者往往在某种程度上是一个有暴露癖的人,反之亦然,就和施虐者同时也能享受受虐的快感一样。[1]

矛盾的概念对于女性观众的理论来说是很关键的,因为电影在其对观看的组织过程中,尽管执行了父权制的等级制度,但也为打破女性窥视癖的禁忌提供了制度性机会。瓦伦蒂诺这样的成功形象(他本身已经作为观看的主体和客体被多元决定了),督促我们坚持窥视快感的暧昧建构。此外,窥视癖作为一种比较古老的合成驱动力,其整合总是不确定的,因此我们可以将窥视癖和更具有社会同谋性质的窥淫癖区分开,窥淫癖是由钥匙孔的单方面统治和生殖性欲的规范定义的。[2]

---

[1] Sigmund Freud, 'Instincts and their vicissitudes', *SE*, 14: 128ff; 'Three essays', *SE*, 7: 156ff., 199f. and passim.

[2] 我十分感谢葛楚·科赫(Gertrud Koch)的研究成果。在已经翻译的文章中,可参见 'Why women go to the movies', *Jump Cut*, 27(July 1982); and 'Female sensuality: past joys and future hopes', *Jump Cut*, 30(March 1985). 亦可参见麦茨在《想象的能指》(*The Imaginary Signifier*)(Bloomington: Indiana University Press, 1982)一书的64—66页、91—98页中所提及的电影窥淫癖和戏剧窥淫癖之间的差异。

性欲和生存本能的潜在分离，也和视觉快感的另类概念具有同等的相关性，弗洛伊德在分析视觉的心理性干扰的案例中讨论过这种分离。眼睛既具有一种实用的功能，帮助个人在外部世界中把握方向，同时也发挥着性感带的功能。如果后者占了上风，并拒绝接受其在前期快感中的从属角色，那性欲本能和生存本能之间的平衡就会受到威胁，自我也会做出反应，压抑危险的合成驱动力。视觉的心理性干扰反过来就代表了被压抑的本能的报复，并且被个体回顾性地解读为惩罚的声音。

性欲本能和生存本能之间潜在的对立关系，也可以用来描述男性与女性视觉形式的文化和历史的差异。尽管这种神经性的分离可能发生在不同性别的病人身上，但在所谓正常的视觉中产生的平衡，更像是男性主体的典型心理倾向，男性主体通过这种心理倾向来控制现实世界和性领域。我们只需提到文艺复兴以来，西方艺术中单目视觉（monocular）的历史建构，科技观察和其他学科中强加给观看的工具性标准，以及那些上百年来一直禁止女性参与的文化活动领域，就足可以说明这一点了。在硬币的另一面，我们发现了一系列把女性的窥视癖当成禁忌的社会符码，涉及从颠茄[1]制剂的化妆时尚到曾经流行的禁令，多萝西·帕克（Dorothy Parker）将这一禁令戏称为不要"和戴眼镜的女孩调情"。

然而，父权社会中的女性气质的建构注定是不完整的。女性被排除在视觉领域之外可能会减少自我本能对合成驱动力的压力，而这些驱动力可能从来就没法处于从属地位。如果这种理论概括是可行的，那女性更可能不受任何直接的压制而沉溺于视觉的感受之中，这和单目的男性观看的目标导向形成了对照。克里斯塔·卡朋斯坦（Christa

---

[1] 颠茄（belladonna），历史上曾被当作化妆品，女性将这种颠茄药水滴入眼睛，使得瞳孔放大，变得更具诱惑力。——译注

Karpenstein)曾在此语境中提到"一种不受约束的窥视驱动力,一种转向变动的凝视,无视从社会角度决定主体的各种符号和形象的意义和信息,一种蔑视可见事物的限制和固定的凝视"。[1]

虽然我看上去对这种未被驯服的凝视的概念做了冗长的解释,并把它当作女性主体性的一种历史层面,但我无意提出另一种形式的本质主义。性别差异是由文化建构的,就这一点而言,男性角色其实也可以具备女性凝视的颠覆性特质。

然而,瓦伦蒂诺身上"被看性"的女性含义却在源头上瓦解了他的眼神,使他容易遭受诱惑,这些诱惑会损害男性主体的主权。当瓦伦蒂诺的眼神固定在他选中的女孩身上时,他看上去呆若木鸡,而不是充满攻击性或者威胁性,他更像一只无辜的兔子而不是凶猛的毒蛇。在《血与砂》中,他被卡门的美貌倾倒,一动不动,直到卡门向他扔了一朵花,电影的叙事才得以继续。在电影的后半段,处在斗牛士职业生涯巅峰的瓦伦蒂诺抬起眼睛向国家体育协会主席的包厢致敬,成了一个处在这个国家仁慈目光中心的人,但他的视线却因被位于主席包厢右侧的多娜·索尔吸引而偏离了中心。瓦伦蒂诺凝视的力量依赖于这种凝视的缺陷(他实际上近视而且对眼),以及这种凝视在主动和被动之间、在客体和自我力比多之间的来回摇摆。瓦伦蒂诺式凝视的性吸引力被表现为观看中的观看,它是一种互惠性和矛盾性,而非主宰和客体化。

在叙事层面上,瓦伦蒂诺式凝视的独特组织结构,与快感原则和现实原则之间的冲突相对应。无论何时,只要英雄的情爱兴趣和男性社

---

[1] Christa Karpenstein, 'Bald führt der Blick das Wort ein, bald leitet das Wort den Blick', Kursbuch, 49(1977), 62. 亦可参见朱塔·布鲁克纳(Jutta Brückner)关于色情片的重要文章,'Der Blutfleck im Auge der Kamera', Frauen und Film, 30(December 1981), 13—23;布鲁克纳将女性视觉的历史性"欠发达"和梦境的模式联系起来,将其当成一种更加古老的意识形式:"这种女性凝视之所以十分精确恰好是因为它并不是那么精确,因为它包含着一种内转,让自己对幻想性的形象散开,并和银幕上更加真切的形象相融合,这种凝视是女性倾向于在电影中寻找的一种身份认同的基础"(19)。

会身份的标准（事业、家庭、父系权威或者复仇誓言等）相悖，观众就可以期待激情战胜实用主义，以至于发展到自我毁灭的地步。[1] 作为这种叙事的生成漩涡，瓦伦蒂诺式凝视，远远超越了其提供叙事一致性和连贯性的形式功能，它几乎获得了一种象征性的独立。因此电影推动了对凝视本身的认同；而不是与凝视的来源或者客体的认同，作为性欲媒介的凝视将观众从一个重视手段与目的的世界带入一个激情澎湃的领域。

对于视觉的性别模式的讨论，不可避免地开启了一个更大的关于认同的问题，即把认同当作电影和观众之间的关键联系，以及从视觉和叙事角度来组织主体性的过程。女性主义电影理论家通过坚持性别差异的核心性，质疑单一或中立的观众立场的假设（这种观众立场是在等级化的、线性的认同过程中建构出来的），卓有成效地开展了这一讨论。将女性观众理论化的难题，让女性主义者从不稳定性、流动性、多样性以及（我认为还应该加上的）暂时性的角度重新认识了认同的问题。同样地，一些女性主义批评者试图用阶级和种族差异以及文化和历史特殊性，来将认同过程中性别差异的作用复杂化。谁是认同主体的问题也很值得重视，因为这一问题涉及哪一部分观众参与了认同过程以及他们是如何参与的：哪一个层面的有意识或无意识的记忆和幻想被激活，以及我们作为观众和评论者如何选择来解释这一经历。[2]

这里援引玛丽·安·多恩(Mary Ann Doane)关于观看过程中至少三种认同的区分，似乎是有用的：(1) 对某个人（角色或者明星）的表征

---

[1] 瓦伦蒂诺最受欢迎的两部影片《天启四骑士》和《血与砂》，都是随着主角的死亡而达到高潮，展现了性本能和死亡驱动力之间深刻的亲缘性。弗洛伊德在他著名的论文《三个匣子的主题》(The theme of the three caskets, 1913) SE, 12:289—301 中已经观察到这种亲缘性。根据艾诺·帕特拉斯(Enno Patalas)的说法，瓦伦蒂诺自己更强烈地认同这两部影片中的角色，而不是《沙漠情酋》中酋长身上肤浅的英雄主义。参见 *Sozialgeschichte der Stars* (Hamburg: Marion von Schröder Verlag, 1963), 96f。

[2] 参见 Janet Walker, 'Psychoanalysis and feminist film theory' (note 6), 20ff.; de Lauretis, 'Aesthetic and feminist theory', *New German Critique*, 34 (Winter 1985), 164ff.

的认同;(2)对特别的客体、人物或者行动(如明星或叙事形象)的辨识;(3)对"观看"(look)、对作为感知条件的自我的认同,克里斯蒂安·麦茨(Christian Metz)曾将这种认同和拉康的镜像理论进行类比,并称这是首要的(primary)。[1]

第一种对电影中整体人物的认同,让女性观众对于瓦伦蒂诺的角色产生了跨性别的认同;并因此提出了一个观看性异装(spectatorial cross-dressing)的难题,除非我们除了变装(transvestite)性认同之外,还考虑其他的跨性别认同的可能性。女性观众的另一个选择是对作为欲望客体的女性明星产生被动的、自恋式的认同,这种观看位置主要是由电影工业宣扬的,[2]但从电影的视觉组织来看,这种位置显得更加可疑。

如果我们真的能够找出某种"首要的"认同实例的话(这在理论上是十分可疑的),[3]我们只会发现瓦伦蒂诺的电影挑战了这种概念所隐含的感知控制的假设,其挑战的方式是突出作为欲望中介的凝视,这种凝视恰恰是因为超越了社会中强加的性别差异的主/客体等级秩序而具有吸引力。而且女性表达的矛盾就位于观看、叙事及场面调度三者相交的地方。电影给女性观众提供的位置,在结构上相当于叙事中的荡妇的位置(自顾自地观看,不管瓦伦蒂诺是否观看),女性观众对欲望性凝视的认同,既被许可也被定罪,或者说这种观看被许可的前提条件就是承认其非法性。这就是为什么瓦伦蒂诺电影中的荡妇形象(除

---

[1] Doane, 'Misrecognition and identity', *Ciné-Tracts*, 3, 3(Fall 1980), 25; Metz, *The Imaginary Signifier*, 46ff., 56ff. and passim.

[2] 这一选择实际上在当时的女性观众的陈述中十分流行。参见 Herbert Blumer, *Movie and Conduct*(New York: Macmillan, 1933), 69—70. 不过,现在回想起来,在我与那些当年还是少女的妇女交流时,我经常发现她们把女明星和叙事内容都忘掉了,但却对瓦伦蒂诺本人满怀热情地记得一清二楚。

[3] Doane, 'Misrecognition and identity', 28ff.; 多恩反对麦茨的首要认同概念,其理由是这一概念是基于对拉康的镜像理论以及男性主体的假设性建构的类比,因此它在理论层面上延续了对于女性观看行为的父权制排斥。

了《血与砂》以外)从没有被完全谴责,因为它们承认在瓦伦蒂诺和主动的欲望性女性凝视之间是存在潜在的共谋关系的。

瓦伦蒂诺电影中最不模棱两可的认同是那些依靠辨识和记忆奇观(memory-spectacle)的认同,被高估的欲望客体(明星)的每次出现,都会导致记忆奇观的上演。[1] 在很多瓦伦蒂诺电影中,明星认同中包含的识别快感是通过一个反复出现的叙事模式被戏剧化的,而这个叙事模式又是以"拉丁情人"的人格的不稳定的文化建构为中心。瓦伦蒂诺的角色通常利用一系列的伪装和匿名身份,将戏剧性的二元对立的两面结合了起来。《酋长》(The Sheik, 1921)中,野蛮的沙漠之子后来被发现具有英国血统;《莱蒂夫人号的莫兰》(Moran of the Lady Letty, 1922)中,旧金山的花花公子证明自己原来是个好心的水手和真实的爱人;《风流贵族》(Monsieur Beaucaire, 1924)中,流亡的沙特尔公爵化名为一位叫博凯尔先生的理发师;《鹰》(The Eagle, 1925)中,黑鹰在伪装成勒布朗先生之后选择追求爱情、放弃复仇。[2] 无论她们的明星带着何种面具和伪装,女性观众都能认出他来,这和电影里的女主人公很不一样,这些女主人公的爱情磨难就在于不顾叙事的不幸和社会身份而"认识"了男主角。

像大多数明星载体电影一样,瓦伦蒂诺电影中的叙事都很薄弱,如果不是因为明星的个人魅力几乎不可能吸引到观众。他的很多电影都改编自著名的流行小说,特别是历史剧(costume dramas)。[3] 尽管这些电影在行动(如活动、身体动作、行为举止)方面会令人愉悦,但却鲜有悬念,也少有遮掩和发现的游戏或欲望、知识和力量的辩证法。这些在

---

[1] 参见 Richard Dyer, *Stars* (London: BFI, 1979)。
[2] 这种在同一角色身上将光明与黑暗这个对立元素结合起来的模式,被认为是一种明显的瓦伦蒂诺文本。参见影片《鹰》中,男主角杜布罗夫斯基的化名从普希金笔下的德弗格先生(Monsieur Deforge)变成了瓦伦蒂诺饰演的勒布朗先生(Monsieur LeBlanc)。
[3] Alexander Walker, *Rudolph Valentino* (Harmondsworth: Penguin, 1977), 54f.

其他电影中常出现的东西让巴特、贝鲁尔(Raymond Bellour)、希斯(Stephen Heath)等理论家认为所有的叙事都是基于俄狄浦斯的故事。叙事运动方面的认同不可能是针对整个情节,闭合通常发生在较小的、涵盖了视觉和叙事表现的单位,这些视觉和叙事表现是由一系列的面具、伪装、环境和事件所界定的。

对于服装、伪装、穿衣服和脱衣服的仪式的强调,有着破坏观众的偷窥结构的趋势,因为这种强调把观众当作戏剧展示的一部分。《风流贵族》中著名的穿衣场景就很有代表性,在这一场景中瓦伦蒂诺慢悠悠地穿着衣服,不时冲着摄影机说着旁白。[1] 这种互相的识别,以及观众与女性角色相比所具备的认识论上的优越感,鼓励了一种通过幻想而实现的认同,在这种幻想中,观众以为是自己许可了这种伪装发生。1979 年,瓦伦蒂诺剪纸书(paper-doll book)的出版,依然可以印证这种幻想在大众影像中的持续性。

但这并不是瓦伦蒂诺电影中组织认同的唯一剧情类型。这些电影中的观看快感总是和充满自我意识的虐恋仪式叠加在一起。[2] 虐恋角色扮演的一些较为有趣的例子,都发生在合法的浪漫关系的语境中。在电影《鹰》中,玛莎(Mascha)被发现原来是可恶的地主的女儿,而作为黑鹰的瓦伦蒂诺曾在他父亲临终前发誓要向地主复仇。在一个场景中,瓦伦蒂诺的手下绑架了玛莎并骄傲地把她交给了瓦伦蒂诺。当他

---

[1] 汤姆·甘宁(Tom Gunning)指出,这种直接与观众交流的例子在 1908 年以前的情色影片中十分常见,但从那以后就只存在于色情片中了。"对观众和偷窥者的在场的表面承认,给这种影片带来了强大的情色力量。""一种看不见的力量吞噬了空间:在早期电影中的空间及其和美国先锋电影之间的关系"。参见 *Film Before Griffith*,John Fell (ed.)(Berkeley: University of California Press, 1983),359。
[2] 一些批评家最近对虐恋结构在电影认同中的作用展开了评论。参见 Rodowick,'The difficulty of difference'(note 6, above); Doane, 'The woman's film', *Re-vision*; 67—82; Kaja Silverman, 'Masochism and subjectivity'(on Cavani's Portiere di Notte), *Framework*, 12(1980), 2—9。亦可参见 Jessica Benjamin, 'Master and slave: the fantasy of erotic domination', in *Powers of Desire: The Politics of Sexuality*, ed. Ann Snitow et al. (New York: Monthly Review Press, 1983), 280—99。

从马上下来,拿着鞭子走向女主角时,电影的类型似乎突然变成了色情片:面具、鞭子、象征生殖崇拜的帽子——这些都是无名性欲的标志,都是在性本能中追寻非同一性(nonidentity)的痕迹。[1] 最终瓦伦蒂诺将鞭子挥向了自己的手下,但这只是叙事为一个重口味的镜头所提供的借口,以便将玷污转化为得体的行为;但这并没有减少潜意识的影响。瓦伦蒂诺认出了玛莎,但玛莎却不认识他,使他得以靠着这种单向的匿名性,以戏耍的态度继续着这一游戏。这场游戏就是靠着面具才得以在合法的关系中完成,面具暂时悬置了浪漫凝视的相互性,而这个面具是对瓦伦蒂诺有利的。

对瓦伦蒂诺人格中施虐层面的强调,呼应了针对女性观众将其塑造成"有男性气概的男人"和"危险人物"的宣传。直到1977年还有一位传记作者在重申:"女性会发现瓦伦蒂诺饰演的酋长是个无所不能的男性的象征,他能够主宰她们,而真实生活中的男人却做不到这一点"。[2] 当这部电影中的沙漠之子表面上出于为戴安娜夫人的舒适考虑,而强迫蓝眼睛的她骑上他的马时("坐稳了,小傻瓜"),据说无数女性的心都在颤抖,期待着能被这个英国血统的野蛮人羞辱。尽管《酋长》(1922,改编自伊迪丝·莫德·哈儿[Edith Maude Hull]的小说)展现了男子气概,但这部电影还是引起了很多男性观众对瓦伦蒂诺的公开拒斥,不过,这更多的是因为他对男性气质的传统规范造成了威胁,

---

[1] Koch, 'Schattenreich der Körper: Zum pornographischen Kino', in *Lust und Elend: Das erotische Kino*(Munich: Bucher, 1981), 35; 'The Body's Shadow Realm' in *October*, 50 (Fall 1989), 3—29. 将对性本能的投入当作是对社会同一性的原则的一种否定的观点,当然是法兰克福学派的传统主题,特别是在阿多诺的观点中。参见他和霍克海默在《启蒙辩证法》(Amsterdam: Querido, 1947)中对于父权和垄断资本之下的主体的批判,他流亡时期在《最低道德限度》(Frankfurt: Suhrkamp, 1951)中的一些格言和思想,以及后期一些关于文化批评的文章,比如'Sexualtabus und Recht heute', *Eingriffe* (Frankfurt: Suhrkamp, 1963), 104。

[2] Tajiri(note 1), 63.

而不是因为观众的实际构成。[1] 女性化气质的耻辱和受虐的光环不仅困扰了瓦伦蒂诺的一生,而且在他死后也持续产生影响。关于他私生活的传闻更是广泛传播:同性恋、性无能、和女同性恋者的形式婚姻、受强势女性的控制、他第二任妻子娜塔莎·兰波娃(Natasha Rambova)给他的白金"奴隶手环"等等。瓦伦蒂诺电影中给予观众的施虐性位置,也更加系统地将受虐因素强加给他的人格。瓦伦蒂诺电影中几乎没有不展现鞭子的,不管鞭子有没有实际用途。而且大部分电影中都出现了看似意义不大的次要情节,在这些情节中,观众获得了享受强加于瓦伦蒂诺或其他人身上的折磨的机会。[2]

瓦伦蒂诺人格在施虐和受虐位置间的摇摆,是控制电影视觉组织的矛盾的另一种表现。我想回到弗洛伊德的文章《一个孩子被打了》('A child is being beaten', 1919),不仅是因为这篇文章关注了女性虐恋幻想,同时也因为它阐释了瓦伦蒂诺形象作为幻想客体的一个特殊层面。[3] 不管是否真的经历过体罚,"一个孩子被打了"的公式可能会控制潜伏期的手淫幻想。这个公式引人注目之处在于,它仅仅典型地

---

[1] 包括猫王,肯尼斯·安格(Kenneth Anger)等杰出人物在内的瓦伦蒂诺的男性粉丝不应被低估。参见 Kenneth Anger, 'Rudy's rep', in *Hollywood Babylon* (London: Straight Arrow Books, 1975; New York: Dell, 1981); 以及安格对柏林国际电影节瓦伦蒂诺影片回顾展做出的贡献。参见 Karsten Witte, 'Sich an Valentino erinnern heisst Valentino entdecken' in 'Fetisch-Messen', *Frauen und Film*, 38 (May 1985), 72—8。肯·罗素的电影既利用也否定了瓦伦蒂诺在同性恋传统中的地位。比瓦伦蒂诺的生平事实更重要的是,他如何挑战了男性气概的支配性标准这一问题,这也是一个关于这些标准的社会和历史变异性及可变性的问题。

[2] 电影快感中的施虐渲染(并非冯·施特劳海姆[Von Stroheim]的专属领域),在海斯法典出现前的影片中相当常见,但是很少有影片会对主人公的性欲人格产生过如此强大的影响。比如,玛丽·璧克馥的影片《麻雀》(*Sparrow*, 1926)中有这样一个桥段:电影中的恶人(由古斯塔夫·冯·赛佛提茨[Gustav von Seyffertitz]饰演)毁坏了一个娃娃,这个娃娃是一位缺席的母亲送给恶人囚禁的一位小女孩的。镜头停留并特写那个娃娃渐渐消失在沼泽中的场面。这个镜头所营造出的迷恋,远远超越了将恶人塑造成一个无耻的恶魔的叙事动机。

[3] Freud, 'A child is being beaten', *SE*, 17, 186。这篇文章在近期的电影理论中也不断被讨论。比如 Rodowick, 'The difficulty of difference'(参见注释 8)以及 Doane, 'The woman's film'。

重复了对于事件的描述,而主体、客体和产生这一幻想的人的角色却很不确定。基于俄狄浦斯情结引发的嫉妒情绪,弗洛伊德重构了明确指涉女性青少年的三个不同阶段:(1)"我的爸爸正在打我讨厌的小孩(可能是比我小的兄弟姐妹),因此他只爱我";(2)"我正在被我爸爸打,因此也被我爸爸爱着"(对乱伦关系的逆行性替代);(3)"一个孩子被打了"。第二个阶段,也是在性欲上最具有威胁性的阶段受到了压抑,第一个阶段被缩减为单纯的描述部分并且导致第三个阶段,这一阶段中父亲常常被一个更疏远的男性权威形象所替代。因此,这个幻想仅在其形式上是施虐的,但却通过认同被打的无名小孩的方式给予了受虐的满足。这一系列的变形将女孩的性参与弱化为观众的地位,使幻想的内容和载体都变得无性化。(弗洛伊德认为,在这一殴打幻想的男性变体中,情况就并非如此。)但是,对于当下的语境同样很重要的一点是,在两性的虐恋幻想中,被打的孩子大多是男性。就女性幻想而言,弗洛伊德使用了"男性气概情结"(masculinity complex)这一概念,这种情结让女性幻想自己为男性,从而让女性可以在其白日梦中通过那些匿名的被鞭打的男孩[1]获得表征。

  瓦伦蒂诺人格中最深、最有效的层面就是被鞭打的男孩这个层面,他在这个层面类似于很多被少女关注的流行小说中的英雄形象。(弗洛伊德引用的例子之一就是《汤姆叔叔的小屋》。)弗洛伊德对虐恋幻想的分析表明,我们会区分视点结构中所表达的施虐吸引力和对客体认同的受虐快感。跨性别认同(并不仅限于简单的异装),既有赖于男性主人公的女性特质,也有赖于女性观众中残留的模糊性。多个认同立场的同时性之所以可能,是因为一种交互性的结构,一种场景,这个场景的力比多力量可以追溯到儿童时期,并且处在一系列压抑性/修辞性

---

[1] 这里的原文是"whipping boys",似乎一语双关,既指弗洛伊德理论中被鞭打的男孩,又指英语习惯用语中的代人受过者或替罪羊。——译注

变化的保护之下。

不像女性电影所倡导的对女性角色的单方面的受虐式认同,对瓦伦蒂诺电影的女性认同,需要弗洛伊德提出的所有变化形式。随着瓦伦蒂诺的身份时而是被鞭打的男孩,时而不是,间歇性地使得女性处于一个既是受害者也是施虐者的位置,他或可成功地恢复被压抑的女性幻想的中间阶段(即"我正在被我爸爸打——因此也被爸爸爱着")并且使其重新具有性欲。围绕瓦伦蒂诺人格所产生的明白无误的乱伦光环,首先就暗示了这种可能性,不过这里的吸引力并非来自父女关系,而是兄妹关系,并挑起了兄妹二人对无法触及的(inaccessible)母亲的欲望。[1]

通过使虐恋仪式成为欲望关系的一个明确组成部分,瓦伦蒂诺的电影颠覆了社会强加的主宰/臣服的性别角色等级秩序,同时使主体和客体之间的二元对立消解为性欲的相互作用。瓦伦蒂诺在电影中展现出的脆弱以及他人格中的女性受虐痕迹,可能在一定程度上解释了他对男性气概的普世标准所造成的威胁——毕竟,受虐倾向的升华是男性主体对性欲的掌控、对快感的控制的标记。

瓦伦蒂诺的最后一部、也可能是最变态的一部电影《酋长之子》(*The Son of the Sheik*,1926,根据哈儿的另一部小说改编)最突出地体现了虐恋角色扮演与视觉编排的交汇。由于一个推动叙事发展的误解,亚丝明(Yasmin,薇尔玛·班姬[Vilma Banky]扮演)展现了荡妇和浪漫的爱侣这两种女性类型的融合。尽管观众心知肚明,但瓦伦蒂诺所扮演的艾哈迈德(Ahmed)这一角色却误以为是亚丝明引诱他进入陷阱,使他被她父亲的手下抓住并被鞭打。艾哈迈德的误会早早就通过剪辑技巧而被小心地植入电影。电影的第一个特写镜头展现了亚丝明

---

[1] 这种乱伦自恋的光环在瓦伦蒂诺和兰波娃的一幅侧面裸体肖像中有所体现。Walker,73;以及 Anger,*Hollywood Babylon*,160—1 都复制了这副肖像。

陷入情欲向往的面孔,之后这个镜头过渡到另一个与之相匹配的瓦伦蒂诺的特写镜头。然后一个不太匹配的剪辑揭示了他当时正在看着为众人跳舞的亚丝明的双腿。镜头然后又过渡到亚丝明的脸上,最终证实这一系列镜头其实是闪回,瓦伦蒂诺的电影常常以这种方式来展示他通过观看发现女性的过程;此处的客体化还伴随着贬低性的情境、亚丝明身体的分裂以及浪漫凝视中对金钱的强调。将闪回误读为主观视角镜头的可能性,错误地暗示亚丝明是一个越轨者,并因此支撑了她在后来的剧情中被刻画为受害者和窥视与受虐的客体的双重形象。亚丝明对恋人的误解毫不知情,她被他绑架并囚禁在他的帐篷中。他的报复包括拒绝回应她挑逗的眼神,一眨不眨地瞪着她,让她呆住了,直到感受到强奸的威胁。瓦伦蒂诺单方面对浪漫约定的违背,也通过他在电影开始时被钉在十字架上受人侮辱和鞭打的有力形象而获得证实。瓦伦蒂诺的遭难虽被错误地归结于亚丝明,但她甚至都没有看到这一幕,他作为受害者的形象主要是为观众设计的。毫无疑问,在叙事层面的虐恋角色的颠倒中存在着不对称性:女性人物必须乔装为荡妇才能发挥主动性;施虐的快感被奇观化,并留给了那些银幕前的女性观众。

《酋长之子》视觉层面所传达的多重模糊性,与叙述方面更加直白的父权制话语形成了对比,更别提充斥着头脑简单的性别歧视和种族主义的字幕。仿佛是为了掩盖——并且非正式地承认与利用——叙事和视觉快感之间的差距,俄狄浦斯式的场景被过分表达到了一种戏仿的地步。瓦伦蒂诺私人的爱恨情仇遭到了他父亲的强烈反对,他父亲用赤手空拳扭弯铁棍的方式来展现他的父系权威;和他父亲特别像的瓦伦蒂诺就用把铁棍掰直的方式做出回应。直到瓦伦蒂诺体谅的母亲戴安娜夫人(阿尼亚斯・艾瑞丝[Agnes Ayres]扮演)回忆起自己在《酋长》中的被绑架经历,父亲才承认并接受他的儿子。这一对父子在另一个绑架场景中和解,这一次他们从亚丝明父亲的黑帮手中救出了她:在混乱的英勇打斗之中,父子两人握手言和,暂时忽略了作为他们努力的对象的女人。

在这个俄狄浦斯式的托词之下,电影似乎提供了大量含蓄的偏离,从瓦伦蒂诺的角色到所有层面的场面调度和摄影都饱含着压抑和过度的辩证法。异国情调的服装、东方的装饰和沙漠的景色展现出耽于声色的视觉感受,并且一直在破坏着观众对于叙事发展的兴趣。极端的长镜头展现了瓦伦蒂诺骑马穿越像女性胸部和臀部的沙漠;他喜欢帐篷的帷幕胜过他父母的宫殿,他在寓言性的月下废墟中,经历了成人性欲的陷阱和阉割的威胁。尽管隐藏了危险的深渊,但是情色化的风景变成了多相(polymorphous)欲望的游乐场,在其中男性气概的标志(黑色外衣、手枪、香烟)至多只是阳具性的玩具。银幕本身变成了母体,邀请合成驱动力反抗他们的从属地位。这些结构化的表面并没有投射出一个横贯其中的主人公有义务征服的现实主义空间。相反,它们建立起了一个不在乎视角和真实的梦的舞台。以默片尚能呈现的非现实程度,瓦伦蒂诺的最后一部电影承认了一种按照自己的目的吸纳俄狄浦斯场景的幻想的现实性。它不仅迫使父亲认同自己年轻时阳具式的任性,甚至彻底地颠覆了俄狄浦斯脚本:瓦伦蒂诺自己扮演了父亲的角色,在这个角色的镜像形象中,儿子获得了成人男性的身份,这一身份必然地而且不加掩饰地展示了其自恋性和乱伦性。

瓦伦蒂诺幻想的诉求当然是退行性的,它召唤女性观众(改写穆尔维的观点)超越阳具认同的邪恶,进入到多相变态的深蓝海洋当中。这种诉求不可避免地激发了怪物性(monstrosity)的蕴意,很多瓦伦蒂诺的电影将这种蕴意移置到荡妇或《酋长之子》中有虐恋癖的小矮人的身上,这是一种对东方主义的恶毒讽刺。如同琳达·威廉斯(Linda Williams)在解读恐怖片时所指出的怪物和女性之间的亲缘性,瓦伦蒂诺与观看的女性之间也有一种共谋关系,这种共谋所造成的威胁并不只是关于性别差异的威胁,而是关乎另一种有别于异性恋的、生殖器性欲的规范的性欲。[1] 尽管瓦伦蒂诺的电影遵循着主张异性恋性欲的叙事惯例(比如,电影中的夫妻伴侣形象),但这些电影允许其观众重复或者承认更加古老的合成驱动力,一种对性别身份不确定构成的提示。此外,它们还通过将快感定位于部分力比多和生殖器性欲之间的紧张(倘若还不是过度的话),投射出了一个与"健康性生活"的社会理想迥然不同的情欲领域。[2]

正如福柯所断言的,声称这种多相变态具有颠覆性功能其实是很成问题的,特别是考虑到不同的性欲本身已经被一种将快感和权力捆绑的话语挪用的程度。因此,重新审视瓦伦蒂诺进入这一话语的历史时刻,标记它与其他话语,特别是社会流动性和种族差异的话语的结合,就显得愈发重要。亚历山大·沃克(Alexander Walker)用开明的姿态探讨了瓦伦蒂诺热的悖论,他发现这股热潮是和美国女性摆脱传统性别角色同步发生的:"这是一种庆祝你们这个性别的解放的变态方式"。[3] 的确变态,但却并非特别矛盾。修正主义史学家认为新女性其实并没有她们表面上看起来的那样解放。新女性想进入消费社会,

---

[1] Williams, 'When the woman looks', *Re-vision*, 83—96. 威廉斯关于一系列经典的恐怖片的观点也表明了瓦伦蒂诺角色中明暗对立的功能:"怪物身体中的力量和潜力……不应该被理解成文明男性平时压抑的动物性本能的爆发(怪物是男性观众和角色的替身),而是一种不同的性欲的令人恐惧的力量和潜力(怪物是女性的替身)"(87)。

[2] Adorno, 'Sexualtabus', 104—5;这一短语是用英文写的,而且没有用引号。亦可参见'This side of the pleasure principle', *Minima Moralia: Reflections from Damaged Life* (London: New Left Books, 1974)。马尔库塞在《爱欲与文明》中对多相变态的辩解更成问题,特别是考虑到福柯在《性史》第一卷中关于"反常的灌输"(perverse implantation)的分析。不过,马尔库塞本人在'Political Preface 1966'中持更加悲观的观点,尽管还是坚持性自由(sexual liberty)与情色/政治自由(erotic/ political freedom)之间的乌托邦式的差异(xiv—xv)。在1920年代,倡导"健康性生活"的人非常多,他们援引哈维洛克·艾利斯(Havelock Ellis)的本质主义性心理学观点,最新发现的精神分析"原理"以及格林尼治村的波西米亚人所提倡的自由主义立场,不过这些立场对于女性而言并非都具有解放意义。参见哈金斯·哈普古德(Hutchins Hapgood)、马克思·伊斯曼(Max Eastman)、V. F. 卡尔文顿(V. F. Calverton)等人的著作。性卫生唯一最为压抑的案例,参见 Floyd Dell, *Love in the Machine Age: A Psychological Study of the Transition from Patriarchal Society* (New York: Farrar & Rinehart, 1930)。

[3] Walker, *Rudolph Valentino*, 8, 47 and passim.

就必须从事低收入的工作，应对寂寞和社会不安全感，已婚妇女还必须承受雇佣劳动、家务劳动和养育孩子的多重负担。这一时期对性改革的公然迷恋也很好地印证了福柯关于性欲总体上是话语的论断；尽管如此，这种话语必然对女性有着与男性不同的含义，对于单身上班女性的含义，较之中上层阶级的家庭主妇来说，也会有所不同。

不管瓦伦蒂诺的电影从长远来看表现出了怎样的共谋性和可恢复性（recuperable），它们都表达了女性在母职和家庭之外的欲望的可能性，并使其免受维多利亚时代双重标准的责难。[1] 同时，这些电影还提出了一种关于激情的道德和两情相悦（erotic reciprocity）的理想。另外，与埃莉诺·格林（Elinor Glyn，发明了性感女孩["it" girl]这一概念的爱德华时代的小说家）所描绘的女性对于性解放的反应不同的是，瓦伦蒂诺并没有把性欲渲染成可供有抱负的女性主体练习的一种社会礼仪。[2] 相反，通过关注具有模糊和越轨身份的男性角色的快感，他吸引到了那些最强烈地感受到转变和阈限（liminality）的效果（如自由和挫败）的人，那些最强烈地意识到以消费主义意识形态为基础的社会流动的不稳定性的人。

即使瓦伦蒂诺的电影没有其他批判功能，它们也确实通过否定的方式向两次世界大战期间美国文化中的男性气概神话发起了强有力的挑战。美国的银幕英雄是像道格拉斯·范朋克（Douglas Fairbanks）或者威廉姆·S.哈特（William S. Hart）那样的动作男星，他们身上的能量和决绝是通过缺少社会礼仪，尤其是对女性的礼仪获得提升的。即使

---

[1] 最接近情节剧矩阵（matrix）的《血与砂》是唯一一部将瓦伦蒂诺的伙伴设定为母亲的电影。与之相对的是，绝大部分与瓦伦蒂诺演对手戏的女性角色都具有假小子的特质（特别是影片《莱缇小姐的莫兰》[*Moran of the Lady Letty*]中的女主角），以及一种独立的气质，原因是她们拥有高贵的社会地位或职业，最重要的是，拥有一种与新女性相关的"调皮活泼"（mischievous vivacity, Ryan）的特质。

[2] 格林事实上认可瓦伦蒂诺身上的性吸引力，而且瓦伦蒂诺也出演过根据她的小说改编的影片《情海孽障》（*Beyond the Rocks*, 1922）。但是对于男明星的关注使瓦伦蒂诺的影片不同于那些直接训练观众的"时尚女性气质"的影片。参见 Ryan, 'Projection', 370f。

是像理查德·巴塞尔梅斯(Richard Barthelmess)或者约翰·巴里摩尔(John Barrymore)这样的稍浪漫的明星,他们的英俊外表也不是来自他们的身体或性欲,而是来源于一种超验的灵性。瓦伦蒂诺不仅开创了一种明确的关于男性美的性话语,同时还削弱了与阳刚行为在文化上相关的工具理性的标准。他对日常实用主义期待的反抗、对讲求实际和理性态度的偏离,都可以最终解释男性观众(不论是同性恋还是异性恋)对他的潜在喜爱。

但是瓦伦蒂诺的他者性不能单纯从男性气概及其不满的角度来解释。在他人格中的阴性韵味之外,他身上还有一种"陌生人"的吸引力。不管之前的男星和现如今的男星之间有什么不同,他们都是美国人。也就是说,他们除了那些被自然化为美国人的特点外,并未展现出任何明显的族裔特征。但瓦伦蒂诺却承载着第一代非盎格鲁—撒克逊移民的污名,他的银幕角色也是如此。他一开始饰演的都是深肤色的诱惑者或者恶人,荡妇形象的男性等同物。当女性观众不顾道德和种族禁令接受了他之后,他又展现出了将性活力和浪漫求爱融为一体的拉丁情人的人格。他作为男性活力的典范是对他形象中强烈的带有土著意味的威胁的回应,也就不足为奇了。[1] 通过之前提到的反复出现的双重身份模式,电影本身更系统地既以瓦伦蒂诺的他者性为主题,又对这种他者性进行了遏制。我们必须要将这种双重身份模式当作压制种族差异的文本症候来解读。

瓦伦蒂诺的暗黑自我(darker self)表面上看起来像是来自南欧,在某种程度上通过法式礼仪的掩盖获得救赎。然而在美国电影和美国文化的语境中,他无法逃避关于种族和性的话语经济,这种话语被封装在

---

[1] 参见'Pink powder puff' attack in the *Chicago Tribune*, 18 July 1926, reported in *Hollywood Babylon*, 156—8。——作者注

1926年7月18日,《芝加哥论坛报》发表了一篇名为"粉色的粉扑"的社论,攻击瓦伦蒂诺像一个"粉色的粉扑",缺乏男性气概。瓦伦蒂诺对此极为愤怒,公开要和匿名的社论作者进行拳击比赛。但他8月24日就因腹膜炎不幸去世。——译注

对于异族通婚的恐惧和被压抑的欲望中。[1] 对黑人男性的性妄想,从 1890 年代中期开始就十分猖獗,在女性性解放的想象性效果的影响下,于 1920 年代达到了全新的顶峰。从这一经济的角度考虑,瓦伦蒂诺的成功可能离不开观众对白黑混血儿的幻想。白黑混血儿是著名的纵欲形象(参较电影《一个国家的诞生》),与白人主人在历史上对黑人女性的虐待不可分割。不管瓦伦蒂诺是否触及到了这一幻想神经,种族他者性的蕴意被一种异域情调话语所遮掩:阿拉伯酋长、印度王侯、南美牧人等角色让女性观众可以在安全的距离之外沉迷于幻想中。当然,这些叙事最后揭示了激情的阿拉伯人如人猿泰山一样具有英国血统,而《天启四骑士》中的好色牧人也通过死在荣誉之地的方式证明自己配得上其法国血统。在这种幻想和否定的运作过程中,瓦伦蒂诺的电影展现了种族刻板印象中很常见的矛盾性和恋物性,以及种族和性别差异之间的相互依赖性。[2] 同时,这些电影还标志着一种历史转变——倘若不是一种偶然的冲动和错误的话,考虑到被唤醒的压抑力量——这种转变造成了对禁忌的重新评估,以及对禁忌的部分承认,尽管有着异域情调的伪装。

　　大众对瓦伦蒂诺的迷恋构成了一个心理的、社会的谜团,我对这个谜团有一些事后的想法,放在此处似乎也是合适的。尽管我们可以猜测瓦伦蒂诺人格对文本建构的和历史建构的女性观众的吸引力,但是这种吸引力所造成的巨大影响及其所采取的社会形式依然是很神秘的。罗兰·巴特认为,对瓦伦蒂诺面孔的迷恋是"世界范围内的真正女

---

[1] 关于瓦伦蒂诺人格中的这一面,我十分感谢弗吉尼亚·莱特·卫克斯曼(Virginia Wright Wexman)以及理查德·戴尔关于保罗·罗伯森(Paul Robeson)的研究。温弗莱德·斯图尔特(Winifred Stewart)以及珍·海迪(Jean Hady)对于年轻时发生在西弗吉尼亚州马丁斯堡市的"瓦伦蒂诺热"记忆犹新,她们进一步鼓励我做这方面的猜测。亦可参见 Jacqueline Hall, '"The mind that burns in each body": women, rape, and racial violence', in *Powers of Desire*, 337.

[2] Homi K. Bhabha, 'The other question: the stereotype and colonial discourse', *Screen*, 24, 6(November-December 1983), 18—36.

性化的酒神节,以怀念集体性揭示的美貌"。[1] 然而这种酒神节的仪式不可避免地被大众媒介机制所损害;瓦伦蒂诺过度(the Valentino excesses)中的偷窥和恋物层面也不应获得辩解。无数的女性怎么会沉迷于这种明显属于男性的变态之中?巴特将对瓦伦蒂诺的迷恋归功于其面部的光晕("脸"vs."形象")。但是对瓦伦蒂诺自己及其女性崇拜者来说,这种迷恋首先是对瓦伦蒂诺身体的迷恋。在大量的宣传剧照中,瓦伦蒂诺都摆出了半裸的姿势,在《血与砂》和《风流贵族》中,他坚持要加入可以展现其身体部分的穿衣场景(注意《血与砂》中对他脚部的特写)。考虑到电影装置的机制,这种裸露癖逃脱不了被恋物化(fetishisation)的后果:男性身体,就其整体的美丽而言,承担了生殖崇拜的替代物的功能。瓦伦蒂诺自己越强调身体的力量和活力,他就越能完美地扮演男性的化身(the male impersonator)这一角色。这与美国银幕上梅·韦斯特(Mae West)和瓦伦蒂诺电影中的荡妇形象所扮演的女性化身形成了绝佳的对照。

对刚进入经典时期的美国电影史来说,瓦伦蒂诺是颠覆性反讽的独特例证,反讽之处在于一个被宣传为阳刚偶像的商品竟然以一个生殖崇拜物、一个失去的阴茎的象征的形式证明了自己的成功。瓦伦蒂诺作为男性化身的不可思议的职业生涯,表明了阴茎(penis)和作为其象征性表征的阳具(phallus)之间的差异,并因此揭示出男性主体在象征秩序中的位置是以对解剖学的误读为基础的。[2] 如果女性在任何意识层次上的对瓦伦蒂诺的迷恋,都表达了对这种差异性的认识,那么她们对这个特殊恋物的巨大的集体认同也很大程度上展示了她们要分享阳具力量的声誉和表征的要求。

---

[1] Roland Barthes, 'Visages et figures', *Esprit*, 204(July 1953), 6.
[2] 戴尔认为所有的男性身体,特别是男性裸体的表征都具有这样的宿命。人们看到阴茎,不管是疲软的还是勃起的,都是尴尬的。这揭示了阴茎与以阴茎为名的符号性宣称,阳具控制的无望主张之间的差异。参见'Don't look now: The male pin-up', *Screen*, 23, 3—4(Sept. —Oct. 1982).

但是在和女性观众的互动中,瓦伦蒂诺身体的恋物化采取了一些戏剧性的形式,这些形式倾向于颠覆内在于电影的窥淫癖和恋物癖的分离机制。他的女性粉丝主动攻击经典电影重申的障碍,以超过明星制度预期的认真态度对待这种制度,而媒体也为获得瓦伦蒂诺的生活叙事扰乱了公共与私人之间的辩证关系。一旦女性找到了她们自己的恋物,她们不会满足于只是凝视他,而是想要去实际地触碰他。她们还期待他能回应她们的迷恋之情:瓦伦蒂诺在邮件中收到过女性的内衣,粉丝要求他亲吻这些衣物并还给她们(瓦伦蒂诺也真的这样做了)。对瓦伦蒂诺身体的迷恋最终扩展到了对其尸体的迷恋,并导致了臭名昭著的恋尸性过度:瓦伦蒂诺希望将尸体展现给粉丝的遗愿引起了众人对其衣服纽扣或者至少是葬礼上的蜡烛或鲜花的恋物性收集。[1] 粉丝的晕倒、歇斯底里的悲恸,甚至还有数例自杀的集体场面,不能被简化成单纯的大众文化操控的奇观。这应该和其他事物一起被解读成一种反抗,一种针对女性的被动性和片面性的绝望抗议,父权制电影用这种被动性和片面性来支持女性在性别等级中的从属地位。在这种解读下,即使是被商业歪曲的女性欲望的表现也能表达一种乌托邦式的要求:让银幕快乐的空洞承诺被释放到性欲实践的相互性(mutuality)中。

(张敬源译 杨玲校)

作者简介:米莲姆·汉森(Miriam Hansen)是芝加哥大学英语系教授。她最近出版的著作是《巴别塔与巴比伦:美国默片中的观看》(*Babel and Babylon: Spectatorship in American Silent Film*, Harvard University Press,1991)。她是《新德语批判》(*New German Critique*)的编辑之一,现正在从事法兰克福学派从克拉考尔到克鲁格的电影理论研究。

---

〔1〕 任何关于瓦伦蒂诺的传记都津津乐道地阐述了这些事件。其中最详尽的记录,参见舒尔曼(Shulman)的著作,其中一个令人震惊的章节讲述了瓦伦蒂诺死后的事情('Act V: Cuckooland')。

21 "看着你时，我有一种奇怪的感觉"：1930年代的好莱坞明星与女同性恋观众[1]

安德莉亚·外斯

1955年7月，《机密杂志》(Confidential Magazine)大胆地宣称要指名道姓地进行大爆料，并且首先对玛琳·黛德丽(Marlene Dietrich)进行了爆料。报道称，"黛德丽喜欢女人"，并称她曾相处过的女性情人有"金发碧眼的亚马孙女战士"克莱尔·沃尔多夫(Claire Waldoff)、作家梅赛德斯·德阿考斯塔(Mercedes d'Acosta，传闻她也曾是葛丽泰·嘉宝的恋人)、声名狼藉的巴黎女同性恋者弗雷德(Frede)和大富豪乔·卡斯戴尔斯(Jo Carstairs)，《机密杂志》戏称卡斯戴尔斯是"如男子般的女子"，一个"拥有男高音的美女"。[2]

这张丑闻名单或许会让普通公众感到震惊，但对许多女同性恋者来说，这仅仅证明了她们一直以来的猜测。流言与八卦构成了同性恋

---

[1] 本文是我关于电影里的女同性恋表征的专著《吸血鬼与紫罗兰》(Vampires and Violets)中的一章的缩写版，经Pandora Press/Harper Collins Ltd.许可转载。我想感谢以下各位的慷慨帮助，他们在阅读了书稿之后给了我有用的建议和批评：Jerma Jackson, Christine Gledhill, Harold Poor, Greta Schiller, Janice Welsch, Diane Carson, Linda Dittmar, Miriam Hansen, Judy Walkowitz 和 Mark Finch.

[2] K. G. McClain, 'The untold story of Marlene Dietrich', Confidential Magazine (July 1955), 22.

亚文化的未被记录的历史。在《跳接》(*Jump Cut*)杂志的"女同性恋与电影"专刊的介绍中,几位编辑试图弥补八卦的劣势,声称:"如果口头历史是那些无权控制书面记录的人的历史,那么八卦就是那些无法用第一人称声音说话的人的历史"。[1] 帕特丽夏·迈耶·斯帕克斯(Patricia Meyer Spacks)在其著作《八卦》(*Gossip*)中将这一定义推向了更深层次,她认为八卦不仅是压迫的症候,也是一个为受压迫者赋权的工具:"[八卦]体现了相对于公共生活的话语的另一种话语,一种对公共假设形成潜在挑战的话语;八卦为另类文化提供了语言"。[2] 斯帕克斯认为,通过八卦,那些无权无势的人可以分派含义,获得表征的权力。她的八卦概念是,把来自主导性文化的材料在共享的私人价值观念的层次给予重新阐释。这个概念也描述了20世纪早期美国同性恋亚文化开始成形的过程。

某些经由八卦的传播在同性恋亚文化中已经是尽人皆知的东西,却常常完全不为大众所知,即使略有所闻,也难以启齿。主导性文化执意将同性恋置于不见天日、无法言说的地步,这就要求并促使我们在八卦、影射、稍纵即逝的姿势及暗语中寻找同性恋的历史,我认为这些符号都是审视电影和某些特定的明星形象对于1930年代女性同性恋身份形成的重要性的历史资源。

在玛琳·黛德丽的"难以启齿"的性取向被《机密杂志》公开之时,她已不再是一个一线明星。虽然她还没有息影,但她在美国已不再是具有票房号召力的巨星,而且不久后她就会回到欧洲,重拾她刚出道时所从事的卡巴莱[3]歌舞表演。美国公众曾经迷恋她的精明老练,外国

---

[1] E. Becker, M. Citron, J. Lesage and B. R. Rich, Introduction to Lesbians and Film special section, *Jump Cut*, 24/25 (March 1981), 18.
[2] P. M. Spacks, *Gossip* (New York, Alfred A. Knopf, 1985), 46.
[3] 卡巴莱(Cabaret):一种盛行于欧洲,包含了喜剧、歌曲、舞蹈及戏剧等多种元素的娱乐表演。——译注

口音和充满异域风情、难以捉摸的做派,而后却喜欢上了一种新的、与之全然不同的明星形象,即以桃瑞丝·戴(Doris Day)和茱蒂·霍利德(Judy Holliday)为代表的、来自1950年代美国本土的邻家女孩的形象。如果《机密杂志》的文章发表于1930年代黛德丽的声名达到顶峰的时候,她的事业无疑会倍受影响。制片厂曾努力让明星形象男女通吃,不仅要求同性恋明星为了事业隐藏他们的性取向,而且竭力打造他们在大众心目中的浪漫异性恋形象,比如1930年代米高梅电影公司对葛丽泰·嘉宝的所作所为。[1]

不过,制片厂可以用女同性恋的可能性来挑逗公众,激发他们的好奇心和新鲜感。好莱坞把女同性恋的暗示当作营销工具,不是因为它试图针对女同性恋观众,而是因为它想迎合男性对女同性恋的窥视欲。然而,女同性恋的影射同时也适用于广大的女性观众,使她们能在黑暗的电影院的庇护下展开私人幻想,隐蔽地探索她们的情欲凝视而不必为这种凝视命名。黛德丽传言中的女同倾向就是以这种方式被派拉蒙影业公司所利用的,电影《摩洛哥》(*Morocco*)(约瑟夫·冯·斯登堡导演,1930)上映时的宣传口号是:"黛德丽——所有女人都想看的女人"。这种不加命名的方式有利于刺激兴趣同时防止丑闻。女同性恋者可能会怀疑梅塞德斯·德阿考斯塔和萨尔卡·维尔特(Salka Viertel)是葛丽泰·嘉宝生命中重要的爱人,但"普通公众"只记得嘉宝曾是约翰·吉尔伯特(John Gilbert)的妻子。(嘉宝在回应吉尔伯特的多次求婚时曾说:"你不会想和一个男子结婚的"。)

公众或同性恋亚文化对这些明星的"真实生活"的了解,无法与她们的"明星形象"相分离。因此,我不关心这些女演员是否真是同性恋或双性恋,我关心的是她们的明星人格(personae)是如何被女同性恋观

---

[1] A. Britton, *Katharine Hepburn: The Thirties and After* (Newcastle upon Tyne, Tyneside Cinema, 1984), 16.

众所感知的。这种明星人格经常是模棱两可、相互矛盾的。不仅是好莱坞明星制创造了不一致的女性气质的形象,而且这些女明星自己也会介入明星形象的生产,使女性气质的形象变得更加矛盾。诸如凯瑟琳·赫本、玛琳·黛德丽及葛丽泰·嘉宝等明星,常常会在她们的电影里加入与叙事不一致、甚至是对叙事构成意识形态威胁的姿势和举动。针对明星的流言蜚语,尤其是女同性恋这样的边缘群体中流传的明星八卦,会进一步让各种各样的欲望和身份认同集中于特定的明星形象。

电影《摩洛哥》里,有这样一个著名的场景,艾米·乔利(玛琳·黛德丽饰)戴着礼帽,身着燕尾服,亲吻了观看卡巴莱表演的观众中的一个女人,然后拿着花把它献给了一个男人(加里·古柏饰)。和一个女人调情,却把花儿献给一个男人,这其实是对女同性恋观众的一种调戏,同时也是电影的整个叙述轨迹的缩影。电影史学家维托·鲁索(Vito Russo)曾这样评述这个场景,"黛德丽的意图明显是异性恋的;她所表露出的简短的女同性恋暗示只不过让她变得更具异国风情,加速了加里·古柏对她的喜爱,并且进一步挑战了他的男性气质"。[1] 然而,如果我们考虑到关于黛德丽性取向的流言,我们就会对这个场景有不同的解读:黛德丽暂时摆脱了蛇蝎美人的角色,"把谣传中的性取向在银幕上展演了出来"。[2]

不仅是流言,这一场景的电影结构也允许女同性恋观众拒绝"偏好的"电影解读(如前面提到的维托·鲁索的解读),而采取一种更令人满足的同性恋阐释。艾米·乔利站在舞台上以黛德丽独特的嗓音演唱了一首法语歌曲,举止从容、优雅。这一表演是作为主观镜头呈现的,并与两个竞争的男角色进行镜头切换。然而,当她唱完歌,跨过隔离舞台与观众的栏杆后,影像就变成静态的。艾米·乔利看向桌边的一位女

---

[1] V. Russo, *The Celluloid Closet* (New York, Harper & Row, 1981), 14.
[2] Becker, Citron, Lesage and Rich, op. cit., 18.

士,她迅速垂下眼睛,扫视了那个女人的全身,将她"上下打量了一番";然后她把目光移向了别处,犹豫了一下,又再看了一眼那个女人。性冲动在这个动作里表现得很强烈。这种冲动没有被主观镜头和观众的切出镜头所分散或堵塞。黛德丽的凝视展现得很完整。

此外,在这个场景的结尾,艾米·乔利将花儿送给汤姆·布朗(加里·古柏饰)时,她颠倒了异性恋中引诱者和被引诱者的正当秩序。她的服装,男士晚礼服,被注入了男性和社会阶级的力量,这种力量超越了身着贫穷的法国士兵制服的古柏的力量。他被禁锢于他的阶级,而她却能够暂时超越阶级和性别。她所表现出来的这种流动性和对局限的超越,对于所有观众,无论是男性还是女性来说,都是充满魅力的。对于女同性恋观众来说,这就是在邀请她们从这个形象中读出她们自己想要超越的欲望。理查德·戴尔指出,"观众不能随心所欲地使媒体形象成为自己所想要的样子,但是他们可以从这种复杂的形象中选择对他们有用的某些意义、情感、变化、曲折和矛盾"。[1]

从某些明星身上挑选出某些特定的品质,对于1930年代的女同性恋观众来说尤为重要,因为她们很少能够在银幕上看到自己的欲望获得表达。通过提供传奇的文化典范,好莱坞明星在大众眼里拥有一种迷人的力量。对于那些努力地想要定义自己的性身份,但在周围的文化中几乎找不到任何角色典范的女同性恋观众来说,这种力量必定会具有极强的说服力和吸引力。某些明星形象中的部分特质被越来越多的女性挪用,这些女性开始参与正在浮现的都市同性恋亚文化,并在定义这种亚文化的特色的过程中发挥了重要作用。[2]

---

[1] R. Dyer, *Heavenly Bodies: Film Stars and Society* (New York, St Martin's Press, 1986), 5.

[2] 关于电影在同性恋亚文化的形成过程中的作用的研究,已经显示了它在男同性恋群体中的重要性。参见理查德·戴尔(Richard Dyer)和杰克·巴布丘(Jack Babuscio)在戴尔主编的《男同性恋与电影》(*Gays and Film*)一书中的论文,以及戴尔的《天体》(*Heavenly Bodies*)一书中关于朱迪·嘉兰(Judy Garland)对男同亚文化重要性的一章。我不知道任何与之相似的女同亚文化研究。

21 "看着你时,我有一种奇怪的感觉"

1930年代早期无疑是大萧条时期最糟糕的年份,任何有关同性恋亚文化的形成的讨论都必须说明这种亚文化主要集中在大城市中产阶级白人群体。安东尼·詹姆斯(Antony James)在《纪念三十年代》一文中称,"对于居住在纽约的年轻同性恋,那是一段美好的时光",这种说法显然并不是对每一个人都适用。[1] 然而,即便是节衣缩食的个体,也会经常把钱省下来以便观看周六的日场电影。即便是对那些付不起门票的人而言,戏院招牌、电影海报和杂志封面仍然能使好莱坞明星家喻户晓。明星成为全美大范围的同性恋者的文化典范,不仅仅是那些正在发展的都市同性恋社群参与者的偶像。

1930年代初具雏形的同性恋亚文化包括了一些尚缺乏足够的自我意识的人,他们还无法将自己视为少数群体的一员。与种族和族裔的少数群体不同,在这些人的成长环境里,他们的父母不仅不赞同其生活方式,而且还会利用法律、心理学、宗教来极力阻止同性恋行为,有时还会通过暴力手段。对于那些追求自我认知的人来说,好莱坞明星就成了同性恋身份认同的塑形过程中的重要样板。[2] 电影潜文本还为观众提供了从某些姿势和行为来肯定女同性恋经验的机会,尽管这种肯定稍纵即逝,但在别处很少能找到,而且也不可能来自如此流行的媒介。这种肯定为女性的个人经验提供了更多的合法性,成为创造女性同性恋身份认同过程中一种可被信任和依赖的资源。理查德·戴尔概括了这个过程并宣称,"同性恋与电影有一种特殊的关系",因为同性恋者孤立无援的处境和更强烈的想要通过电影来逃避现实的需要,因为"冒充异性恋者"的需要把幻觉提升为一种艺术形式,或是因为银幕通

---

[1] A. James, 'Remembering the thirties', *The Yellow Book*, on file at the Lesbian Herstory Archives, New York City, 7.
[2] 在1930年代过着"双重生活",自我怀疑和对同性恋的无知,以及来自家庭、心理和法律方面的压迫,这些经历在一系列由我和其他人为了"石墙之前电影项目"而进行的采访中,都是共同的主题。这一系列采访存档于 Lesbian Herstory Archives, New York City。

常是我们实现梦想的唯一地方。[1]

　　正如维托·鲁索在《电影深柜》(*The Celluloid Closet*)一书中指出的那样,电影《瑞典女王》(*Queen Christina*,鲁宾·马莫利安导演,1933)就曾满足过某些这样的需求,尽管电影并没有公开描述现实生活中的女王的女同性恋主义。鲁索写道,在《瑞典女王》中,嘉宝对吉尔伯特说,"对一个从未见过的地方产生怀旧之情是有可能的"。类似地,《瑞典女王》也让同性恋群体对某些他们在银幕上从未见过的东西产生了一种怀旧之情。[2] 葛丽泰·嘉宝本人很坚定地表示,好莱坞版本中的克里斯蒂娜过于魅力四射,瑞典人看过后将会期望一个更具真实色彩的描述。尽管有来自瑞典观众的期待和嘉宝的抗议,马莫利安的克里斯蒂娜终究还是被塑造成了一个万人迷,并且与一个男人相爱。[3] 不过,嘉宝的表演却能够弥补剧本遗漏的部分,为克里斯蒂娜这个人物赋予了足够的性别模糊性,以至于她的举止、声音和姿态成为女同性恋观众效仿的准则。

　　电影中有一个女王克里斯蒂娜亲吻伯爵夫人埃巴的嘴唇的场景,这个场景明显地表达了她的爱欲,另外,这个特殊场景里的其他视觉线索,也可以用于女同性恋解读。例如,克里斯蒂娜穿上男装的过程,似乎是她和她的佣人每天的例行仪式,她们两人的动作非常的协调一致。因此,这个场景看上去并不像一个女变男的异装癖式的反转,而是引发了另外一种解读:即女性可以既保留女性身份又拒绝女性气质的主导性规范,这一过程还被克里斯蒂娜轻松自如的行为"自然化"了。在这个场景中,克里斯蒂娜讲了一个关于莫里哀的小故事,莫里哀曾说

---

[1] R. Dyer (ed.) *Gays and Film* (London, British Film Institute, 1977; New York, Zoetrope, 1984), 1.

[2] Russo, 1981, op. cit., 65.

[3] R. L. Bell-Metereau, *Hollywood Androgyny* (New York, Columbia University Press, 1985).

婚姻是令人震惊的,这一故事将人们对于女王的不婚的震惊颠倒了。对于那些知晓嘉宝和编剧萨尔卡·维尔特的关系的人来说,莫里哀关于忍受和一个男人同床共枕的说法,无疑是女同性恋社群中的一个笑话。最终,女王克里斯蒂娜和伯爵夫人埃巴之间的互动依靠的是她们的语言和姿态中的性暗示,这些暗示表明了这两个女人对彼此的欲望,以及她们因这份欲望受到责任和义务的干扰而品尝的挫折。

在另外一个重要场景里,首相试图想要克里斯蒂娜理解婚姻义务的重要性,她回应道,"我不想结婚,他们不能强迫我",这里有一个关于她面部的长时间的静默镜头。之后,她又说,"大雪像一片苍茫的海,一个人走出去后会迷失在其中,然后忘记世界,忘记自己"。如安德鲁·布里顿(Andrew Britton)所指出的,这个经典的嘉宝面部特写镜头鼓励观众认同人物内心的渴望,"让观众对嘉宝面部的感情体验类似于克里斯蒂娜对风景的心理感受"。[1] 除了对嘉宝面部的情欲性静观,她选择遵从欲望而非责任的浪漫决定,也让那些在生活中极力做出类似选择的女同性恋者产生共鸣。当首相警告她说,"你不能以老处女的身份孤独终老"。她带着讽刺但很严肃地回应道:"首相,我没有打算这样,我会以单身汉的身份终了此生"。在最后这句声明中,她不再奢望被理解,而是用男性的语言结束了这场辩论,就如同她身穿男装来宣告她的力量一样。

这样的行为在1930年代的意义与今日的含义差别很大:挪用男性的语言和男性价值观并不是认同男性,也不是所谓的反女性主义,而是恰恰相反。史学家卡罗尔·史密斯-罗森伯格(Carroll Smith-Rosenberg)在描述1930年代的新女性或女同性恋时写道:"她们想要从性别的考虑中完全解脱出来,成为独立的、拥有力量的个体,渴望像男人一

---

[1] Britton,1984,op. cit.,11.

样进入这个世界。因此她们在说话时,使用男性的隐喻和意象"。[1]当我们了解这样的历史背景之后,我们就会发现,尽管好莱坞试图从克里斯蒂娜女王的故事中抹去女同性恋主义的污点,但电影的潜文本仍然为女同性恋主义的解读提供了广阔空间。

女性主义电影理论家玛丽·安妮·多恩(Mary Ann Doane)把电影指派给女性观众的位置定义为"形象的某种过度在场(over-presence)——她就是形象"。[2] 由于女性观众的位置缺乏足够的距离而不可能持有窥淫癖或恋物癖,根据当代电影理论,这两种观看方式是视觉快感的基础。女性"过度在场"的观念吸取了弗洛伊德的学说,这一学说认为阉割场景要求在男人和女性形象之间建构一个距离,而女人没有经历过这种阉割场景。简而言之,多恩发现,理论上的女性观众采取了三种形式来获得观影快感:或是以受虐狂的形式过度认同银幕形象,或是以自恋的形式变成自己的欲望,或是通过重新插入必要的距离来让女性凝视掌控形象。这种距离可以通过两种变形获得实现,多恩把它们认定为异装癖和伪装。女性的异装癖包括采取男性的观看位置;女性伪装则包括过度表现女性气质,将女性气质当做一个面具,模拟获得观看快感所必要的距离。[3]

无论人们是否接受这种精神分析模式,只靠这个模式并不能解释女同性恋者的形形色色的文化立场,这些女同性恋者既位于主导性的父权主义认同模式之外,又在这种认同模式中展开协商。精神分析的研究路径只会把女同性恋欲望视为采取一种男性异性恋立场的功能。我认为必须依靠其他的非精神分析式的认同模式,来解释让女同性恋

---

[1] C. Smith-Rosenberg, 'The new woman as androgyne: social disorder and gender crisis, 1920—1936', in *Disorderly Conduct* (New York, Oxford University Press, 1985), 295.

[2] M. A. Doane, 'Film and the masquerade: theorising the female spectator', *Screen*, 23, 3/4 (September/October 1982), 78.

[3] 同上,第 82 和 87 页。

者从女性电影形象中获得快感的距离。

1934年的《电影制片法典》(The Motion Picture Code)禁止电影指涉同性恋,导致"同性恋"电影形象的短缺。不过,在该法典颁布之前,同性恋形象就一直缺席银幕,因此,同性恋观众是否会针对异性恋的女性形象而进入一个"过度在场"的观影位置,并完全与那个形象合二为一,是很令人怀疑的。当一位明星或者她所饰演的角色被认为是女同性恋时,她通常被异国情调化,使她如此卓尔不凡的要么是这个女演员本身的明星特质,要么是其所饰角色被赋予的力量(或者如电影《瑞典女王》那样二者兼有)。明星制通常以这种方式将女同性恋观众与"女同性恋"女星或其所饰演的女同性恋角色隔离开来,而禁止电影中的同性恋表征的规定则让女同性恋观众与流行的女性电影形象保持距离。换句话说,认同包含有意识的和无意识的进程,不能被简化成一个精神分析学模式,因为这个模式把性欲望仅当做是异性恋男性气质和异性恋女性气质之间的二元对立,但性欲望实际上涉及取决于种族、阶级和性差异的各种不同程度的主体性和距离。比如,富有魅力的、上层社会的、白人异性恋明星形象通常能够跨越巨大的经验鸿沟,对1930年代的工人阶级的女同性恋者产生极大的性吸引力。[1] 对于1930年代里一个自认为是"butch"[2]的女同性恋者来说,她基本不需要电影理论家劳拉·穆尔维所说的"观看的男性化",就能与控制行动和拥有力量的男明星产生认同。她只需要花上两个小时和35美分,就能挪用男性所

---

[1] 一位黑人女同性恋者回忆了1950年代她在芝加哥长大的过程中,电影明星所起到重要作用,她想到了1930年代的电影,特别提到了《摩洛哥》:"我被黛德丽迷住了……她有一种持续的品质,使世上无数女性为之兴奋。我没法说我认同她。我在那时候没有想过黑人、白人的问题……[它只是]情欲,童年的情欲,我敢肯定。"引自July Whitaker, 'Hollywood Transformed', *Jump Cut*, 24/5 (March 1981), 35.

[2] "butch"指的是装扮、行为、气质男性化的女同性恋者,相当于中文语境中的"T"。——译注

拥有的力量。[1]对于一个"femme"[2]来说，观看的问题同样很复杂，并且在很大程度上人们只能对此进行猜测。

一个由于不同的文化和性心理定位而变得复杂的认同过程，将女同性恋者置于传统的性别定义之外，使其成为一个介于男女之间的中间性别，这也部分解释了观众对于某些电影人物身上的雌雄同体品质的兴趣。当《摩洛哥》和《瑞典女王》首次上映时，女同性恋者就对这类电影的"暧昧性"陶醉不已，这种特色对于那些被迫过着秘密生活的同性恋者具有巨大的吸引力。[3]

玛琳·黛德丽和葛丽泰·嘉宝体现的性别暧昧、雌雄同体的品质，在1930年代正在浮现的同性恋亚群文化中获得了表达。嘉宝和黛德丽都是贵族化的、国际性的女同性恋群体的一部分，也是这一亚文化最显著、最具影响力的组成部分，因而为那些观看她们的电影、通过流言来了解她们的、分布在全国各地的少数地下女同性恋者诠释了雌雄同体的含义。在讨论那个时代的女同性恋艺术家和作家塑造的雌雄同体的形象时，弗拉维亚·兰多(Flavia Rando)观察道，"在一个充满压抑性理论的氛围里，雌雄同体为那些努力创造一种同性恋身份的女性提供了一种可能的、另类的自我定义的框架"。[4]兰多发现对于女同性恋者罗曼尼·布鲁克斯和纳塔莉·巴尼来说，雌雄同体代表了对人类限制的一种精神上的超越。（凯瑟琳·赫本在电影《塞莉娅·斯卡利特》[Sylvia Scarlett]里的雌雄同体形象就表现了这种潜能，我后面会进一步探讨这个问题。）

尽管性别上的雌雄同体被享有特权的女同性恋者认为是一种解放

---

[1] L. Mulvey, 'Afterthoughts on visual pleasure and narrative cinema in relation to *Duel in the Sun*', *Framework*, 15, 16, 17 (1981).

[2] "femme"指的是装扮、行为、气质女性化的女同性恋者，相当于中文语境中的"P"。——译注

[3] 与(Ms) Christopher Sitwell 和 Karl Bissinger 的未发表采访, 30年代的同性恋生活, 1988年5月。

[4] F. Rando, 'Romaine Brooks: the creation of a lesbian image', unpublished paper.

性的形象,它在主导性文化中却有着不同的、较为负面的寓意。在20世纪早期,雌雄同体开始与"男子气的女同性恋"联系在一起。这一概念是由性学家,特别是奥地利性学家理查德·克拉夫特-埃宾发展出来的,并被当做是性越轨及社会越轨的表达。当新一代女性正在脱离私人领域进入到公共领域,改造传统的女性气质的概念时,精神分析学家和性学家却建构出了关于变态、性欲颠倒、异类和"男子气的女同性恋"的概念,来作为束缚女性探索潜在的新角色的一个界限。"男子气的女同性恋"的形象被1920年代的男性性改革者和现代主义作家用于象征社会失序和腐败。

不过,女同性恋者并没有对雌雄同体持有统一的观念,主流文化也没有构建出对立的、同样统一的概念。许多美国小镇上的女同性恋者对都市的女同性恋飞地知之甚少,她们的所有知识都来自于阅读医学期刊(如果她们能够找到这些期刊的话),并常常将她们所能理解的一丁点"科学"诊断融入自我意识。[1] 从埃宾的同性恋是堕落的信号的观念,到弗洛伊德的童年因果论,再到哈夫洛克·埃利斯(Havelock Ellis)坚称"性倒错"是一种先天症候的论点,这些诊断可说是五花八门。研究发现,1920年代到1930年代之间的女同性恋者开始使用一些性学家的语言,尽管这些术语常常与她们的自我感受不一致。[2] 尽管女

---

[1] 1930年代"寻找自我的线索"在有关同性恋的医学文献中的流行,可以在由我和其他人为"石墙之前电影项目"所做的采访中见到,该项目存档于Lesbian Herstory Archives, New York City。

[2] Katharine B. Davis1929年的研究《2200名女性的性生活因素》不仅揭示了同性恋关系在被调查的未婚女性中很普遍(26%),也表明在1920年代,由于同性关系被重新定义为精神病,许多女性开始将自己描述为"不正常""非自然"和"变态"……,尽管她们声称,这些描述并不符合她们的自我形象。Katharine B. Davis, *Factors in the Sex Life of Twenty-Two Hundred Women* (New York, Harper and Row, 1929), 290—2.
　　Vern和Bonnie Bullough在1920年代和30年代对盐湖城的25名女同性恋朋友的研究表明,她们为了了解自己而讨论性科学家关于同性恋的理论,但始终否认自己是"变态"或者"病态案例"。尽管如此,Bullough的发现表明"关于'异常'人群的假设,即便被这些人群拒绝的时候,仍然对群体成员的自我形象有着相当大的影响"。Vern and Bonnie Bullough, 'Lesbianism in the 1920s and 1930s: a newfound study', *Signs*, 2, 4 (Summer 1977), 903—4.

同性恋者也拒绝了大部分新的性学理论,但她们参与了主流文化,并在这种文化中拮据地生存着。因此,"男子气的女同性恋"和其他的越轨模式都会在很大程度上影响她们的自我形象。

史学家卡罗尔·史密斯-罗森伯格把这种"男子气的女同性恋"形象描述为"与1920年代的酒吧文化和欧洲的堕落联系在一起的难以掌控的、在性方面呈现出返祖现象(atavistic)的女人"。[1] 当然,在某种程度上,电影里的黛德丽和私生活一向神秘的嘉宝也的确唤起了这种形象。黛德丽的形象事实上与酒吧文化背景或颓废的卡巴莱舞台表演是分不开的。即使在电影《金发维纳斯》(Blonde Venus)里,她扮演了一个与之前的角色完全不同的贫穷、虔诚而无私的母亲,而非独立女性,她也还是通过卡巴莱歌舞表演来赚钱养活其可怜的儿子。

尽管作为一位卡巴莱歌手,黛德丽在《金发维纳斯》里有过多次表演,但她只有一次是身着白色礼服的男性装扮;这是在她丈夫刚刚拒绝了她并把儿子夺走之后。她被描述成一位不合格的母亲,而后又无夫无子,她的女扮男装恰好证明了她是一个怪诞反常的女人。

《瑞典女王》中的嘉宝以及《摩洛哥》和《金发维纳斯》中的黛德丽分别体现了史密斯-罗森伯格所描绘的1920年代和30年代的"男子气的女同性恋"的特点,即"具有性方面的强大力量,但这种力量从根本上来说是失败的、无力的"。[2] 不过,她们的雌雄同体特质还具有性的吸引力,这一点是"男子气的女同性恋"所没有的。尽管根据史密斯-罗森伯格的模式,她们在电影叙事里都是必须被遏制的性威胁,但她们的男性装扮(依然保留了女性身份)、冷漠神秘的举止以及她们具有侵略性的独立都为女同性恋观众提供了另外一种可供选择的模式。这种行为模式充满魅力,它既不同于女性气质的异性恋形象,也不同于充斥医疗文

---

[1] Smith-Rosenberg, op. cit., 282.
[2] 同上。

本的越轨形象。1930年代的其他好莱坞电影也纷纷运用这种具有两面性的、既颠覆又肯定了社会秩序的形象：比如，1933年的《血汗钱》(*Blood Money*)里，桑德拉·肖(Sandra Shaw)身着男士无尾礼服，戴单片眼镜，正是当年女同性恋中的时髦打扮；在1936年的《塞莉娅·斯卡利特》和1933年的《克里斯托弗·斯特朗》(*Christopher Strong*)中，凯瑟琳·赫本一身男装打扮，并拥有男性的独立和特权；1933年的德国电影《维克多》(*Viktor/Viktoria*)和紧随其后的1935年的英国版本《第一女孩》(*First a Girl*)都讲述的是一个被误认为同性恋男人的女人的故事，投射了一个含女同性恋意味的形象。这种跨性别异装的形象在1930年代早期反复出现，不纯是简单的巧合，而是体现了关键的历史辩论。这些辩论开始从科学期刊和女性私人日记转移到公众话语。20年代见证了雷德克利芙·霍尔(Radclyff Hall)的小说《寂寞之井》(*The Well of Loneliness*)的出版，该书"在美国司法系统中引起了一场剧变，随后见诸报纸，成为全美热议的话题"。[1]女同性恋主题的戏剧《爱的俘虏》(*The Captive*)也曾在百老汇引起轰动。20世纪早期关于性别和性欲的不断变化的定义的辩论，彼时已经蔓延至大众文化领域。

作为最普及、力量最强大的大众娱乐形式，电影尤其变成了一片举足轻重的战场。本文讨论的电影都处于一番撕扯争斗之中。这种争斗涉及有力量和无力量的形象，主流电影中关于性越轨的暗喻和女明星或同性恋观众对此暗喻的颠倒(女明星为这一隐喻增添了"男子气的女同性恋"所缺乏的强烈性魅力，而女同性恋观众则挪用了电影中的某些片段，并用她们自己的幻想来解读这些片段)。另外，个别形象生成的意义与她们在叙事中所起的作用相矛盾；深刻的女同性恋片段因异性

---

[1] A. Weiss and G. Schiller, *Before Stonewall: the Making of a Gay and Lesbian Community* (Tallahassee, FL., Naiad Press, 1988), 24.

恋故事终结的要求而遭到挤压。因此，尽管《摩洛哥》和《瑞典女王》的结局可被视为对异性恋契约关系的肯定，但女同性恋者也可能会从这些叙事的解决中获得快感，一部分原因是结局相对开放，提供了一系列解释的空间，另一部分原因是这些电影所提倡的异性恋情爱关系仍（由于阶级和地位的原因）不为世俗所容；这种异性恋关系并不是片中人物被鼓励去选择的、被社会认可的关系。

《摩洛哥》和《瑞典女王》的结局都是复杂且扑朔迷离的。埃米·乔利跟随她的男人走近沙漠的浪漫场景不一定是对异性恋社会秩序的确证。克里斯蒂娜女王为了嫁给西班牙大使而放弃王位的举动，与其说是异性恋爱情的胜利，不如说是对其生活责任的束缚的逃脱。而且，在《瑞典女王》中，西班牙大使在他们团聚之前就去世了，留下克里斯蒂娜一个人探寻其未知的世界。事实上，在两部电影的结尾，埃米·乔利和克里斯蒂娜女王都变得更加接近分水岭和更加边缘化，她们拒绝了自己的过去、国籍和社会地位。尽管每一个角色都似乎为一个男人做出了终极的牺牲，但正因如此，她们才得以走出建构和维系异性恋契约关系的文化。在《摩洛哥》中，埃米·乔利穿过城市的大门，走向广阔的沙漠，把鞋留在沙子里，这些视觉象征都生动地展示了她与原本所处的文化的决裂。克里斯蒂娜女王乘船离开，独自站在船头，嘉宝谜一样的脸与故事结局的目的相抵牾。异性恋观众或许会在故事结尾中找到对异性恋关系的确认，而女同性恋则从这个场景中读出了她对异性恋社会秩序的远离和拒斥。

《塞莉娅·斯卡利特》也可以说明不同的社会观众在对同一部影片的理解方面的巨大差异。这部电影使凯瑟琳·赫本在普通大众那里名声扫地，但却让她收获了女同性恋者的喜爱。当电影在纽约首次上映时，观众对着银幕发出嘘声、喝倒彩、才看了二十分钟就退场；《纽约太阳报》称它是"对时间和银幕才华的悲剧性浪费"。[1] 在电影中，赫本扮演的是一个为了帮助其犯罪的父亲逃离国家而把自己打扮成男孩的女孩。但对于那些知晓内情，并看到女孩从"塞莉娅·斯诺"（Sylvia Snow）变身为"塞尔维斯特·斯卡利特"（Sylvester Scarlett，做男孩时的名字）的观众，他们一眼就能看出那是凯瑟琳·赫本在进行扮装（drag）表演。片中有这样一个场景，年轻的男艺术家（布莱恩·艾亨饰）看着塞尔维斯特·斯卡利特，想弄明白他为什么会被一个年轻的"男人"所吸引，为什么"看着你时，我有一种奇怪的（queer，也可译作'酷儿'）感觉"。尽管这个"搞错身份"的笑话针对的是男同性恋者，它仅将同性之间的欲望当作被误解的异性恋欲望的表达，女同性恋者却能从赫本的明星形象的多个层面中（如她在作为塞莉娅·斯诺时对女性弱点的拒斥，她对男性和女性特质的综合）发掘出那些在1920年代和30年代被新兴的都市女同性恋亚文化有选择性地接受为女同性恋主义标志的姿势、表达、服装和外貌。

塞莉娅·斯卡利特属于性学家曾警告过的"新女性"。她采取男人的立场，取代她父亲的权威，至少是暂时的取代。然而，凯瑟琳·赫本的形象并不像《摩洛哥》中的玛琳·黛德丽和《瑞典女王》中的葛丽泰·嘉宝那样富于性威胁。她没有尝试去挪用男性的服装、语言和举止动作，她仍是一个女人，是"塞莉娅"；她只是在想装扮成男孩"塞尔维斯特"时借助了男性的特权罢了。电影是一部喜剧片，赫本被呈现为一个孩子的事实，也有助于抵消她所代表的危险。尽管如此，在主导性的电影话语中，她仍是一个影射"男子气的女同性恋"的违规者。当她被发现是女性时，她被称为"妖怪""怪物"，这反映了一种新思想，这种思想塑造了20世纪早期的公众意识，即将同性恋视作怪异行为，把"新女

---

[1] *New York Sun* quoted in James Spada, *Hepburn* (Garden City, NY, Doubleday and Co., 1984), 57.

性"看做是性的贱民。

不过,某些特质削弱了这种越轨的形象,这些特质通过赫本的表演,或导演乔治·丘克(George Cukor)本人的同性恋身份以及女同性恋观众独特的定位嵌入了电影文本。塞莉娅·斯卡利特可被视为对常规的性别定义的超越,她不是一个男性,而是一种不同的女性。简而言之,她代表了恶作剧的精灵(Trickster),贯穿了文学和神话历史的一种创造性力量。卡罗尔·史密斯-罗森伯格把它定义为"不确定的生理性别(sex)和可变的社会性别(gender)",称其为"为了打破禁忌、违反分类及对抗结构而存在的生物"。[1] 在《塞莉娅·斯卡利特》中,正是这种"生物"建议她的团体放弃犯罪,参加海边的巡回嘉年华表演。嘉年华的世界代表失序和幻象,这个昏暗的世界和同性恋密切相关,而大海,就像在电影《瑞典女王》中的一样,象征着未知,一个身份不被"固定"的地方。

在一个关键性的场景中,塞莉娅扮演了睿智的傻子;她说话像谜语,讲述令人不安的事实。她为另外一个女人的辩护揭示了她的女性气质,即便在女扮男装时,她也保持了这种气质——正如电影名字所喻示的,这个名字将塞莉娅·斯诺和塞尔维斯特·斯卡利特这两个名字合成了第三种身份塞莉娅·斯卡利特。她的"我想要大海,我想要大海"的呼喊进一步表明,无论是男性还是女性的性别建构对她而言都不合适。有一刻,她走出这个场景,直接对观众发声,此处她颠覆了社会秩序(精灵的主要功能之一),她言说的对象并不是大部分电影所有意针对的、无所不在的标准男性观众,而是女性观众。

然而正如史密斯-罗森伯格在讨论弗吉尼亚·伍尔夫的《奥兰多》中的精灵时所指出的那样:

---

[1] Smith-Rosenberg, 291.

它对秩序的颠倒是暂时的。它只是暗示了但并未实现一个可供选择的另类秩序。伍尔夫用奥兰多来展示僵硬的性别规则的荒谬和男性文学经典的浮夸。但奥兰多既没有改变英国,也没有改变文学。她/他仅仅暗示了可能会发生的事情。[1]

令人悲哀的是,塞莉娅·斯卡利特也是如此。她对人类限制的超越也只是暂时的,社会秩序对其行为的遏制和改造,多过她对这个社会的改造。类似地,那些在《瑞典女王》《摩洛哥》和《塞莉娅·斯卡利特》中让女同性恋者痛心的时刻也是转瞬即逝的;它们仅仅喻示了事情的可能性,然后就被主导性电影的话语整合和收编,离我们远去。

电影理论家安·卡普兰(Ann Kaplan)认为,"挪用好莱坞形象为我所用,将他们从整体的结构的语境中分离出来,并不会使我们走得长远"。[2] 我们需要理解主导性电影的话语是如何将女同性恋范畴当做边界来遏制女性性欲中最具有威胁性的面向,如何将无法用语言表达的东西变得无害地可笑(《塞莉娅·斯卡利特》就是这样的一个例子)。不过,女同性恋观众仍然挪用了某些似乎是抵抗主导性的父权制意识形态的电影时刻,并利用这些抵抗的点和共享的流言八卦来定义自我、为自己赋权。因此,我们决不能低估电影对20世纪早期女同性恋身份的形成所作出的贡献。

在《电影深柜》一书中,维托·鲁索引用了《先驱论坛报》对《瑞典女王》初次上映的评论:

事实和理论有什么要紧呢?对于所有那些看嘉宝电影的观众而言,克里斯蒂娜将永远是那个在大雪里爱上西班牙大使的美丽

---

[1] Smith-Rosenberg, 292.
[2] E. A. Kaplan, 'Is the gaze male?', in A. Snitow, C. Stansell and S. Thompson (eds.) *Powers of Desire: The Politics of Sexuality*, New York, Monthly Review Press (1983), 314.

姑娘，不管有多少专业的研究也无法改变她。[1]

然而，对于那些曾在 1930 年代早期观看嘉宝电影的女同性恋观众来说，克里斯蒂娜女王将永远是那个身穿男装、拒绝结婚的美丽姑娘，任何异性恋的伪装也无法改变她。

（赵婧译　杨玲校）

作者简介：安德莉亚·外斯（Andrea Weiss）是一名以纽约为基地的作家和电影人。她的电影包括《律动的国际爱人》(*International Sweethearts of Rhythm*)、《泰尼和露比：敢闯的女人们》(*Tiny & Ruby：Hell Divin' Women*)。她以对纪录片《石墙之前：一个同性恋社区的制造》(*Before Stonewall：the Making of a Gay and Lesbian Community*)的研究获得了艾美奖，同时她也是同名著作(Naiad Press,1988)的合著者。目前她即将完成一部关于电影中女同性恋表征的著作。

---

[1] Russo, op. cit., 66.

22 | 怪兽的隐喻：迈克尔·杰克逊《颤栗》札记[1]

科比纳·梅塞

迈克尔·杰克逊，演艺巨星。其1982年制作的《颤栗》(*Thriller*) LP 黑胶唱片已经在全世界销售了3500万张，据说缔造了流行音乐史上的销量纪录。26岁时，他就积累了高达7500万美元的个人财富。更不同寻常的是，他从11岁开始就是明星，在与兄弟们一起成立的演唱组合"杰克逊五人组"(Jackson Five)中担任主唱。1970年代，杰克逊五人组是塔姆拉摩城(Tamla Motown)唱片公司麾下最畅销的组合。该组合实际上发明了被唐尼·奥斯蒙德[2]等白人偶像歌手利用的青少年流行乐[3]这一音乐类型。尽管这些偶像歌手早已被人们淡忘，但杰克逊五人组的经典歌曲如《我想要你回来》('I Want You Back')、《ABC》仍能唤起标志着"黑人骄傲"(Black Pride)文化运动之自信情绪的自豪与热忱。1970年代中期，杰克逊和他的兄弟们离开了摩城唱片，开始对自己的创作拥有更多的艺术控制权。在此之后，杰克逊成长为

---

[1] 本文是发表于《银幕》(*Screen*)1986年(1月/2月)第26卷第1期的一篇论文的稍短版本。——编注
[2] 唐尼·奥斯蒙德(Donny Osmond, 1957—)：1970年代美国流行组合 The Osmonds 的一员，曾红极一时。——译注
[3] 青少年流行乐(teeny-bopper)是1950年代发明的新词，指那些热衷流行音乐和摇滚乐的青少年，特别是少女。1960年代以后，出现了由年轻人创作的专门针对青少年女孩的流行歌曲，这些歌曲帮助推出了一批青少年流行偶像。——译注

一名歌手、词曲作者和舞台表演者。他1979年推出的《疯狂》(*Off the Wall*)黑胶唱片,树立起了他作为单飞艺人的声誉。这张唱片展示了他柔软而性感的声音及其对从浪漫民谣到摇滚等各种音乐风格和元素的娴熟驾驭。到底是什么东西让这位年轻的黑人男子如此卓尔不群,如此富有魅力?

毫无疑问,他的声音是其魅力的核心所在。杰克逊的声乐表演以非裔美国人的灵魂乐传统为根基,颤音、尖叫、感性的叹息和其他无词语的声音构成了他的风格标签。这种风格强化了音乐的情感共鸣和肉身魅惑,拥有罗兰·巴特(Roland Barthes)所说的声音的"颗粒"(grain)感——"颗粒是歌唱时声音中的身体"。[1] 杰克逊声音的多情而性感的表现力与他优雅而激动人心的舞蹈风格相辅相成:当他还是孩童时,人们就将他的舞台表演与詹姆斯·布朗[2]和杰基·威尔逊[3]相提并论。

不过,杰克逊的成功和流行还有另外一个原因——他的形象。杰克逊的个人风格令人注目和着迷。齐踝的牛仔裤、单手戴手套,尤其是看上去湿漉漉的发型都成为他的标签,影响了黑人和白人青年文化的服饰,并被吸纳进主流时尚。

最惊人的还是杰克逊长大成人后在外貌上的变化。那个穿着花哨的"花之力量"服装[4]、留着一个巨大的"非裔"蘑菇头的可爱男孩,在长成年轻小伙儿后,成为种族和性暧昧的典范。迈克尔斜倚在《颤栗》黑胶唱片的摺页式封套上,穿着挺括的黑白相间的衣服,娴静的粉色背

---

[1] Roland Barthes, 'The grain of the voice', in Stephen Heath (ed.) *Image-Music-Text* (London: Fontana, 1977), 188.

[2] 詹姆斯·布朗(James Brown,1933—2006):美国疯克(funk)音乐的缔造者之一,20世纪流行音乐和舞蹈的重要人物。——译注

[3] 杰基·威尔逊(Jackie Wilson,1934—1984):美国歌手和艺人,R&B和摇滚乐历史上最有活力和影响力的歌手之一,有"Mr. Excitement"(激动先生)之称。——译注

[4] "花之力量"服装(flower-power gear):1960年代末到1970年代初,美国反文化运动中嬉皮士们喜欢穿的衣服。这些衣服通常是印花图案,颜色亮丽。花是反文化运动所信奉的非暴力反抗的象征。——译注

景衬托着闪着金属光泽的表面。如果仔细看——他皮肤的光泽在颜色上显得比以前要浅;鼻子似乎更尖了,更有鹰钩状,没有以前那么圆、那么"非洲人",两片嘴唇也变紧了,不再那么突出。更重要的是,那个大"非裔"蘑菇头分解为一簇簇看上去湿润的、烫过的卷发,而且出现了一个新的风格标记,即前额上的唯一一缕头发。

围绕杰克逊的形象所建立的神话,让该形象的重构变得更为有趣。在这个神话中,真假的区分已经不再可能,或者说无关紧要。尽管杰克逊否认,但还是有人认为他做了整容手术以便看上去更像白种人、欧洲人。[1] 与此同时,他的新形象中显而易见的种族暧昧也以同样的方式,成为近乎雌雄同体的性暧昧所在。他的嗓音或许像艾尔·格林[2]一样甜美,他的舞蹈或许如詹姆斯·布朗一样有力,但他却长得像戴安娜·罗丝[3]而非任何黑人男性灵魂乐艺术家。媒体抓住了这些暧昧,并编造出一个"人格"(persona),一个隐藏在形象背后的、成为臆测和流言对象的私"我"。这种将杰克逊神话化的过程在其彼得·潘的形象建构中达到了顶点。我们被告知在杰克逊明星形象的背后是一个孤独的"迷失男孩",他的人生因各种病态的执念和焦虑而蒙上了阴影。他像一个隐士一样生活,只有在舞台上面对他的粉丝时才"焕发生机"。媒体大肆利用公众对杰克逊名人身份的迷恋,甚至到了将其个性"病理化"的地步:

即便是迈克尔·杰克逊数以百万计的粉丝也觉得他的生活方式很奇怪。

就如他的一首热门歌曲:《疯狂》。知情者说——

他最兴奋的事儿就是去逛迪士尼。

---

[1] Robert Johnson, 'The Michael Jackson nobody knows', *Ebony* (USA), December 1984.
[2] 艾尔·格林(Al Green, 1946—):美国灵魂乐大师。——译注
[3] 戴安娜·罗丝(Dianna Ross, 1944—):美国黑人女歌手及演员,被誉为"流行乐坛的黑珍珠"。——译注

> 他最亲密的朋友是动物园的动物。
>
> 他在休息室里和假人模特说话。
>
> 他每周日禁食,然后在他的卧室里跳舞直至虚脱。所以娱乐圈的人总是在问:"杰克是疯子吗?"
>
> 两位顶级的美国精神病专家花费了不少时间审阅杰克逊的档案。以下是他们的分析报告。[1]

杰克逊的性欲(sexuality)和性偏好[2]尤其成为此类公众关注的焦点,如他的一位商业合伙人雪莉·布鲁克斯(Shirley Brooks)所抱怨的:

> 他现在没有、将来也不会就他的性生活发表公开言论,因为他相信——他这么相信是对的——这不关其他人的事儿。迈克尔和我曾经就此事有过长谈,他觉得任何时候你只要处于公众视线中,又不肯向媒体交代,他们就会编造出这些谣言来填充他们的版面。[3]

既非男孩也非男人,既不是一清二楚的黑人也不是明确的白人,外加一副既不阳刚也不阴柔的雌雄同体的外表,杰克逊的形象是一种要求但又抗拒解码的——如马克思在探讨商品形式时所说的——"社会象形符号"(social hieroglyph)。本文从杰克逊(其明星形象是种族和性模糊的奇观)的超高人气所引发的问题的角度,对《颤栗》的 MV(音乐录像)提供了一种解读。

---

[1] *The Sun*,9 April 1984.

[2] "sexuality"指性欲望、性身份、性行为、性取向等和性相关的东西。该词目前在国内有多种翻译,但性学研究者们倾向于译作"性",参见 http://www2.hu-berlin.de/sexology/CH/PSHC/PSH-CH/02cf.html. 本文一般情况下将 sexuality 译作"性",一些地方为了行文通顺,译作"性欲"。"性偏好"(sexual preference)指性取向,如异性态、同性态、双性态。——译注

[3] 转引自 Nelson George, *The Michael Jackson Story* (London: New English Library, 1984),106.

一、重塑、改型：《颤栗》营销中的录像

近年来，MV 这种"新"杂交性媒介开始在流行音乐的销售和意义中位居要津。作为唱片促销的"广告"，MV 现已成了单曲打入排行榜的先决条件。作为工业产品，这一媒介——它是在美国 MTV 有限电视网制度化的，该电视网的所有权属于华纳传播公司和美国运通公司。通过利用因录像技术的大规模使用而产生的新消费模式，让流行音乐重新变得有利可图。[1] 不过，从其诞生之日起，MTV 就坚持一个不成文的、排斥黑人艺术家的政策。杰克逊为《颤栗》黑胶唱片中的单曲所拍摄的录像首次冲破了这一种族界限。

唱片中的两首单曲《比莉·简》（'Billy Jean'）和《避开》（'Beat It'）的录像因突出了杰克逊的新风格而格外显眼。《比莉·简》由史蒂夫·巴伦（Steve Barron）执导，它通过"以摄影棚为布景"的脚本、敏锐的剪辑和各种效果营造出一种补充而非图示歌曲的氛围，并将音乐中的"电影"感以及关于生父的错误指认的叙事视觉化了。受黑胶唱片封面的提示，录像强调了杰克逊的服装和舞蹈风格。当杰克逊在表演中扭动、踢腿和转身时，他脚下的石板就会随之亮起来，烘托出这位明星的"魔力"。由鲍勃·吉拉尔迪（Bob Giraldi，他曾为麦当劳汉堡包和胡椒博士汽水制作过电视广告）执导的《避开》则将反对大男子主义的歌词视觉

---

[1] 有关 MV 的论述，见 Michael Boodro, 'Rock videos: another world', *ZG* ('Breakdown' issue, London 1984); Dessa Fox, 'The video virus', *New Musical Express*, London, 4 May 1985; David Laing, 'Music video: industrial product—cultural form', *Screen*, 26, 2 (March/April 1985), and Andy Lipman, 'The world of Salvador Disney', *City Limits*, 24, May 1985。

化了。镜头在一群正准备干架的"不良青少年"帮派分子和独自待在卧室里的脆弱的迈克尔之间来回移动。随后,歌手用超凡的魅力和优雅劝阻了帮派分子,并带领全男性阵容跳了一段综合了《战士帮》('The Warriors')和《西区故事》('West Side Story')的电影意象的舞蹈。

这些由杰克逊本人设计拍摄的录像,以及他出演的其他录像,如保罗·麦卡特尼(Paul McCartney)的歌曲《说,说,说》('Say, Say, Say')和杰克逊五人组的《你感觉到了吗》('Can You Feel It'),都是《颤栗》的商业成功的重要面向,因为它们打破了音乐工业向来赖以为生的种族边界。不同于莱昂纳尔·里奇[1]等明星从黑人电视台"跨越"到白人电视台并最终找到一个中间地带,杰克逊通过逗弄那些一直在流行音乐的营销中占据核心地位的意象和风格,让黑人音乐在白人摇滚和流行音乐市场获得了普及。如此一来,杰克逊就开辟了一个新的空间,Prince[2]等新明星就是在这一空间,在两个由种族定义的边界地区的交汇地带运作的。

唱片的同名主打歌曲《颤栗》是专辑发行的第三只单曲。与之相伴的 MV 超越了当时这一媒介既有的惯例和限制。在戴夫·莱恩(Dave Laing)看来,这些惯例是和 MV 的经济律令联系在一起的:

> 首先,视觉服从于音乐,以促进音乐的销售;其次,作为营销手段的 MV 从先前就有的、高度发达的电视广告形式那里继承了一种美学和一套技巧。[3]

因此,除了从电视广告的蒙太奇符号衍生出的快速剪辑的惯例,还有另一个惯例,即在自然主义或"现实主义"表征模式与"建构的"或幻想式的表征模式之间更替的惯例。在前一种表征模式里,歌曲由歌手或组

---

[1] 莱昂纳尔·里奇(Lionel Richie, 1946—):美国 1980 年代流行乐坛的巨星。——译注
[2] Prince(1958—):美国流行音乐家,多才多艺,1980 年代曾与杰克逊齐名。——译注
[3] Laing, 'Music Video', 81.

合在"现场"或摄影棚表演并对口型。在后一种模式里,歌手/组合扮演歌词或音乐的氛围所隐含的想象性角色。《颤栗》吸收了蒙太奇和更替的惯例,但却使用了一个强大的、提供了连续性和闭合的故事或叙事性框架,来组织影像的流动。自《颤栗》之后,这个讲故事的符码本身已经成为 MV 的新惯例:导演朱利安·邓波(Julien Temple)执导的《夜晚的密探》('Undercover of the Night',滚石乐队,1983)和《为蓝色简而爵士》('Jazzin' for Blue Jean',大卫·鲍威[1],1984)代表了这种用影像的流动方向来将音乐叙事化的两个更富想象力的例子。

《颤栗》的杰出不仅在于其内部结构和形式结构,而且在于它"脱离"了至关重要的经济律令和逻辑。在主打歌曲作为单曲发行之前,《颤栗》黑胶唱片已经获得了巨大的商业成功,"强力推销"(hard sell)因而不再必要。

《颤栗》录像与其说是在促销作为主要产品的唱片,不如说是在庆贺唱片带给迈克尔·杰克逊的成功,把录像当作展示这位明星风采的工具。由于不再服务于直接的经济律令,录像可以纵容杰克逊本人的表演兴趣:它对电影符码和结构的使用为杰克逊"电影明星"式的表演提供了框架。杰克逊此前也演过电影,在《新绿野仙踪》(The Wiz,1977)中出演过稻草人。

该片是对《绿野仙踪》的翻拍,启用的全部是黑人演员。杰克逊自称对表演怀有深深的迷恋:

> 我真的喜爱它。它是逃离。是乐趣。变成另外的人或物就是很棒。特别是当你真的相信,而不是只在演戏的时候。我一向厌恶"表演"这个词——比如说,"我是一个演员"。应该不只是表演。

---

[1] 大卫·鲍威(David Bowie,1947—):英国20世纪最重要的摇滚明星之一,以妖媚怪异的造型闻名。——译注

应该更像是一个相信者。[1]

在《颤栗》中，随着录像对"恐怖片"类型的刻板定型、符码和惯例展开戏仿(parody)，杰克逊扮演了各种角色。录像所展示的电影、舞蹈和音乐之间的互文性对话，也将我们这些观众带入了在明星形象的"建构性"中发挥作用的符号和意义的嬉戏。对这部 MV 的下述解读思考了音乐的特定性，探索了录像如何将音乐"视觉化"，并审视了一个作为声音、形象和风格之互文本(intertext)的录像的内部结构。

二、《颤栗》解读

首先让我们来考虑音乐的特定性。单曲的名字，也就是黑胶唱片的名字，指代了一种特殊的电影类型——"凶杀—推理—悬疑"电影、侦探故事、惊悚片。[2]但歌词却并不是"关于"电影的。乐曲是一段由罗德·坦普顿(Rod Temperton)创作的中等速度的疯克音乐，让人想起坦普顿为杰克逊写的其他类似歌曲，如《疯狂》。歌词影射了"恐惧"和"恐怖"片的电影文化，但只是在"惊悚片/颤栗"这个词的含义上做文章。歌词编织了一个小故事，这个故事可以概括为"某个晚上，和一位女友一起看了一些……可怕的恐怖电影"。[3]歌词用第一人称讲述了这样一个虚构的场景：

---

[1] 转引自 Andy Warhol and Bob Colacello, 'Michael Jackson', *Interview* magazine, October 1982。

[2] "Thriller"在英文中是惊悚片、惊险小说的意思，它来自动词"thrill"，意思是"使紧张，兴奋"。杰克逊的这张唱片和单曲通常被译为"颤栗"。——译注

[3] George, *Michael Jackson Story*, 108.

22 怪兽的隐喻

> 午夜临近,漆黑处隐藏着邪恶的东西……你试图尖叫,但恐怖让你叫不出声你开始浑身冰凉,因为恐怖直视你的双眸之间你无法动弹。

谁是这个被招呼的"你"呢?答案在发生语义转换的第三段歌词和副歌里,在这些地方标题的双关含义被挑明:

> 现在该是我俩紧紧依偎的时刻整个夜晚,我会把你从屏幕的恐怖中解救出来我要让你看到,[副歌]这是颤栗之夜,因为我能比任何敢于尝试的魔鬼都更让你颤栗女孩,这是颤栗……所以让我紧拥你,共享这个迷人,颤栗的夜晚。[1]

这样,歌词就围绕"颤栗"的含义玩起了略带色情的双关语。

如伊恩·钱伯斯(Iain Chambers)所注意到的:"性话语的常规使用被浓缩为灵魂乐的元语言及其秘密的文化解放"。[2]除了亲密关系的情感复杂性,肉体性欲可能是灵魂乐传统的核心关注。不过,如钱伯斯所提示的,灵魂乐作为一种表达性欲的文化形式的力量,并不在于歌词的字面意义,而在于歌手的声音和声乐表演的激情。从这个意义上说,歌词的明确含义不及声音的独特个性所产生的感性共鸣,即声音之"颗粒"重要。声音的颗粒将性关系的矛盾、快感和痛苦进行编码,节奏的持续性则公开邀请身体来跳舞。舞蹈作为一种文化形式和性仪式,是一种将音乐所表达的声音和意义进行解码的模式。灵魂乐煽动听众跳起来,成为一个由声音、文字和节奏组成的结构的积极参与者,它不仅是"关于"性的,它本身就是让身体情色化的一种音乐手段。[3]在《颤

---

[1] 摘自 *The Great Songs of Michael Jackson* (London: Wise Publications, 1984)。
[2] Iain Chambers, *Urban Rhythms: Pop Music and Popular Culture* (London: Macmillan, 1985), 148.
[3] Iain Chambers, *Urban Rhythms*, 143—8, 及其他各章;另见 Richard Dyer, 'In defence of disco', *Gay Left*, 8 (Summer 1979)。

栗》中，正是杰克逊声音的"颗粒"表达、逗弄了这个和性有关的潜文本（sub-text），正是这一面向僭越了歌词的指示意义，避开了分析的简化。杰克逊对坦普顿的歌词的演绎调整了有关电影的指涉，以便将一个关于性而非电影的话语作为主题。歌词所创造的"故事"建立起了两个语义极（semantic poles）之间的一种回响：对毛骨悚然的电影的召唤被"紧紧依偎"的请求抵消了。

这一语义级化所启动的反讽元素正是萦绕歌曲的戏仿之感的"文学"面向。特殊的音效——咯吱作响的门和嚎叫的狗——也为歌名的双关性做出了贡献。尤其是，唱片结尾处文森特·普莱斯（Vincent Price）的说唱（rap）部分也洋溢着戏仿的嬉戏。普莱斯作为成名的白人演员演绎说唱这种独特的都市黑人文化形式，这个想法本身就已经足够有趣。然而，这位演员声音中圆润饱满、如流水般汩汩不断的腔调——它立刻唤起了一种颇为滑稽的自我戏仿，对他本人成为"恐怖"景象的戏仿——表达了贯穿歌曲的亲昵的幽默感：

> 黑暗笼罩大地。午夜时分即将来临。嗜血的死灵横行，让你的周遭充满恐怖。任何被找到的人，没有沉下去的灵魂，必须面对这些地狱的犬牙，并在尸壳下腐烂。

此处的戏仿在于引文中的灵魂乐暗语——"午夜时分""沉下去""四千年的恐惧（funk）"[1]——被放置到一个全然不同的恐怖电影的语境。普莱斯声音中精致的夸张所具有的坎普[2]特性及其"英国"口音也和

---

[1] 美国著名灵魂乐歌手 Wilson Pickett 的代表作名为《在午夜时分》（In the Midnight, 1965）；"沉下去"（get down）是非洲文化传统和美国非裔文化中的一种身体姿势，弯腰屈膝尽量靠近地面，是活力、青春和能量的表达。在早期的爵士乐即兴演奏中，音乐家会相互鼓励"沉下去"，也就是让演奏变得更有疯克（funk）音乐的特点。疯克是一种将节奏布鲁斯和灵魂乐元素混合在一起的音乐风格。"funk"一词在英文中还有恐惧、懦夫的意思。——译注

[2] 坎普（camp）：一种个人和艺术表达的风格。主要特点是华丽夸张、矫揉造作、匪夷所思，经常混合了高雅文化和通俗文化的元素。——译注

美国黑人灵魂乐的话语格格不入。

当我们"聆听"乐曲中意义的生产时,制作过程中所牵涉的各种"声音"(坦普顿、杰克逊、普莱斯、昆西·琼斯[1]等等)就以可听的方式交织成了戏仿。因此,一种理解从音乐到录像的转换的方式,就是指出录像的导演约翰·兰迪斯(John Landis)也把自己作为好莱坞电影"作者"的"声音"带入了这一对话。我认为,兰迪斯的声音通过借鉴主流恐怖片的惯例为"颤栗"的双关和语义游戏做出了贡献。

三、故事、情节和戏仿

兰迪斯将电影中的两个重要元素引入了 MV 这一媒介:影像流动的叙事性方向,以及与恐怖片的快感相连的特效技术。两个展示迈克尔的变形的场景都用到了这些特效。第一个场景中,迈克尔变成了狼人;第二个场景中,迈克尔变身为僵尸。这些为了演示变形过程而使用的电影技术显然是《颤栗》区别于其他 MV 的一个特征。《颤栗》给录像观众带来了真正的颤栗——与恐怖片类型提供的快感相关联的紧张、焦虑和恐惧的"颤栗"。乖巧、可爱的迈克尔·杰克逊实实在在地变身为一头嚎叫的野狼的奇观是让人不安的,因为它看上去那么令人信服、"逼真"、让人着迷。如菲利普·柏飞(Philip Brophy)所说的:"(恐怖片)文本的快感实际上就是被吓得半死,同时又喜欢这种被吓唬的感觉:由肾上腺素中介的一种交流。"[2]

---

[1] 昆西·琼斯(Quincy Jones,1933—):好莱坞最有影响力的音乐家,为杰克逊制作了《疯狂》和《颤栗》两张专辑。——译注
[2] Philip Brophy,'Horrality',转载于 *Screen*, 27, 1 (1988)。

特效和叙事都将我们带回到兰迪斯的导演方式。他曾执导《美国狼人在伦敦》(*An American Werewolf in London*, 1979)。这是一部恐怖喜剧片,重述了传统的狼人神话。主人公是在英国的游客,遭到了一种奇怪的动物的袭击。其中一个主人公后来也在月圆之夜变成了那种动物。影片运用了流行歌曲——凡·莫里森(Van Morrison)的《月宫舞》('Moondance')、克里登斯清水复兴合唱团(Creedence Clearwater Revival)的《坏月亮升起》('Bad Moon Rising')、"弗兰奇里蒙与青少年"乐队(Frankie Lymon and the Teenagers)的《蓝月亮》('Blue Moon')——来强化对狼人神话的潜在戏仿。这种幽默感与特效和化妆技术相结合,展示了男主人公变为狼人的"实时"身体变形,与那些可信度低的、有"时差"的技术形成了对比。《颤栗》录像不仅指涉了《美国狼人在伦敦》这部影片,还指涉了该类型的其他前辈影片,包括乔治·罗梅罗(George Romero)导演的《活死人之夜》(*Night of the Living Dead*, 1968)、约翰·卡朋特(John Carpenter)导演的《万圣节》(*Halloween*, 1978)。实际上,录像中到处是对恐怖片的影射。如柏飞所注意到的:

> 这是一个毫不留情地自我模仿的电影类型——因为它的寓意就被编码于模仿(mimicry)之中……现代恐怖电影与其说拒斥或忽略了类型的惯例,不如说是卷入了一种强烈的自我意识,意识到自己是一种饱和的类型。[1]

因此,电影化的恐怖似乎在驱使对其自身符码和惯例的戏仿。[2] 现在回头看,我们很难拒绝这样一种提法:即《颤栗》的音乐几乎就是为电影拍摄量身定做的,因为它似乎提示了这些电影指涉。录像中的某些点看上去就是在直接照搬歌曲,如"他们出来抓你,恶魔四面逼近/……夜

---

[1] Philip Brophy, 'Horrality', 转载于 *Screen*, 27, 1 (1988)。
[2] S. S. Prawer, *Caligari's Children*: *The Film as a Tale of Horror* (Oxford University Press, 1980)。

灵在呼叫,僵尸开始以假面行走"等等。不过,录像只是在它的叙事结构层面才介入了与音乐的互文性对话。[1]

与大部分流行 MV 不同,《颤栗》的开场并不是歌曲开头的音符,而是一个夜晚驾驶小汽车穿越树林的远景摇镜头,以及事先录好的寂静(这是一种"电影化"的声音)。这个娴熟的镜头,建立起全视却隐形的摄像机之"眼",可与第三人称叙事的话语功能相比较。结构两个主人公关于汽车没油的对话的正反打镜头系列,建立起了摄影角度的"视点",类似"主观的"、第一人称发声(enunciation)模式。这些特定的电影叙事符码,将影像的整个流动组织起来,赋予录像一个开端、中段和结尾。《颤栗》融入了流行 MV 从"现实主义"表征模式切换到"幻想性"表征模式的惯例,但却将这种切换惯例通过叙事与连续性和闭合绑定在一起。两个关于变身的影像序列对于这个叙事结构起到了至关重要的作用;第一个序列破坏了开场的平衡,第二个序列重复了第一个序列但又有所不同,其目的是结束影像的流动并重建平衡。在恐怖片类型讲故事的惯例中,怪兽/狼人/吸血鬼/外星人的出现标志着平静的打破:怪兽的在场激活了叙事动力,而这种叙事动力的目的或结局又是靠清除怪兽的反暴力行为获得的。[2]

在《颤栗》的开场,迈克尔与女孩(他们是故事的男女主人公)之间的对白和眼神交流将"浪漫情爱"建构为叙事的前文本(pre-text),平衡先被建立,然后又被打破。当车停下来的时候,女孩看着迈克尔的样子暗示出她的疑问,迈克尔一脸困惑而难以置信的表情则做出了回答。他是故意停车的吗?这是一个恋爱的计谋吗,以便将她引入圈套?在迈克尔的自我辩护("真的,我们没汽油了")之后,女孩卖弄风情的回应

---

[1] 《颤栗》的录像一般可以在《迈克尔·杰克逊〈颤栗〉制作花絮》(*The Making of Michael Jackson's Thriller*,华纳家庭录像,1984)中找到,它是其中的一部分。
[2] Stephen Neale, *Genre* (London: British Film Institute, 1980), 21, 56, 62.

慢悠悠地吐出每个音节,"那……我们现在要做什么呢?"她的提问和他报之一笑的回答,暗示并强化了两人浪漫私情中潜在的性紧张。迈克尔的对白为他扮演的男友角色提供了最低限度的个性:他看上去是一个有点害羞、举止得体、颇有礼貌的"邻家男孩"。女孩则谈不上是一个具有独特个性的人物,更多的是一个"女友"的类型化角色。在另一个层面上,他们的衣着——1950年代复古风格的拼贴——暗示着年轻的单纯,表明两人是典型的青少年情侣。不过,迈克尔的声明"我不像其他家伙"扰乱了这一天真纯洁的表征。这个声明暗含了一个涉及性别、特别是男性气质的问题:为什么他和"其他家伙"不一样?

随着男友变身为怪兽,录像的开展给出了答案。虽然这一变形解决了问题,但它却是以破坏两个主角之间的"浪漫"平衡为代价的。现在,浪漫情爱被转换为怪兽和受害者之间的恐怖关系。树林中的追逐是这个叙事"开端"的最后一组镜头。接下来的场景回到了迈克尔与女孩这对情侣在电影院里的情形,重新建立起"浪漫情爱"的平衡,并将两位主人公重置于女友和男友的位置,但却是在表征的另一层面。

从结构的角度说,这种从幻想层面(变形和追逐所发生的层面)到现实层面(歌曲表演的层面)的表征模式的转换是重要的,因为它以回溯的方式暗示整个开场是电影中的电影,或者说录像中的电影。更切题的是,"开端"随后被揭示为对1950年代B级恐怖片的戏仿。

> 当咸马公司[1]着手重振环球公司的恐怖片[2]……美国国际电影公司开始了一个恐怖片生产周期,对这类影片的欣赏几乎完全是玩笑式的,是恐怖图像的"坎普式"生产和接受的完美例证。
>
> 这一系列的首部电影的名字(该名字现已臭名昭著)是《我是

---

[1] 咸马公司(Hammer,又译"汉默"):英国最著名的恐怖电影制作公司,1950—1960年代制作了许多经典的恐怖片。——译注
[2] 环球公司的恐怖片(Universal monsters):美国环球电影公司曾在1923年到1960年制作了一系列独特的恐怖片、悬疑片和科幻片。——译注

少年狼》(*I Was A Teenage Werewolf*, 1957)……荒诞不经的情节和表演、充斥音轨的不停歇的流行音乐为年轻观众带来了各种快感,并鼓励电影制作人仿照这部试播影片创作出了《我是幼版科学怪人》(*I Was a Teenage Frankenstein*)、《少年怪兽》(*Teenage Monster*)、《少年僵尸》(*Teenage Zombie*)等一些听上去和看上去一样糟糕的作品。[1]

戏仿依赖明确的自我意识:《颤栗》开场的对白、衣着样式和表演都渗透了这种自我意识。在其对戏仿的戏仿中,它承认没有所谓的"情节":结构录像的叙事符码并没有什么故事要讲。实际上,它只是在对类型惯例的风格化模仿中创造出了一个故事的拟像和戏仿。但恰恰是在其自我意识的层面,《颤栗》对恐怖片类型的性别角色的模拟为它将音乐中的性话语、有关"颤栗"一词的文字游戏的视觉化提供了支点。

四、类型与性别:《颤栗》的性潜文本

随着录像从幻想性表征模式切换到现实主义表征模式,两位主人公扮演的角色也随之发生了变化。录像中虚构的电影及其"浪漫情爱"的叙事借口将迈克尔和女孩定位为男女朋友,幻想性的变形则将这一恋爱关系转化为怪兽和受害者的恐怖关系。如果我们回到迈克尔在这一场景中做出的声明:"我和其他家伙不一样",我们可以觉察到他扮演的角色所造成的混乱。

女孩最初的答复是:"那当然。这就是为什么我爱你"。这个回答

---

[1] Prawer, *Caligari's Childre*, 15.

暗示他的"与众不同"是不言而喻的,因为他是真正的迈克尔·杰克逊。当她享受着他求婚的快感,用他正式的名字呼唤他时,她同时将他唤询(interpellates)到两个角色——虚构的男友和真实的超级明星。这一指涉的暧昧性承认了杰克逊自觉的表演风格:我们这些录像观众的印象是,他在假装扮演角色,我们"知道"作为歌手、明星的杰克逊正在假装是一个"电影—明星"。《颤栗》中,迈克尔的行头及其风格化特征——看上去湿漉漉的发型、齐踝的牛仔裤、外套上绣的字母"M"——强化了这一元文本层次的角色叠加。如果作为男主人公的迈克尔既是男友也是明星,那么在"浪漫爱情"中与他对等的女伴则既是女友,也是元文本层面的粉丝。女孩同时身处两地:既在屏幕上,也在观众中。作为录像中电影的观众,她因屏幕上的形象而惊恐,并起身想离开。她被变形的暴力奇观所"欺骗",将幻想误认为现实,忘记了"这只是一部电影"。女孩在虚构性场景和现实主义场景中的位置,映射了那些录像观众的位置——那些让观众产生颤栗的效果正是故事世界中让女孩产生恐惧的事件。

女孩占据了观众和影像之间一个被中介的位置(mediated position),这为录像将音乐视觉化的方式提供了线索。在中间部分,当这对情侣走出电影院,迈克尔开始唱歌,男友和女友的角色被重建,但此时却从属于歌曲的表演。这种叙事功能的连续性在服装风格的差异中获得了强调:迈克尔现在穿的是一件鲜艳的红黑相间的、有着"未来"风格的皮夹克,女孩的服装也现代化了——T恤、短夹克、一头像迈克尔那样的卷发。这一形象呼应了杰克逊作为舞台表演者的公共形象。随着歌曲的展开,杰克逊变成了"他自己"——明星。女孩变成了副歌"女孩,我能比任何敢于尝试的魔鬼都更让你颤栗"中的"你"。

在音乐中,"你"可以是听众,因为个人化的和直接的发声模式为听众创造了一个空间,让他们能够进入并参与意义的生产。在录像中,是女孩占据了这个位置,作为歌曲所表达的性话语的受述者(addressee),

她在录像文本中的位置为观众认同创造了可能。开场就暗示了这种认同路线,女孩对迈克尔追求的回应施演了"作为流行明星女友的幻想",这个幻想在录像的这一部分获得了实现。[1]

五、美女与野兽——面具、怪兽与男性气质

恐怖片的惯例铭写了对于性的迷恋,其中性别身份被符码化为一套以怪兽的象征性存在为中心的名词。女性总是狼人/吸血鬼/外星人/"东西"——作为非人类他者的怪兽——所实施的恐怖行为的受害者。而消灭怪兽的行为则将男主人公建构为英雄,这位英雄的对象和奖赏当然就是女人。不过,作为一种英雄必须与之抗衡的掠夺性力量,怪兽本身也占据着一个与女性受害者相对的"阳刚"位置。

《颤栗》的戏仿修辞预设了观众需具备一定程度的自我意识,导致对迈克尔·杰克逊这位明星的性和性身份的一种补充性评论。观众因而可以把"我不像其他家伙"的警告解读为对杰克逊的性欲的指涉。由于录像观众对坊间流传的杰克逊八卦有所耳闻,这个关于差异的声明就会激发其他含义:他是同性恋、跨性别,还是有些性发育不成熟(pre-sexual)?

在第一次变形中,迈克尔变成了狼人。如尼尔·乔丹最近导演的电影《狼之一族》(Company of Wolves, 1984)所展示的,狼人神话——

---

[1] 关于流行话语中的个人化发声模式,见 Alan Durant, *Conditions of Music* (London: Macmillan, 1984), 特别是 201—6 页。Dave Rimmer, *Like Punk Never Happened: Culture Club and the New Pop* (London: Faber, 1985), 112, 审视了"成为流行明星女友的幻想"。

狼狂（lycanthropy）——涉及将男性性欲表征为具有"自然的"兽性、掠夺性、侵略性和暴力，简而言之就是"怪异的"。《狼之一族》使用了与《颤栗》类似的特效来表现从人到狼的"实时"变身。这部电影是根据安吉拉·卡特（Angela Carter）的短篇小说改编的。和小说一样，我们可以将电影解读为对《小红帽》这个欧洲民间故事的重写，从而揭示电影所关注的月经、月亮和男性性欲的本质等主题。《颤栗》虚构的开场里对女孩童真的暗示将她和小红帽联系起来，可迈克尔是那个坏的大野狼吗？

在那个林中追逐的场景中，女孩担当了受害者的角色。此处在怪兽的主导位置和受害者的仰卧位置之间安排的观点镜头[1]暗示了强奸，并将"浪漫爱情"潜在的性关系与恐惧和暴力融为一体。作为怪兽，迈克尔的变形或许表明在他的"邻家男孩"的外表下隐藏着一个等待爆发的"真正的"男人，其阳刚气质的标尺是他贪婪的、"如狼一般饥饿"的性欲。可是，变形的最后一个镜头却瓦解、颠覆了这种阐释。作为狼人的迈克尔发出一声令人毛骨悚然的嚎叫，但这声嚎叫却和他夹克衫上的字母"M"形成了欢快的对比。这个字母代表什么？"迈克尔"？"怪兽"（Monster）？"硬汉"（Macho Man）？抑或是"更像米老鼠"（More Like Mickey Mouse）。怪兽的显性能指与象征性含义的不一致开启了文本的一个空缺，一个可以用笑声填充的空缺。

动物经常被用来意指人类特性，狼、狮子、蛇和鹰都被理解为男性性欲的符号。然而，杰克逊却在《颤栗》黑胶唱片的封面上对这一象征主义进行了明显的颠覆。他膝盖上趴着的那头小老虎，是对杰克逊作为黑人男性流行明星的暧昧形象的精妙隐喻。它逗弄了杰克逊"男人—孩子"的形象，既表明了一种被驯化的兽性，又暗示了可爱外表下

---

[1] 观点镜头（point-of-view angles），指的是"point-of-view shots"，又称"subjective camera"，表示片中人物所见。——译注

面的潜在威胁。杰克逊的性暧昧嘲讽了那些标准的阳刚形象。[1]

在第二次变形中,迈克尔变成了僵尸。这一次变身虽然不像第一次那么戏剧化和"令人恐怖",却提示了结构歌曲副歌的壮观的舞蹈序列。舞蹈部分由迈克尔·皮特斯(Michael Peters)担任编舞。舞蹈将"夜灵在呼叫,僵尸开始以假面行走"的歌词视觉化了,并且突出了杰克逊的舞者身份,他的表演也从录像中解放出来。当食尸鬼们开始跳舞时,这一序列引发的戏仿性幽默与普莱斯的说唱所产生的效果如出一辙。音乐的幽默来自普莱斯的声音与黑人灵魂乐文化的暗语之间的错位。舞蹈的幽默则来自一群活死人与杰克逊一起大跳疯克式舞蹈的奇观所导致的视觉不适。食尸鬼的可怕化妆,如胆汁从口里向外流淌,强化了戏仿之感。杰克逊的化妆则突出了惨白的皮肤和骷髅状的头骨,影射了恐怖片类型的一个经典"面具"——电影《歌剧魅影》(*The Phantom of the Opera*, 1925)中朗·钱尼(Lon Chaney)的面具。

与狼人不同,僵尸、不死之尸的形象,与其说表征了性,不如说表征了非性(asexuality)或反性(anti-sexuality),暗示了杰克逊舞蹈风格中的中性色欲(*neutral eroticism*)之感。有人注意到:

> 与迈克尔最相像的电影明星是弗雷德·阿斯泰尔[2]——那个性含混的典范。阿斯泰尔从不属于任何人物类型,几乎从未扮演过传统的浪漫主人公。
>
> 他用其无与伦比的才华创造出了一个适于他自己的位置。[3]

我们可以将舞蹈序列解读为针对杰克逊身体动作的"性含混"的隐秘书

---

[1] 弗洛伊德最著名的病人之一,"狼人",就彰显了动物与性之间的关联。狼人的梦境读起来也像一部恐怖电影:"我梦见夜晚,我正躺在床上。突然窗户自己打开了,我惊恐地看见几只白狼坐在窗户对面的大胡桃树上。"比较 Muriel Gardiner, *The Wolf Man and Sigmund Freud* (London: Hogarth Press and Institute of Psychoanalysis, 1973), 173。弗洛伊德的解读认为,梦中的恐惧显示了因被压抑的同性恋欲望而引起的对阉割的畏惧。
[2] 弗雷德·阿斯泰尔(Fred Astaire, 1899—1987):美国电影演员兼一代舞王。——译注
[3] 转引自 Nelson George, *Michael Jackson Story*, 83—4。

写,这种性含混正好与他形象的雌雄同体气质相对应。舞蹈从叙事中挣脱出来,迈克尔的身体也在舞蹈动作中复活,上演了一场来自坟墓(grave)的锐舞(rave)。据说作为明星的杰克逊仅仅在舞台表演时才"焕发生机"。这一场景因此可看成是对这一说法的评论。活死人召唤出一种存在的阈限性(liminality),呼应了杰克逊舞蹈的性含混和传闻中主宰他的屏幕外存在的病态生活方式。两种意义都被埋藏在录像的"密码"(cryptogram)之中。[1]

六、隐喻—变形

最后,我觉得有必要回到第一次变形的场景。这个场景让人着迷,它引诱观众的凝视并让凝视在惊愕中石化。这种既害怕又迷恋的感受是由录像的特效设计出来的。通过展示"实时"的变形,这一奇观猛烈地扭曲了杰克逊的面部特征。怪兽出场的恐怖效果依赖于"怀疑的搁置":我们知道怪兽是虚构的,严格意义上说是由机械工艺创造出的一个面具,但我们压制或摈弃了这一知识,以便参与"颤栗",也就是恐怖文本预期的快感。然而,在这种恐怖电影预设的信仰分裂中,为了让怪兽的"他者性"(otherness)令人信服,技术本身的可信度就成了成败的关键。[2]

---

[1] 在 Nicholas Abraham 和 Maria Torok 对弗洛伊德的"狼人"案例的重新解读中,他们使用了"密喻"(cryptonymy)的概念来命名无意识的意义。参见 Peggy Kamuf,'Abraham's wake',*Diacritics*(Spring 1979),32—43。——原注

"cryptonymy"是一个新造的词,它将表示"隐藏"的希腊文前缀"crypto"与表示"转喻"的修辞手法"metonymy"一词的后半部分结合在了一起。——译注

[2] Neale, *Genre*, 45.

《迈克尔·杰克逊〈颤栗〉制作花絮》(1984)展示了录像使用的特效。我们看到正在使用"面具"的化妆师,这个"面具"让杰克逊有了怪兽的容貌。特别有趣的是,化妆师还解释了狼人面具是如何设计和制造出来的:将一系列画有面具的各种动物特征的透明胶片,逐渐叠加在杰克逊在《滚石》杂志封面的宣传照上。正是这种将幻想和真实叠加在杰克逊脸上的做法,揭示了变形如此有效的原因。如录像开头对1950年代恐怖片的戏仿,以及杰克逊所扮角色(男友/明星)的混淆,观众会在不同层次的信服(belief)之间滑动。

变形能获得恐怖效果是因为怪兽不仅毁坏了男友的外貌,还逗弄了观众对于杰克逊的双重角色的意识。特效的可信度因而也侵犯了明星本人的形象。在这个元文本层次,变形的戏码因彰显杰克逊明星身份的其他表演符号而得到强化。抓住自己的肚子,从喉咙里发出尖叫、长啸和其他没有词语的声音的场景,就是对杰克逊唱腔的风格标签的丑怪模仿。这样一来,就更增强了是"真正的"迈克尔·杰克逊在经历变形的印象。尤为重要的是,录像的第一组镜头就突出了明星脸上(特别是眼睛和嘴唇)的化妆和他肤色的苍白,揭示了他湿漉漉的刘海下面的奇特头骨。杰克逊一出场,就让观众注意到他本人形象的人造性。正如怪兽的面具,严格意义上说,只是化妆"功夫"的产物,恐怖电影的虚构世界也只是挪用了那早已变为机巧(artifice)的东西。我认为,我们可以将变形视为一个关于迈克尔·杰克逊面部的美学重构的隐喻。

奇特的怪兽面具的现实建构,涉及了这位明星的其他形象:面具(它本身也是一种符号)的指涉物来自杂志封面上的一张普通宣传照。从这个意义上说,面具指涉的不是真人或私"我",而是作为形象的迈克尔·杰克逊。录像中的变形因而可被视为一个快速的寓言,一个关于杰克逊面部特征的形态演变的寓言:从儿童到成人,从男友到怪兽,从明星到超级巨星——录像特效所产生的惊奇感,构成了整个世界着迷地观看这位作为形象的明星的一个寓言。

1983年,杰克逊参加了一个庆祝摩城成立25周年的电视特别节目。在这个两小时的节目中,老镜头和每一位艺人的表演交切在一起;影片随后被剪辑,用于"支持"摩城艺术家在英国的巡演。以下文字描述了观众对这部影片的接受状况:

> 当杰克逊的声音……完全控制舞台,观众明显地变得紧张。他用喘息、痉挛、颤音等日渐丰富的唱腔来处理歌曲,并用这些技巧来潇洒自如地给歌词断句。接着他开始跳了。一个信心爆棚的男孩的骄傲阔步被柔韧而危险的优雅所代替。他不可思议的单薄身形仍然有着男孩式的清瘦,但这个身体却在音乐的激发下,显示出一种催眠的、雌雄同体的性感。我当然是很长时间没有听到女孩们如此对着电影银幕尖叫了。[1]

在《颤栗》引发的所有尖叫中,我们有可能听到一种对粉丝尖叫的戏仿。作为一名流行偶像,迈克尔·杰克逊从11岁起,就是这些尖叫的对象。

在《嘉宝的脸》一文中,巴特试图通过将卓别林、赫本和嘉宝等电影明星的脸描绘为面具——社会彰显其关注的美学表面(surface)——来探索他们的普世魅力。[2] 杰克逊的脸也可以被视作这样的一种面具,因为他的形象吸引和维持了一种文化迷恋,这种迷恋让他更像是一位电影明星,而非现代节奏和布鲁斯艺术家。他形象中的性暧昧和种族暧昧,可说是指向了一系列与流行文化、流行音乐中的性形象和种族形象有关的问题。如果我们不将杰克逊的脸视为个性特质的展现,而是将其当作一个艺术和社会铭刻的表面,其形象的暧昧就会对通行的"流行音乐领域中的黑人男性艺术家应该长什么样"的想法提出质疑。从这个角度看,杰克逊的形象实验代表了他对流行文化中一个被米克·

---

[1] Geoff Brown, *Michael Jackson: Body and Soul* (London: Virgin Books, 1984), 10.
[2] Roland Barthes, *Mythologies* (London: Paladin, 1973).

贾格[1]、大卫·鲍威和乔治男孩[2]等白人男明星探索过的领地的创造性侵入。不过,这些白人男明星至多把雌雄同体和性暧昧当作他们质疑男性性欲和性身份之普遍定义的一种"风格"。《颤栗》唱片中的一些关键歌曲也将男性气质问题化了(problematisation):在《想要挑动事端》('Wanna Be Startin"Somethin"')中,叙事者回应了有关他性欲的谣言和猜测;在《比莉·简》中(这首歌讲述了一位粉丝声称他是她孩子的父亲的故事),他拒绝了男性气质的父系模式;在《避开》里(这首歌出现了"不想看到流血,别做硬汉"的歌词),他明确拒绝了好勇斗狠的男性气质。

杰克逊对雌雄同体的使用更吸引人的地方在于,他的作品完全被置放于非裔美国人的流行音乐传统中,因此我们必须将这些作品放到黑人男子和黑人男性性欲的语境中来审视。杰克逊不仅质疑了有关黑人男性气质的主导刻板定型,[3]还优雅地跳出了现有的一系列有关黑人男子的"角色类型"。他的风格提醒我们,早在白人流行明星开始利用"坎普"的"震惊效果"之前,灵魂乐传统中的某些黑人艺术家,如小理查德[4],就已经在苏珊·桑塔格所谓的"对非自然之物:机巧和夸张的热爱"[5]的意义上使用了这一风格。的确,《颤栗》让人想起流行文化中将音乐和恐怖结合在一起的始作俑者"尖叫的杰·霍金斯"[6]的坎普式过度。霍金斯的歌曲《我对你施了魔法》('Put a Spell on You',

---

[1] 米克·贾格(Mick Jagger,1943—):英国滚石乐队的主唱,拓展了流行文化中多元的男性气质。——译注

[2] 乔治男孩(Boy George, 1961—):英国1980年代的偶像艺人,视觉系美型男。——译注

[3] 关于流行文化(音乐、电影、娱乐和体育)中黑人男性的刻板定型,见 Isaac Julien, 'The other look', 未发表的本科论文,圣马丁艺术学校,1983年。

[4] 小理查德(Little Richard, 1932—):美国音乐家,1950年代中期从节奏和布鲁斯过渡到摇滚乐的关键人物。——译注

[5] Susan Sontag, 'Notes on camp', in *Against Interpretation* (Eyre & Spottiswoode, 1969).

[6] 尖叫的杰·霍金斯(Screamin' Jay Hawkins, 1929—2000):美国音乐家、歌手和演员。——译注

1956)借用恐怖片的意象表达了"直接穿过我的五脏六腑从我的大嘴中发出的"尖叫。[1] 重金属这种独特的白人男性音乐类型也特别迷恋恐怖意象。艾利斯·库柏[2]和奥齐·奥斯本[3]等重金属歌手还都热衷自我戏仿。如霍金斯一样,杰克逊表达了另一种"尖叫",一种传达了人声的情色物质性(erotic materiality)及其"颗粒"的尖叫。巴特是在书写一个与灵魂乐截然不同的音乐传统时,创造了"颗粒"这个词,以便进行"那不可能的描述,描述我听歌时不断体验到的一种独有的颤栗"。[4]《颤栗》则庆贺了这样一个事实:即这种颤栗为千百万人所共享。

(杨玲译　刘金平校)

作者简介:科比纳·梅塞(Kobena Mercer)撰写过多篇关于视觉表征中的种族和性的文化政治的论文,目前执教于加州大学圣塔克鲁兹分校的艺术史系。

---

[1] Gerry Hirshey, *Nowhere to Run: the Story of Soul* (London: Pan, 1984).
[2] 艾利斯·库柏(Alice Cooper, 1948—　):美国摇滚歌手,舞台风格吸取了恐怖电影元素。——译注
[3] 奥齐·奥斯本(Ozzy Osbourne, 1948—　):英国摇滚歌手,有"重金属教父"之称。——译注
[4] Roland Barthes, 'The grain of the voice', op. cit.

译　后　记

　　承蒙北大出版社闵艳芸编辑的耐心等待，我终于在翻译版权即将过期之时交出了《明星制：欲望的产业》一书的译稿。本书的翻译是由我和厦大中文系的张敬源、赵婧、李祎琳、刘金平、郑学明、娄沁沁等几位研究生共同完成的。由于目前高校的考核、升等体系基本不考虑翻译成果，大量的学术翻译工作都被教师"外包"给了学生，本书也不能免俗。除了我自己翻译的第22章，其余章节均由学生提供翻译初稿，我再根据英文原文进行逐字逐句的校订，有时甚至是部分重译。刘金平同学不仅翻译了导论和撰稿人简介，还帮我对部分初校之后的修改稿进行了二校。我最后又对所有译稿进行了审读和润色。书中收录的个别篇目已经有了正式的中文译本，但为了让读者充分理解主编撰写的导论，我们还是选择将所有篇目完整译出。对其他中译本的借鉴，都已经在相关篇目的脚注中做了说明。

　　本书是一部论文集，收录了多位作者的著述。每位作者所使用的理论资源、学术语汇和写作风格都不尽相同，对翻译的直接影响就是，有的译文读起来明晓流畅，有的译文（如涉及电影符号学的几篇文章）则有些磕磕绊绊。这其中当然有译者和我本人相关背景知识不足，无法对中译进行必要的疏通的缘故,但译者毕竟不是作者,无法在翻译过程中改变原文的理论架构和术语。有一定英文阅读能力的读者,不妨从互联网下载本书的英文原版,与中文译文对照起来阅读,或许会更容易理解。

本书收录的文章大多发表于 20 世纪七八十代,距今已有三四十年的历史。当年流行的电影符号学和精神分析学说,或许已不再是当下名人/明星研究的主导范式(一些晚近的英美名人研究成果,可参见笔者与陶东风先生编译的《名人文化研究读本》一书)。本书虽然没有提供最新的域外学术资讯,但对于我们了解英美明星研究的来龙去脉,特别是早期的发展历程会起到一定的作用。

译著在最后定稿阶段恰逢王宝强离婚案。该事件所引发的舆论狂潮,恰好印证了明星在当代中国社会与日俱增的影响力。衷心希望本书所提供的一些学术视野和研究路径,能帮助国内学者更深入地理解本土的明星现象。

杨　玲

2016 年 9 月 9 日于安娜堡